Über dieses Buch

Die Verhaltensforschung (Ethologie) hat in den letzten Jahren besondere Bedeutung erlangt. Ihre Forschungsergebnisse, die mit naturwissenschaftlich exakten Methoden an tierischem Verhalten gewonnen werden, finden immer stärker Eingang in Psychologie und Soziologie. Die Begriffe ›Instinkt‹ und ›Intelligenz‹ umreißen die zwei hauptsächlichen Steuerungssysteme tierischen und menschlichen Verhaltens, wobei ›Instinkt‹ ein angeborenes, streng fixiertes, artspezifisches Verhalten und ›Intelligenz‹ die Lernfähigkeit und die Anpassung an sich verändernde Umweltbedingungen meint.
Dieses Buch schildert in allgemein verständlicher Sprache zuerst die physiologischen Grundlagen (Nervensystem, endokrine Drüsen etc.), um dann darauf aufbauend die verschiedenen tierischen und menschlichen Verhaltensmuster zu beschreiben, wobei es sich vielfach um völlig neue Erkenntnisse aufgrund der Forschungsarbeit des Autors handelt.

Der Autor

Samuel Anthony Barnett ist Professor für Zoologie an der Universität Glasgow. Er ist der internationalen Fachwelt besonders durch seine Forschungen über Sozialverhalten und Stress bekannt.

S. A. Barnett

Instinkt und Intelligenz

Rätsel des tierischen und menschlichen Verhaltens

Fischer
Taschenbuch
Verlag

Fischer Taschenbuch Verlag
1.–20. Tausend: Februar 1971
21.–28. Tausend: November 1972
Umschlagentwurf: Jan Buchholz / Reni Hinsch
Titel der Originalausgabe: ›INSTINCT‹ and ›INTELLIGENCE‹
Erschienen bei McGibbon & Kee Ltd., London
Aus dem Englischen von Gesa und Gerd Hartmann
Die Gedichte wurden entweder neu oder erstmalig von Peter Behrens übertragen
Fischer Taschenbuch Verlag GmbH, Frankfurt am Main
Lizenzausgabe mit freundlicher Genehmigung
des Gustav Lübbe Verlages, Bergisch-Gladbach

Gesamtherstellung: Hanseatische Druckanstalt GmbH, Hamburg
Printed in Germany
ISBN 3 436 01337 4

Inhalt

Dritter Teil

Vierter Teil

Vorwort

Seit 1945 hat sich die Verhaltensforschung, oder anders ausgedrückt, Ethologie, zunehmend entwickelt. Die Faszination, die von der Beobachtung tierischen Lebens ausgeht, ist geblieben, nur haben sich die Untersuchungsmethoden geändert. Noch sind die Ergebnisse sehr fragmentarisch. Das liegt nicht allein an der ungeheuren Vielfalt des Tierreichs, sondern auch daran, daß Experimental-Psychologen vorwiegend in Laboratorien an kleinen Tieren oder Studenten arbeiten und ganz andere Aspekte des Verhaltens beobachten als etwa die Zoologen.

Ich habe versucht, eine ausgewogene Übersicht zu geben, ohne dabei alle Individualität zu unterdrücken. So enthält zum Beispiel das Kapitel 7 mehr über soziale Insekten, als man erwarten würde. Das könnte zwar damit verteidigt werden, daß der Umfang eines Kapitels von der Information abhängt; in Wirklichkeit habe ich jedoch soviel von ihnen übernommen, weil es mir Spaß machte, über sie zu schreiben. Das 2. und 3. Kapitel, in denen die Nervensysteme und das Verhalten besprochen werden, sind unvermeidbar viel technischer als der Rest. Die Nervenphysiologie verspricht uns jedoch schon sehr bald ein neues Fundament für die Verhaltenswissenschaft, und so konnte sie nicht unberücksichtigt bleiben.

Der Mensch fehlt gewöhnlich in zoologischen Büchern über das Verhalten. Trotzdem ist in diesem Buch aus vier Gründen der Mensch in jedem größeren Fachbereich mit in die Diskussion einbezogen worden. Erstens kann kein Betrachter tierischen Verhaltens einen Vergleich mit seiner eigenen Art umgehen, selbst wenn er darüber nichts veröffentlicht. Zweitens kann ein Vergleich mit dem Menschen, auch wenn es sich um prinzipielle Unterschiede handelt, das Verhalten selbst uns fernstehenderer Arten besser beleuchten. Drittens kann vielleicht das Verhalten dieser anderen Arten die besonderen Verhaltensweisen des Menschen klarer herausstellen. Und schließlich können solche Vergleiche, besonders wenn sie die Suche nach Ähnlichkeiten einschließen, leicht zu Irrtümern führen; deshalb ist es sehr nützlich, wenn man versucht, Fehlerquellen offen darzulegen.

Eine Rechtfertigung für den gewählten Titel scheint mir notwendig zu sein. Die Wörter »Instinkt« und »Intelligenz« werden in diesem Buch nicht als termini technici mit präziser Bedeutung benutzt – warum, werde ich noch zu erklären versuchen. Sie bezeichnen vielmehr Fachgebiete der Forschung: die Phänomene, die manchmal in der Vergangenheit unter diesen beiden Begriffen erörtert wurden, bleiben Phänomene. Sie umfassen in der Tat den größten Teil des Forschungsgebietes Ethologie. Ich habe sie absichtlich benutzt, um mit zwei Wörtern zu sagen, was in diesem Buch besprochen wird.

Es ist mir ein Vergnügen, die Hilfe anzuerkennen, die mir bei der Suche nach Fehlern und nach klarer Darstellung meiner Gedanken zuteil wurde. Teile des Buches wurden als Maschinenmanuskript von A. F. G. Dixon, A. D. J. Robertson, J. L. Smart und Uli Weidmann gelesen. Ich bin ihnen sehr dankbar, ebenso Margaret Bastock für die Durcharbeitung und Zoologie der Balzhandlungen und J. S. Kennedy für die Diskussion der Orientierung. Große Hilfe hatte ich auch an meinen Schülern, deren Argumente in Diskussionen und Antworten im Examen mir regelmäßig zeigten, wo die Unzulänglichkeiten meiner Lehrmethoden liegen.

Glasgow, Juli 1967. *S. A. Barnett*

Was für ein Sinn ist es, der junge Hühner läßt die
Gier des Habichts flieh'n?
Was für ein Sinn ist es, der dem zahmen Täubchen
zeigt der Flügel Spannen?
Mit welchem Sinn formt die Biene Zellen? Haben
nicht Mäuse und Frösche
Auge, Ohr und einen Sinn zum Fühlen? Dennoch
sind bei ihnen Wohnstatt
Und Treiben so unterschieden wie ihr Aussehen
und ihre Freuden.
Fragt den wilden Esel, warum er Last verweigert, und
das fromme Kamel,
Warum es den Menschen liebt: wegen Augen und Ohren,
Mund oder Haut,
Oder der atmenden Nüstern? Nein, auch Wolf und Tiger
sind diese Besitz.
Fragt den blinden Wurm das Geheimnis des Grabes, warum
seine Windungen
Um die Gebeine der Toten er legt, und fragt die
gierige Schlange,
Woher sie ihr Gift erhält, und den Adler, warum
er die Sonne liebt.
Dann erzählt mir die Gedanken des Menschen, die er
verbirgt seit altersher.

William Blake

Erster Teil

I Was ist Verhalten?

All so der Mensch die Stimme
der Natur vernahm: –
Geh, nimm von den Geschöpfen
Unterweisung an:
Lern von den Vögeln, welche Frucht
das Dickicht zeugt,
Vom Tier lern das Gesetz, dem sich
das Feld gebeugt:

...

Der Bund in jeder Form zeigt sich
auch hier gemein,
Laßt drum, spät, Vernunft der Menschheit
Lehrer sein:

...

Zeig, wie ewig' Gesetz bewahret
jeden Stand: –
Weises Gesetz, gegeben wie des
Schicksals Hand.

Pope

Schieße in der Nähe eines schlafenden Starenschwarms, *Sturnus*, mit einem Gewehr in die Luft, und alle Stare werden auffliegen und davonflattern. Pfeife, und ein trainierter Hund, *Canis*, läuft zweihundert Meter weit zum Ursprung dieses Tons. Setze das Weibchen eines Nachtschmetterlings in Paarungsstimmung in einen Käfig ins Freie, und bald wird eine Versammlung von Männchen der gleichen Art um es herumschwärmen. Ein Orchester spielt den Schlußakkord, und viertausend Menschen, die bislang schweigend zuhörten, beginnen zu klatschen.

Heute glauben wir — oder versuchen es zumindest — diese Phänomene erklären zu können; diese und viele andere ähnliche, und zwar auf zweierlei Weise. Zuerst fragen wir, wie sie zustandekommen: welches der Mechanismus ist, durch den so viel Energie verbraucht wird — und oft nur auf die kleinste Ursache hin. Dann fragen wir, warum solche Reaktionen erzeugt werden: das heißt, welche Bedeutung das Verhalten für die Individuen einer Art hat, bei der wir es beobachten.

Diese Fragen offenbaren eine neue Einstellung zum Problem. In der Vergangenheit schrieb man über Tiere und ihr Verhalten gewöhnlich unter Ausschmückung des Textes mit moralischen Urteilen und mit Erklärungen, die durch menschliches Gefühl geprägt waren. Unsere Sprache ist reich an Ausdrücken, die bestimmten Tieren ganz bestimmte moralische Werte zuordnen: tapfer wie ein Löwe, schmutzig wie ein Schwein, störrisch wie ein Esel, schlau wie ein Fuchs. Kapriziös zu sein, bedeutet, einer Ziege, *Capra*, im Verhalten zu ähneln, und leoninisch ist ein Vertrag, bei dem ein Partner den Löwenanteil erhält. Die christlichen Bestiarien des Mittelalters, die in jenen Tagen als zoologische Lehrbücher benutzt wurden, beschreiben, um einen Historiker zu zitieren, »fabulöse Tiere, die niemals existierten, und tragen wirklichen Tieren Eigenschaften und Tugenden an, die sie niemals besaßen«. Menschen der Praxis, Bauern und Jäger, waren in ihren Handlungen mehr auf die Wirklichkeit angewiesen; ihre Erfahrungen, die ohne Zweifel ein Fundament für die Verhaltensforschung hätten darstellen können, wurden aber gewöhnlich nicht niedergeschrieben.

Der Mensch und andere Tiere

Der Verstand

Die Frage nach den intellektuellen Fähigkeiten der Tiere wird gelegentlich bei Berichten über Hunde und Pferde ins Gespräch gebracht: sehr oft wurde von korrekten Antworten dieser Tiere (durch Bellen oder Stampfen mit den Hufen) auf Rechenaufgaben erzählt. Vor einem halben Jahrhundert erregte ein Pferd mit Namen »Kluger Hans«, das offenbar über erstaunliche arithmetische Fähigkeiten verfügte, die Gemüter. Sein Eigentümer hielt die »höheren Tiere« für genauso intelligent wie die Menschen; ihre offensichtlich geringere Entwicklungsstufe führte er auf fehlendes Training zurück. Er war nicht nur bereit, jedem die Fähigkeit seines Pferdes vorzuführen, sondern ließ es sogar von andern kontrollieren. Selbst in dieser Situation, die faule Tricks ausschloß, funktionierte der »Kluge Hans« ausgezeichnet. Auch auf Pappdeckel *geschriebene* Aufgaben beantwortete er korrekt. Einer der Forscher nahm dann aus einer Anzahl aufgeschriebener Fragen eine einzige heraus und zeigte sie dem »Klugen Hans« so, daß keiner der Anwesenden wußte, um welche Frage es sich handelte. Pflichtgetreu begann das Pferd mit den Hufen zu klopfen – und klopfte und klopfte, als wenn es auf ein Stoppsignal wartete. Und tatsächlich wartete es auch darauf. Wenn nämlich bei einer solchen Gelegenheit einer der Beobachter die Frage kennt und die richtige Anzahl der Hufschläge erreicht wird, macht er unbeabsichtigt eine äußerst geringe Bewegung, gewöhnlich mit dem Kopf.

Und auf solch geringe, unabsichtliche Bewegungen lernen »rechnende« Tiere zu antworten.
Wenn man diese Erklärung kennt, ist die Verblüffung der Leute, die mit dem »Klugen Hans« konfrontiert wurden, bevor der entscheidende Test ausgeführt wurde, schon recht schwer zu begreifen. Heute achten die Experimentatoren sehr darauf, dem Tier keine unerwünschte Information zu geben, wenn sie es beobachten.
Das Problem der »tierischen Intelligenz« kann jedoch nicht mit einem Beispiel abgetan werden. Betrachten wir jene notorische Plage, die Wanderratte (*Rattus norvegicus*). Eine blühende Kolonie dieser Tiere lebt in Erdhöhlen nahe einer Scheune. Regelmäßig, Nacht für Nacht, besuchen sie auf gewohnten Pfaden die Scheune, um zu fressen. Der Bauer legt nun Haufen attraktiver Köder (mit einem geschmacklosen Gift gemischt) entlang des Wechsels aus. – In dieser Nacht benutzt nicht eine einzige Ratte den Pfad, keine besucht die Scheune. Unzählige Bauern, Rattenfänger, Warenhauswärter und viele andere mußten diese Erfahrung machen und haben dazu beigetragen, den Ratten einen dauerhaften Ruf der Weisheit anzudichten. Dieses Verhalten kann jedoch auch beobachtet werden, wenn keine Gefahr droht, denn es tritt immer dann ein, wenn irgendwelche ungewohnten Objekte im Revier auftauchen. Das Neue, nicht die Gefahr, verursacht das Ausbleiben: eine harmlose Schachtel oder ein Haufen nahrhaften Futters sind genauso wirksam wie eine Falle oder vergiftete Köder.
Die Erscheinung der Flucht vor dem Neuen ist schon für sich interessant. Aber sie stellt kein intelligentes Verhalten im gewöhnlichen Sinne von »Intelligenz« dar. Es ist »automatisch« und unterscheidet nicht. Trotzdem hat es eine bedeutende Funktion für wilde Ratten: es hat Überlebens-Wert, besonders in der vom Menschen geschaffenen Umgebung, die leicht von künstlichen Versuchungen überschwemmt wird. In der gleichen Weise stellt auch die Fähigkeit von Pferden, kleinste Bewegungen zu deuten, eine wichtige Eigenschaft in einer Umgebung dar, wo Gefahr von großen Raubtieren droht.
Diese Beispiele veranschaulichen, wie Verhaltensweisen, die ausgezeichnet den Lebensgewohnheiten der Tiere angepaßt sind, einen unechten Eindruck von Klugheit geben können. Die wirklichen Fähigkeiten von Tieren sind jedoch – wie wir noch sehen werden – bemerkenswert genug.

Die Sinne

Die Übertragung menschlicher oder übermenschlicher intellektueller Qualitäten auf andere Tierarten ist ein ähnliches Mißverständnis. Mit den Sinnen ist es jedoch anders. Viele Tiere besitzen Sinne, die uns fehlen oder die wir nur in einem geringeren Grade haben. Die Gefahr besteht darin, daß wir die Sinneswelt der Tiere für ähnlich der unsrigen halten. Betrachten wir einen Fisch, die Muräne (*Muraena helena*), die sich von kleinen Tintenfischen (*Octopus*) ernährt. Der *Octopus* stößt, wenn er angegriffen oder verfolgt wird, kleine Wolken schwarzer »Tinte« aus. Das ist offensichtlich ein Verteidigungsmittel; und ebenso offensichtlich wirkt es — für unsere Augen — wie ein »Nebel-Vorhang«, der die Verfolgung erschwert. Sobald die Tinte ausgestoßen wird, kann die Muräne den *Octopus* tatsächlich verfehlen, auch wenn sie ihn schon mit dem Maul berührt hat. Der Fall liegt jedoch anders: Muränen jagen nach dem Geruch und fressen nur Nahrung eines bestimmten Geschmacks: die tintenähnliche Ausscheidung setzt die Nase der Muräne außer Funktion. Natürlich kann die Tinte auch als ein Tarnungsmittel wirken; wenn der Räuber jedoch mehr nach dem Geruch als nach der Sicht jagt, ist das wahrscheinlich weniger wichtig.

Der Unterschied zwischen Muräne und uns liegt in dem Vorherrschen des Geruchssinnes bei der Muräne. Wir werden überwiegend vom Gesichtssinn geleitet. Manchmal ist es nur eine Sache des Ausmaßes des Einzelsinns: vielleicht hat der Hund aus dem ersten Absatz dieses Kapitels auf eine Pfeife gehört, die in der Tonlage viel zu hoch für unser Ohr war. Die Männchen der Nachtschmetterlinge, von denen wir im gleichen Absatz sprachen, werden von äußerst geringen Mengen eines Duftsekrets des Weibchens stimuliert — von so geringen Mengen, daß sie das Weibchen schon drei Kilometer entfernt gegen den Wind wahrnehmen können.

Ein anderes, viel berühmteres Beispiel ist die Fähigkeit der Fledermäuse (*Chiroptera*) beim Fliegen im Dunkeln, Hindernissen auszuweichen. Schon der geniale Italiener Lazaro Spallanzani (1729 bis 1799) hat dieses Problem größtenteils gelöst. Er blendete Fledermäuse und bemerkte, daß ihre Flugfähigkeit unangetastet blieb. Infolge eines brillanten Einfalls machte er sie dann taub, indem er ihre Ohren verstopfte. Das machte sie hilflos. Fledermäuse stoßen im Fliegen schnelle und gewöhnlich für unsere Ohren zu hohe Schreie aus; die Echos dieser Schreie befähigen sie, Hindernisse zu umsteuern und selbst ihre Beute, etwa fliegende Nachtfalter, zu fangen. Blinde Menschen entwickeln eine ähnliche Fähigkeit, denn sie können die Echos, die ihr klopfender Stock erzeugt, auswerten.

Da Gerüche im Leben vieler Tiere große Bedeutung haben, können wir annehmen, daß wir oft von ihrem Verhalten übertölpelt werden — wenigstens, bis ziemlich genaue Experimente durchgeführt worden sind. Doch selbst Arten, bei denen der Gesichtssinn dominiert, können ähnliche Schwierigkeiten berei-

ten. Die gerade Fluglinie der Honigbiene (*Apis mellifera*) wird uns ohne Zweifel seit dem Beginn der Bienenhaltung vertraut gewesen sein. Wie steuert die Biene ihren Kurs? Neuere Untersuchungen haben gezeigt, daß eine Biene, wenn brauchbare Landmarken fehlen, nach der Sonne navigieren kann, und das sogar, wenn die Sonne von Wolken verdeckt wird. Das war in der Tat ein Mysterium! Es wurde gelöst, als man feststellte, daß Bienen Lichtqualitäten wahrnehmen können, die der Mensch nur mit Hilfe von Instrumenten entdeckte: polarisiertes Licht. Licht, das vom Himmelsgewölbe reflektiert wird — einem Gewölbe aus Staubpartikeln — variiert in seinem Polarisationsgrad, wobei sich das entstehende Muster mit der scheinbaren Fortbewegung der Sonne verschiebt. Nehmen wir an, daß der Himmel etwas bedeckt ist; dann können die Bienen das Polarisationsmuster so zur Navigation benutzen, als wenn die Sonne selbst vorhanden wäre und ihnen die Richtung wiese.
Von unserem Standpunkt aus liegen diese Fähigkeiten von Hunden, Nachtfaltern, Bienen und anderen außerhalb der sinnlichen Wahrnehmung; ohne Hilfsmittel sind unsere Sinnesorgane nicht in der Lage, Töne, Gerüche oder Lichtqualitäten wahrzunehmen, die einigen anderen Arten vertraut sind. Diese »Mysterien« gehören aber in das Gebäude der physikalischen Wissenschaften. Man nennt sie besser »außerordentlich« und nicht »außerhalb der sinnlichen Wahrnehmung«.

Die Gefühle

Wir sind heute daran gewöhnt, Sinnesorgane, so kompliziert und wunderbar sie auch sind, als physikalische Systeme zu verstehen. Das gleiche gilt aber nicht für Empfindung und Gefühle. Über diesen Gegenstand herrscht keine Einmütigkeit bei Verhaltensformen. Charles Darwin (1809—1822) schrieb ein berühmtes Werk, das noch heute wert ist gelesen zu werden: *»Der Ausdruck der Gemütsbewegungen bei dem Menschen und den Tieren.«* Einige folgen Darwin darin, tierisches Verhalten in dieser Weise zu diskutieren. Andere meinen, man solle das Gefühlskonzept ganz aus den Publikationen von Zoologen und selbst Psychologen verbannen. Wenn darüber hinaus der große Psychologe William James (1842—1910) wünschte, das Konzept des Bewußtseins ganz aufzugeben, dann dürfte für Gefühle nur wenig Raum bleiben. James schrieb dazu:

> »Das Bewußtsein ist keine Einheit und hat kein Recht, unter den ersten Prinzipien zu stehen. Wer noch an ihm hängt, hängt an einem bloßen Echo, einem schwachen Gerücht, das noch von der verschwindenden Seele der philosophischen Ära zurückgeblieben ist.«

Trotz solcher Proteste halten normale Menschen noch immer

daran fest, daß sie bewußt sind und Gefühle wahrnehmen. Mehr noch, sie schreiben auch anderen Arten solche Gefühle zu. Wieder gibt die Honigbiene ein Beispiel. Die immer wieder gebrauchte Bezeichnung »Königin« für das einzige fruchtbare Weibchen der Kolonie und die Mutter aller seiner Glieder zeigt sehr schön unser Talent für Anthropomorphismen. Wird die Königin aus dem Stock entfernt, ändert sich das Verhalten der anderen. Ein Beobachter glaubte, in dem veränderten Gesumm Töne der Trauer gehört zu haben. Andere, etwas experimenteller eingestellt, konnten die Bedeutung der Königin als Anleiterin der Arbeiter nachweisen. Wenn eine Königin isoliert in einem kleinen Käfig innerhalb des Stocks gehalten wird, so daß die Arbeiterinnen sie mit Antennen und Mundgliedmaßen berühren können, geschieht keine Störung. (Das ist etwa so, als ob der Führer einer menschlichen Gemeinschaft in einem Käfig auf dem Marktplatz sitzen würde, und die Bürger darum nicht protestierten, weil sie von Zeit zu Zeit Gelegenheit hätten, ihm die Hand zu schütteln.) Die Bienenkönigin jedoch produziert Sekrete, die an die Arbeiterinnen weitergegeben werden; diese regulieren dann deren Verhalten.

Es ist nicht leicht, mit den sterilen Arbeiterinnen, die ihrer »Königin« beraubt sind, zu fühlen; das sieht allerdings bei den Säugetieren anders aus. Auf diese, und besonders auf unsere nächsten Verwandten, die Menschenaffen, übertragen wir unsere stärksten Gefühle und Wünsche. G. L. Buffon (1717 bis 1789), der französische Systematiker, gibt einen dramatischen Bericht von der Wildheit und leidenschaftlichen Natur der Menschenaffen, die sie dazu bringt, so behauptet er, jeden männlichen Neger, den sie treffen, zu töten und jede Frau zu entführen. Heute wissen wir, daß selbst der große und furchteinflößende Gorilla in Wirklichkeit bemerkenswert harmlos ist und ernstlich durch den Menschen von Vernichtung bedroht wird.

Solche Reiseberichte werden heute leicht als Absurdität entlarvt; in anderen, ernsteren Fällen kommt es jedoch zu ganz unerwarteten Folgen. So schreibt das Vivisektionsgesetz Großbritanniens z. B. vor, daß Tiere nicht zusehen dürfen, wenn andere Tiere getötet werden. Hier sind offensichtlich Eigenschaften des menschlichen Gefühls auf Labortiere übertragen worden. Für einige Tierarten ist eine solche Anordnung sogar lächerlich. Der Tod einer Ratte oder einer Maus unter Betäubung dürfte für andere Ratten oder Mäuse keinerlei Bedeutung haben. Der tote Körper aber könnte sie haben: etwa wenn die Überlebenden ihn auffräßen.

Dies ist ein kleines Beispiel, wie gute Absichten durch Unkenntnis fehlgeleitet werden. Andere Übertragungen entstehen aus der Haltung, die einige Leute gegenüber dem Zoo oder

Zirkus haben. Die Kunststückchen von Zirkustieren sind für manche Menschen (ich gehöre dazu) unangenehm und beklemmend, und der Anblick eines großen Säugetieres oder Vogels hinter Gittern ist erschütternd. Diese Gefühle sagen jedoch nichts über die tatsächlichen Bedürfnisse und Gefühle der Tiere selbst aus. Für uns ist ein Käfig ein Gefängnis — etwas, aus dem man möglichst entfliehen muß. Für ein gefangenes Tier kann er jedoch Heim und Zuflucht sein. H. Hediger, ein Schweizer Zoodirektor, beschreibt zum Beispiel, wie ein Rudel Rehe (*Capreolus*) aus einem Gehege im Baseler Zoo ausbrach und in einen nahen Wald floh, der bereits von Tieren der gleichen Art bewohnt wurde. Die Tore des Geheges wurden offengehalten, und am nächsten Tag war das ganze Rudel zurückgekehrt. Als meine Kollegen und ich eingesperrte Kolonien wilder Ratten studierten, geschah es, daß eine Gruppe sich durch eine Betondecke nagte und auf eine benachbarte Farm floh. Dort töteten und fraßen sie die Küken und brachten uns dadurch in einige Verlegenheit. Sie kehrten jedoch immer wieder in ihre eigene Wohnung zurück. Wir brauchten nur den richtigen Augenblick abzupassen und den Fluchttunnel zu verschließen, um sie alle wieder einzufangen. Viele Säuger und Vögel bewohnen, wenigstens für große Abschnitte ihres Lebens, festbegrenzte Gebiete, von denen jedes für sich eigentlich eine Art Gefängnis darstellt; die Besetzung des Reviers erfolgt ohne Zwang. Eine Vertreibung aus ihm ist für das Tier unerwünscht und wird zu verhindern gesucht.

Wichtig ist darum in diesem Falle, um wirkungsvoll arbeiten zu können, daß wir andere Tiere so betrachten, wie sie wirklich sind, und nicht, wie sie unserer Meinung nach sein müßten. Diese Haltung ist praktisch und moralisch. Sie gilt auch für die Betrachtung unserer selbst. Rudyard Kipling (1865—1936) schrieb eine berühmte und erschreckende Erzählung, die wohl auf Erlebnisse aus seiner Kindheit zurückgeht: *Bäh, bäh, schwarzes Schaf*. Der kleine Junge dieser Geschichte wurde von seinen Lehrern und Aufpassern brutal behandelt, nicht zuletzt weil er für dumm und faul gehalten wurde. Der Junge war jedoch sehr kurzsichtig und konnte die Schrift auf der Wandtafel nicht einmal aus wenigen Metern Entfernung lesen. Heute wissen wir von vielen Defekten, die Kinder dumm, faul oder absichtlich ungezogen erscheinen lassen; manche davon können so leicht »repariert« werden wie die Kurzsichtigkeit. Dieses Wissen verdanken wir zum Teil der gleichen Einstellung gegenüber Tatsachen, die uns zu einem besseren Verstehen des tierischen Verhaltens geführt hat.

Es ist leicht, die Fehler vergangener Generationen zu erkennen, besonders dann, wenn auf sie hingewiesen wurde. Wenige Menschen werden die Bedeutung einer genauen Beschreibung von Verhaltensweisen leugnen, wenn vorher noch keine Analyse versucht wurde. Solche Beschreibungen sollen, soweit es menschliche Schwächen erlauben, frei von Vorurteilen über das sein, was ist oder sein sollte. Jeder selbstkritische Mensch, der einmal versucht hat, eine angemessen vollständige und wahre Übersicht über die Handlungen einer anderen Tierart zu geben, weiß jedoch, welch ungeheure Aufgabe das ist und welch lange Lehrzeit sie erfordert. Jeder kurze Bericht über ein komplexes Verhalten muß untrennbar mit einer Interpretation verbunden sein: der Verfasser wählt das, was er beschreiben will, aus, und zwar aufgrund vieler — oft nicht bewußter — Voraussetzungen. Das Problem besteht darin, dieses Stückwerk von Voraussetzungen bewußt und rational zu machen. Um das zu erreichen, müssen wir erst entscheiden, was rational ist. Rationale Berichte über Verhalten schließen in der Praxis sowohl eine genaue Beschreibung als auch richtige Voraussagen ein. Hinsichtlich der Beschreibung können wir den Bericht des Forschers, der über das »klagende« Gesumm eines seiner Königin beraubten Bienenstocks schreibt, mit der ersten Aufzeichnung über die heute so berühmten »Bienentänze« vergleichen, die in einer Schrift enthalten ist, die Aristoteles (384—322 v. Chr.) zugeschrieben wird; es ist ein klarer Bericht der Geschehnisse, die noch heute von jedem beobachtet werden können, der sich mit dem Verhalten der Bienen beschäftigt.

Das zweite Element eines rationalen Berichts über Verhaltensweisen ist das, was für den eigentlichen Charakter wissenschaftlicher Aussagen gehalten wird. Die Aussage mag nicht sehr umfassend sein: wir wissen zum Beispiel, daß futtersammelnde Bienen ganz spezifische Bewegungen bei ihrer Rückkehr machen, wenn ihnen in einer bestimmten Entfernung vom Stock Zuckerlösung geboten wird. In der Verhaltensforschung sind Aussagen häufig sehr kurz und begrenzt. Da gibt es nichts, was mit den weiten Verallgemeinerungen, die die Grundlage der physikalischen Forschung darstellen, verglichen werden könnte. Ein fundamentaler Gegensatz muß jedoch zu den moralisierenden, ungenauen und phantasievollen Geschichten über tierisches Verhalten bestehen.

Der rationale Charakter der Verhaltensforschung steht auf zwei Pfeilern. Der eine ist die Theorie von der Evolution durch natürliche Selektion. Vor Darwin wurden Pflanzen und Tiere oft als das Werk eines Schöpfers angesehen. Die Geologie hatte die Zeit der Existenz der Erde jedoch schon weit über das bis dahin vermutete Maß verlängert. Darwin legte eine rationale Theorie vor, wie sich über Hunderte von Millionen Jahren die uns heute bekannten Lebewesen langsam entwickelt haben könnten. Über einen Aspekt des Verhaltens schrieb Darwin:

»Es wird wohl allgemein zugegeben werden, daß die Instinkte für das Wohlergehen jeder Art unter den augenblicklichen Lebensbedingungen genau so wichtig sind wie körperliche Strukturen. Unter veränderten Bedingungen ist es mindestens möglich, daß kleine Modifikationen des Instinkts für eine Art vorteilhaft wären. Und wenn gezeigt werden könnte, daß Instinkte überhaupt etwas variieren, dann sehe ich keine Schwierigkeiten darin, anzunehmen, daß die natürliche Selektion die Veränderungen des Instinkts so konserviert und andauernd so weit ansammelt, daß sie vorteilhaft werden könnten. Auf diese Weise, glaube ich, sind all die höchst komplexen und wunderbaren Instinkte entstanden.«

Bei jeder Art finden wir vererbte Variationen. Ist einer der Typen fruchtbarer oder lebt er länger als ein anderer, dann sind seine Chancen, Abkömmlinge zu hinterlassen, entsprechend größer. C. H. Wadington sagte einmal, daß die natürliche Selektion eine unvermeidbare Konsequenz der genetischen Variation in Richtung Vervollkommnung ist. Es kann also für jede Eigenschaft einer Art — sei sie strukturell, chemisch oder eine Verhaltensweise — ein Überlebenswert festgestellt werden. So können zum Beispiel einige uferlebende Schwämme (Porifera) das im Körper befindliche Wasser über eine gewisse Distanz fortspritzen. Es blieb lange rätselhaft, welche Funktion dieses Verhalten im Leben dieser Tiere hatte. Gelegentlich kommt es bei heißem Wetter vor, daß alle Schwämme absterben, mit Ausnahme derer, die in Höhlen oder an Stellen leben, wo Wasser zurückbleibt. Bei diesen dient nun das Wasserspritzen dazu, schädliche Abfallprodukte aus dem Körper zu entfernen, und befähigt sie dadurch zu überleben und die nächste Generation zu erzeugen. Dies ist eine rationale Erklärung eines Verhaltenstyps mit Hilfe von Termini der natürlichen Selektion.

Der andere Hauptpfeiler des rationalen Charakters dieser Wissenschaft ist die Physiologie. Dieser physiologischen Grundlage des Verhaltens werden wir uns jetzt zuwenden.

II Nerven und Sinne der Säugetiere

Die Wurzeln der Psychologie liegen in der Physiologie des Nervensystems, und was wir Geisteshandlungen nennen, sind Funktionen des Gehirns.
T. H. Huxley, 1874

Es ist möglich, eine Maschine zu bauen, die sich wie ein einfaches Tier bewegt. W. G. Walter benutzte dazu einen Stromkreis, der zwei Ventile, zwei Relais und zwei Kondensatoren bediente. Hinzu kamen zwei Rezeptoren: eine photoelektrische Zelle, also ein Lichtsinnesorgan (ein »Auge«) und ein Kontakt, der als Tastrezeptor funktionierte. Als Effektor-Organ, das dem Muskelsystem entspricht, dienten zwei Elektromotoren. Wie einige Protozoa blieb auch diese Maschine in steter Bewegung. Das änderte sich jedoch, wenn die Batterien schwächer wurden: ihre Reaktionen auf starkes Licht wurden anders, und sie suchte dann (in der Umgebung, an die sie angepaßt war) einen Lichtkasten auf, in dem ihre Batterien wieder aufgeladen wurden. Darüber hinaus war die Maschine in der Lage, Hindernissen auszuweichen oder sie zu umfahren. Mit dieser Ausrüstung vollzog die Machina speculatrix recht komplizierte Handlungen, die nicht alle von ihrem Hersteller vorausgesehen worden waren.

Selbst das einfachste Nervensystem ist viel komplizierter als Walters stromgetriebenes Maschinchen. Vor allem ist es aus viel mehr Komponenten zusammengesetzt. Die »höheren« Tiere, die die höchstentwickelten Verhaltensweisen zeigen, besitzen viele Millionen Nervenzellen. Das ist keinesfalls erstaunlich, wenn wir vom Blickpunkt eines Konstrukteurs nur einige der Aufgaben dieser Ausrüstung untersuchen. Nehmen wir das Erkennen. Die vertrautesten Beispiele kommen von uns selbst. Wir erkennen zum Beispiel den Buchstaben A sowohl unter einer Vielzahl von Typen als auch auf verschiedenste Entfernungen. Sein Muster fällt auf unsere Retina, und wir akzeptieren dabei eine große Diversität der A's. Ebenso können wir eine Melodie, ganz unabhängig davon, in welcher Tonlage, mit welchem Instrument oder in welcher Interpretation sie gespielt wird, erkennen. Ohne diese Fähigkeit wären wir auch kaum in der Lage, uns durch die Sprache zu verständigen: wir erkennen ohne besondere Anstrengungen Worte und Sätze in vielen Ak-

zenten, schnell, leise, laut oder weich gesprochen. Dies alles sind Beispiele von Stimulus-Verallgemeinerungen. Wir (und andere Tierarten) erkennen gewisse Merkmale — visueller, auditiver oder taktiler Art — als »dasselbe«, weil sie bestimmte Gemeinsamkeiten haben. Dieses erlaubt eine höchst unmaschinenmäßige Toleranz gegenüber Variationen im Stimulus, der eine spezielle Reaktion auslöst.
Doch gibt es auch hier eine Verallgemeinerung. Ein großer Teil tierischen Verhaltens erreicht einen besonderen Zweck mit *Hilfe verschiedener Mittel:* ein Spinnennetz mag die typische, gleiche Form einer bestimmten Art aufweisen; es kann jedoch durch Bewegungen gebildet worden sein, die von Individuum zu Individuum beträchtlich variieren. Bei uns selbst ist diese Art Fähigkeit so gewohnt, daß sie kaum noch auffällt: ein Pianist kann einen auf ein Notenblatt geschriebenen Akkord mit verschiedenen Kombinationen seiner zehn Finger spielen; ein Mann, der gelernt hat, mit einer Hand zu schreiben, kann das auch mit der anderen oder gar mit dem Fuß (wenngleich auch etwas unbeholfen).
Solche Fähigkeiten sind gewöhnlich das Produkt des Lernens durch Erfahrung. Das Zentralnervensystem der meisten Tiere ist nicht nur ein Kommunikationsorgan zwischen Sinnesorganen einerseits und Muskeln oder Drüsen andererseits: es ist in der Art seiner Funktion höchst anpassungsfähig. Noch bemerkenswerter ist (wie wir ausführlicher später sehen werden), daß zumindest Säugetiere, die eine Fähigkeit durch eine spezielle Aufgabe erworben haben, diese auch auf andere Aufgaben übertragen können. Es gibt da eine Art des Lernen-Lernens. Wie in einem solchen Fall jedoch das Gehirn als Informationsspeicher arbeitet, ist noch heute höchst mysteriös. Trotz des großen technischen Fortschritts in unserem Jahrhundert sind die Techniker noch weit davon entfernt, Maschinen bauen zu können, die beispielsweise die Fähigkeiten eines Bienengehirns von nur 2,5 mg Gewicht imitieren könnten. Viel weniger noch sind sie in der Lage, ein Säugergehirn nachzubauen. Und doch ist dies der Gehirntyp, über den wir am meisten wissen. Das folgende Kapitel behandelt — von wenigen Abweichungen abgesehen — solche sehr komplexen Organe.

Die Sinne

In gewisser Hinsicht ist das Nervensystem ein Hilfsmittel, durch das Veränderungen in den Sinnesorganen, dem übrigen Körper, und besonders den Effektor-Organen — den bewegungserzeugenden Muskeln und Sekret abgebenden Drüsen — mitgeteilt werden. Es ist ein vergrößerndes System: der Hund in Kapitel 1 rannte eine beträchtliche Entfernung mit dem entsprechenden Energieverbrauch, nur weil er eine winzige Energiemenge, dargestellt durch Bewegung von Luftpartikeln, induziert von einer Pfeife, empfing. Ein anderes bemerkenswertes Beispiel stellt die Küchenschabe, *Periplaneta americana* dar. Das Männchen dieser Tierart wird durch eine vom Weibchen sezernierte Substanz sexuell erregt. Es gelang, diese Substanz zu isolieren, und es wurde errechnet, daß dreißig Moleküle ausreichen, ein Männchen zu stimulieren. R. H. Wright hat eine Berechnung auf die Annahme gestellt, daß ein Männchen zwei Gramm wiegt und durch den Geruch stimuliert wird, 4 cm/sec. zu laufen. In diesem Fall würde die Energiedifferenz zwischen Ursache und Wirkung 10^{15} betragen. Das ist nach Wright »aber um eine Million Male größer als der Unterschied zwischen der Energie der größten Wasserstoffbombe und der Energie, die notwendig ist, um den roten Knopf zu drücken«.

Die Pfeife für den Hund und der Geruch für die Schabe sind Signale. Ein Signal ist eine kleine Energiemenge, die eine große Veränderung in der Energieproduktion eines Systems hervorruft. Es kann, muß aber nicht, über Entfernungen wirken. Es kann auch eine *Reduktion* der Energieproduktion verursachen. Ein Stimulus ist jede Art von Signal, das mit Hilfe der Sinnesorgane auf ein Tier (oder einen Menschen) wirkt. (Dies als Erläuterung, wie die Termini »Signal« und »Stimulus« in diesem Buch benutzt werden.)

Sinnesorgane reagieren auf *Veränderungen*, wie Abb. 1, S. 25 zeigt. Sie messen auch Intensitäten. Die äußeren Sinne vermitteln eine sich dauernd verändernde Vorstellung von der Umwelt des Tieres. Diese Vorstellung hat, wie wir sehen werden, mindestens dreifachen Effekt. In erster Linie beeinflußt sie — und das ist am augenfälligsten — das Verhalten: ein Tier benutzt die Augen, wenn es sich einem Gegenstand nähert oder vor einem anderen zurückweicht; es bewegt sich, solange die Rezeptoren in seiner Haut eine bestimmte Temperatur signalisieren; es verharrt bewegungslos auf dem Boden — auf einen Ton hin. In zweiter Linie hängt die allgemeine Reaktionsbereitschaft (Agilität, »Bewußtsein«) von dem Gesamteinfluß der äußeren Sinne ab; dieses etwas neuere Konzept wurde durch jüngere Untersuchungen über einen bislang vernachlässigten Gehirnteil, der später zu beschreibenden Formatio reticularis, gewonnen. Drittens ist das Zentralnervensystem, wie wir gesehen haben, nicht in einem stets gleichbleibenden Zustand: mindestens im sich bewegenden Tier wechselt der Zustand dauernd. Das ermöglicht dem Tier nicht nur, auf seine Umwelt zu reagieren, sondern auch, sich in seinem Verhalten an sich ändernde Bedingungen anzupassen: einigen Gegenständen nähert es sich schneller, andere werden gemieden, je nach der wieder-

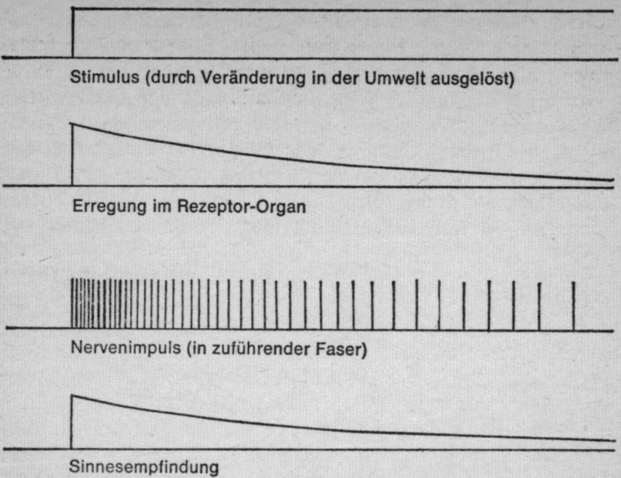

Abb. 1 Das Diagramm zeigt, wie die Zellen eines Sinnesorgans arbeiten. Es geschieht eine Veränderung in der Umgebung (obere Figur); das Rezeptor-Organ antwortet, jedoch mit absinkender Intensität (Gewöhnung); entsprechend vermindert sich die Anzahl der ausgesandten Nervenimpulse; schließlich nimmt auch die Sinnesempfindung (wenn ein menschliches Wesen betroffen ist) ab.

holt mit ihnen gemachten Erfahrung; günstige Bedingungen werden schneller genutzt; wiederholter Lärm, der zuerst stört, wird später ignoriert. Die zentralen Änderungen, die vage »Lernen« genannt werden und die ein sich anpassendes Verhalten ermöglichen, dauern vielleicht auch dann noch an, wenn kein äußeres Verhalten es anzeigt: zumindestens ein Säugetier kann Informationen speichern, die keinen unmittelbaren Effekt auf das haben, was es gerade tut.

Unser wiederholter Hinweis auf die »äußeren« Sinne deutet an, daß es auch andere, innere, geben muß. Tatsächlich erhält das Zentralnervensystem dauernd Informationen von den Eingeweiden und anderen sich bewegenden Teilen des Körpers. Magen-, Darm- oder Frauen-Uterus-Schmerzen sind vertraute Dinge; sie werden von Blähungen oder sehr starken Kontraktionen der glatten (»unwillkürlichen«) Muskulatur der Eingeweidewände hervorgerufen. Die Bedeutung anderer interner Sinne wird häufig erst dann auffällig, wenn sie versagen. Zu ihnen gehört der Gleichgewichtssinn im Innenohr. Im Tierreich sind Sinnesorgane, deren Funktion es ist, die Lage des Tieres zur Erde zu signalisieren, weit verbreitet. Die einfachste Form dieser Organe stellen die Statocysten, sphärische, flüssigkeitsgefüllte Kammern dar, die ein oder mehrere feste Objekte (Statolithen) enthalten. Die innere Bedeckung der Statocysten besteht aus Sinneszellen: diese werden durch den Kontakt mit den Statolithen aktiviert, die durch die Schwerkraft auf sie drücken. Durch die Lage der Statolithen wird also die Position des Tieres zur Erde dauernd dem Nervensystem signalisiert. Durch solche Organe können sich viele agile Tiere, von der Qualle bis zum Menschen, in der richtigen Lage halten. Wenn man eine Katze – gleichgültig, in welcher Lage – aus einem oder mehreren Metern Höhe fallen läßt, landet sie immer auf

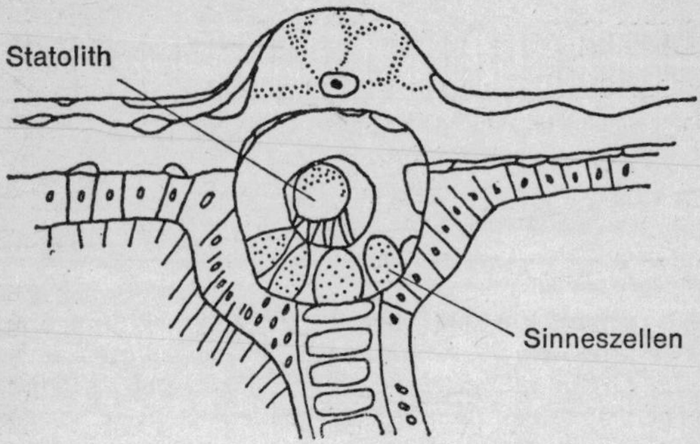

Abb. 2 Diagramm eines Schweresinn-Organs, auch Statocyste genannt.

den Beinen. Dieser ausrichtende Reflex hängt von den Gleichgewichtsorganen im Innenohr ab: diese sind zwar keine einfachen Statocysten; sie bestehen vielmehr aus drei halbkreisförmigen Kanälen und anderen Strukturen, die von Knochen umhüllt und mit einem Sinnesepithel bedeckt sind.

Die Fähigkeit der Katze, sich auszurichten, zu stehen oder mit ihrer gewohnten Grazie und Eleganz sich bewegen zu können, hängt auch von den Informationen mikroskopisch kleiner Sinnesorgane in Muskeln, Sehnen und Gliedern ab. Diese sind Propriorezeptoren. Ihre Bedeutung wird durch eine meist übersehene Besonderheit deutlich: durch die Nerven, die die Muskeln versorgen. Gewöhnlich wurde angenommen, daß die Nerven Impulse zu den Muskeln führen (und sie so zur Kontraktion anregen); das tun sie auch. Trotzdem ist aber ein Drittel bis die Hälfte der Nervenfasern in diesen Nerven sensorischer Natur: sie leiten Informationen in der entgegengesetzten Richtung, zurück zum Zentralnervensystem. Bei den Säugetieren fließt der propriorezeptive Reiz vom Hauptmuskelsystem zum Gehirn durch das Rückenmark (durch dessen dorsale Stränge). Werden diese Stränge verletzt oder erkranken sie, so ist eine normale Bewegung nicht möglich: Das Tier (oder der Mensch) kann –

abgesehen vom Hinfallen — sich nicht mehr bewegen, weil die Information von den sich bewegenden Teilen, die — von einer tausendstel Sekunde zur anderen — notwendig ist, um das folgende Bewegungsstadium zu regulieren, fehlt oder unvollkommen ist.

Ein einfaches Experiment veranschaulicht einige Eigentümlichkeiten dieser Rückkopplung (»feedback«) von den Sinnesorganen in unseren eigenen Muskeln und Gliedern. Legt man ein festes Band um das Handgelenk eines Menschen, wird die Blutzufuhr zur Hand abgeschnitten und die Sinnesorgane in ihr werden außer Aktion gesetzt. Der Mensch kann trotzdem seinen Daumen bewegen, obwohl die Muskeln für diesen im Unterarm liegen; er kann jedoch nicht sagen, ob sich sein Daumen tatsächlich bewegt hat, es sei denn, er betrachtet ihn (unter normalen Umständen ist es möglich, die Bewegung zu fühlen, selbst mit verbundenen Augen). Die Sinnesorgane, von denen die Informationen kommen, liegen nämlich in den Gliedern des Daumens und nicht in den Muskeln.

In allen komplexen und aktiven Tieren wird dem Zentralnervensystem ein vollständiges Bild oder ein Bericht über die jeweilige Stellung der beweglichen Teile ihres Körpers vermittelt. Propriorezeption ist zum Beispiel auch bei Insekten hoch entwickelt.

Das Bild der äußeren Welt, das dem Gehirn übermittelt wird, ist weniger vollständig als das der inneren, und es ist zudem von Tierart zu Tierart verschieden. Auffällige Beispiele geben uns der Gesichts- und der Geruchssinn. Abgesehen von den Primaten und einigen Carnivoren ist der Gesichtssinn schwach entwickelt; doch ist sehr häufig — wenn auch nicht immer — ein hoher Grad von Tastvermögen und Geruchsunterscheidungsvermögen vorhanden. Ein anderes Beispiel verschiedener Entwicklung ist die Hörschärfe. Die Fledermäuse, die die hohen, von ihnen selbst ausgestoßenen Töne ausnutzen, stehen in dieser Hinsicht an der Spitze der Tierklasse.

Außerhalb der Säuger, jedoch noch innerhalb der Wirbeltiere, gibt es einige faszinierende sensorische Fähigkeiten. Die Grubenottern, Crotalinae, besitzen einen ganz eigenen Sinn für Hitze und Kälte. Die Gruben in ihren Köpfen befähigen sie, eine Maus, allein durch die von ihr ausgehende Wärmestrahlung, aus einem Meter Entfernung wahrzunehmen; weil darüber hinaus diese Sinnesorgane auch noch paarig vorhanden sind, können sie auch die Richtung zur Maus feststellen. Amphibien, etwa Frösche, werden in trockener Luft durch die Verdunstungskälte ihrer Haut wahrgenommen. Eine weitere bizarre Fähigkeit besitzen manche Fische, etwa die Mormyridae und die Gymnarchidae. Diese Kreaturen weisen elektrische Organe auf — Strukturen, die umgebildete Muskeln sind, in denen die normale elektrische Energieerzeugung des Muskels verstärkt wird. Sie werden nicht, wie beim elektrischen Aal, zum Betäuben der Beute benutzt, sondern erlauben ihnen, Signale niedriger Voltzahl auszusenden, die ein elektrisches Standardfeld um den Fisch herum erzeugen. Dieses Feld wird durch jedes Objekt, das es betritt, verändert, und die Veränderung wird von Sinnesorganen wahrgenommen, die an der Flanke des Fisches entlang liegen (und zum »Seitenliniensystem« gehören). Mit diesen Hilfsmitteln erhalten diese Fische ein Bild ihrer Umwelt, das unabhängig von Sicht und Gehör ist.

Nerven und Nervenimpulse

Wie werden all diese Informationen übermittelt? Leitfähigkeit irgendwelcher Art besitzen alle tierischen Zellen: stimuliert man (chemisch oder mechanisch) einen Punkt an der Oberfläche eines Einzellers, etwa einer Amöbe, wird man eine Welle von Veränderungen sich durch dieses einzellige Tier fortpflanzen sehen. Die Nervenzellen vieler vielzelliger Tiere haben diese Eigenschaft hoch ausgebildet. Darüber hinaus wird ihr Cytoplasma häufig in zahlreiche Fortsätze (Nerven»fasern«) ausgezogen, die extrem lang sind. Es gibt Zellen im Rückenmark des Elefanten, deren Hauptfortsätze sich bis in die Muskeln der Hinterbeine ausdehnen. Der Zellkörper der Nervenzelle bleibt dabei – obwohl er der Hauptteil der Zelle um den Kern herum ist – weniger als ein Zehntel Millimeter dick. Nervenfasern können im Tierreich als Ganzes einen Durchmesser von einem Tausendstel Millimeter bis zu einem Millimeter besitzen. Letztere sind die Riesenfasern verschiedener Invertebraten; sie wurden besonders bei Cephalopoden (Octopus und Sepia-Tintenfischen) studiert. Beim Menschen sind die kleinsten Fasern im Durchmesser weniger als ein Tausendstel Millimeter dick; die größten jedoch, die am schnellsten leiten, sind zwanzig Tausendstel eines Millimeters stark.

Die Leitung erfolgt immer in einer Richtung (obgleich das experimentell verändert werden kann). Ein einziger Fortsatz, das Axon, leitet Impulse vom Zellkörper fort. Selten ist das Axon an seiner Wurzel verzweigt. Gewöhnlich teilt es sich nur an seinem Ende in »Telodendrien« (Endbäumchen) auf: dort tritt es mit anderen Nervenzellen, oder, wenn es ein motorisches Neuron ist, mit Muskelfasern oder Drüsenzellen in Kontakt.

Die anderen Zweige oder Dendriten bringen Impulse zum Zellkörper. Das Zentralnervensystem – Gehirn und Rückenmark – besteht aus Zellkörpern, Dendriten und Axonen und einer zusätzlichen Zellart, der Neuroglia, die wir später besprechen. Das Diagramm (S. 29, Abb. 3) zeigt das in sehr vereinfachter Form. Außerhalb des Zentralnervensystems finden sich noch weitere

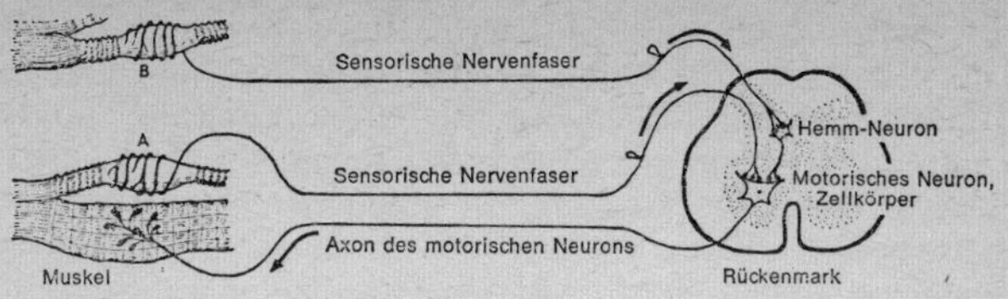

Abb. 3 Diagramm eines »Reflex-Bogens«. A und B sind Streckungs-Rezeptoren in antagonistisch arbeitenden Muskeln.

Ansammlungen von Zellkörpern, die Ganglien. Der ganze Rest des Nervensystems sind dann die Nerven selber. Sie sind Bündel von Fortsätzen der Nervenzellen: in einem einzigen Nerv können Zehntausende von Fasern vereinigt sein.

Die Nervenimpulse wandern in einer Nervenfaser mit einer (im ganzen Tierreich übereinstimmenden) Geschwindigkeit, die zwischen 0,5 und 100 Metern pro Sekunde liegt. Diese niedrigen Geschwindigkeiten warnen uns davor, das Nervensystem mit einem Netz von Kabeln zu vergleichen, die etwa wie bei Telegrafendrähten »Botschaften« vermitteln. Die Kommunikation mit Hilfe von Telegraf, Telefon oder Radio erfolgt in Lichtgeschwindigkeit, das sind annähernd 300 000 km/sek, also dreimillionenmal schneller als die schnellsten Nervenimpulse. Das Nervensystem könnte niemals wie eine Anlage, die von Elektroingenieuren ersonnen wurde, arbeiten: wie andere Gewebe des Körpers besteht es zu ungefähr 70 % seines Gewichtes aus Wasser; da auch Salze in dem Wasser gelöst sind, leitet das Gesamtsystem gerade elektrische Ströme von recht niedriger Voltzahl. Für gewöhnliche Elektrizität ist das Gehirn einer Salzwasserpfütze vergleichbar, die keinerlei isolierende Barrieren besitzt.

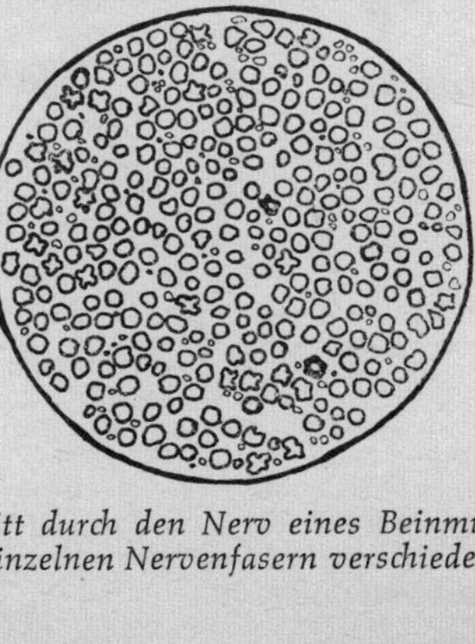

Abb. 4 Querschnitt durch den Nerv eines Beinmuskels des Kaninchens: Die vielen einzelnen Nervenfasern verschiedenen Durchmessers sind eingezeichnet.

Ein einfaches und harmloses Experiment veranschaulicht einige Leitungseigenschaften des Nervenimpulses: nimm eine Nadel und steche heftig in die Haut des Fingerrückens in der Nähe des Nagels. Konzentriere alle Aufmerksamkeit auf die *Details* der entstehenden Empfindung. Es gibt einen doppelten Effekt: nach dem Gefühl des Stiches oder des Schmerzes folgt nach einem merkbaren Intervall ein zweites von undeutlicher Qualität. Das ist offensichtlich auf die Existenz von zwei Typen von Nervenfasern zurückzuführen, die mit verschiedenen Geschwindigkeiten Impulse von der Haut ableiten: denn ein Teil des Reizes vom gestochenen Finger erreicht das Gehirn vor dem Rest. Wird der Fuß gereizt, ist die Pause zwischen den Gefühlen aus klar ersichtlichen Gründen länger.

Trotz der beschriebenen Zusammensetzung des Nervensystems hängen die Nervenimpulse mit elektrischen Veränderungen in den Nervenfasern und Zellkörpern zusammen. Die Leitung der Impulse kann tatsächlich mit Geräten gemessen werden, die extrem kleine Veränderungen des elektrischen Potentials registrieren. Ein Neuron besitzt, wie andere Zellen auch, eine Membran, die selektiv bestimmten Substanzen die Passage in das Cytoplasma hinein oder heraus erlaubt. Die Nervenimpulse hängen von den Eigenschaften der Membran ab, die die Fortsätze der Neuronen umgibt. Ein Axon, das nicht leitet, hat eine elektrisch aufgeladene Oberflächenmembran (die Membran hat eine Dicke von wenigen Zehntel Mikron. Ein Mikron = 10^{-4} mm). Die

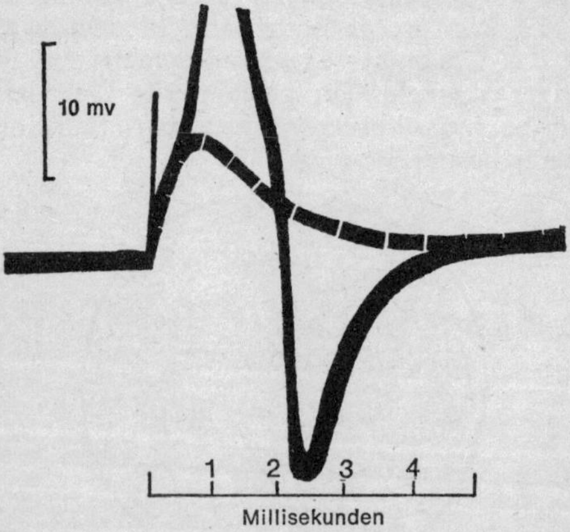

Abb. 5 Das Diagramm zeigt den Spannungswechsel in Millivolt, der beim Durchlauf eines Nervenimpulses in einem Nerv auftritt. Die durchbrochene Linie stellt den Stimulus dar, der den Impuls auslöste. Die Zeitskala ist in Tausendstel Sekunden, die Spannungsskala (vertikal) in Tausendstel Volt aufgeteilt.

Stimulierung eines Nervs versursacht einen zeitweiligen Zusammenbruch des Potentials, und dieser entpolarisierte Zustand pflanzt sich entlang der Faser fort. Die dabei auftretenden elektrischen Veränderungen, die Abb. 5 zeigt, liegen in der Größenordnung von 100 Millivolt. Nach der Passage eines Reizes tritt eine refraktäre Periode auf, während der kein weiterer passieren kann; danach wird jedoch die Ladung der Membran wieder hergestellt, etwa in einer Periode von wenigen Millisekunden.

Der Nervenimpuls ist ein Alles-oder-nichts-Phänomen; entweder tritt er auf, oder eben nicht. Wird die Provokation, die ihn in Gang setzt, intensiviert, geschieht keine Verstärkung des Impulses; es kann sich jedoch die Anzahl der Impulse erhöhen. Verändert man zum Beispiel die Lichtmenge, die in ein Auge fällt, wächst die Rate der Entladungen der Rezeptorzellen in der Retina an und dadurch auch die Rate des Impulses in den Nervenfasern, die mit ihnen verbunden sind. Die individuellen Impulse bleiben jedoch die gleichen. Das gleiche Prinzip gilt auch für andere Sinnesorgane. Es ist kurios sich vorzustellen, daß wir Mozarts Klarinetten-Konzert, das Bukett eines guten Rotweins, die Statue des Moses von Michelangelo, die Berührung der Geliebten und alle unsere anderen Erlebnisse durch die vielschichtigen Millionen von Nervenimpulsen, die unser

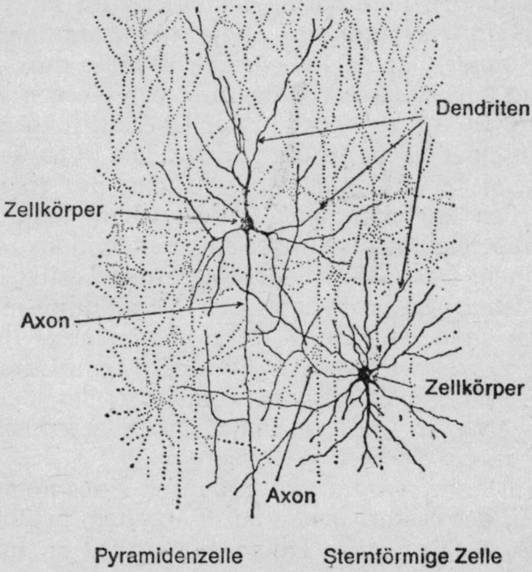

Abb. 6 Nervenzellen in der Hirnrinde der Katze. Diese Zellen wurden mit Hilfe einer Spezialmethode gefärbt, die nur wenige der tatsächlich vorhandenen Zellen sichtbar macht; die anderen bleiben fast unsichtbar. Die Zelle mit langem Axon ist eine Pyramidenzelle, die Impulse an motorische Nervenzellen des Rückenmarks weiterleitet.

Gehirn erreichen, erfahren. Diese Erkenntnis hat keine Folgen für unsere Freude am Sinnesgenuß, sie kann jedoch die Bewunderung steigern, mit der wir die Ordnung in der Natur erforschen.
Obgleich der Nervenimpuls, abgesehen von der Geschwindigkeit seiner Vermittlung, in allen Nervenfasern derselbe ist, hängt doch der *Effekt* der Reizung, die vom Sinnesorgan ausgeht, davon ab, welcher Nerv aktiviert wird. Die Stimulierung des optischen Nervs ergibt immer eine Lichtempfindung: selbst ein Schlag läßt uns Sterne sehen (und natürlich auch Schmerz empfinden). Die Erkrankung des Gehörnervs kann ein Ohrensingen verursachen, oder auch Ohrensausen. Dieser spezifische Effekt verschiedener Nervenarten ist das »Gesetz der spezifischen Sinnesenergien« genannt worden.
Die Effektivität der Nervenimpulse, die zum Zentralnervensystem fließen, hängt davon ab, wieviel Neuronen sie zur Entladung bringen, wenn sie dort ankommen. Die funktionelle Verbindung zwischen zwei Neuronen ist die Synapse. Optisch, unter dem Mikroskop, besteht eine Synapse aus einem Zellkörper und dessen Dendriten, an denen sich einige der Telodendriten eines anderen Neurons anlegen (Abb. 7). Jede Nervenzelle steht mit vielen anderen, oft einigen Hunderten, in synaptischer Verbindung. Jedes konventionelle Diagramm internervlicher Beziehungen muß darum unausbleiblich mißverständlich sein, denn ein verständliches Diagramm kann nicht die tatsächliche Komplexität darstellen. Die Passage durch eine Synapse erzeugt eine weitere Verzögerung von einigen Tausendstel Sekunden (etwa 4×10^{-4} sek) in der Übermittlung einer Information von einer Ebene in die nächste. Die Synapse wirkt wie ein Ventil: sie erlaubt eine Übermittlung nur in einer Richtung, von den Endbäumchen (Telodendriten) zum Zellkörper. Das Gehirn selbst eines kleinen Säugetiers enthält zehn Millionen Neuronen. Das Gehirn eines Menschen besitzt mindestens 10^{10}, von denen jede in synaptischer Verbindung mit Hunderten anderen steht. Für einen Elektroingenieur stellt dies eine ungeheure Verkleinerung dar. Das elektrotechnische Analogon der Synapse ist ein Ventil oder Transistor; der kleinste Transistor ist jedoch, in linearen Dimensionen gerechnet, tausendmal länger als ein Neuron.
Diese enorm hohe Anzahl von Synapsen eines komplexen Gehirns, die in der beschriebenen Form arbeiten, befähigen offensichtlich das Gehirn, viele Dinge auf einmal zu tun – selbst wenn das Tier schläft. Wenn es wach ist, reguliert das Gehirn nicht nur die Funktionen der Eingeweide und die Atmung, sondern beispielsweise auch die Gehbewegung und, beim Menschen, eine Unterhaltung.
Dieser Überblick sagt nichts über das »Lernen« aus: adaptive

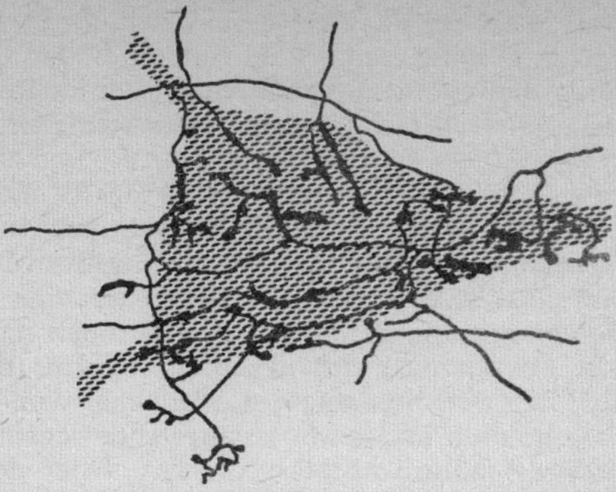

Abb. 7 Auf der Oberfläche dieser motorischen Nervenzelle enden die Fasern vieler anderer Zellen. Die Verbindung zwischen Nervenzellen nennt man Synapse.

Veränderungen im Verhalten, die Erfahrung auslösen, hängen von Veränderungen im Zentralnervensystem ab; über das Gedächtnis sagt jedoch J. von Neumann: »Wir wissen über seine Natur und Lokalisation so wenig wie die Griechen, die den Sitz des Geistes im Zwerchfell vermuteten.«
Eine weitere Wissenslücke klafft in der Struktur und Zusammensetzung der Gehirngewebe – eine Lücke, die sich sehr bald als von entscheidender Bedeutung auch für seine Funktion herausstellen wird. Nur die Hälfte des Gewichts eines Säugergehirns wird von den Neuronen ausgemacht. Der Rest besteht aus sehr zahlreichen, offenbar nicht leitenden Zellen, der Neuroglia. Gliazellen hüllen die Zellkörper der Neuronen ein. Man hielt sie bislang vor allem für den Transport von Material vom Blut zur Zelle für verantwortlich. Inzwischen ist viel Forschungsarbeit geleistet worden, und es kann sich bald herausstellen, daß sie andere Funktionen haben.

Reflexe

Wenn die Sehne unter der Kniescheibe mit dem Handrücken (oder einem Sehnenhämmerchen) geklopft wird, kontrahiert sich ein Muskel auf dem Oberschenkel. Liegt das Bein frei, zeigt sich das in einer kurzen Zuckbewegung. Solch einen Sehnen- oder Spannreflex kann man überall beobachten. Gewöhnlich wird er klinisch benutzt, besonders, wenn die Bedingungen diagnostiziert werden sollen, die das Nervensystem beeinflussen. Der Kniereflex läßt sich vom Laien leicht ausprobieren. Er ist zugleich ein Beispiel für die einfachste Beziehung zwischen Stimulus und Reaktion, die man bei Säugetieren findet. Die Strukturen, die diese Bewegungen regulieren, liegen im Rückenmark – dem einfachsten Teil des Zentralnervensystems eines Säugetieres.

Der sehr feine, flüssigkeitserfüllte Kanal des Marks ist von »grauer Masse« umgeben, die aus Zellkörpern mit einigen Nervenfasern besteht. Ganz außen liegt die »weiße Masse«, die ausschließlich aus Fasern besteht. Große Faserzüge durchlaufen das Rückenmark und verbinden die Neuronen mit anderen verschiedener Ebenen oder mit denen im Gehirn. Etwa vierundzwanzig Paare von Spinalnerven, sieht man von denen im Schwanz ab, enthalten in das Mark eintretende sensorische und diese verlassende motorische Nervenfasern. Jeder der Spinalnerven besitzt zwei Wurzeln; die dorsale enthält grundsätzlich sensorische, die ventrale motorische Fasern. Verletzungen der dorsalen Wurzeln führen deshalb zu partieller Gefühllosigkeit in der Haut, solche der ventralen Fasern zur Lähmung von Muskelgruppen.

Wird ein Tier, etwa eine Katze, betäubt und dann durch Abtrennung des Gehirns vom Rückenmark getötet, kann das Rükkenmark, wenn der Körper warm gehalten und die Atmung künstlich aufrechterhalten wird, in einem aktiven Zustand gehalten werden. Dieses »Spinalpräparat« kann noch auf Reizung mit Bewegungen der Gliedmaßen antworten. Sehnenreflexe von der Art des Kniereflexes können so isoliert und beim Studium der Nervenfunktion ohne Einwirkung des ungeheuer komplizierten Gehirns studiert werden. Eine wichtige Grundlage zur Nervenphysiologie wurde von C. S. Sherrington (1859–1952) und seinen Mitarbeitern in Oxford mit Hilfe feinster Erforschung der Reflex-Aktivität des Rückenmarks gelegt. Sie studierten quantitativ die Effekte, indem sie die verschieden starken Stimuli mit den unterschiedlich starken Muskelkontraktionen, die von ihnen hervorgerufen wurden, verglichen.

Sie berechneten auch die Zeit, die die verschiedenen Stadien in der Übermittlung von Impulsgruppen vom Sinnesorgan bis zu den Muskeln dauerten. Es kann zum Beispiel die Zeit, die zwischen der Stimulation und der Beobachtung der beginnenden Muskelkontraktion vergeht, 4,4 Tausendstel einer Sekunde in einem sensorischen Nerv, 3,9 Tausendstel Sekunden im Rükkenmark und nur 2,1 Tausendstel Sekunden in einem efferenten oder motorischen Teil betragen.

Die Beziehungen, die zwischen Sinnesorganen, sensorischen (afferenten) Nerven, Verbindungsneuronen im Rückenmark, motorischen Neuronen und Muskeln (oder Drüsen) bestehen, werden oft in einem sehr einfachen Diagramm, wie es etwa auf Seite 29 in Abb. 3 dargestellt wird, erklärt. Es entsteht dadurch der Eindruck, als ob immer nur eine Zelle jedes Typs mit einer anderen in einer gradlinigen Kette verbunden wäre. Das ist jedoch durchaus nicht zutreffend. Nehmen wir an, daß die Stimulation einer Gruppe von Sinnesorganen eine teilweise Kontraktion einer Muskelgruppe von der Stärke x hervorruft. Nehmen wir weiterhin an, daß andere Sinnesorgane eine ähnliche Kontraktion bedingen, y; dann müßte bei Zusammenwirken der Stimuli eine Kontraktion der Stärke $x + y$ entstehen. In Wirklichkeit liegt das Resultat der Kontraktion oft aber niedriger als erwartet. Dieser *Ausfall* hängt mit dem Überlappen der sensorischen Nachrichtenbahnen im Rückenmark zusammen. Manchmal ist dagegen eine Kontraktion, die durch zwei Stimuli hervorgerufen wird, stärker als erwartet: das nennt man »Bahnung«. Sie entsteht, wenn einige Neuronen von verschiedenen Quellen her fast gleichzeitig stimuliert werden; dadurch ist so viel Reizung vorhanden, daß Neuronen zur Entladung kommen, die nicht reagiert hätten, wenn nur einer von zwei Stimuli eingewirkt hätte.

Diese Phänomene hängen natürlich nicht mit dem Rückenmark zusammen. Ein Reizüberlagern verschiedenster Form ist im gesamten Nervensystem die Regel. Der optische Apparat etwa gibt gute Beispiele. Die Retina des Menschen besteht aus etwa 130 Millionen lichtempfindlicher Zellen (125 Millionen Stäbchen und 6 Millionen Zäpfchen); doch nur eine Million Nervenfasern leiten die Impulse, die in der Retina entstehen, ab. Diese Impulse erreichen dann die Hirnrinde, wo die Endungen jeder einzelnen Faser sich mit ungefähr fünftausend Neuronen verbinden.

Eine weitere wichtige Erscheinung des »einfachen Reflexes« ist die Hemmung, deren Wirkungsweise in Abb. 8 dargestellt ist. Immer wenn ein am Skelett angreifender Muskel kontrahiert, muß sein Antagonist sich entspannen. Das erfordert eine Hemmung der entsprechenden motorischen Neuronen. Selbst eine so einfache Bewegung, wie sie ein Sehnenreflex darstellt, bedingt eine koordinierte Folge von Veränderungen: in Bruchteilen einer Sekunde entsteht die Kontraktion und löst sich wieder auf: und genauso muß die Entspannung des Gegenspielers vor sich gehen.

Schließlich bedarf die Regulierung der Bewegung auch einer dauernden Rückmeldung von Informationen aus den propriorezeptiven Fasern.

Es gibt keine scharfe Grenze zwischen dem in der Wirbelsäule verlaufenden Rückenmark und dem im Schädel liegenden Gehirn. Auch der hintere (bzw. beim Menschen der untere) Teil des Gehirns, der Hirnstamm, übermittelt »Reflexe«. Bestimmte Gruppen von Nervenzellen (sogenannte »Zentren«) in der Medulla haben ganz speziell die Aufgabe, die Atmung, den Herzschlag und andere stereotype Bewegungsformen, wie Husten und Erbrechen, zu regulieren. Die Drüsenaktivitäten, Speichelsekretion und Sekretion von Tränen zum Beispiel, haben ebenfalls ihr Erregungszentrum in der Medulla.

Haltungsregulierende Reflexe hängen vom Mittelhirn und vom Kleinhirn ab. Wir sehen, daß eine fallende Katze immer auf ihren Beinen landet, gleichgültig, wie ihre Körperlage beim Beginn des Falls war. Der »ausrichtende Reflex« ist ein auffälliges, vertrautes und komplexes Produkt der Zusammenarbeit der Schwererezeptoren im Ohr, der Propiorezeptoren, des Haltungs-Reflex-Systems im Mittelhirn und Rückenmark und des

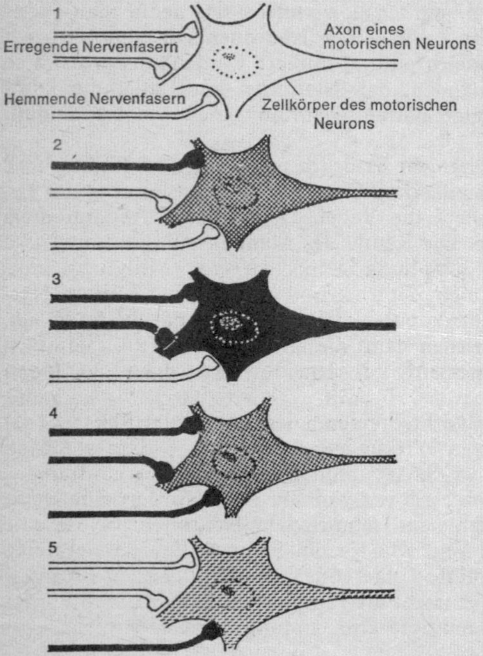

Abb. 8 Diagramm einer Nervenzelle in verschiedenen Stadien der Erregung und Hemmung. (1) Drei Nervenfasern enden auf der Oberfläche eines motorischen Neurons; eine davon ist hemmend. (2) Eine Erregungsfaser hat die Bereitschaft des Neurons, einen Impuls in sein Axon zu schicken, erhöht. (3) Zwei Erregungsfasern bewirken die Auslösung des Impulses durch das Neuron. (4) Die hemmende Faser reduziert den Effekt der Erregung. (5) Arbeitet die hemmende Faser allein, entsteht im Neuron eine refraktäre Periode (eine Periode der Unerregbarkeit). (Auf einer typischen Nervenzelle enden Hunderte von Fasern.)

Cerebellum. Letzteres ist ein wichtiger Teil bei allen Vertebraten und für die genaue Regulation aller komplexen Bewegungen der Gliedmaßen und des Rumpfes notwendig. Verletzungen können, je nachdem, wo sie liegen und wie schwer sie sind, einen stolpernden Gang hervorrufen oder bewirken, daß zu

kleinen Bewegungen übermäßige Anstrengungen benötigt werden. Offensichtlich hemmt das Cerebellum teilweise die vom Gehirn zu den Muskeln geleiteten Kommandos, so daß nicht mehr als die angemessene Muskelaktion ausgeführt wird.
Die letzten fünf Absätze haben unter der Überschrift »Reflexe« viele komplexe Aktivitäten behandelt. Was aber ist ein Reflex? Dieses Wort wird nicht immer eindeutig benutzt. Es wird auf ziemlich kurze Bewegungserscheinungen und auf Drüsensekretion bezogen, die schnell als Antwort auf eng begrenzte Stimuli erfolgen. In das Auge fallende Lichtstrahlen beantwortet die Pupille mit sofortiger Kontraktion — ein Reflex, der durch das Mittelhirn vermittelt wird; streng schmeckende Nahrung verursacht im Munde sofortige Speichelabgabe — reguliert durch ein Zentrum in der Medulla; ein plötzliches Anspannen einer Sehne oder eines Muskels im Bein verursacht eine schnelle Kontraktion des Muskels (und eine damit verbundene Entspannung seines Antagonisten) durch die Erregung von motorischen Neuronen im Rückenmark. Keine dieser Aktionen muß durch Praxis langsam erlernt werden.
Unter den Bewegungserscheinungen, die ich erwähnt habe, nimmt die Atmung eine Sonderstellung ein. Sie wird von der Medulla registriert, besitzt jedoch eine Eigenschaft, die anderen Aktivitäten fehlt. Wird ein Säugetier am Atmen gehindert, kämpft es heftig, um zu atmen oder bis es wieder atmen kann. Tiere, die lange unter Wasser bleiben und in gewissen Abständen zum Atmen auftauchen, verändern die Tauchdauer je nach ihrem Atmungsbedürfnis. Es baut sich bei ihnen die Bereitschaft zum Atmen auf, die mit der Zeit, die seit dem letzten Atmen vergangen ist, in Verbindung steht. Alles dies erscheint uns nur allzu vertraut, zeigt jedoch, wie verschieden die Bewegungen, die wir »Reflexe« nennen, tatsächlich sind. Wenn ein Tier längere Zeit keine Gelegenheit hatte, zu husten oder sich zu erbrechen, zeigt es keinerlei zusätzliche Neigungen, dies zu tun: es baut sich kein »Trieb« dazu auf. Die meisten Erscheinungen des Verhaltens, die solch ein »sich Aufbauen« zeigen, sind in gewissem Grade von Strukturen kontrolliert, die weiter vorn im Gehirn liegen und mit denen wir uns jetzt beschäftigen müssen.

Hypothalamus: Die Regulation innerer Organe

Die kleine Region des Hypothalamus (Abb. 9) ist der Sitz einiger wichtiger Forschungsobjekte der modernen Neurologie. Einige der ausgeklügeltsten experimentellen Techniken konnten hier ihre größten Erfolge zeigen. Die gröbsten dieser Methoden waren das Anbringen kleiner Verbrennungen mit Hilfe genau plazierter Elektro-Ätzungen (die Stelle der erzeugten Verletzung wird später nach Tötung des Tieres am Gehirn untersucht). Andere Methoden umfassen die Injektion kleinster Lösungsmengen mit Hilfe von Mikropipetten, die Versorgung außerordentlich feiner Nadeln mit sich später, nach der Implantation auflösenden Substanzen, und schließlich elektrische Stimuli, die mit Hilfe dauernd implantierter Elektroden in einer sehr eng begrenzten Region erzeugt werden.

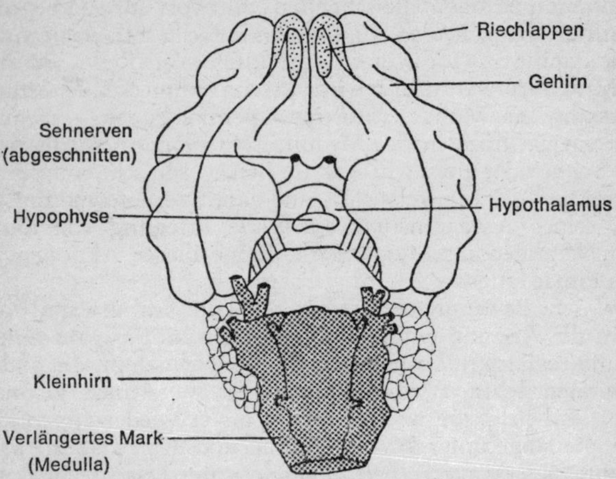

Abb. 9 Gehirn einer Katze in der Ansicht von unten. Das Rückenmark (nicht abgebildet) setzt sich im Verlängerten Mark fort. Die Verbindung von Hypothalamus und Hypophyse ist deutlich sichtbar.

Zerstört man nur wenige hundert Zellen in der gleichen Region an jeder Seite des Hypothalamus, können drastische Veränderungen des Verhaltens erzeugt werden. Zerstörung bestimmter »Nuklei« oder »Zentren« (ventro-medial) eines Labor-Säugetieres, etwa einer Ratte oder einer Maus, führen zu Perioden schweren Überfressens (Hyperphagie), während deren das Tier auf den doppelten Umfang anwachsen kann. Hat es einmal diese Fettleibigkeit erreicht, wendet es sich einer gemäßigteren Diät zu, die nur ausreicht, eine gewisse Korpulenz zu erhalten. Es ist, als ob ein regulierender Mechanismus (ein Homöostat) neu einreguliert worden wäre.

Verletzungen der lateralen Zentren haben den gegenteiligen Effekt. Das Tier verweigert alle Nahrung (Aphagie) und muß durch künstliche Ernährung am Leben gehalten werden. Die ventro-medialen Zentren sind offenbar dazu da, das Fressen in einem geeigneten Augenblick zu stoppen: sie sind »Sättigungszentren«, während die von den lateralen Nuklei ausgehenden

Befehle den Freßakt organisieren. Wir haben jedoch noch keine völlige Übersicht, wie dieses hier höchst »miniaturisierte« System arbeitet. Unsere Unwissenheit zeigt sich besonders erschreckend, wenn wir das Geschehen betrachten, das abläuft, wenn ein aphagisches Tier lebendig gehalten wird. Langsam gewinnt dieses nämlich seinen Appetit wieder: vielleicht hat man es in einem gewissen Stadium einmal mit besonders feuchten und appetitlichen Bissen versucht, und schließlich kann es sogar wieder normal fressen, ohne daß es jedoch jemals die Fähigkeit wiedererlangte, Freßverhalten und Bedarf einander anzupassen. Die Physiologie dieser Erholung liegt völlig im Dunkel. Nervenzellen, die einmal zerstört wurden, werden nie wieder ersetzt: Hirngewebe ist nicht gleich Lebergewebe, Muskeln oder Haut, die alle ein beträchtliches Regenerationsvermögen konservieren, selbst bei Erwachsenen. Die Restauration der Funktion, die dennoch stattfindet, warnt uns davor, neurologische Vorgänge nur als Problem der Ausrüstung zu betrachten — sei es selbst die komplizierteste, von einem Elektroingenieur konstruierte.

Genau wie eine Verletzung des Hypothalamus mit der Nahrungsaufnahme kollidieren kann, kann sie auch, wird sie richtig angebracht, die Regulation des Trinkvorganges zerstören. Diese Tatsache berechtigt uns dazu, den Hypothalamus als eine Region zu bezeichnen, die besondere Körperbedürfnisse reguliert, also die Homöostase regelt. Diese Annahme bestätigen die durch Injektionen erhaltenen Resultate: eine außerordentlich geringe Menge einer Salzlösung, die geeignet angebracht wird, kann zum Beispiel eine (vorher gesättigte) Ziege, *Capra,* dazu bringen, so viel zu trinken, als ob sie stundenlang ohne Wasser gewesen wäre. Bei einem normalen Tier hängen solche Erscheinungen ohne Zweifel mit der Veränderung in der Blutzusammensetzung zusammen: ein Anstieg der Salzkonzentration im Blut (der durch mangelndes Trinken erzeugt werden kann) würde das »Trinkzentrum« aktivieren — in diesem Falle jedoch mit einem angemessenen Effekt auf das Verhalten.

Andere Informationen haben wir durch die Implantation von Elektroden in ausgewählten Teilen des Hypothalamus und durch Beobachtung der Effekte der elektrischen Stimulationen mit Stromstößen niedriger Voltzahlen erhalten. Die berühmten Untersuchungen von W. R. Hess, der diese Methode benutzt, wurden an Katzen durchgeführt. Hess konnte Veränderungen des Blutdrucks, des Herzschlages und der Atemfrequenz induzieren. Diese entstanden durch die Stimulation des hinteren Hypothalamus. Stimulation des vorderen Teiles schläferte das Tier ein oder verstärkte die Verdauung und damit verbundene Prozesse.

Diese beiden Hauptregionen des Hypothalamus entsprechen den beiden Teilen des autonomen Nervensystems. Dieses System (die viscerale, motorische Komponente des Nervensystems) versorgt die Herzmuskulatur, die Lungen, die Verdauungs- und andere innere Organe, nicht jedoch die Skelettmuskulatur, von der die Extremitäten und der Rumpf bewegt werden. Es versorgt auch die Verdauungs-, Schweiß- und anderen Drüsen. Der exekutive Teil des Systems reguliert die homöostatischen Prozesse. Seine beiden Teile sind der Sympathicus und der Parasympathicus. Die sympathischen Fasern entspringen in der ventralen Wurzel am Rückenmark, sie laufen jedoch nicht direkt zu den Muskeln, sondern enden in Ganglien — kleinen Gruppen von Nervenzellen, die getrennt vom Zentralnervensystem liegen. Die Axone, die vom Rückenmark ausgehen, werden darum präganglionär genannt. Von den Ganglien verlaufen dann postganglionär Fasern zu den schon erwähnten Organen.
Die Aktivierung des sympathischen Systems ruft ein Anwachsen der Herzschlagfrequenz und des Blutdrucks hervor; es folgt darauf eine Reduktion der in den Eingeweiden zirkulierenden Blutmenge und eine Zunahme derselben in der somatischen Muskulatur. Einige dieser Veränderungen hängen mit der Kontrolle zusammen, die die sympathischen Nerven auf die Arterienmuskulatur ausüben. Andere körperliche Veränderungen, die zur selben Zeit auftreten, machen das Tier zu heftiger Aktivität in Angriff, Verteidigung oder Flucht bereit. Diese Funktion des sympathischen Systems wurde erstmals im Jahre 1915 von W. B. Cannon (1871—1945) in dessen berühmtem Werk »*Veränderung des Körpers durch Hunger, Furcht und Erregung*« beschrieben. Bei einigen Tieren rufen diese Veränderungen außerdem Haarsträuben und eine Erweiterung der Pupillen hervor — Veränderungen, die vielleicht einen furchteinflößenden Anblick erzeugen sollen.
Einige der präganglionären Fasern ziehen sich zu den Nebennierendrüsen und treten dort nicht wie an anderen Stellen mit Ganglionzellen in Beziehung, sondern mit Drüsenzellen. des zentralen, auch Mark genannten Teils der Nebenniere. Dieses erzeugt zwei Hormone, das Adrenalin und das Noradrenalin, deren Aktion, wenn sie in den Blutkreislauf gelangen, die sympathische Stimulation erhöht. Wir haben hier also tatsächlich ein doppeltes Mittel, um den Körper zu »Kampf und Flucht« zu mobilisieren.
Fast alle Organe und Gewebe, die vom Sympathicus innerviert werden, werden auch vom Parasympathicus versorgt, entweder vom Gehirn ausgehend, oder aber vom hinteren Ende des Rük-

kenmarks. Die Versorgung vom Gehirn aus erfolgt hauptsächlich durch einen großen Nerv, den Vagus oder Wandernerv, der seine Äste zu Herz, Lungen und den meisten Teilen der abdominalen Eingeweide sendet. Die meisten parasympathischen Stimulationen haben den sympathischen gegenüber den gegenteiligen Effekt. Bewirkt zum Beispiel die sympathische Erregung ein Anwachsen der Herzschlagfrequenz, geschieht durch den Vagus eine Reduktion derselben. Das parasympathische System ist also ein System des Friedens und der Ruhe, der Verdauung und anderer Routinearbeiten des Körperhaushalts, unter ihnen auch der Schlaf. Der englische Dichter Housman (1859–1936) schrieb:

Zum Schlafe leg ich mich nieder.
Morgens kehr ich zurück in die Welt.
Wem gehört das nachtlange Atmen,
Das einen Menschen am Leben hält?

Die Antwort auf dieses Gedicht sind – wie wir jetzt wissen – das autonome Nervensystem und die Reflexzentren im Hirnstamm und im Rückenmark.

Die Hirnrinde und das Elektroencephalogramm

Wir müssen uns nun dem größten, komplexesten und bei oberflächlicher Betrachtung bekanntesten Teil des Säuger-Nervensystems zuwenden. Der vordere Teil des Gehirns ist zu zwei umfangreichen »Hemisphären« auf jeder Seite angeschwollen, und in ihnen ist die Anordnung (abgesehen vom Cerebellum) der Zellen und Fasern ganz anders als im übrigen Gehirn. Im Gehirn liegen die Körper der Nervenzellen außen in einer dünnen Lage oder Rinde, die sich wie ein Blatt über die Oberfläche legt – die Hirnrinde. In diesem Gebiet werden die komplexesten Verhaltensweisen organisiert, und hier finden hauptsächlich auch die Veränderungen statt, die wir »Lernen« nennen.
Woher kommt die Energie, die zu dieser Aktivität benötigt wird? Das menschliche Gehirn – oder auch das anderer Säuger – benutzt vorwiegend Kohlehydrate in Form von Zucker als Energiequelle. In jeder Stunde schließt es das Äquivalent von einem Teelöffel – sagen wir 10 g – Glukose auf. Das entspricht einem Energieverbrauch von 20 Watt, also dem einer schwachen Glühbirne. Das ist weit weniger, als ein Computer benötigt. Das Gehirn verbrennt beim Schlafen genausoviel Energie wie beim Rechnen (das Gehirn schizophrener Patienten verbraucht die gleiche Energiemenge wie das gesunder Menschen: irrationale oder rationale Gedanken erfordern also offensichtlich den gleichen Aufwand, mißt man ihn in der Menge des

verbrannten Zuckers). Nur im Zustand der Narkose oder eines schweren Alkoholrausches ist der Energieverbrauch des Gehirns substantiell reduziert: er beträgt dann etwa nur die Hälfte.
Der Energieaustausch, der im gesamten Gehirn vor sich geht, erzählt uns nur wenig über die Art und Weise, wie es arbeitet. Das ist nicht erstaunlich: man kann auch nur wenig über einen Computer erfahren, wenn man seinen Kraftverbrauch studiert. Was hat es aber mit den elektrischen Veränderungen auf sich? Im Jahre 1929 berichtete ein Psychiater, H. Berger, daß er, wenn er auf die Kopfhaut eines menschlichen Wesens (nicht auf das Gehirn) Elektroden setzte, regelmäßig Veränderungen des elektrischen Potentials messen konnte, die von den Gedanken der Testperson beeinflußt wurden. Obgleich ähnliche Beobachtungen schon weit früher gemacht worden waren, von Richard Caton im Jahre 1875, dauerte es doch einige Jahre, bevor man Berger glaubte. Das Elektroencephalogramm, auch EEG, wird heute jedoch in der klinischen Medizin und in der neurologischen Forschung regelmäßig benutzt. Die elektrischen Veränderungen können auch direkt von der bloßgelegten Hirnoberfläche aufgenommen werden, so daß keine Zweifel mehr über ihre Herkunft bestehen. Mißt man bei einem Menschen, dem Elektroden gefahrlos an der Kopfhaut befestigt wurden und der die

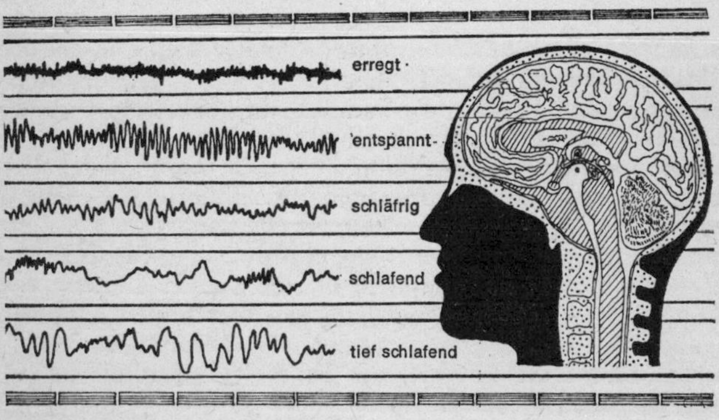

Abb. 10 Elektroencephalogramm (EEG) in verschiedenen Reizzuständen, vom Tiefschlaf bis zur Erregung. Der Alpha-Rhythmus wird aufgezeichnet, wenn die Versuchsperson wach, aber entspannt ist.

Augen geschlossen hält und ruhig sitzt, die Potentialveränderungen seines Gehirns, bekommt man als auffälligstes Phänomen gewöhnlich eine Folge steigender und fallender Potentiale, die etwa in einem Zyklus von 10 in der Sekunde ablaufen. Dies ist der Alpha-Rhythmus (Abb. 10). Am eindeutigsten kann man ihn in der Occipitalregion messen; das ist ein Ge-

biet der hinteren Rindenabschnitte, das speziell mit dem Gesichtssinn zu tun hat. Er verschwindet, sobald die Testperson die Augen öffnet. Dann tritt ein anderer Rhythmus, der genauso leicht gemessen werden kann, auf, der Theta-Rhythmus, der einen Zyklus von 4–7 pro Sekunde hat. Ein weiterer, der Delta-Rhythmus, läuft noch langsamer, mit etwa 1–3 Zyklen.
Daß diese Rhythmen manchmal zusammen auftreten, macht die Analyse des EEG oft zur technisch sehr schwierigen Aufgabe, die nur mit Hilfe einer sehr ausgeklügelten Apparatur gelöst werden kann.
Bei tiefem Schlaf ist der Delta-Rhythmus manchmal der einzig feststellbare. Auch im kindlichen Gehirn ist er der vorherrschende Rhythmus. Emotionale Störungen können beim Erwachsenen den Theta-Rhythmus hervorbringen. Der wahrzunehmende Rhythmus hängt jedoch auch von der Region der Hirnrinde ab, von der die Potentiale kommen: nicht nur der Alpha-Rhythmus ist ein Charakteristikum des hinteren Rindenteils, auch der Theta-Rhythmus ist besonders in den temporalen Regionen der Hirnseiten festzustellen, und darüber hinaus kann ein noch schnellerer Rhythmus in den frontalen Bezirken gemessen werden. Diese Feststellungen dürfen nur mit großer Vorsicht gemacht werden, denn es gibt auch viele individuelle Abweichungen.
Die Ursache des EEG ist noch nicht mit Sicherheit bekannt. Auch kennen wir noch nicht seine funktionelle Bedeutung. Man hat jedoch vermutet, daß es eine Art Wachsamkeit darstelle – eine Bereitschaft des Systems, schnell auf neue Stimuli antworten zu können. Es ist jedoch schwierig, diese Annahme abzusichern. Da die Voltzahlen sehr niedrig liegen und der Strom selbstverständlich ein Gleichstrom ist, gibt es keine vorstellbaren Mittel, wodurch die elektrischen Ströme außerhalb des Körpers wirken könnten. Es gibt nichts, was mit den Effekten der elektrischen Organe von Fischen verglichen werden könnte, die im vorigen Kapitel erwähnt wurden. Mit unserer augenblicklichen Kenntnis der Elektronik können wir irgendwelche phantastischen Theorien, die das EEG als Basis der Telepathie ansehen möchten, ausschließen. Es scheint aber große Hoffnung darauf zu bestehen, daß das EEG in der Erforschung der Funktionsweise des Gehirns noch eine größere Rolle spielen könnte.
Das ist eine enttäuschende Feststellung. Das EEG hatte viel Publizität erreicht und sich im Fernsehen recht effektvoll ausgemacht. Die Annahme, daß »Gehirnwellen« auf ein Band aufgenommen werden könnten, gehört in den Bereich der »science fiction«. In diesem Fall wären dann die wissenschaftlichen Tatsachen ein »Antiklimax«.
Das EEG hat einige Bedeutung bei der Diagnose von Gehirn-

tumoren und anderen Erscheinungen; seine größte Bedeutung liegt jedoch in der neurologischen Forschung als ein *Index* für den Zustand von Versuchstieren. Veränderungen in den verschiedenen Rhythmen reflektieren den Grad der Schlaflosigkeit oder Aufgestörtheit; oft zeigen sie auch das Ausmaß an, in welchem ein Tier auf eine besondere Stimulusqualität anspricht: bloßer Lärm hat auf das EEG der Katze weniger Einfluß als der Geruch von Fisch. Auch kann nicht nur der Effekt der Reizung durch die Sinne im EEG abgelesen werden, sondern auch die Zeit (in Millisekunden), die sie benötigt, die Hirnrinde zu erreichen.

Der Paläocortex

Die ausgedehnte Hirnrinde der Säugetiere gliedert sich in zwei Hauptteile. Der kleinere besteht aus Strukturen, die auch in anderen Wirbeltierklassen vorhanden sind. Der Paläocortex bildet zusammen mit anderen Strukturen, was man heute oft das »limbische System« nennt (Abb. 11). Limbus bedeutet Grenze, und tatsächlich bildet das limbische System um den Hirnstamm herum, wo dieser an das Cerebrum anschließt, eine Grenze. Seine Teile haben komische Namen: der Cortex pyriformes oder birnenförmige Cortex und die Amygdala oder Mandel gehören dazu.

Lange Zeit wurde das limbische System, oder zumindest Teile desselben, als Rhinencephalon oder Riechhirn bezeichnet. Die vorderen Teile des Systems nehmen die von den Riechorganen kommenden Reize auf, und bei den meisten Wirbeltieren dient

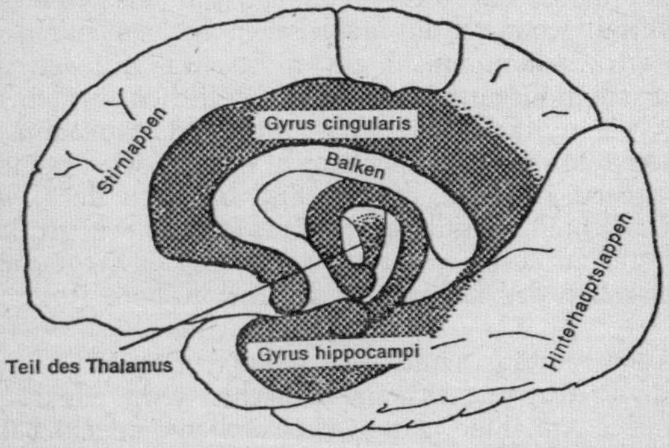

Abb. 11 Rechte Hälfte des menschlichen Gehirns in der Ansicht von links. Die linke Hirnhälfte und der gesamte Hirnstamm wurden entfernt. Die schattierte Region stellt das limbische System dar, das manchmal auch »Visceral-Gehirn« genannt wird.

der gesamte vordere Teil des Gehirns der Analyse dieser Empfindungsreize. Bei den Säugern ist jedoch nur ein kleiner Teil des Systems speziell mit der Aufnahme von Impulsen von der Nase betraut; der Rest besitzt komplexe doppelte Verbindungen sowohl mit dem benachbarten Hypothalamus als auch mit dem anderen, größeren Teil des Cortex.
Man ist jetzt immer mehr dazu übergegangen, das limbische System als Zentrum des »Ausdrucks von Emotionen« zu bezeichnen. Man begründet das vor allem mit den Resultaten aus Versuchen mit der Elektro-Stimulation. Es kann zum Beispiel die Stimulation des Hippocampus, eines wichtigen Teils des Systems, in erheblichem Maße die Bereitschaft eines Tieres, sagen wir einer Katze, verstärken, aggressiv zu werden und etwa einen Menschen anzugreifen. Ein sanftes Kneifen des Schwanzes einer normalen Katze wird vielleicht einen schwachen klagenden Ton hervorrufen; ist das Tier jedoch »hippocampusbeeinflußt«, wird es »wütend«, obgleich es kurz darauf abrupt in einen Zustand völliger Bewegungslosigkeit verfallen kann. Ähnliche Beobachtungen wurden an Affen gemacht.
In ähnlicher Weise kann die Beschädigung einiger Bezirke des Systems Duldsamkeit hervorrufen. Manchmal macht die Zerstörung der Amygdala auf beiden Seiten wilde Tiere, etwa Wildratten, ganz zahm. Die Resultate dieser groben Experimente, die ja auch große Teile des Nervengewebes in Mitleidenschaft ziehen, sind jedoch in keiner Hinsicht konstant. Es ist nicht möglich, eine klare Übersicht über die Funktionen dieser faszinierenden und geheimnisvollen Gruppen von Strukturen zu geben. Wir können höchstens, wenn wir verallgemeinern, im Augenblick sagen, daß das limbische System vor allem die sichtbaren Reaktionen im Verhalten des ganzen Tieres organisiert, die durch innere Zustände, wie Bereitschaft zum Angriff, Hunger usw. hervorgerufen werden.

Die Verbindungen des Neocortex

Selbst in den kleinsten und ursprünglichsten Säugetieren ist der große Teil der Hirnrinde eine junge Bildung. Sie stellt die äußere Lage jeder Hirnhemisphäre dar, mit Ausnahme der ventralen und medialen Bezirke. Von diesem großen Gewebeblatt existieren die uns vertrauten Karten mit den in ihnen eingetragenen Zentren des »Sehens«, »Hörens« und – wenngleich vorschnell – des »Voraussehens und Planens« sowie anderer ähnlicher Dinge. Bis zu welchem Grade sind diese angenommenen Lokalisierungen berechtigt?
Jeder der Hauptsinne, abgesehen vom Geruch, hat eine lokalisierte Reizquelle (Abb. 12). Betrachten wir zum Beispiel das

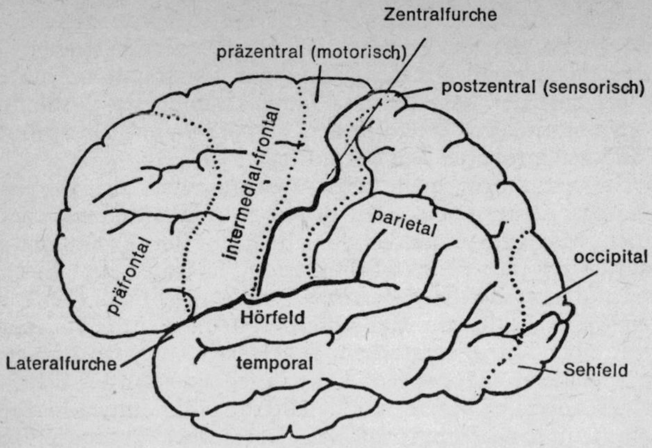

Abb. 12 Die Karte der linken Gehirnhälfte eines Menschen zeigt die Hauptgebiete, die Impulse von den wichtigsten äußeren Sinnesorganen erhalten.

größte aller äußeren Sinnesorgane, die Haut. Reize von der Haut laufen zuerst zum Thalamus (wie auch die anderer Sinne, außer dem Geruch), wo synaptische Verbindungen mit Zellkörpern existieren. Von diesen Zellkörpern laufen Axone zu der somatisch sensorischen Region der Hirnrinde. Jeder Teil der Haut hat hier ihr Zentrum. Die elektrische Reizung eines der Hauptnerven wird wenige Millisekunden später von elektrischen Veränderungen der ihm zugeordneten Rindengebiete beantwortet. Wenn Teile dieser Gebiete stimuliert werden, etwa bei einem Patienten, der bei lokaler Betäubung operiert wird, fühlt dieser eine Erregung der entsprechenden Hautteile.

Der Körper ist in diesen Abschnitten des Cortex jedoch nicht gleichberechtigt vertreten: die sensitiveren Gebiete der Haut haben den größten Anteil. Bei allen Säugetieren stehen (soweit wir wissen) Lippen, Mund und Gesicht mit einem großen Abschnitt in Verbindung, während die Rückenhaut nur wenig vertreten ist. Natürlich sind beim Menschen Hände und besonders die Fingerspitzen mit einem großen Anteil bedacht. Die Retina des Auges liegt topographisch in einem anderen Gebiet des Cortex, der Occipitalregion. Auch das Gehör hat dort seine Region. Wenn eines dieser primären Schaltgebiete verletzt wird, wird der entsprechende Sinn unpaar. Wenn der gesamte Occipitalcortex des Menschen beidseitig zerstört wird, ist völlige Blindheit die Folge, selbst wenn Augen und andere assoziierte Strukturen intakt bleiben. Kurz vor dieser somatisch-sensorischen Region liegt eine motorische Region, die ebenfalls eine unproportionierte Vertretung des Körpers (Abb. 13) aufweist.

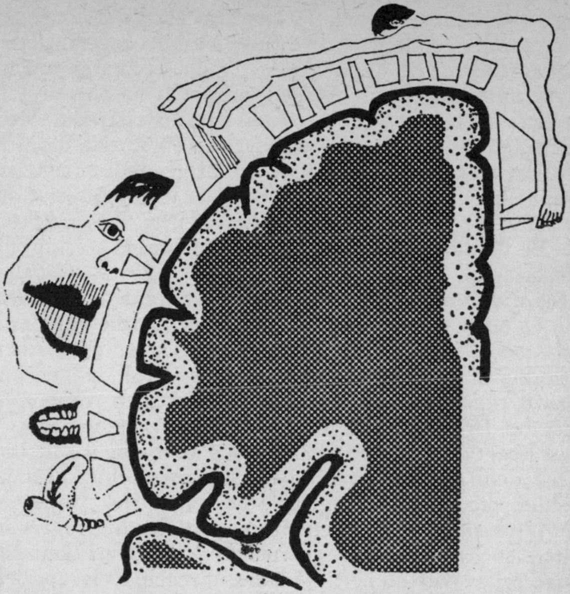

Abb. 13 *Das Diagramm zeigt einen Schnitt durch eine Gehirnhälfte des Menschen im Bereich der motorischen Region, aus der Impulse direkt zum Rückenmark weitergeleitet werden. Es wird gezeigt, aus welchen Abschnitten bestimmte Muskelgruppen versorgt werden. Die die Hand, die Gesichtsmuskulatur und die Sprache versorgenden Gebiete stellen einen unverhältnismäßig großen Abschnitt dar, der mit der Komplizität der Bewegungen in Beziehung steht, die diese Muskeln ausführen müssen.*

Von dieser Region laufen Nervenfasern in langen Strängen (die Pyramiden-Stränge) zum Rückenmark, wo sie sich synaptisch mit den Zellkörpern motorischer Zellen verbinden: die Axone dieser motorischen Neurone ziehen sich zur Skelettmuskulatur.

Wird ein wichtiges Sinnesorgan wie das Auge oder das Ohr gereizt, können elektrische Veränderungen nur etwa zehn Millisekunden später in dem entsprechenden Abschnitt des Cortex nachgewiesen werden.

Ich werde noch ein wenig darauf eingehen, was mit diesem Reiz schließlich geschieht. Ein anderer Effekt wurde erst kürzlich entdeckt und wirft ein ganz neues Licht auf die Gehirnfunktion. Ungefähr vierzig bis sechzig Millisekunden nach der Stimulation, etwa des Auges, können Entladungen nicht nur in den Sehzentren des Cortex, sondern auch in den meisten anderen

Gebieten registriert werden. Es gibt also nicht nur eine spezielle Schaltzentrale, sondern auch diffuse Verbindungen. Der dafür verantwortliche Teil des Gehirns ist die Formatio reticularis, eine Ansammlung kleiner Zellen, die sich vom oberen Teil des Rückenmarks bis in den Thalamus hinein erstreckt. Sie liegt um den Zentralkanal herum und ist den Forschern, die sich mit der Mikrostruktur des Gehirns beschäftigen, schon seit langem vertraut. Ihre funktionelle Bedeutung ist jedoch äußerst dunkel gewesen. Eine Ansammlung kleiner Zellen, die nicht einmal klare Verbindungsstränge aufweist, ist schon strukturell absonderlich.

Die Reize, die diesem Gebilde zugeführt werden, kommen aus vielen Quellen. So zweigen zum Beispiel manche von der Haut kommenden Fasern, anstatt direkt zum Thalamus durchzulaufen, vorher ab und treten in synaptische Verbindungen mit der Formatio reticularis. Dadurch ist jeder sensorische Nerv, wie elektrische Untersuchungen gezeigt haben, in der Lage, eine diffuse Reaktion sowohl im Cortex als auch eine lokale hervorzurufen; denn die Formatio reticularis erzeugt eine substantielle Erregung, die an alle Hauptteile des Neocortex weitergeleitet wird. Wird sie durch Verletzungen oder durch Drogen ausgeschaltet, ist der Effekt auf das Tier bemerkenswert: kein Stimulus, und sei er noch so heftig, wird es erregen. Es ist speziell sie, auf die eine Betäubung wirkt. Obwohl der Reiz von den Sinnesorganen noch völlig richtig den Cortex erreicht, reagiert das Tier nicht, weil der Erregungseffekt der Formatio reticularis fehlt (Abb. 14).

Es wurde als völlig klar angesehen, daß die Hirnrinde des Menschen – der auffälligste und am stärksten vergrößerte Teil des Gehirns – das Organ des »Bewußtseins« ist. Heute versteht man unter »Bewußtsein«, wenn dieser Terminus bei der experimentellen Arbeit benutzt wird, lediglich die Reaktionsbereitschaft, so daß die Phänomene, auf welche es sich bezieht, einer exakten quantitativen Beschreibung zugänglich sind: das heißt, daß über die Aktivität des Tieres oder die elektrischen Veränderungen im Gehirn nach der Anwendung eines Stimulus ein präziser Bericht gegeben werden kann. Da wir jetzt wissen, daß die Reaktionsbereitschaft so entscheidend von der Formatio reticularis abhängt, können wir sagen, daß diese Struktur – wenn überhaupt eine – als »Sitz« des »Bewußtseins« betrachtet werden muß. Man kann natürlich auch die Reaktionsbereitschaft als Konsequenz eines genügend komplexen Nervensystems ansehen. Ob dieser Unterschied im Konzept des Bewußtseins und in der Bedeutung des Begriffs glücklich ist, ist eine andere Frage. Einige Forscher glauben, daß das Wort »Bewußtsein« in diesem Zusammenhang nicht angemessen ist. Es wird darum in diesem Buch nicht als technischer Begriff verwendet.

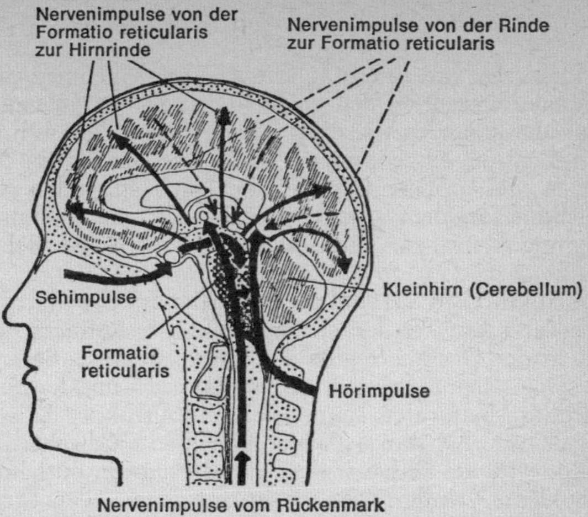

Abb. 14 Das Diagramm des menschlichen Gehirns soll die Lage der Formatio reticularis und ihre Verbindungen mit der Hirnrinde verdeutlichen. Auch die Verbindungswege der Impulse von Auge und Ohr werden gezeigt.

Die Formatio reticularis ist nun nicht nur ein Organ der Erregung, sondern hat teilweise auch eine hemmende Aktion, und zwar sowohl auf den Cortex als auch auf die Sinnesnervenzellen der Peripherie. Sie wirkt wie ein »Filter«, indem sie nur manchen Stimuli erlaubt, ein Tier zur Aktivität anzuregen, während andere Stimuli, obwohl sie auf die Sinnesorgane wirken, keinerlei Effekt erzeugen. Wenn eine schlafende Katze einen klickenden Ton hört, wird sie wahrscheinlich zuerst ihre Ohren aufrichten und den Kopf drehen. Hält dieses Klicken monoton an, erfolgt keine Reaktion mehr. Dies ist ein Beispiel von Gewöhnung (über die wir noch im zwölften Kapitel sprechen müssen). Die Veränderung im Zentralnervensystem vollzieht sich in der Formatio reticularis. Wenn der Ton zum ersten Male auftritt, erreichen Impulse von den Gehörnerven die Hirnrinde über diese Zellen, und das Tier wird aufgeweckt. Später reagiert sie nicht mehr, und das Tier bleibt ruhig. Wir haben hier das ungewöhnliche Beispiel der Analyse einer Verhaltensänderung (einer Art »Lernvorgang«), bezogen allerdings allein auf die Funktion des Nervensystems.

Bei kleineren und ursprünglicheren Tieren nehmen die primären Reaktionszentren den größten Teil des Cortex ein. Bei größeren und höher entwickelten Tieren vermindern sich die durch diese Zentren eingenommenen Gebiete, und beim Menschen gibt es viel größere Gebiete, die keine speziellen Reize von den Sinnesorganen erhalten und nicht zur hauptsächlichen Erregung beitragen. Diese wurden die »Stillen Gebiete« genannt.

Ihre strukturellen Verbindungen sollen am Beispiel des Gesichtssinnes erläutert werden. Jeder Punkt der Retina jedes Auges wird in der Occipitalregion des Cortex repräsentiert. Das Gebiet seiner Repräsentation ist fest umrissen und hat, unter dem Mikroskop betrachtet, seine bestimmte Struktur. Es wird Zone 17 genannt. An dieses Gebiet grenzt ein Gewebestreifen an, die Zone 18, die auch mit dem Gesichtssinn in Beziehung steht. Jeder kleine Ort der Zone 17 ist mit allen Teilen der Zone 18 verbunden, und umgekehrt gibt es einige Verbindungssysteme von 18 nach 17. Hier, außerhalb des Gebiets der primären Reaktionszentren, muß eine topologische oder Punkt-für-Punkt-Repräsentation zusammenbrechen. Es gibt auch noch andere Regionen des Cortex, die Reize von den Augen erhalten: von

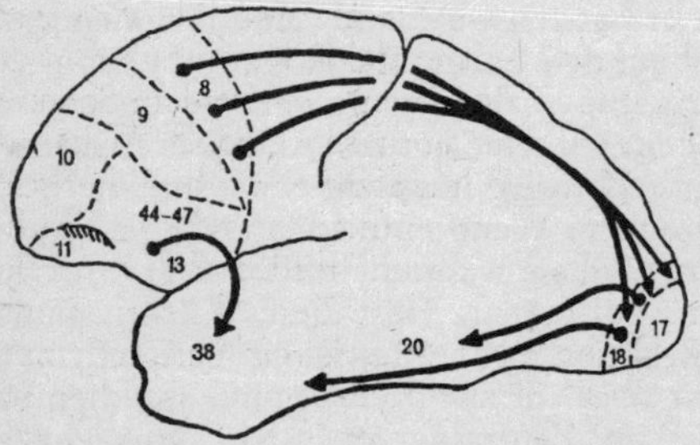

Abb. 15 Das Diagramm zeigt die Verbindungen zwischen dem Sehfeld, das (über den Thalamus) Impulse vom Auge erhält und einigen anderen Gebieten der Hinrinde. Die Gebiete sind – in Übereinstimmung mit dem gebräuchlichen System – numeriert.

Zone 18 verlaufen Faserbündel zu verschiedenen weiter vorn gelegenen Gebieten (Abb. 15). Auch hier finden wir keine einfache Repräsentation. Entsprechend sind die Folgen von Verletzungen dieser sekundären Sehzentren seltsam und komplex. Bei Menschen können sie bizarre Formen partieller Erblindung erzeugen. Eine Kopfverletzung kann bei einem Menschen, der vorher normal lesen konnte, dazu führen, daß er nun keine

Sätze mehr lesen kann, obwohl er einzelne Worte erkennt. Es gibt viele Beispiele solcher partiellen Schädigungen, sowohl des Gesichtsinnes als auch anderer Sinne.
Das ist sehr weit entfernt von der »Reflexbogen«-Typus-Vorstellung des Nervensystems. Einer der angesehensten und wirksamsten Kritiker der Übervereinfachung durch mechanische Vorstellungen zur Nervenfunktion war der amerikanische Neurophysiologe K. S. Lashley (1890–1958). Sein Lebenswerk widmete er der Erforschung der Effekte auf das Verhalten durch Cortexverletzungen. Gewöhnlich experimentierte er mit Laborratten. Er zerstörte bestimmte Gebiete des Cortex und beobachtete, bis zu welchem Grade die Ratte noch Aufgaben lösen konnte, die sie vorher gelernt hatte, und bis zu welchem Grade neue Aufgaben erlernt werden konnten. Oft war der Verlust von Gedächtnis oder Lernfähigkeit proportional dem Umfang der Beschädigungen, gleichgültig, wo diese im Gehirn vorgenommen worden waren. Er blendete sogar Ratten und testete hinterher den Zerstörungseffekt der Sehregion der Hirnrinde: das führte zum weiteren Absinken der Lernfähigkeit. Es muß also die Sehregion des Cortex auch eine Rolle im Verhalten spielen, die nichts mit dem Gesichtssinn zu tun hat.
Einige Beobachtungen paßten jedoch nicht zu dem Bild eines Cortex, in dem jeder Teil äquivalent zu jedem anderen ist. Manchmal riefen schon ganz geringe Verletzungen ganz bestimmter Gebiete spezielle Defekte hervor – etwa die Unfähigkeit, einige Aufgaben zu lernen, die mit dem Sehen zu tun hatten. Das Tier kann zwar noch sehen, doch es kann die Augen nicht länger zum Lernen benutzen. Es gibt sicherlich noch mehrere solcher Gebiete in der Hirnrinde und wohl auch noch mehr in den Gehirnen komplexerer Tiere als Ratten, etwa bei den Affen.
Die Hirnrinde ist nicht ausschließlich ein Organ des »Lernens« oder der »Intelligenz«. Zerstörung der Rinde bei männlichen Ratten reduzierte die Sexualpotenz. Zerstörung der Stirnteile der Hirnrinde bewirkt beim Menschen eine substantielle Veränderung der Persönlichkeit, nicht jedoch unbedingt einen größeren Verlust an Intelligenz: der Mensch kann kraft- und verantwortungslos werden, wie er es vor der Verletzung nicht war. Ein Irrer kann umgänglicher werden und einige seiner betrüblichsten Charaktereigenschaften verlieren, wenn er einer Operation unterzogen wird, die Präfrontale Leukotomie genannt wird: hierbei werden die Fasern, die die Frontallappen mit der übrigen Hirnrinde verbinden, durchgetrennt. Dadurch wird diese hoch charakteristische Bildung des menschlichen Gehirns außer Aktion gesetzt.
Diese Tatsachen tragen nicht dazu bei, das Bild von der Funk-

tion dieses ungeheuren und komplizierten Systems von Zellen und Fasern zu klären. Vielleicht ist es besser, wie manche glauben, die Nervensysteme von ursprünglicheren Tieren zu studieren, wenn wir etwas darüber erfahren wollen, wie das Nervensystem das Verhalten kontrolliert.

III Andere Nervensysteme

I wish you joy o'the worm.
Shakespeare

Selbst einzellige Protozoa zeigen Erregungs- und Leitungsvorgänge. C. V. Taylor veröffentlichte im Jahre 1920 einen bemerkenswerten Beitrag über Beobachtungen an einem Wimpertier, *Euplotes,* das sich mit Hilfe borstenartiger Fortsätze, Cirren, fortbewegt. Mit ganz normalem Gerät machte Taylor Schnitte (Abb. 16) durch bestimmte Teile dieser Tiere: durch Zerschneiden der Fasern zwischen den Cirren und einer anderen Struktur, dem »Motorium«, wurde die Bewegungs-Koordination der Cirren zerstört.

Protozoa, die nur aus einer Zelle bestehen, können kein Nervensystem besitzen. Aber alle Vielzeller, ausgenommen die Schwämme (Porifera), besitzen Zellen, die Impulse über größere Entfernungen leiten und damit Bewegung (und Sekretion) regulieren. Wir müssen uns etwas mit dieser Ausrüstung vertraut machen, weil von ihr das Verhalten einer ganzen Reihe von Tieren abhängt, auf die ich mich in späteren Kapiteln beziehe.

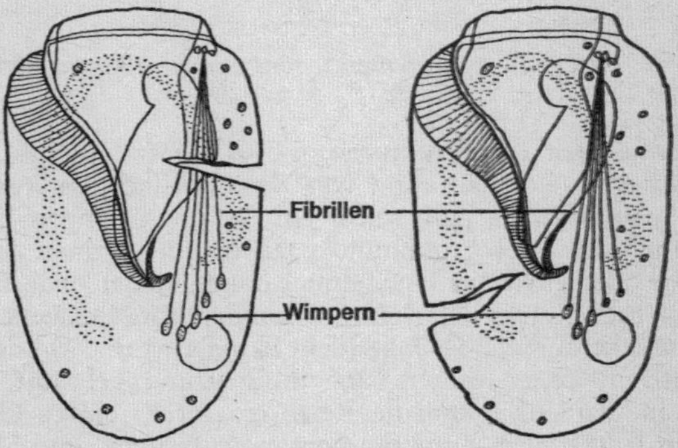

Abb. 16 Das Protozoon Euplotes, ein einzelliges Tier, bewegt sich mit Hilfe haarähnlicher Anhänge, der Cirren. Werden die zu den Cirren laufenden Fibrillen zerschnitten, wie in der linken Figur gezeigt, ist keine koordinierte Bewegung mehr möglich. Rechts wurde an anderer Stelle ein ähnlicher Schnitt gemacht, ohne daß eine Wirkung sichtbar wurde.

Die Tiergruppe der Coelenteraten, in welcher wir die einfachsten Nervensysteme finden, umfaßt die Quallen oder Medusen, die freischwimmend sind, und die sessilen Polypen. Die Medusen gehören größtenteils zu den Scyphozoa; Hydrozoa und Anthrozoa besitzen häufig kein Medusenstadium, sondern sind sessile Tiere mit oft pflanzenartigem Aussehen. *Hydra*, die in so vielen Einführungskursen zur Zoologie behandelt wird, ist das einfachste Beispiel einer Hydrozoen-Art. Das Verhalten dieser Tiere (Abb. 17) fasziniert besonders wegen der extre-

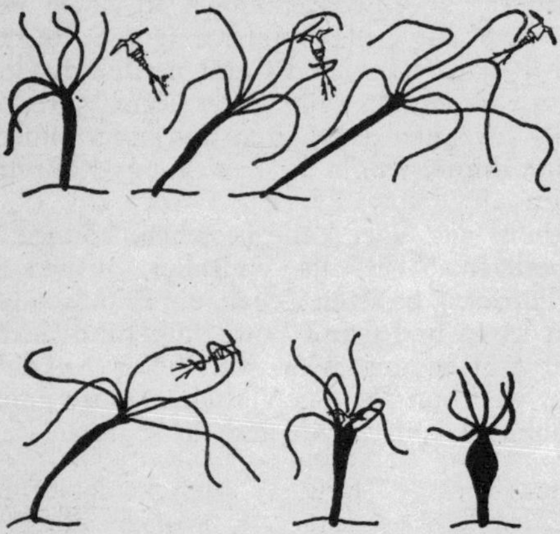

Abb. 17 Hydra, ein Coelenterat, fängt einen kleinen Hüpferling mit ihren Tentakeln.

men Einfachheit der Strukturen, die es besitzt. Es gibt keine fest umrissene Konzentration von Nervenzellkörpern – nichts, was man ein Gehirn oder selbst ein Ganglion nennen könnte. Es können bis zu 10^5 (einhunderttausend) Neuronen vorhanden sein oder etwa nur ein Zehntel dieser Anzahl wie im Gehirn der Biene, *Apis*. Die Neuronen bilden ein Netzwerk (Abb. 18) unter der äußeren Zellage (dem Ektoderm) und werden von sensorischen Zellen dieser Lage in Erregung gebracht. Diese Zellen mögen auf chemische Reize reagieren; einige Quallen besitzen jedoch auch Lichtsinnesorgane (Ozellen), und alle haben Schweresinnesorgane (Statocysten). Sie sind auf Seite 26, Abb. 2 und Seite 56, Abb. 19 zu sehen. Die Verbindungen der Nervenzellen untereinander sind synaptisch; ihre Fortsätze verschmelzen nicht (wie man früher glaubte). Die Erregung wandert also nicht frei durch das Netz, nimmt aber mit der Entfernung vom Ursprungsort ab. Erregung der Nervenzellen

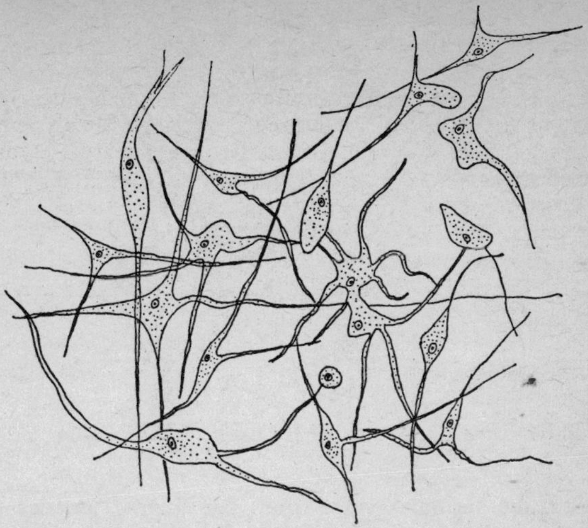

Abb. 18 Teil des Nervennetzes eines Coelenteraten.

führt zu Kontraktion der Muskelzellen. Diese erzeugen die Kontraktion oder Expansion des Körpers oder – bei beweglichen Arten – die Bewegung des Ganzen.

Es gibt keine anhaltende, autonome Aktivität in diesem Nervensystem: erst durch den Druckknopfeffekt der Sinnesorgane wird es zur Aktivität aufgestachelt. Werden die Statocysten einer Qualle entfernt, hören die regelmäßigen Kontraktionen des »Schirms«, der die Bewegung erzeugt, auf. Das System ist also tatsächlich rein »reflektorisch«, weil die Aktivität des Nervensystems strikt nur die Reize der Sinnesorgane *reflektiert*. Es gibt offensichtlich kein angepaßtes Verhalten, das auf Lernen durch Erfahrung basiert.

Trotzdem kann selbst dieses grobe System mit allen seinen Unzulänglichkeiten ein recht komplexes Verhalten zeigen, das der Tiergruppe der Coelenteraten ermöglichte, zumindest in den warmen Meeren der Erde aufzublühen und eine große Vielzahl erfolgreicher und schöner Arten, darunter die Korallen, hervorzubringen. Die am weitesten entwickelte Schöpfung dieser Gruppe stellt die Seeanemone *Stomphia* dar, die sich von Seesternen (Asteroidea) ernährt. *Stomphia* sitzt in der Ruhe oft auf der Schale der Muschel *Modiolus;* wenn aber ihre Chemorezeptoren von Substanzen erreicht werden, die ein naher Seestern produziert, wird *Stomphia* zur Aktion aufgestachelt: sie löst sich ab und schwimmt mit kuriosen Bewegungen, die durch rhythmische Körperkontraktionen verursacht werden, auf ihre

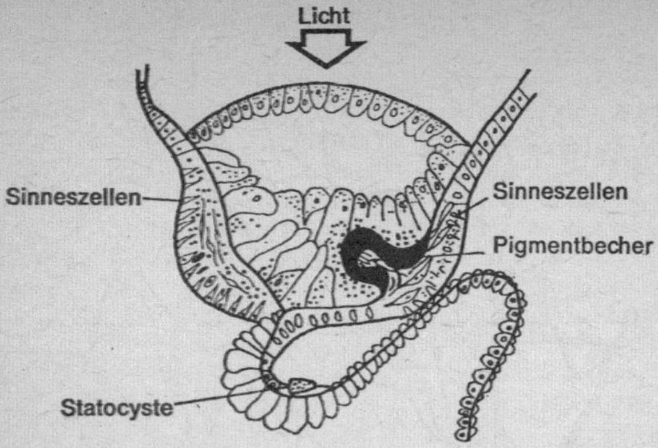

Abb. 19 Ocellus oder Auge einer Qualle, in Verbindung mit einer Statocyste.

Beute zu, die sie dann verschlingt. Bei einem Tier, das nichts weiter als ein Nervennetz besitzt, ist dies eine überraschende Erscheinung von Koordination: was jedoch diese erfolgreiche, gerichtete Bewegung möglich macht, ist nicht bekannt. Aber selbst weniger agile Mitglieder dieser Gruppe bereiten noch Kopfzerbrechen. Viele von ihnen bewahren zum Beispiel ihre spezielle Körperform ohne Stützskelett, in einer Art, die an ein propriorezeptives System denken lassen könnte. Das heißt, es müßte ein System sein, das von Informationen über die relative Position der Körperteile abhängt, die dem Nervensystem zugeleitet werden. Eine solche Ausrüstung ist jedoch noch nicht gefunden worden, und so bleibt selbst der einfachste Typ von Nervensystemen noch ein Rätsel.

Plattwürmer

Die in vieler Hinsicht wichtigsten Mitglieder des Phylum Plathelmintha sind die parasitischen Würmer – die Leberegel und die Bandwürmer. Das Verhalten dieser Tiere ist, wenn es eines gibt (das meist in der Larve hervortritt), von großem Interesse; man weiß jedoch nur wenig darüber. Viele der erfolgreichsten Parasiten besitzen kein Nervensystem – wenigstens nicht in den wichtigeren Abschnitten ihres Lebens. Die nicht-parasitische Gruppe, die Turbellarien oder Strudelwürmer, haben kürzlich Berühmtheit erlangt, und zwar durch Arbeiten, die angeblich zeigten, daß diese kleinen Kreaturen einfache Aufgaben lernen können und daß die physiologischen Veränderungen, die das veränderte Verhalten hervorrufen, in allen Teilen des Körpers

vorhanden sein sollen. Diese Tiere haben eine erhebliche Regenerationsfähigkeit. Schneidet man sie in verschiedene Teile, ist es möglich, daß sich alle Teile wieder zu vollständigen, wenn auch erst kleineren Würmern entwickeln. Es heißt nun, daß, wenn der Ausgangswurm trainiert wurde, die Ergebnisse dieses Trainings noch in allen regenerierten Teilwürmern nachgewiesen werden könnten — selbst in dem Wurm, der aus dem hinteren Ende des Ausgangswurms stammt.
Die Erforschung des Verhaltens der Plattwürmer hat eingestandenermaßen recht unkonventionelle Leute angelockt. Einige von ihnen haben ein Journal herausgebracht, den *»Wormrunners' Digest«*, aus dem ich folgende Strophe übernehme:

Ursächlich oder zufällig,
mit Gedanken, die schnell wiederkehren.
Mein Vorderende
ist nicht bedeutend;
doch ist mein Hinterende
auch nicht unbedeutend.

Plattwürmer haben gewisse Fähigkeiten, durch Erfahrung zu lernen. Werden sie in einen Gang gesetzt, der sich am Ende gabelt, können sie dazu gebracht werden, den einen Arm vor dem anderen zu bevorzugen. Sie irren sich jedoch oft und sind recht unzuverlässig. Ihr »Lerngerät« zeigt Abb. 20. Es ist ein Netzwerk, das dem der Coelenteraten ziemlich ähnelt, besitzt aber ein »Gehirn«, das aus einer Ansammlung von Zellkör-

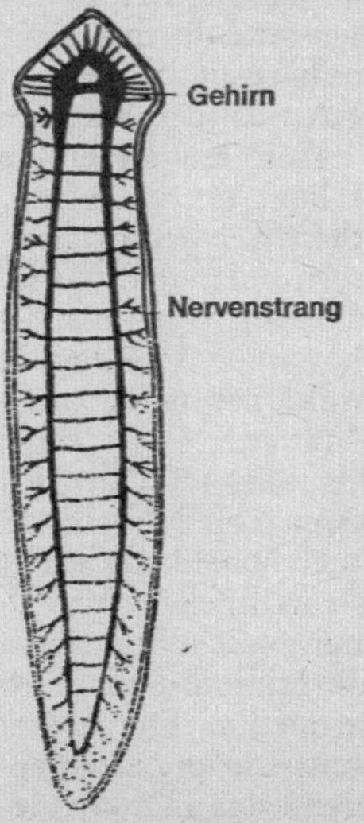

Abb. 20 Das »Gehirn« und das Nervensystem eines Plattwurms.

pern am Vorderende des Wurms besteht. Im Gegensatz zu den Coelenteraten sind diese Würmer jedoch bilateral-symmetrisch und bewegen sich mit dem Vorderende voraus. An diesem Ende besitzen sie Sinnesorgane, besonders Augen von einfachem Bau. Wie viele Protozoa sind sie ununterbrochen aktiv, wobei sie von ihren Sinnesorganen gelenkt werden. Diese zeigen gut ausgerichtete Orientierung zum Licht, zu chemischen Stimuli und anderen, die ich im folgenden Kapitel diskutieren werde. Die Orientierungshandlungen müssen nicht durch Erfahrung gelernt werden.

Ringelwürmer

Wir kommen jetzt zu der größten Sektion des Tierreiches, wenn wir von der Anzahl der Typen ausgehen. Diese Gruppe segmentierter Tiere umschließt die Annelida mit den Borstenwürmern, Regenwürmern und Egeln sowie die Arthropoda mit Krebsen, Insekten, Spinnen und anderen. Allein die Insekten machen achtzig Prozent aller Tierarten aus. Sie zeigen oft Wunder von Verhaltensweisen, obwohl sie notwendigerweise nur mit einem sehr kleinen Gehirn ausgestattet sind.
Zuerst jedoch zu den Ringelwürmern. Die äußerlich sichtbare Einteilung in Segmente läßt sich auch in der Anlage des Nervensystems nachweisen (Abb. 21). In jedem Segment finden sich Ganglien, zwei Gruppen von Nervenzellen, die ventral liegen. Diese Ganglien sind durch Stränge von Nervenfasern miteinander in Verbindung und bilden so eine doppelte Kette, die sich durch den ganzen Körper erstreckt. Einige dieser Tiere sind recht aktiv und haben Augen und andere Sinnesorgane am Vorderende. Dort liegt ein einfaches Gehirn vor dem Mund, das aus vielen kleinen Nervenzellen besteht. Bemerkenswert ist, daß Riesenfasern auftreten, die nach vorn und hinten laufen und schnelle Leitung von Impulsen durch die Gesamtlänge des Tieres möglich machen. Die Riesenfasern bewirken, daß sich der gesamte Wurmkörper rasch zusammenziehen kann, wenn eine Reizung nur an einer Stelle auftritt: sie stehen in der Tat besonders im Dienste des schnellen Rückzugs bei Gefahr. Solch eine Retraktion kann man leicht bei Röhrenwürmern beobachten, die zum Beispiel, sobald ein Schatten über sie hinwegzieht, schnell ihre Röhre verschließen.
Ein großer Teil der Nervenfunktion dieser Würmer reguliert die geordnete Kontraktion und Erschlaffung der Muskulatur der einzelnen Segmente. Die Seitenmuskeln eines Regenwurms kontrahieren sich und strecken dadurch das Vorderende des Körpers, während das Hinterende fest verankert liegt. Die Kontraktionswelle oder Peristaltik kann nicht ausgeführt wer-

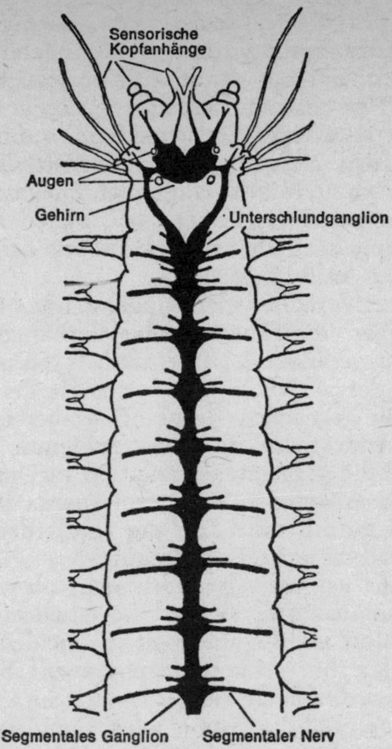

Abb. 21 Vorderer Teil des segmentierten Nervensystems des Borstenwurms Nereis.

den, wenn der zentrale Nervenstrang entfernt wird; der Wurm kann jedoch – bis auf den Nervenstrang – durchgeschnitten werden, ohne daß die normale Peristaltik aufhört. Ein Wurm, der in zwei Teile geschnitten und dann wieder mit Hilfe eines Baumwollfadens zusammengenäht wird, kann ebenfalls noch koordinierte Peristaltik durch die Gesamtlänge des Körpers hindurch ausführen. Die Verkürzung eines Segments bewirkt einen Ruck auf das nächste. Im Experiment wird dieser Ruck durch den Baumwollfaden übertragen. Und dieser Ruck stimuliert propriorezeptive Organe, die nun wiederum die Ganglienzellen der Einzelsegmente erregen und sie zum Aussenden von Impulsen an die Muskulatur anregen.

Einige Bewegungen werden ohne besondere externe Stimulation ausgeführt. *Arenicola* gehört, wie auch *Nereis* und viele Röhrenwürmer, zu den Borstenwürmern oder Polychaeten. Fast auf der ganzen Erde kann man ihre U-förmigen Gänge an den

Sandstränden des Meeres finden. Ein regelmäßiges Pumpen von Wasser (Irrigation) durch den Wohngang hindurch versorgt den Wurm mit Sauerstoff. Der Irrigationszyklus hängt offenbar vom Nervenstrang ab. Es ist dies ein Beispiel einer »inneren Uhr« oder eines Schrittmachers – eine Erscheinung, die man in vielen Nervensystemen antrifft, deren physiologische Basis jedoch noch im Dunkel liegt. Eine andere stereotype Verhaltensform von Pierwürmern und vielen anderen ist der Röhrenbau. Wir wissen aber noch nicht, wie das Nervensystem diese Baumeister-Aktivität steuert.

Nicht das ganze Verhalten der Ringelwürmer ist aber stereotyp: es gibt sogar eine Fähigkeit, das Verhalten aufgrund von Erfahrungen zu verändern. Die einfachste Form eines solchen Verhaltens ist der *Abfall* in der Intensität der Beantwortung eines wiederholt gegebenen Reizes. Das aber ist Gewöhnung. Der »Schattenreflex«, den ich schon erwähnte, hört nach und nach auf, wenn die gegebene Stimulation regelmäßig in kurzen und konstanten Abständen wiederholt wird: in menschlichen Worten (die eigentlich nicht zulässig sind): das Tier gewöhnt sich daran und achtet nicht mehr darauf.

Adaptives Verhalten bei Anneliden geht aber noch über die Gewöhnung hinaus. Ein kleiner Regenwurm, *Lumbriculus*, kann lernen, Licht oder Dunkelheit zu meiden, und er kann das sogar, wenn ihm seine vorderen zwölf Segmente abgeschnitten werden. Offenbar besitzt er am ganzen Körper lichtsensitive Organe, und die segmentalen Ganglien, die sich über seine Gesamtlänge finden, sind Sitz des »Lern«-Prozesses.

Die berühmten Arbeiten über Dressur von Anneliden wurden im Jahre 1912 von R. M. Yerkes publiziert, der später noch lange Serien von Pionierstudien am anderen Ende der zoologischen Skala – an Schimpansen – machte. Yerkes benutzte einen häufigen Regenwurm, *Allolobophora foetida*. Er setzte eines dieser Tiere in den vertikalen Arm eines T-förmigen »Labyrinths«: einer der Arme führte in eine dunkle, feuchte Kammer; der andere, der mit Sandpapier ausgekleidet war, um ihm eine auffällige Struktur zu geben, führte zu einer elektrischen Schockquelle oder zu einer starken Salzlösung. Das Tier wurde durch ein hellscheinendes Licht an seinem Ende in Bewegung gebracht. Nach zwanzig bis einhundert Versuchen wandte sich der Wurm regelmäßig nach rechts oder links, je nachdem, wo er vorher die feuchte Dunkelheit gefunden hatte.

War dieses Verhalten erst einmal voll entwickelt, wurde es auch beibehalten, wenn das Vorderende mit dem »Gehirn« entfernt wurde (Abb. 22, vorderer Teil des Gehirns einer anderen Art). Die Regeneration des Gehirns machte das Verhalten weniger voraussagbar, variabler und (vermutlich) aufnahmefähi-

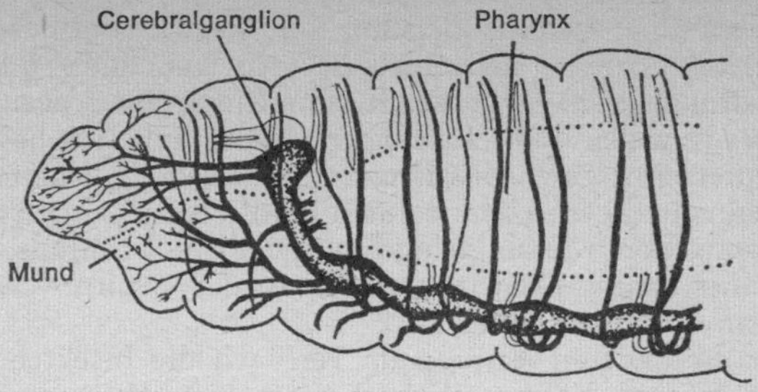

Abb. 22 Vorderer Teil des Nervensystems eines Regenwurms.

ger für noch andere Experimente. Darüber ist jedoch noch nicht genug bekannt.

Vor viel kürzerer Zeit ist noch ein anderer häufiger Regenwurm, *Lumbricus terrestris*, mit einer anderen Methode dressiert worden. Plötzliches, starkes Licht verursacht ein Zurückziehen des Vorderendes. In einer Versuchsserie wurde Licht stets bei einer leichten Vibration des Apparates, der den Wurm enthielt, geboten. Schließlich genügte allein die Vibration, um das Zurückziehen des Kopfes zu erzeugen: der Rückzug ging dem Licht dann eine oder zwei Sekunden voraus. Auch dies konnte mit »enthirnten« Würmern wiederholt werden. Die Dressur von Würmern in einem T-förmigen Labyrinth ist der bei Laborsäugern angewandten Methode beim Studium vom Versuch-und-Irrtum-Verhalten sehr ähnlich, und die Versuche an *Lumbricus* gehen in der einfachsten möglichen Form denen von Pawlov über den bedingten Reflex bei Hunden parallel. All das wird im Kapitel zwölf besprochen werden. Wir wollen an dieser Stelle lediglich festhalten, daß selbst Regenwürmer solche Erscheinungen zeigen können. Bedauerlicherweise wissen wir aber nicht, welchen Nutzen ihnen diese Fähigkeiten in ihrer normalen Umgebung bringen.

Insekten

Sehr früh schon in der Evolution der Ringelwürmer scheint eine Gruppe eine feste äußere Hülle, ein Exoskelett, entwickelt zu haben. Aus diesem Ursprung entstand dann das große Invertebraten-Phylum mit gegliederten Extremitäten, die Arthropoda. Wir wollen uns nur mit der größten Gruppe derselben, den Insekten, beschäftigen.

Das Nervensystem der Insekten (Abb. 23) ist noch segmentiert, die Ganglien verschmelzen aber schon oft, was vielleicht eine Verkürzung der Dauer der Nachrichtenübermittlung bedeutet.

Die Sinnesorgane, die besonders am Kopf liegen, sind gewöhnlich weit komplizierter gebaut als bei den Anneliden: die aktivsten Formen besitzen große, zusammengesetzte Augen, deren jedes aus vielen — oft Tausenden — von Einheiten besteht: das bedeutet eine gute Ausrüstung für Bewegungsreaktionen. Die Antennen tragen chemische und taktile Sinnesorgane; und an den komplexen Mundgliedmaßen finden sich ebenfalls zahlreiche Sinnesorgane. Dementsprechend ist das Gehirn — wenngleich klein — hoch entwickelt.
Wie auch die anderen Arthropoda verfügen die Insekten über ein ihren ganzen Körper überziehendes Informationssystem. Dieses besteht aus sehr kleinen, haarartigen Sensillen oder Borsten, die berührungsempfindlich sind und oft auch auf Luftschwingungen reagieren. Eine sanfte Luftbewegung kann zum Beispiel einen Grashüpfer, wie *Schistocerca*, zu einem gewaltigen Luftsprung animieren. Auch gegenüber Wasser oder Nahrungsteilchen können diese »Haare« empfindlich sein: viele Fliegen (Diptera) weisen an den Beinen einen wichtigen Satz Geschmacksorgane auf; denn diese Tiere schmecken das, auf was sie sich setzen, ohne es mit ihren Mundteilen berühren zu müssen.
Wenn die Nervenstränge völlig von allen Reizquellen in den Sinnesorganen abgeschnitten werden, ist dennoch ein Rhyth-

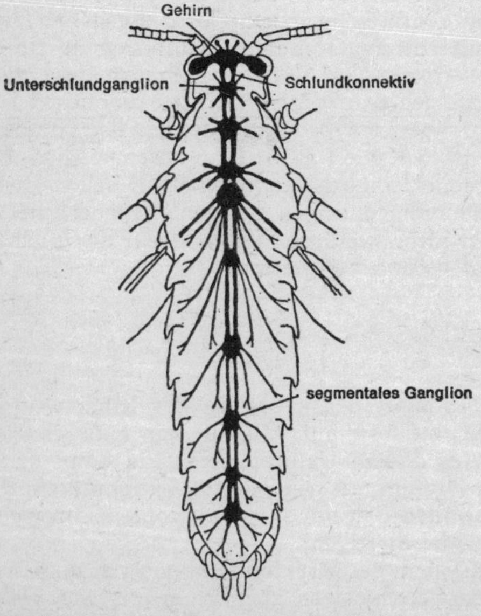

Abb. 23 Das Nervensystem einer Heuschrecke.

mus eines Elektropotential-Wechsels wahrnehmbar (analog vielleicht dem des EEG).

Trotz der Existenz des Gehirns scheint doch noch ein wichtiger Teil der Kontrollmechanismen im ventralen Nervenstrang zu liegen. Wenn die Ganglien der beintragenden Segmente durch Schnitte vom übrigen Nervenstrang isoliert werden, können sie dennoch das Gehen regulieren und einen normalen Gang erzeugen. Das Männchen der Gottesanbeterin, *Mantis*, kann noch ohne Kopf die Begattung ausführen (also auch ohne Gehirn): es scheint daher eine hoch entwickelte stereotype Verhaltensform zu sein, die von den segmentalen Ganglien kontrolliert wird. Das dekapitierte Männchen führt heftigere Begattungsbewegungen aus als ein normales und ist auch allgemein ruheloser: das deutet darauf hin, daß eine wichtige Funktion des Gehirns darin besteht, einige Aktivitäten des Nervenstranges zu hemmen. Diese Feststellung ist jedoch nicht präzise, da sie nicht auf der Kenntnis der Funktion dieses Systems beruht. Ähnlich bizarr und vielleicht noch erstaunlicher sind einige Beobachtungen an kopflosen Schaben, *Heirodula tenuidentata*. Diese Tiere wurden erfolgreich von G. A. Horridge darauf abgerichtet, eine Salzlösung mit den Beinen nicht zu berühren, denn immer, wenn sie es taten, erhielten sie einen elektrischen Schock.

Was aber ist dann die Funktion des Gehirns? Eine unverletzte Schabe kann den Weg durch ein Labyrinth (Abb. 24) vom Start bis zum Futterplatz vor allem mit Hilfe der Tastorgane erler-

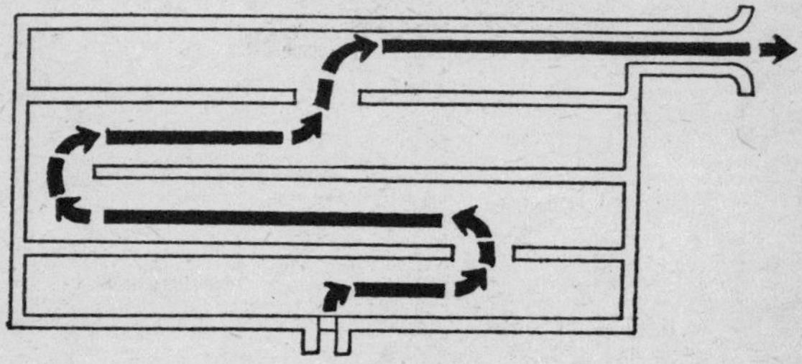

Abb. 24 Ein einfaches Labyrinth, das sogar eine Schabe meistert.

nen – obwohl es dabei auch viele individuelle Abweichungen gibt. Wahrscheinlich würde eine Verletzung des Gehirns diese Fähigkeit erlöschen lassen. Später, im Kapitel fünf, werden wir sehen, daß sehr aktive und komplizierte Insekten hervorragende Fähigkeiten besitzen, die Topographie des Gebiets zu erlernen, in dem sie leben. Nichts ist jedoch darüber bekannt, wie das Gehirn dieses Verhalten lenkt.

In weit zurückliegender Zeit müssen die Ringelwürmer und Arthropoden zusammen mit den Mollusken – den Schnecken und Muscheln, den Kraken und pelagischen Tintenfischen – einen gemeinsamen Vorfahren gehabt haben. Die Mollusken weisen heute jedoch nur noch geringe Spuren dieser gemeinsamen Abstammung auf. Die trägen oder sedentären Schnecken und andere Schalenträger besitzen ein Nervensystem aus nur wenigen Ganglien, die über den gesamten Körper verteilt und durch Nerven verbunden sind (Abb. 25). Manchmal, etwa bei Muscheln der Austernfamilie (*Ostrea*), sind die Ganglien des hinteren Körperendes größer als die des vorderen; dort liegen wichtigere Sinnesorgane, die das eingestrudelte Wasser testen.

Eine Weichtiergruppe steht aber in scharfem Kontrast zu den anderen. Die Tintenfische umfassen sowohl hochaktive, räube-

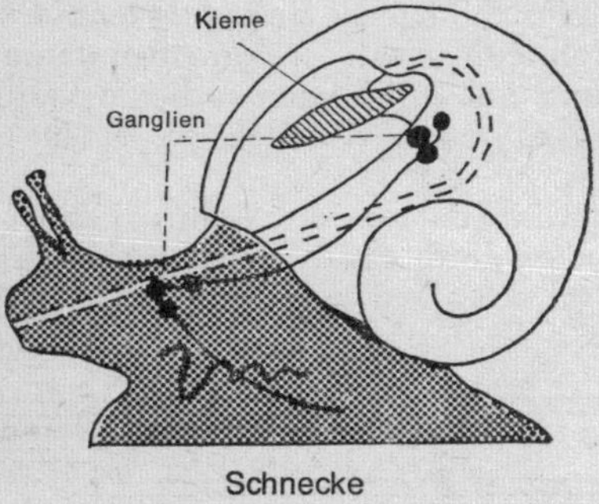

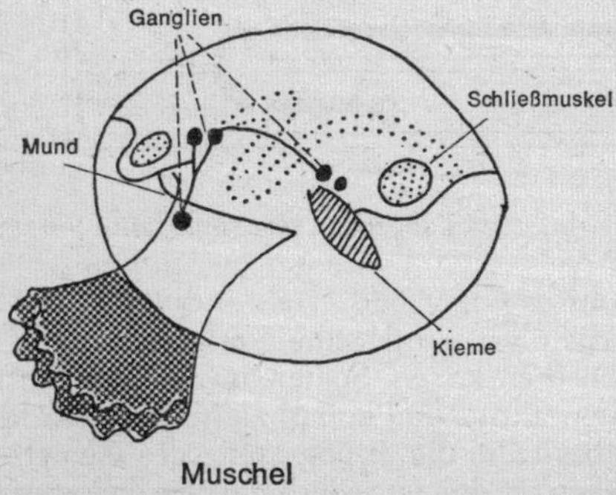

Abb. 25 Nervensystem der Mollusken: Schnecke und Muschel.

rische Schwimmtintenfische, *Sepia* (Abb. 26), die in ihrer Lebensweise den Fischen des offenen Meeres ähneln, als auch *Octopus* und Verwandte, die ebenfalls aktive Räuber sind. Diese Tiere haben ein ziemlich großes Gehirn, das bei *Octopus* ungefähr aus 168 Millionen Neuronen besteht. Das Gehirn einer Biene besitzt im Vergleich dazu nur etwa eine Million Neuronen. Jeder der zehn Arme der Schwimmtintenfische und jeder der acht Arme von *Octopus* hat sein eigenes, seine lokalen Reflexe regulierendes Ganglion.

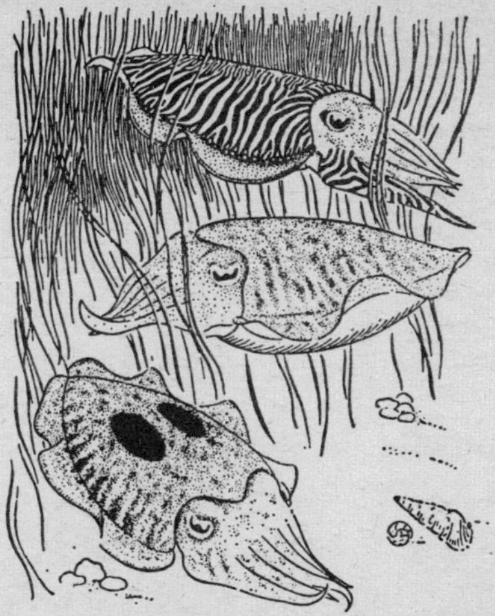

Abb. 26 Tintenfische, Sepia. Anordnung des Körperfarbmusters des Männchens bei der Paarung (oben), Farbmuster bei Ruhe (Mitte) und bei heftiger Störung (unten).

Mit den Säugetieren haben sie gemeinsam, daß sie leicht zur Ausführung einfacher Aufgaben angehalten werden können. Über die Rolle, die das Gehirn für das adaptive Verhalten der Cephalopoden spielt, ist viel von J. Z. Young, seinen Kollegen und seinen Schülern gearbeitet worden. Die »höheren Zentren« des *Octopus*-Gehirns liegen praktischerweise oben: über den Strukturen, die die von den Sinnesorganen eingehenden Reize empfangen (inklusive die der wichtigen Tastrezeptoren in den Armen), findet sich eine Gruppe von Lappen, deren Aufgaben größtenteils durch das Studium der Effekte untersucht wurden, die auftreten, wenn sie entfernt oder verletzt werden.
Sowohl *Octopus*- als auch *Sepia*-Typen besitzen einen vertikalen Lappen oben auf dem Gehirn, der keinerlei meßbare elektrische Aktivität aufweist, wenn die äußeren Sinnesorgane gereizt werden. Darüber hinaus verändert sich das Verhalten des

Tieres unter den ereignislosen Bedingungen eines Aquariums auch nicht, wenn dieser Lappen stark verletzt wird. *Sepia* kann jedoch ohne den vertikalen Lappen nicht mehr so effektiv jagen: sobald die Beute hinter einem Gegenstand außer Sicht ist, ist der Verfolger abgeschüttelt. Für einen normalen Schwimmtintenfisch bietet eine solche Situation kein Problem. Mit anderen Worten: die Zerstörung des vertikalen Lappens scheint die »Intelligenz« des Tintenfisches zu reduzieren. Vielleicht mindert sie auch den »Antrieb« oder die Kampfbereitschaft. Auf dem heutigen Stand unseres Wissens sagen diese Ausdrücke, auf *Sepia* angewandt, gar nichts aus.
Über *Octopus* ist mehr gearbeitet worden. Individuen einer häufigen mediterranen Art, *O. vulgaris*, können leicht in Aquarien gehalten werden, in denen sie an einem Ende ein Nest oder einen Unterschlupf beziehen. In diesem gewöhnt sich das Tier schnell ein und lernt bald, Krabben, die am anderen Ende eingesetzt werden, zu ergreifen und zu fressen. Das geschieht schnell und regelmäßig. Werden dann ungefähr neunzig Prozent des vertikalen Lappens (Abb. 27) zerstört, greift das Tier, obgleich äußerlich ziemlich normal, nicht mehr so verläßlich die Krabben an. Außerdem dauern die Angriffe, die es aus-

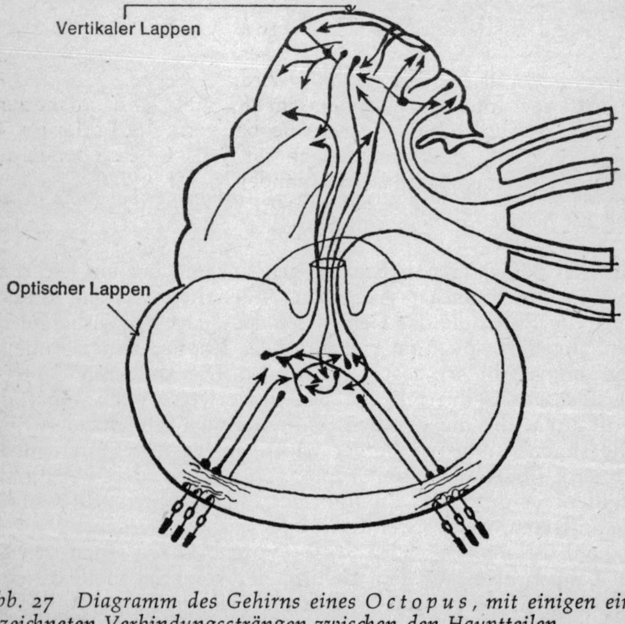

Abb. 27 Diagramm des Gehirns eines Octopus, mit einigen eingezeichneten Verbindungssträngen zwischen den Hauptteilen.

führt, länger. Das läßt vermuten, daß der vertikale Lappen mit dem »Hungergefühl« oder dem »Drang nach Essen« in Zusammenhang steht. Young bemerkt jedoch dazu, daß diese Annahme wenig zum Gesamtbild der Funktion des vertikalen Lappens beiträgt.

Andere Experimente wurden mit dem Erinnerungsvermögen gemacht. Tiere wurden darauf dressiert, eine Krabbe anzugreifen, wenn nur diese eingesetzt wurde. Wurde jedoch mit der Krabbe ein weißes Viereck gezeigt, sollte *nicht* angegriffen werden. Diese Hemmung wurde dadurch erreicht, daß immer, wenn das Tier angriff, das weiße Quadrat gezeigt und mit einem leichten Elektroschock kombiniert wurde. Wird der vertikale Lappen bei einem auf diese Weise dressierten Tier entfernt, geht der Dressureffekt verloren: es werden Angriffe ohne Rücksicht auf weitere Schocks ausgeführt. Es ist möglich, diese Tiere teilweise erneut zu dressieren; doch hält der Dressureffekt nur wenige Minuten an.

In einem der vorhergehenden Abschnitte habe ich darauf hingewiesen, daß Regenwürmer ähnliche Fähigkeiten aufweisen, wie sie bei Laborsäugern untersucht wurden. Die Parallele zwischen *Octopus* und Laborratte ist (in dieser Hinsicht) noch auffälliger. Wenn Ratten zum Beispiel darauf dressiert werden, einige Aufgaben durchzuführen, etwa die Unterscheidung von zwei Umrißformen, lernen sie *besser*, wenn ihnen eine neue, aber ähnliche Aufgabe gestellt wird. Dieses Phänomen, die »Lernserie« (die ich nochmals im Kapitel zwölf diskutieren werde), ist auch bei *Octopus* zu beobachten. Die Erklärung für diese und andere Beobachtungen ist, daß Cephalopoden und Vertebraten unabhängig voneinander Gehirne entwickelt haben, die in analoger Weise arbeiten. Wie *Octopus* nun aber in der Natur Gebrauch von diesen Fähigkeiten macht, ist, wie gewöhnlich, unbekannt.

Wirbeltiere

Schließlich kehren wir nun zu den Vertebraten, oder genauer, zu den Chordaten zurück. Die einfachsten Glieder dieser Gruppe haben kein aufregendes Verhalten. Der Körperbau der bekanntesten Gattung, *Amphioxus*, ist schon von vielen Studenten untersucht worden: sie finden einen hohlen Nervenstrang, der dorsal liegt und segmentale Nerven aufweist. Bei diesem, aber auch bei den Fischen, finden wir den Ursprung zur Anordnung der Spinalnerven, die wir schon bei den Säugetieren kennengelernt haben. Die Hauptmuskulatur ist segmentiert: und jedes Muskelsegment oder Myotom wird von einem motorischen Nerv auf jeder Seite versorgt, der aus den ventralen

Teilen des Nervenstranges austritt. Über jedem motorischen Nerv entspringt eine sensorische Wurzel.
Die segmentale Anordnung der Muskulatur macht den schwimmenden Fischen ihre typische Bewegungsform möglich: auf einer Körperseite verläuft eine Serie von Kontraktionswellen, auf der anderen eine solche von Entspannungswellen: dieses System befähigt die schnellen Fische des offenen Meeres, etwa Thunfische, *Thunnus thynnus*, ihre Beute mit hoher Geschwindigkeit zu verfolgen. Dieser prächtige Mechanismus wird durch motorische Fasern der segmentalen Nerven reguliert.
Amphioxus lebt sedentär und besitzt eine nur wenig spezialisierte sensorische Ausrüstung. Fische dagegen haben nicht nur segmentale Muskeln und die dazugehörigen Nerven, ihnen sind auch große Geruchs- und Geschmacksorgane, Balance-Organe und andere Sinnesorgane eigen, die ihren Sitz im Kopf haben. Entsprechend ist das Gehirn ziemlich groß. Die Medulla lenkt, wie bei den Säugetieren, die »Reflexe«, die Atembewegung eingeschlossen. Auch die Reize der Tastorgane, die oft über die gesamte Körperfläche verteilt liegen, haben ihre Primärzentren in der Medulla. Das Mittelhirn empfängt die Reize von den Augen: wird deren dorsaler Teil zerstört, reagiert der Fisch nicht mehr auf visuelle, jedoch noch immer auf olfaktorische Stimuli. Geruchsreize werden an das Vorderhirn, das nicht, wie bei den Säugern, in klar getrennte Hemisphären geteilt ist, weitergegeben. Seine Zerstörung läßt die Fähigkeit des Fisches, auf olfaktorische Reize zu reagieren, erlöschen, beeinträchtigt aber das übrige Verhalten im wesentlichen nicht: es besteht hier also keine große koordinierende Struktur wie bei den Säugern. Je näher ein Tier den Fischen steht, um so größer ist die Bedeutung seines Mittelhirns als Koordinationszentrum, das starke Faserstränge vom Vorderhirn erhält. Fische können darauf dressiert werden, einfache Aufgaben zu lösen: sie sind fähig, »Umweg«-Probleme zu verstehen, und können lernen, zwischen zwei visuellen Stimuli zu unterscheiden (Abb. 28). Sie lernen auch Aufgaben, die von ihnen sowohl die Beantwortung visueller als auch olfaktorischer Reize verlangen. Das hängt vom Mittelhirn ab. Das Erlernte wird jedoch nicht schnell aufgegeben, wie etwa bei Säugern: ist erst einmal ein bestimmtes Verhalten entwickelt worden, neigt der Fisch dazu, es beizubehalten. Offensichtlich besteht also wenig Neigung, das Lernen zu erlernen.
Die Landwirbeltiere haben, seit sie sich vor 250 Millionen Jahren aus fischähnlichen Vorfahren entwickelten, das Vorderhirn in zunehmendem Maße kompliziert. Die Amphibien, zu denen die Frösche gehören, haben dabei noch keinen besonderen Fortschritt gegenüber den Fischen erreicht. Ein Frosch kommt noch ganz gut ohne Vorderhirn aus, obwohl er dann nachlässiger

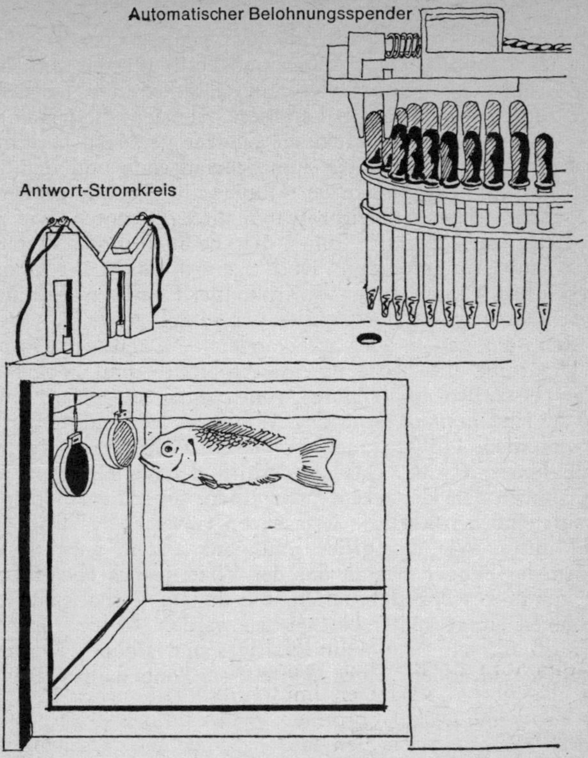

Abb. 28 Ein Apparat, um die Fähigkeit von Fischen zu testen, visuelle Stimuli zu unterscheiden: wenn der Fisch den Kopf gegen die richtige Scheibe drückt, fällt automatisch als Belohnung ein Wurm ins Aquarium.

und wenig unternehmungslustig aussieht. Diejenigen Reptilien, die voll zum Landleben übergegangen sind, haben substantiell vergrößerte Gehirnhälften, bezogen auf die Gesamtgröße; ihnen fehlt jedoch noch die bei den Säugern vorhandene Hirnrinde. Der Cortex entsteht vom Dach des Vorderhirns; bei den Reptilien ist jedoch der Boden desselben gut entwickelt. Der Thalamus ist eine bemerkenswerte Struktur. Er bekommt (wie bei den Säugern) viele Reizinformationen von den Augen; das Mittelhirn ist also nicht mehr das vorherrschende optische Zentrum. Vom Thalamus aus ziehen sich viele Verbindungen zu den Hirnhälften. Im Gehirn ist der Geruchssinn nicht mehr länger der bedeutendste Sinn.

Wir wissen nur wenig über das Verhalten der gegenwärtig lebenden Reptilien und natürlich noch weniger über das ausgestorbener Gruppen. Die größten und berühmtesten von ihnen – die Gruppe der »Dinosaurier«, die »Drachen« unter den Reptilien, zu denen die größten Landtiere gehörten, die jemals lebten – sind wegen ihrer winzigen Gehirne geradezu berüchtigt. Das Rückenmark reichte bis zum Schwanzende und regulierte zweifellos die Bewegungen der Hinterbeine. Es war größer als das Gehirn selbst. Vielleicht waren diese Giganten, wie man gewöhnlich sagt, ziemlich dumm, das heißt in ihrem Verhalten wenig anpassungsfreudig. Doch zeigen auch die minder schrecklichen Überlebenden – Krokodile, Eidechsen, Schlangen und Schildkröten – kaum Zeichen von »Intelligenz«.
Die Reptilien gaben aber zwei anderen Vertebraten-Gruppen den Ursprung, die heute überall erfolgreich sind. Vögel und Säuger erwarben unabhängig voneinander die Warmblütigkeit; sie sind *homöotherm.* Die Mitglieder beider Gruppen haben außerdem größere und komplexere Gehirne als Reptilien vergleichbarer Größe. Das Vorderhirn der Vögel ist im Plan ganz ähnlich dem der rezenten Reptilien: an seinem Boden findet sich eine beträchtliche Masse von Gewebe, das Dach aber bleibt dünn. Wie das große und ganz anders gebaute Vorderhirn der Säuger erlaubt das der Vögel jedoch ebenfalls ein sehr komplexes Sozialverhalten und andere Verhaltensweisen, von denen einige später beschrieben werden sollen. Vögel zeigen nicht nur ein sehr mannigfaltiges und schönes Paarungsverhalten und andere Eigenschaften; sie können ihr Verhalten

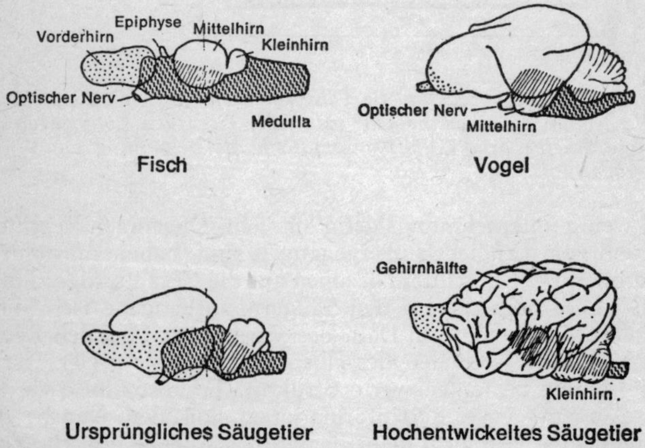

Abb. 29 Diagramm der Hirne von Wirbeltieren. Der Hirnstamm in jedem Diagramm ist schwarz punktiert. Das obere linke Diagramm zeigt das Hirn eines primitiven Fisches oder eines Amphibiums.

auch in erstaunlicher Form anpassen: Krähen und Verwandte (Corvidae), etwa Dohlen (*Coloeus monedula*) und Kolkrabe (*Corvus corax*) können zum Beispiel zählen lernen. Leider sind bislang noch zuwenig Versuche unternommen worden, als daß wir eine Vorstellung von der Arbeitsweise eines Vogelgehirns haben könnten.

Eine große Zellmasse ist offenbar dazu da, das Verhalten vom unmittelbaren Reizausstoß der Sinne zu befreien: zunehmend wird das Verhalten ein Produkt der Veränderungen, die durch frühere Erfahrungen erzeugt werden, und der entsprechenden Vorausschaubarkeit von zukünftigen Effekten der augenblicklichen Bedingungen und Aktionen. In den am weitesten entwickelten Säugetieren hat dieser Prozeß einen weiteren großen Schritt vorwärts getan.

Zweiter Teil

IV Bewegung im Raum

Über Moor oder Schrund, durch Rauh oder Eng, Dünn oder Dicht,
Mit Kopf und Fuß und Hand oder Flügel folgt es seiner Bahn
Und watet oder sinkt oder schwingt oder kriecht oder fliegt.

Milton

Wie beinahe jedes Schulkind weiß, sind Tiere von Pflanzen auch durch ihre Bewegungsfähigkeit unterschieden; selbst ihre einzelnen Zellen können sich bewegen und tun das auch besonders während der Embryonalentwicklung. Dieses Kapitel ist bei weitem nicht allen tierischen Bewegungen gewidmet, weil das alles Verhalten umschließen müßte; nur die größeren Bewegungstypen im lebendigen Raum sollen besprochen werden.
Die meisten solcher Bewegungen sind dazu da, Tiere in günstige Bedingungen von Temperatur, Feuchtigkeit, Versteckmöglichkeiten, Nahrung usw. zu bringen. Doch selbst wenn die Absicht völlig klar ist, ist es oft schwierig zu erkennen, wie die Bewegungen von außen gelenkt oder von innen angetrieben werden. In der Tat ist, trotz der auffälligen Beweglichkeit, noch nicht zusammenhängend darüber gearbeitet oder gar geschrieben worden, welche Bedeutung sie für das Verhaltensstudium hat. Vielleicht ist sie, wie die Erde in Chestertons Erzählung »Der Hammer Gottes«, zu auffällig, um von den spitzfindigen Biologen überhaupt bemerkt zu werden. Dem unverbildeten Zuschauer jedoch fällt sie sofort ins Auge. Leeuwenhoek (1632 bis 1723), der erste Mensch, der Protozoa unter dem Mikroskop sah, schrieb:

> »Die Bewegung der meisten dieser Tierchen im Wasser war so flink und so mannigfaltig, nach oben, unten und ringsherum, daß es eine Freude war, es zu sehen.«

Ganz ähnlich kreisen Fliegen, *Musca,* in scheinbar endlosem Flug um den Lampenschirm, oder Schwalben, *Hirundo,* zickzacken flink zwischen Bäumen herum. Was treibt sie zu dieser unaufhörlichen Aktivität?

Ungerichtete Bewegung

Die ersten Verhaltensforscher stellten solche Fragen nicht. Sie nahmen die Bewegung als gegeben hin und fragten danach, wie die *Richtung* bestimmt wurde. Sie beobachteten den um das Licht fliegenden Nachtschmetterling, den Zug der Vögel — und andere, weniger bekannte Phänomene — und versuchten herauszubekommen, welche Kraft die Tiere zwang, ganz bestimmte Wege einzuschlagen.

Diese Annäherung an die organische Bewegung hat ihren Ursprung im frühen neunzehnten Jahrhundert, in Arbeiten über die Krümmungsbewegungen von Pflanzen. Das Verhalten von Pflanzen ist aus verständlichen Gründen leichter als das von Tieren zu studieren: wir sind weniger versucht, den Pflanzen Motive der Art zu unterschieben, die wir an uns selbst beobachten. Wir halten grüne Pflanzen nicht für Sonnenanbeter, noch finden wir wilde Grausamkeit bei den insektenfressenden Arten.

Gegen Ende des neunzehnten Jahrhunderts wurde von Jacques Loeb (1859—1924) eine objektive Methode angewandt, um gerichtete Bewegungen von Tieren zu erforschen. Er verwandte den Begriff »erzwungene Bewegung«, was sehr gut seine mechanistische Einstellung zum Verhalten beleuchtet: ein untersuchtes Tier wurde wie eine Maschine betrachtet, die so gebaut ist, daß sie nur bestimmte Bewegungen ausführen kann. Einige Tiere sind gezwungen, sich zum Licht zu bewegen, wie etwa die kleinen Maschinchen, die ich am Anfang des zweiten Kapitels beschrieb; andere werden davon abgeschreckt, vergleichbar einer automatisch kontrollierten Lokomotive, die starten, stoppen, die Geschwindigkeit ändern, aber nicht von den Schienen herab- und eine Straße entlanglaufen kann. Eine Zeitlang wurden die gerichteten Bewegungen der Tiere Tropismen genannt, wie auch die Krümmungsbewegungen der Pflanzen; jetzt nennen wir die meisten Kinesen oder Taxien: ihre Physiologie unterscheidet sich sehr von der der Pflanzen.

Unter dem, was Loeb als »erzwungene« Bewegung verstand, verstehen wir heute solche, in der die *Rate* der Bewegung (oder der Richtungsänderung) durch einige spezielle Bedingungen verändert werden kann, etwa durch Licht oder Feuchtigkeit. Auch solche, bei denen die *Richtung* durch externe Reizquellen festgelegt wird, gehören hierher.

Die erste Gruppe heißt »Kinesen«, von dem griechischen Wort, das »Bewegung« bedeutet. Das Standardbeispiel hierfür geben die merkwürdigen Asseln, eine der wenigen Krebsgruppen, die auch landlebende Kreaturen umfaßt. Von diesen Tieren ist *Por-*

cellio scaber, die Kellerassel, am sorgfältigsten untersucht worden. Sie lebt unter verrottender Borke, unter Steinen auf feuchtem Boden und stirbt sehr schnell, wenn sie in trockener Luft gehalten wird. Für sie ist es darum von Vorteil, sich an feuchten Plätzen aufzuhalten. Sucht sie solche Stellen nun sofort auf, wenn sie sich an trockenen Plätzen befindet?
Wenn im Labor Kellerasseln in ein Gefäß mit trockener Luft gesetzt werden, bewegen sie sich aktiv umher, ohne jedoch eine spezielle Richtung zu bevorzugen, bis sie austrocknen. Werden sie in einen Behälter mit feuchter Luft gesetzt, laufen sie auch erst umher, doch werden die meisten von ihnen bald ruhig. Befindet sich in einer geschlossenen Schale an einem Ende trokkene, am anderen feuchte Luft, bewegen sich die Asseln am trockenen Ende aktiv umher, während die am feuchten Ende ruhen. Schließlich müßten sich alle Tiere am feuchten Ende versammeln. Und das wird auch tatsächlich eintreten. Die Kellerasseln erreichen ihre feuchte »Glückseligkeit« jedoch nicht durch eine gerichtete Bewegung, sondern dadurch, daß sie die *Rate* ihrer offenbar ziellosen Bewegung mit anwachsender Trockenheit erhöhen. Wir wissen nicht, welche Sinnesorgane ihnen ein solches Verhalten ermöglichen: offensichtlich gibt es Sinnesorgane, die als Feuchtigkeitsrezeptoren funktionieren, und die entweder das Nervensystem in trockener Luft stimulieren oder in feuchter Luft hemmen. Auf jeden Fall kann das Sinnesorgan einfach sein, denn es muß ja weder die Richtung anzeigen noch eine bestimmte Stimulation erzeugen.
Unter diesen Umständen möchte man glauben, daß Kellerasseln, weil sie sich inmitten von Nahrung und zwischen anderen Kellerasseln befinden, kaum ihren Unterschlupf unter Steinen oder Borke verlassen würden. Tatsächlich brechen sie aber von Zeit zu Zeit auf. Nachts wagen sich einige Mitglieder der Gruppe in trockenere Luft hinaus. Dieser Aufbruch wird offenbar nicht durch veränderte Bedingungen im Unterschlupf hervorgerufen, denn andere bleiben zurück. Auch vom Futtermangel hängt es nicht ab. Offenbar ist es die Folge eines inneren Wechsels, und das mag eine Ansammlung von *zu viel* Wasser sein. Kellerasseln sind also gezwungen, den Schutz zu verlassen und zurückzukehren, um die Balance im Wasserhaushalt aufrechtzuerhalten.
Wenigstens in Laborexperimenten geben Kellerasseln auch ein Beispiel von *Orthokinese*, bei welcher die Rate der Vorwärtsbewegung mit der Intensität der Stimulation variiert. Die Stimulation geht auf einen Faktor in der Umgebung zurück, der quantitativ variiert. Der gleiche Effekt könnte (zum Beispiel) durch eine Veränderung der Temperatur, durch die Konzentration eines Stoffes (etwa Kohlensäure) oder durch die Lichtintensität hervorgerufen werden.

Ein effektiver Weg, Licht oder Dunkelheit zu erreichen, ist, sich in gerader Linie auf das Ziel zuzubewegen. Solche Bewegungen werden Taxien genannt. Fliegen ziehen ihre Brut in Dunghaufen oder nahrhaften zerfallenden organischen Mischsubstanzen auf. Ihre Larven sind verhaltensmäßig so ausgerüstet, daß sie sich immer sicher mit Nahrung umgeben. Die Larven der häufigsten Arten, die der Stubenfliege, *Musca*, des blauen Brummers, *Calliphora*, oder der Goldfliege, *Lucilia*, suchen sich ihren Weg zum Futter mit Hilfe einer negativen Reaktion auf Licht: werden sie nur von einer einzigen Lichtquelle beschienen, bewegen sie sich von dieser fort, wobei sie ihr Vorderende beim Kriechen schwingend bewegen. Lange Zeit nahm man an, daß sie ein einzelnes »Auge« am Vorderende haben müßten; es konnte jedoch keines entdeckt werden. Schließlich wurde 1946 ein kleiner Zellhaufen über und hinter dem Mund als Lichtsinnesorgan angesprochen. Diese Bewegungen, die von regelmäßigen Schwingungen aus der Bewegungslinie heraus abhängen, werden Klinotaxien genannt. Eine Lichtreaktion dieser Art (Photoklinotaxis) erfordert nur ein einziges Auge, das teilweise vom Licht abgeschirmt sein muß. Viele primitive Augentypen besitzen dazu Pigment, wie Abbildung 19 auf Seite 56 zeigt.

Andere Orientierungsformen erfolgen direkt, ohne Schwingen des Körpers: das Tier bewegt sich sozusagen in Luftlinie. Betrachten wir ein Tier, das sich geradlinig *auf* eine einzelne Lichtquelle *zu* bewegt (positive Phototropotaxis):

Solch ein Tier besitzt immer paarige Augen, manchmal ein Paar, manchmal mehr. Insektenaugen eignen sich besonders gut zum Studium, denn sie werden durch eine harte Substanz, Chitin, geschützt und können darum übermalt werden, ohne daß sie Schaden erleiden. Wird das linke Auge des Insektes verdunkelt und das Insekt nur von oben beleuchtet, läuft es vielleicht dauernd im Kreise rechts herum. Es erweckt den Anschein, *als* ob das Tier bemüht wäre, auch sein linkes Auge in eine Position zu bekommen, in der es von Licht beschienen würde. Von den wenigen klaren Beispielen dieses Verhaltens zeigt die Schwebfliege, *Eristalis*, das am besten. Diese gehört zu den täuschenden Insekten, die wie eine Wespe aussehen, in Wirklichkeit aber Fliegen, also Diptera, sind. Sie geht oder fliegt geradlinig auf Licht zu, läuft aber in Kreisen, wenn sie halbseitig blind ist. Wird sie mit zwei funktionierenden Augen von zwei gleichstarken Lichtern aus gleicher Entfernung beleuchtet, steuert sie intermediären Kurs. Dieses ist das Musterbeispiel für positive Phototropotaxis.

Was bedeutet diese Orientierung für die Schwebfliege? Wir

wissen es nicht. Das gleiche gilt für die besondere – und sprichwörtliche – Anziehung der »Motte« durch das Licht. Vielleicht sind diese Reaktionen auf »unnatürliche« Bedingungen bloße Nebeneffekte eines Systems, das im gewöhnlichen Leben des Tieres einen ganz anderen Einfluß auf dessen Verhalten ausübt. Vielleicht befähigt dieses Verhalten die Tiere, eine konstante Orientierung zu Mond oder Sonne einzuhalten.

Der Gebrauch von Orientierungsmitteln

Die Bewegungen der Tiere in der Natur sind oft rätselhaft. Es ist schwierig zu entscheiden, welche äußeren Antriebe sie hervorrufen oder welchen Zweck sie haben. Experimente unter den höchst einfachen Bedingungen des Labors können etwas Licht in dieses Dunkel bringen. Sie machen es möglich, einen Faktor zu isolieren, etwa Feuchtigkeit, und seinen Effekt allein zu betrachten. Das Gesamtverhalten selbst einer simplen Kreatur wie der Kellerassel hängt jedoch von mehr als einer Reizsorte ab. Kellerasseln sind positiv thigmotaktisch – das bedeutet, daß sie Kontakt mit Oberflächen suchen; sie neigen auch dazu, starkes Licht zu meiden, und schließlich werden sie durch Artgenossen beeinflußt. Jede dieser Eigenschaften muß im Experiment allein für sich untersucht werden. Das gleiche gilt für interne Veränderungen, die das Verhalten beeinflussen: eine hungrige Kellerassel wird sich sicher anders verhalten als eine satte.
Der Wert einfacher Orientierungsverhalten, die Tiere in günstige Bedingungen führen können, ist jedoch gut bei einigen marinen Tieren zu beobachten. Felsen und Sände der Flachsee und der meisten Strände sind von sedentären Tieren dicht besiedelt: von Borstenwürmern (Polychaeta, Abb. 30), Seepokken (Cirripedia), zweiklappigen Mollusken (Lamellibranchia), wie Austern und Miesmuscheln, und Echinodermen, etwa Seesternen.

Abb. 30 Die linke Abbildung zeigt die mikroskopische Larve eines bodenlebenden Röhrenwurms (rechts). Sie lebt im Meere planktisch nahe der Wasseroberfläche. Wächst sie heran, so setzt sie sich mit Hilfe eines Repertoirs festgelegter Orientierung zum Licht, zur Schwerkraft und zu anderen Umwelteinflüssen zum Bodenleben fest.

Wie erreichen sie den richtigen Platz zur Ansiedlung? Alle beginnen ihre Entwicklung als mikroskopisch kleine, bewegliche Larven. Diese vielen Millionen treibender Larven scheinen von Tiden, Winden und Strömungen abzuhängen. In Wirklichkeit werden sie aber nicht nur passiv ausgebreitet: die Metamorphose zum adulten Tier hängt zeitlich vom Auffinden eines geeigneten Ansiedlungsplatzes ab, und es kann durchaus vorher eine Periode zur Inspektion der Siedlungsoberfläche eingeschaltet sein. Das Reagieren auf direkte Lichtreize, auf die Schwerkraft und chemische Stimuli kann dabei eine Rolle spielen. Zuerst bleiben die Larven — aufgrund ihrer positiven Beantwortung des Lichtreizes — nahe der Oberfläche. Später können sie negativ phototaktisch werden und über dem Boden treiben oder schwimmen. Erreichen sie günstige chemische und strukturelle Oberflächenbedingungen, setzen sie sich fest und metamorphosieren schnell. Wenn sie jedoch nach erster Bodenberührung ungünstige Bedingungen wahrnehmen, können sie sich ablösen und zu einem anderen Habitat verdriftet werden.
Die Ausrüstung zu Richtungsreaktionen, die diese winzigen Tiere besitzen, ermöglicht ihnen, mit ungeheurer Genauigkeit auf Unterschiede in ihrer Umgebung zu reagieren — Unterschiede, die wir, wenn überhaupt, nur durch feinste Analysen feststellen können. Der Polychaet *Owenia* besitzt eine Larve mit Namen Mitraria. Für einige Versuchsserien wurden einige dieser Larven auf den Sänden von Torbay in Südwest-England gesammelt. Im Labor konnten sie nur selten zum Festsetzen oder zur Metamorphose gebracht werden, wenn ihnen nicht geeigneter Sand gegeben wurde — der aber von Torbay sein mußte. Vielleicht mußten bestimmte Typen von Mikroorganismen im Sand vorhanden sein, um ihn attraktiv zu machen. Welche Sinnesorgane diese Unterscheidungen treffen, wissen wir nicht. Die einfachsten Sinnesorgane, die sie auf Licht oder Schwerkraft reagieren lassen, kennen wir (S. 56, Abb. 19 und S. 26, Abb. 2).
Auch plötzliche Veränderungen können gerichtete Bewegungen hervorrufen. Ein Beispiel geben die Heuschrecken. Diese Insekten bewegen sich zu Fuß: nur in der Wanderphase bilden sich riesige fliegende Schwärme. Im Experiment wurden Individuen des erdgebundenen Grashüpfers, *Schistocerca gregaria*, der Wüsten bewohnt, einem Luftstrom ausgesetzt: sie bewegten sich mit dem Winde. Dann wurde dem Luftstrom der Geruch von Gras zugesetzt. Die Insekten drehten um und wanderten gegen den Wind. Die Funktion dieser Orientierung ist offensichtlich: sie soll die Heuschrecken zu freßbarem Gras bringen. Ähnliche Anemotaxien sind auch für blutsaugende Mücken von Bedeutung, die einen Menschen oder ein anderes Säugetier finden

müssen, oder für Insektenmännchen, die (wie ich im 1. Kapitel schon erwähnte) vom Geruch eines Weibchens angelockt werden.

Heimfindevermögen

Eine große Anzahl von Tieren bewohnt ein Heim, ein Nest oder einen Unterschlupf und verläßt diesen nur zur Futtersuche und bei anderen Bedürfnissen. Wie finden sie zurück? Die Orientierungsformen, die ich beschrieben habe, können ein Tier wohl allgemein zu günstigen Bedingungen führen, sie können dem Tier jedoch nicht den Weg nach Hause zeigen: Rückkehr zu einem festen Punkt muß von individuellem Kennenlernen der Umgebung oder doch mindestens von äußeren Leit- oder Landmarken abhängen.
Ein kleiner Teil dieser Fragen wird durch das Studium einer weiteren Art gerichteter Bewegungen — *der Transversal-Orientierung* — geklärt. Einige Tiere können sich — selbst wenn die Rezeptoren einer Körperhälfte ausgeschaltet sind — noch in gerader Linie bewegen. Das einfachste Beispiel (wenn man hier überhaupt von einfach sprechen kann) ist die Telotaxis. Gibt man zwei gleiche Reizquellen, wählen Insekten eine von beiden als Ziel aus. Das ermöglichen ihre zusammengesetzten Augen, deren Einzelelemente strikt ausgerichtet sind. Das Heimfindevermögen wird sehr häufig durch die Fähigkeit unterstützt, einen Kurs in einem speziellen *Winkel* zur Reizquelle, etwa der Sonne, einzuhalten.
Das nennt man Licht-Kompaß-Reaktion. Ein geeignetes Beispiel nehmen wir diesmal nicht von den Insekten, sondern von einer Molluske, einer hübschen, grünen Seeschnecke (einem Opisthobranchier), *Elysia viridis,* die in den Seegrasfeldern des Mittelmeeres umherkriecht. Bietet man im Labor einen einzigen Lichtstrahl, bewegt sich das Tier in einem konstanten Winkel zur Einfallrichtung. Wird das Licht bewegt, verändert die Schnecke die Kriechrichtung im gleichen Maße. Der Winkel, der von der Bewegungsrichtung auf die Bewegung des Lichts hin eingestellt wird, variiert zwischen 45 und 135 Grad. Wahrscheinlich deshalb, weil die Augen so gebaut sind, daß Licht nur aus Richtungen, die innerhalb dieser Gradzahlen liegen, die Retina der Schnecke erreicht. Das Tier kann weder rückwärts noch vorwärts sehen. Welchen Zweck hat dieses Verhalten? Es gibt keine befriedigende Antwort; doch vielleicht hilft es *Elysia,* nicht im Kreis herumzugehen. Man fragt sich nur, welchen Kurs diese Kreatur in ihren gewohnten Verstecken steuert und welche Kräfte den Bewegungswinkel der einzelnen Schnecken zueinander heute oder morgen bestimmen.
Das vertrauteste Beispiel von Tieren, die nach der Sonne navi-

gieren, stellen die Ameisen. *Lasius niger* ist eine für Experimente geeignete Art. Es ist eine schwarze Ameise, die in Deutschland und in Amerika – dort in einer anderen Varietät – häufig ist. Ein einfaches Experiment kann mit Spiegeln gemacht werden. Eine Ameise auf dem Heimweg wird vom direkten Sonnenlicht abgeschirmt und ein Spiegel so gehalten, daß die Sonnenstrahlen aus einer anderen Richtung zu kommen scheinen. Sofort ändert die Ameise ihren Kurs. Ein anderes klassisches Beispiel ist, eine Ameise, die sich (sagen wir) in einem Winkel von 90 Grad zur Sonne bewegt, mit einer Schachtel zuzudecken; nach 150 Minuten entläßt man sie aus ihrem Gefängnis: statt den alten Weg fortzusetzen, bewegt sie sich dann in einem Winkel von ungefähr 37 Grad zur richtigen Richtung weiter. Dieser Winkel ist der der scheinbaren Weiterbewegung der Sonne während der Zeit, in der die Ameise eingesperrt war.
Zwei wichtige Dinge unterscheiden diese Bewegungen von den »erzwungenen Bewegungen« des Jacques Loeb. Zuerst muß bei der Sonnen-Kompaß-Reaktion, die eine festgelegte Reaktion der gesamten Spezies ist, jedes Individuum bei jedem Ausflug die Orientierung erlernen. Zum zweiten ist die Orientierung auf dem Rückwege (offensichtlich) genau die entgegengesetzte wie beim Aufbruch.
Eine dritte Erscheinung des Heimfindevermögens der Ameise besteht darin, daß sie nicht immer nur von einem Sinne abhängt. Eine Ameise folgt nicht nur einem festen Pfad, sondern legt dabei auch eine Spur, vorausgesetzt, die Nahrungssuche war erfolgreich. Auf dieser Spur werden die Kolonieangehörigen zum Futter geleitet. Es ist leicht, einen Geruchspfad dieser Art zu zerstören; man braucht nur den Finger hindurchziehen. Die Ameisen halten an dieser Lücke an, betupfen den Boden mit ihren Antennen oder schwingen sie in der Luft herum. Sofort entsteht an beiden Seiten eine Schlange, bis sich schließlich jemand darüber hinweg wagt und die anderen folgen (es muß ein Finger und nicht eine Bürste benutzt werden, denn offenbar bewirken gerade die Hautsubstanzen einen Gegen-Stimulus). Die Organe, die eine Ameise befähigen, die Sekretionen anderer wahrzunehmen, sind die Antennen. Die Sekretionen werden durch den After ausgeschieden.
Andere soziale Insekten, deren Heimfindevermögen intensiv untersucht wurde, sind die Bienen. Einige (nicht jedoch die Honigbiene) legen Duftmarken. Das ist erstaunlich, denn im Gegensatz zu Ameisen begeben sich die Bienen auf Flügeln zur Futtersuche. Eine »primitive« Verwandte unserer Honigbiene, *Trigona postica*, ist in den Wäldern Brasiliens häufig. Eine Futtersucherin, die von einem Sammelflug zurückkommt, setzt sich oft in Abständen von zwei bis drei Metern auf die Erde und markiert diese Stellen mit einer duftenden Substanz aus der

Mandibeldrüse. Von dieser Spezies wurden einige Bienen darauf abgerichtet, einen Futterplatz zu besuchen, der fliegend über einen See hinweg erreicht werden mußte. Martin Lindauer beschreibt, wie diese Bienen, die sich nicht auf dem Wasser niederlassen konnten, »zum Ufer zurückkehrten und dort in großzügiger Weise ihre Duftmarken über den gesamten Futterplatz hinweg und auch auf Notizblock und den Kopf des Beobachters absetzten«. Kein Neuankömmling konnte jedoch den dressierten Bienen folgen, denn letztere konnten die anderen nicht ohne einen Untergrund, auf dem man Duftmarken in der Nähe des Stocks hinterlassen konnte, führen. Später wurde ein Seil über das Wasser gespannt und mit Zweigen geschmückt. Sofort wurden die Zweige mit Duftstoffen beschmiert, und neue Bienen konnten denen, die den Futterplatz schon besuchten, folgen. Die stachellosen Bienen (die Meliponini), zu denen *Trigona* gehört, können sich auf diese Weise zu Futterquellen geleiten, die viel höher oder tiefer als der Stock liegen — selbst bis in die Spitzen hoher Bäume hinauf; dies ist in einem tropischen Wald sicherlich von Bedeutung.

Die Honigbiene, *Apis mellifera,* setzt keine Duftmarken: ein Pfadfinder führt seine Arbeiter-Kollegen mit Hilfe eines Signalsystems (das im Kapitel 7 beschrieben wird) zum Futter. Die Rückkehr erfolgt ganz prosaisch mit Hilfe von Landmarken. Das Erlernen topographischer Merkmale, das diese Orientierung erfordert, ist nicht nur für die vielen Tierarten, die es können, von Bedeutung, sondern auch für den Verhaltensforscher. Ich komme darauf im nächsten Kapitel zurück. Bienen benutzen je-

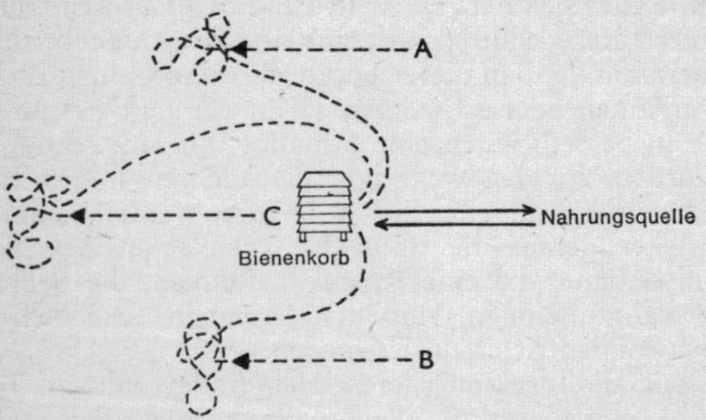

Abb. 31 Bienen eines Stocks nahmen Nahrung an der durch das Wort »Nahrungsquelle« bezeichneten Stelle auf. Sie wurden von dort zu den Stellen A, B und C gebracht. Ihre Flugwege von diesen Stellen in Richtung Heimatstock sind gestrichelt eingezeichnet: alle flogen in der richtigen Richtung, in der der Stock liegen mußte, und auch etwa dieselbe Entfernung vermutlich mit Hilfe der Sonnenorientierung. Dann begannen sie zu suchen und fanden vermutlich mit Hilfe von Geländemarken nach Haus.

doch auch die Sonnennavigation. Berühmt ist ein Experiment, bei dem Bienen, die 150 Meter nördlich ihres Stocks auf Nahrungssuche waren, gefangen und später an verschiedenen Stellen mit unterschiedlicher Lage zum Stock wieder entlassen wurden. Sie flogen trotzdem die normalerweise notwendige Entfernung von 150 Metern in südlicher Richtung und dann Suchkreise nach ihrem Stock (Abb. 31). Verlief diese Suche ergebnislos, kehrten sie dennoch erfolgreich zum Stock zurück (offenbar mit Hilfe der Orientierung an Landmarken).

Die Sonnennavigation der Bienen wird am besten in merkmallosen Ebenen ausgeführt. Bei mehreren Versuchen wurde ein außer Dienst stehender Flugplatz dazu benutzt. Im 1. Kapitel sahen wir schon, daß Bienen nach der Sonne steuern können, auch wenn diese durch Wolken verdeckt ist, weil sie polarisiertes Licht wahrnehmen.

Obgleich das Orientierungsvermögen innerhalb einer Tierart sehr standardisiert ist, muß es doch nicht ganz vom Lernen durch Erfahrung abhängig sein. Für das Erlernen von Landmarken ist das offenbar, doch spielt der Lernvorgang eine wesentlich subtilere Rolle. Das zeigen weitere Experimente, die Martin Lindauer im tropischen Wald Brasiliens durchgeführt hat. Auch indische Bienen hat Lindauer untersucht. Er nahm sie mit nach München und mußte dabei mit ihnen den Äquator überqueren. Dennoch lernten sie, auch in Deutschland nach der Sonne zu navigieren. Diese Art Lernvermögen ist von besonderem Interesse, denn Bienen müssen, um es zu entwickeln, sehr früh in ihrem Erwachsenenleben der Sonne ausgesetzt gewesen sein. Offenbar ist dies ein Beispiel einer sensitiven Periode in der Entwicklung solchen Verhaltens, eine Periode, auf die wir später, wenn wir das »Lernen« allgemeiner betrachten, wieder zurückkommen.

Zug und Wanderungen

Wir wenden uns jetzt wieder Orientierungserscheinungen zu, jedoch etwas spektakulärerer Art. Betrachtet man den Faktor Entfernung, dann ist der Vogelzug eine Erscheinung, die die gerichteten Bewegungen der meisten anderen Tiergruppen weit übertrifft. Unter Wanderungen verstehen wir die Bewegung ganzer Tierpopulationen von einer Region in die andere und ihre spätere Rückkehr. Dieses Wort wird manchmal auch in anderem Sinne benutzt; in diesem Buch hat es aber die eben definierte Bedeutung. Wanderungen sind (zum Beispiel) die Bewegungen der Lachse die Flüsse hinab und wieder zurück, nicht jedoch die der Heuschreckenschwärme, weil diese Insekten nicht zurückkehren. Die Funktion (oder der Überlebenswert) dieser weiten Bewegungen scheint gewöhnlich das Vermeiden der Unbilden des Winters zu sein, und die Aufzucht der Jungen in günstiger Umgebung. Letzteres muß nicht nur Nahrung und Wärme bedeuten, sondern auch Licht. Der amerikanische Zaunkönig, *Troglodytes aedon,* füttert seine Jungen bis zu tausendmal am Tag. Dazu braucht er lange Tage.

Der pazifische Goldregenpfeifer, *Pluvialis dominica,* brütet in Alaska und Sibirien. Um den nördlichen Wintern zu entgehen, fliegt er ohne mögliche Zwischenlandungen bis nach Südostasien oder bis auf viele entlegene pazifische Inseln. Einige Küstenseeschwalben, *Sterna macrura,* nisten in der kanadischen Arktis, überqueren den Atlantik nach Süden, die Westküste Afrikas entlang bis zur Antarktis, um auf deren Eis zu überwintern (Abb. 32).

Diese und viele andere Arten vollziehen Leistungen der Navigation, die dem Menschen erst nach der Anwendung von Astronomie und Mathematik möglich wurden.

Mindestens ein Reptil vollbringt ähnliche Taten. Das ist die Suppenschildkröte, *Chelonia mydas,* die ihre Freßplätze an der brasilianischen Küste hat. Die Weibchen verbringen die meiste Zeit dort, obgleich die Männchen niemals an Land gehen. Alle zwei bis drei Jahre schwimmen die Weibchen nach der Insel Ascension. Dieses Fleckchen Erde liegt 2240 km entfernt im

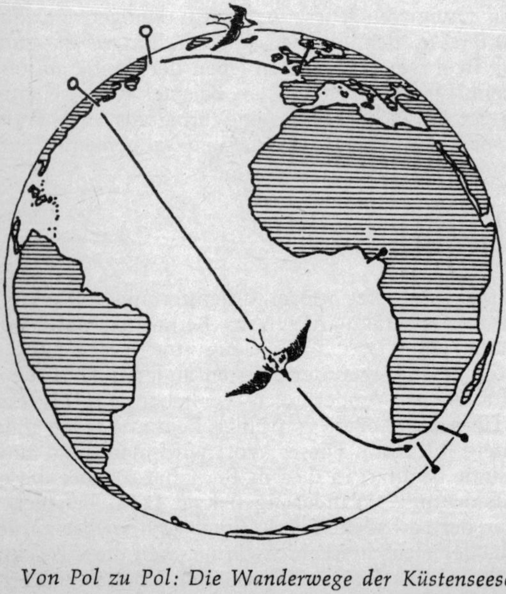

Abb. 32 Von Pol zu Pol: Die Wanderwege der Küstenseeschwalbe.

Südatlantik und ist nur 8 km lang. Die Paarung findet vor den Brutplätzen statt. Eine weibliche Schildkröte legt während der Saison etwa 100 Eier von 5 cm Durchmesser (eine große Schildkröte kann bis zu 220 kg wiegen). Sobald die jungen Schildkröten schlüpfen, eilen sie auf das Meer zu, selbst wenn es nicht sichtbar ist. Experimente haben ergeben, daß die Lichtqualität über dem Meer ein wichtiger Anhaltspunkt ist. Einen Anhaltspunkt dafür, wie die Schildkröten ohne Navigationsinstrumente nach Ascension schwimmen, haben wir allerdings nicht.

Nicht alle Wanderungen finden jedoch ohne Leitmarken statt. Unser Weißer Storch, *Ciconia ciconia,* nistet in einem großen Areal Zentral- und Südeuropas, überwintert aber in Afrika. Seine Züge sind intensiv untersucht worden, manchmal sogar mit Hilfe afrikanischer Pfeile, die in gesunden, nistenden Vögeln gefunden wurden: die Machart der Pfeile hat eine genaue Bestimmung der Stelle ermöglicht, an der die Vögel angeschossen wurden. Störche unternehmen keine längeren Flüge über das Meer: sie überqueren es nur, wenn das andere Ufer sichtbar ist. Ihre Zugrouten verlaufen also über die schmalen Stellen des Mittelmeers, über die Straße von Gibraltar an einem und über den Bosporus und den Golf von Suez am anderen Ende. (Abb. 33). Diese Vögel ziehen am Tage und müssen daher nie Landumrisse vermissen. Natürlich »erklärt« das kei-

Abb. 33 Zugwege des Weißen Storchs.

nesfalls ihr Verhalten. Wir haben hier vielmehr eines jener vielen bemerkenswerten Beispiele von fixierter, artcharakteristischer Aktivität vor uns, die oft »instinktiv« genannt wurde. Gewiß, sie scheint bemerkenswert unabhängig von Erfahrungen durch Lernen zu sein. Störche wurden in Essen aus Eiern ausgebrütet, die in Ostpreußen gelegt worden waren. Man erlaubte diesen Vögeln nicht eher zu ziehen, bis alle einheimischen Störche in südwestlicher Richtung abgezogen waren. Als sie schließlich entlassen wurden, flogen die meisten der ostpreußischen Störche in südöstlicher Richtung davon, das heißt auf einem Kompaßkurs, den sie auch eingeschlagen hätten, wenn sie bei den Ihrigen in Ostpreußen geblieben wären.
Die Fluggeschwindigkeit über größere Entfernungen ist für solche kleinen Lebewesen wie die meisten Vögel eindrucksvoll. 72 Stundenkilometer sind durch Radar oder von Flugzeugen aus oft bei Enten (*Anas*), Seglern (*Apus apus*) und selbst bei Kolibris gemessen worden. Obwohl die Zugvögel mit einem beträchtlichen Reservevorrat an Fett im Körper losfliegen, müssen sie doch rasten und fressen. Trotzdem flog ein Sandstrandläufer, *Calidris pusilla*, der nur 15 Gramm wiegt, die Strecke von 3800 km von Massachusetts bis Venezuela in nur 26 Tagen. Der Gelbschenkel, *Tringa flavipes*, der 100 Gramm wiegt, schaffte die 2500 km von Martinique bis Massachusetts in 6 Tagen. D. R. Griffin hat einmal dazu gesagt, daß der Vogelzug nicht »durch die Fähigkeit der Vögel, sondern durch die Größe des Planeten begrenzt ist«.
Viele Probleme der Wanderungen liegen auch in der Erscheinung des Heimfindevermögens von Vögeln und Säugern. Das Heimfindevermögen ist aber genauso divers bei Raubwespen, Napfschnecken oder manchen uferbewohnenden Fischen. Die Fähigkeit, einen Weg durch das Gelände zu lernen, ist weit verbreitet, hängt aber gewöhnlich von Landmarken ab. Ein klassisches Beispiel von Heimfindevermögen ohne solche Leitlinien bietet der Albatros, *Diomedea exulans*, der mit den Truppen der Vereinigten Staaten auf den Midway-Inseln in Konflikt geriet. Die Vögel wurden abtransportiert und einige tausend Kilometer entfernt abgesetzt. Sie kehrten zurück. Einer flog 3200 Meilen über den Pazifik mit einer Tagesdurchschnittsleistung von 317 Meilen. Ein Sturmvogel, *Puffinus puffinus*, wurde von dem Ornithologen Geoffrey Matthews von der Welsh-Insel bei Skokholm nach Boston in die USA geschickt. Zwölf Tage später war er wieder in Skokholm, schneller als der Benachrichtigungsbrief aus Boston Matthews erreichte.
Wie können Vögel diese Taten vollbringen? Es waren ausgeklügelte, wegweisende, phantasievolle und ausgedehnte Experimente notwendig, um uns einige Schlüssel in die Hand zu geben. Vieles wurde durch Beringungen geklärt. Jedes Jahr wer-

den in der ganzen Welt mehr als eine Million Vögel beringt, in der Hoffnung, daß sie einmal, entfernter (oder auch nahe) wiedergefunden werden. Nationale Grenzen beeinträchtigen diese Arbeiten nicht. Unter den rührigsten Ländern waren die USA, die UdSSR, England, die Tschechoslowakei, Spanien, Australien und Deutschland. Das Journal des Internationalen Beringungskomitees »*Der Ring*«, wird in Polen herausgegeben.

Betrachten wir nun den europäischen Star, *Sturnus vulgaris*, dessen Massenschwärme am Abendhimmel vieler Städte im Herbst ein vertrautes Bild sind. Stare ziehen nicht weit. Einige, so auch die britischen, sind »sedentär«, andere zigeunern im Winter umher: viele aus Norddeutschland überwintern in England, während die skandinavischen Stare, wie einige reiche Leute, den Süden Frankreichs aufsuchen. Im Jahre 1890 wurden sie in den USA ausgesetzt und haben sich seitdem weit in Nordamerika ausgebreitet. Auch dort vollziehen sie wieder kleine Wanderungen, die atlantische Küste entlang nach Norden und Süden und das Mississippi-Tal entlang.

Diese Vögel kann man gefangenhalten und zur Zugzeit unter ausgewählten Bedingungen freilassen. Wenn der Himmel bedeckt ist, verstreuen sie sich offenbar zufällig: es kann keine bevorzugte Richtung festgestellt werden (eine solche Beobachtung wurde auch bei anderen Arten, die regelmäßig Wanderungen durchführen, gemacht. Unter ihnen ist, am wenigsten erwartet, ein Reptil, die Karolina-Dosenschildkröte, *Terrapena carolina*. Weit wandern die Schildkröten natürlich nicht, doch sind sie bis zu 9 km weit verfolgt worden). Ist die Sonne sichtbar, fliegen die Stare in eine spezielle Richtung. In einem großen, von Gustav Kramer in Wilhelmshaven für Experimente hergestellten Flugkäfig, kann die Richtung der Sonne durch Spiegel verändert werden: die Vögel nehmen dann eine entsprechende Veränderung ihrer Abflugrichtung vor. Diese Richtung bleibt konstant, gleichgültig zu welcher Tageszeit: die Vögel können also in der Veränderung die Stellung der Sonne berücksichtigen. Die gleiche Fähigkeit kann beobachtet werden, wenn die Vögel auf eine bestimmte Abflugrichtung immer zu einer bestimmten Zeit des Tages dressiert wurden. Werden sie dann zu einer anderen Stunde des Tages getestet, fliegen sie, ganz grob, in die richtige Richtung nach Hause, genau wie der Mensch der nördlichen Hemisphäre, der nach Osten zu wandern wünscht, morgens die Sonne anpeilt, sie aber mittags zur Rechten liegen läßt. Sonnen-Kompaß-Orientierung ist auch bei anderen Arten festgestellt worden, so zum Beispiel bei dem Lerchenstärling, *Sturnella magna*, beim Rotrückenwürger oder Neuntöter, *Lanius collurio* und bei der Sperbergrasmücke, *Sylvia nisoria*. Letztere ist ein besonders seltsamer Fall, weil Grasmücken zu den vielen Arten gehören, die nur bei Nacht ziehen.

Der Mensch entwickelte schon vor vielen tausend Jahren die Technik, nach den Sternen zu navigieren, und nun finden wir heraus, daß auch einige Vögel während der Wanderung von Sternen geleitet werden. Diese Fähigkeit wurde von Franz Sauer im Bremer Planetarium, in dem der Sternenhimmel jeder Jahreszeit eingestellt werden konnte, untersucht. Die Dorngrasmücken, *Sylvia communis*, waren recht verwirrt, wenn ihnen im Frühling ein Sommer- oder Wintersternenhimmel gezeigt wurde.

Man hat gewöhnlich angenommen, daß auf kurzen Distanzen, etwa bis zu 5 km, erlernte Landmarken das Hauptleitmittel für das Heimfindevermögen der Vögel sind. Tauben, die sich auf dem Heimflug befanden, wurden jedoch durch einen völlig bedeckten Himmel verwirrt. Trotzdem spielt das Erlernen der Topographie eine große Rolle. Das ist am auffälligsten, wenn der Vogel sein Nest finden muß. Einige Vögel verhalten sich aber so, als ob sie, wie auf einer Landkarte, feststellen könnten, wo sie sind, und nehmen dann den richtigen Kompaßkurs nach Hause. Wird ein Mensch mit verbundenen Augen zu einer Stelle gebracht, die einige hundert Kilometer vom Ausgangspunkt entfernt ist, kann er vielleicht seine Umgebung erkennen, wenn er freigelassen wird. Vielleicht weiß er auch den Weg, den er einschlagen muß, wenn er das Gebiet erkennt. Kennt er es nicht, ist alles, was er ohne Sextanten und andere Navigationsgeräte tun kann, so lange zu suchen, bis er etwas erkennt. Ein Vogel, etwa eine Brieftaube, die so behandelt wird, verhält sich, als ob sie ihre Postition auf der Landkarte feststellen könne, und das sogar, wenn sie nie vorher Gelegenheit hatte, die Topographie des Gebietes kennenzulernen.

Es bleibt darum vieles über den Vogelzug im dunkeln — ganz zu schweigen von anderen Tieren, etwa dem Lachs, *Salmon salar*. Der genaue Charakter der Sonnennavigation ist noch nicht entschlüsselt; die Arbeitsweise der Sinnesorgane der Vögel ist noch wenig bekannt, und fast alles, was das Vogelhirn betrifft, bleibt noch zu erforschen. Dennoch erlauben die Resultate, die schon durch die Tatsachenanalysen aufgedeckt wurden, einige allgemeine Bemerkungen. Wenn wir mit einem überraschenden Phänomen konfrontiert werden, etwa mit der Fähigkeit einiger Leute, Dinge wahrzunehmen, die nicht in ihren Sinnen vorhanden zu sein scheinen, sind wir versucht, auf Pseudoerklärungen zu verfallen, die auf nicht definierten Termini oder nicht analysierten Konzepten beruhen: Beispiele sind »Instinkt« und »übersinnliche Wahrnehmung«. Das Axiom der Wissenschaft ist, daß alles, was beobachtet werden kann, im Prinzip auch erklärbar ist, ohne daß man zu Phantasiegebilden greifen müßte. Diese Haltung hat, wie die Ergebnisse zeigen, einigen Erfolg.

V Suchen und Erkunden

»Mein Vater und meine Mutter, meine Tanten und meine Onkels, alle haben mir eins übergezogen, weil ich so unersättlich neugierig bin, aber trotzdem möchte ich wissen, was ein Krokodil zu Mittag ißt!«
Rudyard Kipling, Das kommt davon

Drücken wir es einmal ganz allgemein aus: Ist ein Tier hungrig, sucht es Futter; zur Fortpflanzungszeit sucht es einen Partner, bei Hitze Schatten, bei Kälte Schutz und Wärme.
Diese Bewegungen werden offenbar durch einen inneren Mangel verursacht. Es wird nicht einfach sein, in physiologischen Termini genau zu sagen, welcher Mangel zum Paarungsverhalten führt; Nahrung und Wärme jedoch können recht gut quantitativ definiert werden. Helen Spurway und J. B. S. Haldane haben ein ungewöhnliches Beispiel, das Atmungsverhalten von Molchen (*Triturus*) analysiert. Die meisten Untersuchungen galten der Nahrung, der Paarung, dem Nestbau und anderen komplexen Handlungen. Die Atmung ist ein gewöhnlich zu kurzer Akt für die Analyse mit Hilfe ethologischer Methoden. Erwachsene Molche bleiben aber, wenn sie im Wasser sind, oft sehr lange untergetaucht und steigen nur in Intervallen zum Luftschnappen an die Oberfläche auf. Dieses Aufsteigen stellt die Suche nach etwas oder auch das *Appetenzverhalten* dar. Die Appetenzbewegung endet, wenn die Luft inhaliert ist. Vermutlich wird sie durch eine Verminderung des Sauerstoffs oder durch die Ansammlung von Kohlensäure im Blut, die durch die Respiration der Gewebe verursacht wird, in Gang gesetzt. Die Atmungsfrequenz kann erheblich herabgesetzt werden, wenn die Luft über dem Wasser, in dem sich der Molch befindet, durch reinen Sauerstoff ersetzt wird. Reiner Stickstoff hat gegenteiligen Effekt.
Das Aufsteigen zur Wasseroberfläche, um Luft zu schnappen, ist kein typisches Appetenzverhalten. Wie der Name schon sagt, ist ein Raubtier, das hungrig aufgewacht ist und sein Revier nach Beute absucht, ein viel klareres Beispiel. Die ziemlich unvorhersagbaren Appetenzbewegungen enden, wenn Beute angetroffen wurde. Dann wird das Verhalten stereotyper; es ist auf die Beute ausgerichtet und bei den einzelnen Arten von recht spezifischer Form. Eine Katze schleicht und springt auf eine Ratte in ganz charakteristischer Weise. Auch ein Hund kann

Ratten fangen, doch geschieht das ganz anders. Auch der Freßakt selbst ist innerhalb der Tierarten ziemlich standardisiert.
Ein ähnlich klares Ziel einer Handlung ist ein fertiggestelltes Nest. Ein Stichling (*Gasterosteus*), ein Zaunkönig (*Troglodytes*) oder eine Maus (*Mus*) haben ihre ganz eigene Art, einen günstigen Nistplatz zu suchen, Nestmaterial zu sammeln und schließlich ihr für sie typisches Bauwerk zu errichten. Die Bewegungen des Nestbaus können ziemlich stereotyp sein, die vorhergehende Suche nach Material ist es aber nicht.
Der Begriff der Appetenz als Komponente des Verhaltens — hervorgerufen durch einen körperlichen Mangel oder eine Notwendigkeit — ist eng verbunden mit der Vorstellung von dem Verhalten als ein den Körper im Gleichgewicht haltendes Mittel. Die Zellen aller großen, vielzelligen Tiere werden vor Fluktuationen des sie umgebenden Wasser- oder Luftmilieus geschützt (die von Vögeln und Säugern werden auch vor Temperaturveränderungen geschützt). Sie werden von einer Flüssigkeit bespült, die in ihrer Zusammensetzung oft bemerkenswert konstant ist. Darüber hinaus halten auch die einzelnen Zellen selbst innerhalb der Plasmamembrane, die sie umgibt, einen gleichmäßigen Zustand aufrecht. Die Konstanz des inneren Milieus ist die Homöostase; und so kann das gesamte Verhalten, das mit Essen, Trinken und der Temperaturregulation im Zusammenhang steht, als eine homöostatische Funktion bezeichnet werden. Es gibt also eine Art von weit im Lebensraum herumführenden Bewegungen, die durch spezifische interne Zustände in Gang gesetzt und erhalten werden. Der interne Zustand mag ein leerer Magen, erniedrigte Hauttemperatur oder vieles andere sein. Diese Bewegungen des Herumstreifens sind recht verschieden, je nach der Gelegenheit und selbst beim gleichen Individuum; sie sind darum schwer voraussagbar. Unter konstanten Bedingungen können sie jedoch beständig werden: wenn ein Tier regelmäßig an einer Stelle Nahrung findet, kann es die Eigenart entwickeln, immer direkt zu diesem Platz um Nahrung zu gehen, anstatt eine allgemeine Suche durchzuführen. Die frühere Appetenzsuche ist dann eine Angelegenheit des Lernens geworden, oder besser des Erlernens des Weges vom Nest zum Futter.
Im vorherigen Kapitel sprachen wir über diese Art Verhalten. Ameisen und Bienen hängen nicht nur von festen Orientierungsbewegungen oder -formen ab wie viele einfachere Wirbellose, sondern passen die Richtungen ihrer Bewegungen den Dingen an, die sie in einem weiten Gebiet um das Nest herum antreffen. Nicht die Form der Bewegung wird als Folge von Erfahrung geändert, sondern nur die Richtung. Diese Art des »Lernens« ist bemerkenswert genug, ob sie jedoch eine vertraute Erscheinung — ja, selbst ein Gemeinplatz — ist, wird sich

zeigen. Das Appetenzsuchen verlangt also von einem Tier einen Grad von Anpassungsfähigkeit, der von Tieren, deren Bewegungen an die Richtungen des Lichts, die Schwerkraft usw. gebunden sind, niemals erreicht werden kann.
Einen großen Teil des Tierverhaltens wird man als Appetenzbewegungen beschreiben können (gewöhnlich durch schon gemachte Erfahrungen geleitet), denen das Erreichen eines klar definierten Ziels folgt. Eine Handlung wie das Wassertrinken oder die Paarung wird manchmal eine »triebbefriedigende Endhandlung« genannt. Das schließliche Ende oder Ziel, mit dem die ganze Folge abgeschlossen wird, ist das Erreichen eines Endzustandes, sei es ein voller Bauch, eine warme Haut, eine leere Brust oder jener Zustand, der physiologisch weniger gut definiert und eine Folge des Koitus ist.

Erkunden

»Neugier?«

Es wäre recht bequem, wenn das ganze tierische Verhalten in dieses Gerüst einzupassen wäre; die Verhältnisse sind jedoch diverser. Selbst wenn Bewegungen keine spezielle Richtung haben – wenn sie höchst variabel und äußerst wenig voraussagbar sind –, könnte angenommen werden, daß sie irgendwie auf ein Ziel gerichtet sind, das direkt mit dem Überleben in Beziehung steht. Ein kurzer Blick auf das Verhalten wenigstens der Säuger (und einiger Vögel) zeigt jedoch, daß das *Spiel* nicht in dieses Gerüst hineinpaßt. Aber auch andere Bewegungen größeren Ausmaßes scheinen ohne Bedarf oder Lohn ausgeführt zu werden. Manchmal sieht es aus, als ob sie aus Spaß geschähen; oft sieht es aus, als ob die Neugier ein Tier antriebe oder daß es damit nur Langeweile verscheuche.
Solche Aktivitäten sind nicht auf Vögel und Säuger beschränkt. Denken wir nur an die Schaben (*Blattidae*). Die größeren, die oft zum Präparieren benutzt werden, sind unangenehme Zeitgenossen. Roger Darchen, ein französischer Priester, der an der Forschungsstation in Bures-sur-Yvette arbeitet, hat sich jedoch ein weniger unangenehmes Beispiel, die kleinere *Blattella germanica*, für seine Forschungen ausgesucht. Diese Lebewesen lieben Ecken (»Thigmotaxis«) und meiden Licht. Sie sind Beispiele typischer fixierter Orientierung. Gibt man ihnen eine vertikale Säule, klettern sie hinauf. Das wiederum deutet auf negative Geotaxis – Bewegung der Schwerkraft entgegengesetzt – hin. Wartet man jedoch einen Augenblick, kommen sie – wie der große alte Duke of York – wieder herab, krabbeln dann jedoch schnell wieder hinauf – und so fort.

Mit der Wiederholung läßt das Auf und Ab allmählich nach. Genau das gleiche geschieht, wenn ihnen eine waagerechte Plattform gegeben wird. Nirgends ist eine »erzwungene Bewegung« in einer bestimmten Richtung sichtbar. Was es damit auf sich hat, wird besser gezeigt, wenn man einer schon an ihre Säule oder Plattform gewöhnten Schabe eine andere gibt: sofort wird diese energisch untersucht; die *Neuheit* ist also die entscheidende Sache.

Man bemerkt dies auch, wenn eines dieser Insekten in ein einfaches Labyrinth gesetzt wird. Meist werden Laufgänge in T- oder Y-Form benutzt. Setzt man das Insekt in den Stammgang eines T-Labyrinths, tendiert es bei aufeinanderfolgenden Gelegenheiten abwechselnd nach rechts und nach links: der weniger vertraute Teil wird also wieder der offensichtlich attraktivere. Wichtig dabei ist, daß alle diese Experimente ohne Belohnung ausgehen: sie führen nicht zu Nahrung, Wasser, Schutz oder zu Artgenossen.

Dieser Forschungstrieb ist keine Besonderheit der Schaben, es liegen jedoch über andere Wirbellose nur wenig detaillierte Untersuchungen vor. Martin Lindauer hat Interessantes bei den Bienen entdeckt. Er markierte sie und beobachtete über lange Zeiträume hinweg ihre Tätigkeiten. Diese sprichwörtlich fleißigen Tiere schienen einen großen Teil der Zeit bemerkenswert faul zu sein. Eine, die 20 Tage nach dem Schlüpfen regelmäßig beobachtet wurde, arbeitete von den 139 Beobachtungsstunden nur fünfzig. Für weitere fünfzig Stunden kroch sie langsam herum, inspizierte gelegentlich einmal eine Zelle oder trat mit einer anderen Arbeiterin in Kontakt. Die übrige Zeit wurde ruhend verbracht. Die offenbar aufs Geratewohl ausgeführte und unbelohnte Wanderung diente anscheinend der Erforschung des Stocks. Zweifellos hilft dieses Verhalten der Biene, die Bedürfnisse des Stocks besser zu erkennen (wie wir in Kapitel sieben noch sehen werden).

Von allen Wirbellosen sind die Tintenfische den Insekten im Bau des Nervensystems — und vielleicht auch in ihrem Verhalten — wohl am unähnlichsten. Trotzdem erkunden auch sie. Martin Wells, ein Zoologe aus Cambridge, schreibt dazu über *Octopus*:

> »Neben der Gewohnheit, ihren Unterschlupf zu verlassen, um Dinge anzugreifen, die sie in ihrem Becken sich herumbewegen sehen, kommen die Kraken von Zeit zu Zeit auch so heraus und erkunden ihre Umgebung. Sie fühlen die Felsen und die Spalten dazwischen ab, untersuchen das Überlaufrohr und fühlen zwischen den Luftblasen der Durchlüftung herum. An allem, was vorragt, wird gezogen, und alles Bewegliche, was in Armweite vor dem Unterschlupf liegt, wird herangeholt und auf den Abfallhaufen gelegt, auf dem das Tier lebt. Ein Apparat, der im Becken zurückbleibt, wird un-

tersucht und meistens zerbrochen (die Lebenserwartung eines umhertreibenden Thermometers zum Beispiel beträgt knapp 20 Minuten).«

Diese Art des Herumhantierens mit Dingen erinnert an ein Verhalten, das wir bei Säugern und Vögeln »Spiel« nennen.

Die überraschendsten Parallelen zu den von Darchen bei *Blattella* angestellten Beobachtungen findet man in den viel ausführlicheren Studien über Ratten. Wird einer wilden oder zahmen Ratte Zugang zu einem neuen Areal gegeben, wird dieses erkundet. Selbst wenn eine Ratte seit Stunden nichts gefressen hat, ignoriert sie zuerst die Nahrung und bewegt sich rastlos umher. Dieses Verhalten ist bei wilden Ratten erstaunlich, denn gewöhnlich verstecken sich diese Tiere, wenn sie gestört werden. Der Impuls zum Erkunden ist offenbar sehr stark.

Formen des Erkundens

Ein ungenauer Bericht über die Bewegungsweisen des Erkundens könnte mit folgender Feststellung schließen: »Ratten (oder Schaben usw.) sind natürlicherweise neugierig und verspielt.« Eine tiefergehende Analyse wird von den folgenden Fragen gefordert: Welche externen Bedingungen regen zum Erkunden an? Welches ist die nervliche Basis des Erkundens?

Diese und andere Fragen können gewöhnlich durch die Benutzung eines »Labyrinths« mit einer einzigen Wahlmöglichkeit, das heißt einem T- oder Y-Labyrinth, untersucht werden. Das Tier hat – wenn es nicht reglos verharrt oder auf seinen Spuren wieder umkehrt – nur eine Wahlmöglichkeit: es geht entweder nach links oder nach rechts. Eine Ratte, die in einer schnellen Versuchsfolge in diese Lage gebracht wird, wechselt gewöhnlich zwischen links und rechts. Diese *spontane Abwechslung* erfolgt selbstverständlich nur, wenn sich nichts in den Armen des Labyrinths befindet; wenn der linke Gang immer Nahrung enthielte und der rechte nie, würde das Tier sehr schnell lernen, regelmäßig nach links zu laufen, zumindest wenn es vor dem Experiment nichts gefressen hat.

Um dieses Abwechseln zu erklären, glaubte man, daß die Bewegung, sagen wir, nach links, eine temporäre Hemmung gegen eine Wiederholung erzeuge (»Reaktionshemmung«) und daß sich darum bei nächster Gelegenheit eine andere Bewegungsform (also die Wendung nach rechts) einstelle. Diese Vermutung kann als eine Hypothese über Vorgänge im Gehirn bezeichnet werden, denn dort können wir erwarten, Hemmungsmechanismen zu finden. In der Praxis bezieht sich diese Hypothese jedoch, da wenig über das Gehirn bekannt ist, auf das Verhalten. Hängt das spontane Abwechseln mit den Bewegungen des Tieres selbst zusammen, oder wird das Tier durch die Erfahrungen, die es mit der Umwelt macht – etwa durch das, was es sieht –, verändert? Mit anthropomorphen Worten gesagt: wird das Tier durch die *Bewegungen*, die es macht, gelangweilt, oder wird es dadurch, daß es immer dasselbe *sieht*, ermüdet? Man ließ Ratten in Labyrinthen laufen, in denen eine Links- oder Rechtswendung mit verschiedenen Drehungen des Körpers gekoppelt war, die durch die besondere Struktur des Eingangs zu den Gängen erzwungen wurden. In einer solchen Situation neigen Ratten dazu, abzuwechseln, gleichgültig, welche Stimuli ihnen auf beiden Seiten begegnen. Das ist eine »Beantwortung der Veränderung«, die in der Tat selten ist. In den meisten Fällen wird der externe Stimulus (besonders der sichtbare) variiert, ohne Rücksicht auf die exakten Bewegungen, die dabei vollzogen werden müssen: eine Ratte wird sich immer wieder nach links wenden, wenn der Experimentator das Aussehen der Wände des linken Ganges oder dessen Umgebung verändert, während der rechte konstant gelassen wird.

Es ist einmal, vielleicht nicht ganz ernsthaft, behauptet worden, daß das Verhalten der Ratten an der Wahlstelle im T-Labyrinth den größten Teil der Probleme der experimentellen Psychologie sichtbar macht. Selbst wenn diese Behauptung eine Übertreibung ist, wirft sie doch ein Licht auf das Erkundungsverhalten im allgemeinen. Einige Tiere verhalten sich, wenn sie frei von drängenden Bedürfnissen sind, so, daß sie aus ihrer Umgebung (oder aus ihrem eigenen Körper als Antwort auf Veränderungen) eine ganze Skala von Reizen gewinnen. Daraus folgt das nicht belohnte Entdeckungsverhalten vieler Arten, von Schaben bis zu Ratten.

Das Erkundungs-Verhalten ist nun aber nicht nur eine Angelegenheit des Herumlaufens: es kann aus Untersuchen oder selbst aus dem Herumhantieren mit Dingen bestehen. Man trifft es darum besonders bei den höchst geschickten Affen und Menschenaffen (und bei uns selbst) an. Affen spielen (wie *Octopus*) mit allen Dingen herum, die sie bewältigen können: sie bewegen sie umher, zerbrechen sie, werfen mit ihnen und so weiter, ohne daß ihnen daraus irgendein sichtbarer Nutzen entsteht. R. A. Butler und seine Kollegen haben Rhesus-Affen einfache Aufgaben gestellt (Abb. 34): um diese Aufgaben zu lösen, war es notwendig, in bestimmter Reihenfolge einen Bolzen zu bewegen, einen Haken zu lösen und eine Klappe zurückzuschlagen. Die Tiere lernten das sehr schnell und wiederholten es immer wieder, obgleich sie nichts weiter dafür bekamen. Sie lösten auch noch kompliziertere Aufgaben ähnlicher Art. Affen lernen auch leicht, Dinge, die festgemacht sind, von solchen zu unterscheiden, die bewegt werden können und mit denen man darum spielen kann. Einmal wurde ein Brett geboten, in dem

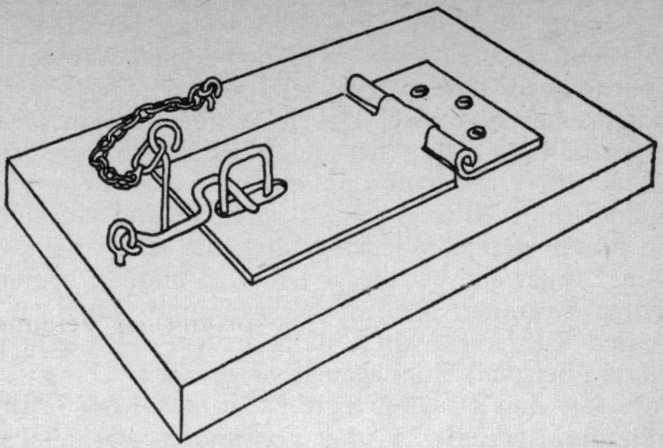

Abb. 34 Um diese Aufgabe zu lösen, müssen drei Handgriffe in der richtigen Reihenfolge ausgeführt werden. Affen probierten es und lösten sie ohne zusätzlichen Antrieb.

verschieden gefärbte Schraubenköpfe scheinbar fest steckten – mit Ausnahme der Schrauben einer bestimmten Farbe. Die Affen lernten schnell, welche herausgezogen und inspiziert werden konnten. Sie lernten Objekte an ihrer Farbe zu unterscheiden, nur, damit sie damit hantieren konnten.

Was haben diese Beobachtungen mit *Erkunden* zu tun? Dazu stellt sich die Frage, welche Bedeutung dieses Wort hat. Wenn wir an Erkunden denken, stellen wir uns gewöhnlich die Bewegung über ein großes Gebiet vor. Ein Tier, das gut sehen kann (ein Mensch, ein Affe, ein Vogel oder ein Tintenfisch), wird ein Areal aber auch sitzend mit den Augen erforschen können. Wir können das »Erkunden« (für unseren augenblicklichen Zweck) als ein Verhalten definieren, das die Sinnesreize verändert, ohne daß dadurch sofort eine zusätzliche Belohnung eingehandelt würde.

Auch rein visuelles Erkunden wurde wieder – in einer ziemlich grotesken Weise – bei Rhesus-Affen festgestellt. In einer Versuchsserie setzte R. A. Butler jeweils einen Affen in einen Kasten mit einem Guckloch. Bei einigen Experimenten konnte das Tier, wenn es das Fenster öffnete, einen leeren Raum sehen, bei anderen Experimenten schmackhafte Früchte, eine Spielzeugeisenbahn, die über ihren Schienenkreis rasselte oder einen anderen Affen. Alle Ausblicke erwiesen sich als attraktiv: die Versuchstiere verbrachten viel Zeit damit, das Fenster zu öffnen und hinauszuspähen. Der Anblick des anderen Affen erzeugte die stärkste Reaktion, dann der Zug, das Futter und schließlich der leere Raum. Es dauerte viele Stunden, bis die Affen des Beobachtens müde waren.

Auch Erkunden mit Hilfe des Gehörs konnte bei diesen kooperativen Tieren nachgewiesen werden. Diesmal war der Kasten zum Teil geräuschisoliert, doch gehörten zu seiner Ausrüstung ein Lautsprecher und zwei Hebel. Wurde nur ein Hebel gedrückt, geschah gar nichts; der andere jedoch schaltete den Lautsprecher ein, über den dann die Geräusche einer nahe gelegenen Affenkolonie mit Hilfe eines Mikrophons und eines Verstärkers zu hören waren. Wieder zeigten die Affen keine Anzeichen von Langeweile bei dieser Unterhaltung. In späteren Experimenten begannen sie jedoch, bestimmte Dinge zu bevorzugen: der Ruf eines Affen nach seinem Geschlechtspartner wurde (zum Beispiel) Hundegebell vorgezogen.

Systematische und großangelegte Experimente zur Erforschung des Erkundungsverhaltens und verwandter Verhaltensweisen sind in der Verhaltensforschung relativ neu. Das ist seltsam, denn Naturforscher und andere Interessierte wiesen im 19. Jh. oft auf die große Bedeutung von Erkunden, Neugier und Spiel hin. Darüber hinaus sind auch wir selbst unersättlich ruhelos und neugierig, wenn wir nicht durch eine bremsende Erziehung oder durch Schüchternheit gehemmt werden. Unser unbedingtes Bedürfnis nach externer Stimulation ist formell im Labor nachgewiesen worden. Es ist höchst makaber, daß diese Experimente durch die vermuteten Effekte von Einzelhaft in politischen und Militärgefängnissen angeregt wurden. Heute geben die Probleme des Raumfluges dieser Art Forschung neuen Antrieb.

Freiwillige wurden verschiedensten Experimenten unterworfen: einige mußten eine monotone, sich stets wiederholende Stimulation ertragen; andere wurden Bedingungen ausgesetzt, in denen alle externen Stimulationen auf ein Minimum herabgesetzt waren. In allen Experimenten waren die Versuchspersonen inaktiv. Junge Leute fanden, dazu verurteilt, in einem warmen Raum, auf einer Couch mit bedeckten Händen und Augen zu liegen, diesen sogenannten sensorischen Verlust außerordentlich unangenehm und schon nach wenigen Stunden nicht mehr zu ertragen. Es stellten sich bei ihnen Halluzinationen ein, und selbst später zeigten einige von ihnen noch anhaltende Störungen: sie interessierten sich für okkulte Dinge, Telepathie und andere Vorstellungen, gegenüber denen sie sich bislang indifferent verhalten hatten. Eine weitere überraschende Feststellung war, daß sie lieber der dauernd wiederholten Übertragung einer langweiligen Lektüre zuhörten, als in Stille zu leiden.

In für Menschen etwas normaleren Situationen waren Kinder zufriedenstellendere Experimentierobjekte als Erwachsene. Wie Affen erlernen sie bereitwillig eine einfache Aufgabe, auch wenn die einzige Belohnung der Anblick von irgend etwas Neuem ist – nicht einmal die Aussicht auf eine neue Entdekkung. Auch bleibt die Spielintensität erhalten, wenn die Spiele häufig gewechselt werden – ein Charakteristikum auch der Schimpansen.

Nutzen und Gefahren

Lernen durch Erkunden

Wir nehmen an, daß die Vorfahren aller Organismen einem unbarmherzigen Prozeß natürlicher Selektion ausgesetzt waren und daß nur eine kleine Minorität von Typen überlebte. Daraus können wir ableiten, daß beinahe jedes Merkmal einer Tier- oder Pflanzenart Überlebenswert besitzen muß. Da dies auch für Verhaltensweisen gilt, und zwar im gleichen Maße wie für andere Merkmale, scheint es zuerst überraschend, daß Erkunden und Spiel so bedeutsam sind, besonders in den außerordentlich erfolgreichen und jungen Gruppen der Säuger und Vögel. Wenn das Leben wirklich so hart und ernst ist, warum verschwenden dann diese erfolgreichen Lebewesen so viel Zeit mit frivolen Übungen?

Es ist in der Tat ihre außerordentliche Effektivität, die ihnen erlaubt, Zeit von unmittelbar wichtigen Aktivitäten abzusparen. Unter mäßig günstigen Bedingungen verlangen die Nahrungssuche, das Schlafen und andere Notwendigkeiten nur einen Teil der verfügbaren Zeit. (Wir sahen, daß dasselbe auch für Bienen gilt.) Doch bedeutet das nicht, daß das Erkunden völlig nutzlos ist. Tatsächlich besitzt es zwei wichtige Funktionen. Beide hängen von einer Art Lernen, das mit ihm Hand in Hand geht, ab. Davon jetzt einige Beispiele.

Wenn sich ein Tier »ziellos« umherbewegt, genießt es nicht einfach nur die Szenerie: es erwirbt auch Informationen über seinen Lebensraum. Eine Biene, die in ihrem Stock herumwandert, erhält vermutlich Informationen über die Lage der Nahrungsvorräte und über die Waben, über das Vorhandensein von Königinnenzellen und so weiter.

Wir haben natürlich nur indirekte Hinweise auf diesen Tatbestand. Direkte Hinweise wurden in Laborexperimenten über das Lernen durch Erkunden gewonnen. Sie wurden meist mit Ratten in Labyrinthen durchgeführt. Wenn ein Löwendompteur seinen Löwen abrichten will, um Kunststücke vorzuführen, oder wenn ein Experimentator wünscht, eine Ratte zum Lernen eines Weges durch (oder über) ein System sich verzweigender Gänge zu finden, plant er gewöhnlich, jedes Tier für eine korrekte Handlung zu belohnen. Die Verhaltensänderung, die durch Lernen erreicht wird, hängt dann von zwei Dingen ab: man braucht 1. ein gewisses Bedürfnis (»Motivierung«),

2. die Erfahrung einer Belohnung, die (mindestens zum Teil) das Bedürfnis befriedigt.

Im Gegensatz dazu steht das Lernen durch Erkunden ohne offensichtliche Belohnung. Einige Experimentatoren haben darum, statt eine hungrige Ratte in ein Labyrinth mit Nahrung am anderen Ende einzusetzen, gefragt: was geschieht, wenn wir eine gesättigte Ratte in ein Labyrinth ohne Nahrung (oder andere Belohnung) setzen? Vielleicht legt sich das Tier einfach schlafen (und einige ärgerliche Individuen tun das wirklich). Die gewöhnliche Reaktion ist jedoch, umherzuwandern. Bei dem Stand der Dinge ist kaum etwas Spannendes zu erwarten. Das entscheidende Experiment ist deshalb, die Lernfähigkeit des Tieres dadurch zu messen, daß man es vom Start zum Ziel für eine Belohnung laufen läßt. Die Lernratte muß dann mit Tieren verglichen werden, die noch keine Erfahrung mit dem Labyrinth haben. Letztere lernen weniger schnell: sie machen mehr Fehler und brauchen mehr Versuche, bevor sie richtig und schnell zum Ziel laufen.

Die Art des beiläufigen Lernens ist auch uns vertraut, doch sie ist auch für eine große Vielzahl von Tieren wichtig, die dem Menschen nicht nahestehen. Viele Arten von Insekten, Krebsen, Mollusken, selbst Ringelwürmer und andere haben, wie auch die Wirbeltiere, Siedlungsplätze, Nester, Verstecke oder Lager. Sie verlassen diese in Abständen, gewöhnlich aus Hunger oder durch das Verlangen nach einem Partner angetrieben. Befriedigt (oder erschöpft) müssen sie den Rückweg finden. Wie machen sie das? Wir wissen es nicht; doch wissen wir, daß sie es tun und oft sogar in einer bemerkenswert geraden Linie vom Ausgangspunkt aus. Hier haben wir sicherlich eine der bemerkenswerten Fähigkeiten des Nervensystems kleiner Tiere vor uns.

Zu diesen gehören die Grabwespen der Familie *Sphegidae*. W. H. Thorpe beobachtete die Wespenart *Ammophila pubescens* in einem Schotterheide-Gebiet in Berkshire, England. Diese Tiere legen ihre Eier in Löcher, die sie mit Raupen versorgen. Die Raupen werden zuerst erstochen und dann manchmal über Entfernungen von bis zu 100 m über den Boden geschleppt. Die Wespen erkunden vorher offenbar ziellos eine ganze Menge. Vielleicht lernen sie dadurch die Topographie ihres Lebensraumes, doch haben Experimente das nicht belegen können. Thorpe konnte jedoch ihre Fähigkeit, ein Nest wiederzufinden, in Experimenten mit zwei Wespen untersuchen. Hindernisse, die ihnen auf den Rückweg gelegt wurden, verleiteten sie nur zu kleinen Umwegen um das Hindernis herum oder darüber hinweg, ohne daß eine Desorientierung bemerkt werden konnte. Thorpe unterbrach auch den Heimweg, fing die Wespe ein, setzte sie in eine Dose und ließ sie etwas entfernt wieder heraus. Eine brachte eine sehr schnelle und genaue Rückreise von

Abb. 35 Eine Raubwespe schließt ihr Nest. Mit einem Kiesel glättet sie die Oberfläche.

der neuen Position zustande, die andere benötigte eine kurze Zeit, in der sie kreiste, bevor sie in die richtige Richtung abflog.

Eine detaillierte Untersuchung wurde an der Sandwespe *A. campestris* in den Niederlanden durchgeführt. G. P. Baerends benutzte fünf Sommer dazu, das Verhalten von 120 dieser Tiere beim Nestbau, Eierlegen und Anlegen des Vorrats zu beobachten. Er zeichnete die Wespen mit Farbe, so daß er sie individuell unterscheiden konnte; die Lage der Nester, die schwer zu entdecken sind, markierte er mit Hilfe von Drähten. Manchmal baute er auch aus Gips künstliche Nester, um die ursprünglichen zu ersetzen, weil diese bei der Inspektion leicht zusammenfallen. Die künstlichen Nester wurden fast immer von den Wespen angenommen. Es stellte sich heraus, daß jede Wespe in der Lage ist, mehrere Nester zu versorgen. Es wurden Inspektionsbesuche gemacht, die offenbar die Wespe über den Zustand des Nestes informierten. Wurde ein Ei angetroffen, ließ sie das Nest allein; fand sich jedoch eine Larve, wurden Raupen herbeigeschafft. Junge Larven bekamen eine bis drei Raupen, ältere drei bis sieben. Manchmal gingen mehrere Tage zwischen den Nestbesuchen vorüber — ein weiterer Hinweis, wie gut das Gedächtnis dieser Tiere sein muß. Wir wissen nichts darüber, wie diese Leistungen von dem kleinen Insektennervensystem ermöglicht werden. Und dabei muß es viele Arten, und nicht nur Insekten oder selbst Arthropoden, mit ähnlich kleinen Nervensystemen und ähnlichen Fähigkeiten zum Pfadfinden geben.

Das Lernen durch Erkunden ermöglicht den Tieren also, die Wege um ihr Wohngebiet kennenzulernen. Dabei müssen Veränderungen im Zentralnervensystem auftreten, die von erstaunlicher Art sind: Im Gehirn des Tieres muß mindestens eine Repräsentation der Hauptmerkmale des vom Tier untersuchten Geländes vorhanden sein. Damit ist jedoch das Gesamtausmaß des Erkundungs-Verhaltens noch nicht umrissen: in den frühen Lebensabschnitten trägt es, mindestens bei den Säugetieren, noch in erheblichem Maße zu der Entwicklung der Intelligenz bei.

Unter »Intelligenz« verstehe ich hier die Fähigkeit, das Verhalten den Umständen anzupassen. Diese Begriffsdefinition ist jedoch so weit, daß sie nur anwendbar ist, wenn die Art des adaptiven Verhaltens spezifiziert wird. Um ein informatives Experiment anzustellen, nahm D. O. Hebb, ein kanadischer Psychologe, einige junge Laborratten mit nach Haus und erlaubte ihnen, unter heftigem Beifall seiner Kinder, im Haus herumzuwandern. Als sie erwachsen waren, verglich er sie mit ähnlichen Ratten, die unter den gewöhnlichen Beengungen eines kleinen Käfigs aufgezogen worden waren. Die beiden Sorten Ratten, freilebende und eingesperrte, wurden dann »Intelligenz-Tests« unterzogen, in denen sie gezwungen wurden, ihren Weg durch verschiedene Labyrinthe zu finden: die freilebenden Tiere waren erheblich erfolgreicher.

Dieses Haustierexperiment hat zugegebenermaßen Unzulänglichkeiten. Es waren nur wenige Tiere, und sie wurden auch sehr verschieden behandelt: die Umgebung der »Experimentiergruppe« dürfte sich von der der Kontrolltiere erheblich unterschieden haben. Hebbs Kollegen unternahmen jedoch erweiterte Experimente, die den ersten Eindruck bestätigten. Das zeigt sowohl der Versuch, der auf das topographische Lernen ausgerichtet war, als auch andere, die das Unterscheidungslernen untersuchten. Laborratten erlernen sowohl ihren Weg durch das Labyrinth als auch, ein Merkmal von einem anderen zu unterscheiden – und zwar visuell zu unterscheiden. Beide Lernformen können durch geeignete Frühexperimente verbessert werden. Ratten, denen in frühem Lebensstadium erlaubt worden war, in einem großen Käfig mit vielen verschiedenen Gegenständen herumzulaufen, lernten ein Labyrinth schneller als solche, die in kleineren Käfigen eingesperrt waren. Und wenn sie vorher daran gewöhnt worden waren, von Kindheit an eine Vielzahl von Mustern, die wie Bilder an die Wände des Käfigs gezeichnet wurden, zu sehen, dann war auch ihr visuelles Unterscheidungsvermögen als Erwachsene besser.

Laborratten sind jedoch seltsame Kreaturen. Sie wurden Warm-

hausbehandlungen unterzogen und sind auf Gelehrigkeit hin schon seit Hunderten von Generationen selektioniert worden. Sie sind weit davon entfernt, die beste Quelle gültiger Verallgemeinerungen über die Säuger als Ganzes zu sein. Leider ist über das frühe »Erleben des Lernens« bei typisch wilden Tieren kaum gearbeitet worden, doch haben W. R. Thompson und W. Heron das wenigstens bei Hunden studiert. Hunde, deren Bewegungen in der Jugend durch kleine Käfige begrenzt worden waren, zeigten keine Zeichen von Bedrängnis. Diese Hunde wurden später mit einer Kontrollgruppe verglichen, die frei herumlaufen durfte: sie zeigten ganz erheblich geringere Fähigkeiten im Lösen einfacher Probleme, etwa zu lernen, an die richtige Stelle zum Futter zu gehen. Ihnen fehlte die Fähigkeit, wichtige und unwichtige Dinge ihrer Umwelt zu unterscheiden oder ihr Verhalten an Veränderungen der Versuchssituation anzupassen. Schon durch kleinste Störungen ließen sie sich ablenken. Einen Menschen mit solchem Verhalten würde man für dumm oder schwachsinnig halten, weil ihm die Fähigkeit zur Konzentration abgeht.
Einige detaillierte Beobachtungen wurden über die Entwicklung enger definierter Fähigkeiten angestellt. Katzen (*Felis*) wurde in ihrer Jugend gestattet, eine Fülle visueller Muster zu erfahren; ihnen wurde jedoch nicht erlaubt, irgendwelche Bewegun-

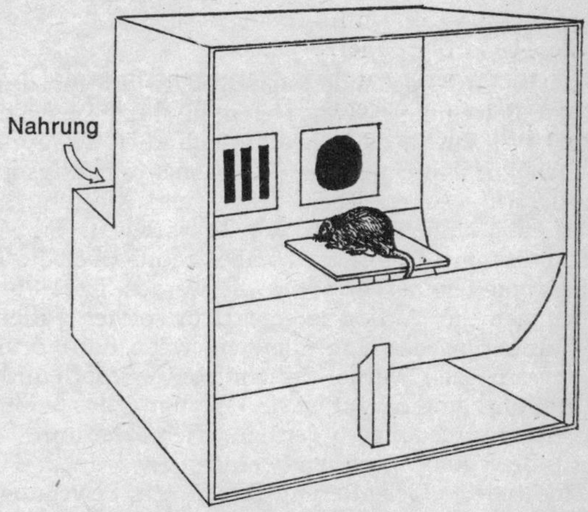

Abb. 36 Dieser Apparat wurde von K. S. Lashley konstruiert, um das optische Unterscheidungsvermögen zu testen. Die Tiere springen gegen eine der gezeichneten Türen. Wählen sie die richtige aus, geht die Klappe auf, und sie können an die hinter der Szene auf einer Plattform verborgene Nahrung gelangen. Die andere Tür bleibt verschlossen.

gen zu machen, die in Beziehung zu diesen Mustern standen: sie konnten sich ihnen nicht nähern, nicht an ihnen kratzen oder überhaupt sie und ihre Umgebung erforschen. Später verlangte man von ihnen, spezifische Bewegungen als Reaktion auf visuelle Muster zu erlernen. Zu diesen Versuchen wurde ein von Lashley entwickelter Apparat (Abb. 36) verwandt. Die Katzen zeigten sich nicht in der Lage, visuelle Unterscheidungen zu erlernen, obgleich andere, die normal aufgezogen worden waren, es leicht erlernten. Solche Beobachtungen zeigen, daß jede Art von Fähigkeit, sensorischer oder motorischer Art, in der Jugend geübt werden muß, wenn sie sich beim Erwachsenen voll entwickeln soll.

Vielleicht ist ein frühes Lernen dieser Art in der Tat für die Entwicklung der Intelligenz aller Säuger wesentlich. Auf Anregung des Anthropologen Gregory Bateson mag dieser Prozeß »Deutero-Lernen« genannt werden. Dieser Terminus kann definiert werden als die »Verbesserung der Lernfähigkeit durch Erfahrung«. Seine Anwendung auf die Erziehung von Kindern muß noch untersucht werden. So gesehen scheint es jedoch wenig befriedigend, sie unter Beschränkungen zu halten — etwa im Kinderwagen festzuschnallen oder sie vor Außenreizen zu bewahren.

Schlussfolgerungen

Dieses und das vorhergehende Kapitel haben sich mit dem weiten Feld der Bewegungen von Tieren in ihren Lebensräumen beschäftigt. Wir sahen, daß viele der einfachen Tiere günstige Bedingungen mit Hilfe fixierter Reaktionen auf physikalische Einflüsse der Umwelt erreichen. Stärke und Richtung der Bewegung werden von Faktoren wie Feuchtigkeit, Schwerkraft oder Licht bestimmt. Das sagt uns aber nichts über die Kräfte, die die Bewegungen *hervorrufen*. Oft werden Tiere durch externe Störungen zur Aktion angeregt; in solchen Fällen wird die Ruhehaltung wieder eingenommen, wenn die Störung beendet oder vertrieben wurde. Erregung muß jedoch nicht von äußeren Stimuli kommen: oft ist sie »spontan«, das heißt, durch innere Veränderungen hervorgerufen. Tiere, die durch innere Mängel in Bewegung gehalten werden, etwa durch Hunger, können eine fixierte Orientierung zeigen: die Bewegung komplexer Tierarten scheinen jedoch eher ziellos, oder mindestens ohne spezifische Regulation durch die Umwelt zu erfolgen. Diese variierende, nicht voraussagbare Bewegung stellt die Appetenz-Komponente des Verhaltens dar.

Während dieser herumschweifenden Bewegungen kann ein Tier auf sein Ziel stoßen, sei es Futter, Schutz oder andere Bedürfnisse. Dabei kann das Verhalten modifiziert sein (durch »Lernen« wie wir sagen): das Ziel kann dann mit weniger Energieaufwand erreicht werden. Diese Verhaltensweise ist von der *Freiheit* von fixierten Orientierungen abhängig: sie erlaubt Unabhängigkeit von den Signalen der unmittelbaren Umgebung.

Noch größere Unabhängigkeit von unmittelbaren Einflüssen zeigt das Erkundungs-Verhalten. Dieses stimmt mit dem gerade beschriebenen Verhalten in seinem unvorhersagbaren Charakter überein; es wird jedoch auch nicht durch irgendwelche inneren Bedürfnisse in Gang gesetzt, noch ist es durch vorhergegangene Erfahrungen von Befriedigung und Bedarf beeinflußt. Man findet es bei satten Tieren, die dennoch intensiv ihren Lebensraum untersuchen.

Tiere vieler Spezies zeigen die Angewohnheit, sich jedem neuen oder seit langem nicht mehr untersuchten Objekt zu nähern. Die Erkundungsbewegungen sind von Veränderungen im Zentralnervensystem begleitet, die aus dem nachfolgend beschriebenen Verhalten geschlossen werden können: die Erfahrungen, die ein Tier gemacht hat, erlauben ihm später, sich zurechtzufinden und seine Bewegungen den unmittelbaren Bedürfnissen anzupassen. Darüber hinaus sind Entdecken und Vielfalt der Erfahrung in der Jugend bei den nervlich komplexeren Tieren, wie Säugern, von größerer Bedeutung für die volle Entwicklung der »Intelligenz«.

VI Herdentier und Einzelgänger

Die Füchse haben Bauten und die Vögel in der Luft haben Nester.
Matthäus 8; 20

Als Tennyson von der »Natur, rot an Zähnen und Krallen« schrieb, drückte er eine weit verbreitete Ansicht vom tierischen Leben aus. Nun, jeder Organismus hängt von anderen Organismen ab. Das Zusammenwirken zwischen Tieren einer Art ist eigentlich noch deutlicher: die meisten höheren Tiere sind nur während der Fortpflanzungszeit sozial. Dieses und das nächste Kapitel beschäftigen sich mit dem Sozialverhalten; das sind Handlungen, die direkt von anderen Mitgliedern der eigenen Art beeinflußt werden. Diese Definition ist sehr weit gefaßt, denn sie umschließt das elterliche und das kindliche Verhalten, die Balz und die Paarung, verschiedene Konfliktsituationen und anderes mehr; dennoch trifft sie zu.

Viele Tiere leben in Familienverbänden, Schwärmen, Rudeln oder Herden. Diese Gruppierungen entstehen nicht nur, weil Tiere ein spezielles Habitat bevorzugen: die Anziehungskraft geht von den anderen Individuen aus und ist oft stark genug, um große stabile Gruppen gesunder Individuen beiderlei Geschlechts und aller Altersgruppen zusammenzuhalten. Und dennoch verstoßen Tiere der gleichen Art, die Wunder von Zusammenleben vollbringen, mitleidlos einige ihrer Artgenossen. Die Honigbiene, von Moralisten stets als Beispiel kommunalen Verhaltens hingestellt, verjagt jeden Eindringling einer anderen Kolonie. Dennoch frißt kein Hund einen Hund, und es ist sehr selten, daß ein Tier einen Artgenossen tötet oder ihn auch nur schwerer verletzt.

Oft, ja vielleicht sogar gewöhnlich, ist der Konflikt ein territorialer. Ein »Territorium« wird in diesem Buch als eine »verteidigte Region« definiert. Innerhalb dieser lebt ein Individuum, ein Pärchen oder eine Gruppe vielleicht völlig friedlich. Fremdlinge der gleichen Art werden jedoch hinausgeworfen. Wir verfügen heute schon über genaue und detaillierte Beschreibungen des Sozialverhaltens verschiedener Arten, von denen einige Beispiele gebracht werden. Nach dieser Einführung stellen sich zwei Fragen: Zuerst, was regelt das Sozialverhalten – Freundschaft oder Feindseligkeit? Dies ist eine Frage der Stimulation, des internen Befindens und ihres Effekts auf das Verhalten. Zweitens, was ist die Funktion oder der Überlebenswert dieses Verhaltens? Vor allem – wie kann ein *Konflikt* vorteilhaft sein?

Fall-Beschreibungen

Der Borstenwurm

Borstenwürmer der Gattung *Nereis*, die nach der Tochter des griechischen Meergottes benannt wurde, sind Generationen von Studenten, die deren borstige Körperanhänge an konserviertem Material untersuchen mußten, vertraut. Ihr Verhalten, das sich in Lehrbüchern seltener dargestellt findet, ist aber auch interessant. R. B. Clark hat die Gewohnheiten von *N. pelagica* beschrieben, einer Art, die in Felsspalten lauert. Diese Tiere sind höchst thigmotaktisch: in einem Aquarium, in dem sich keine anderen stützenden Gegenstände befinden, winden sie sich umeinander oder verheddern sich im Seegras. Gibt man ihnen Stückchen von Glasröhrchen, sucht sich jeder Wurm eines und läßt sich in ihm nieder. Ist Auswahl vorhanden, werden Röhrchen mit 5 mm innerem Durchmesser vorgezogen. Ist er einmal in einer Röhre eingerichtet, bleibt der Wurm dort unbegrenzt; obgleich man ihn zu den »Polychaeta errantia« rechnet, ist er ein Stubenhocker. Das Atemwasser wird mit Hilfe einer Strömung in der Röhre herbeigeschafft: die wahllose Nahrungsaufnahme geschieht von der Röhrenmündung aus.
Hat ein Wurm keine oder nur eine unbefriedigende Röhre, erforscht er die Umgebung und sucht sich eine neue. Ist diese schon besetzt, zieht sich der Eindringling, sobald er den Einwohner berührt, schnell wieder zurück. Das ist ein Beispiel von Rückzug aus einem besetzten Gebiet – ein wichtiges Phänomen, auf das wir später noch zurückkommen. Manchmal vergißt ein Neuankömmling, sich zurückzuziehen, und der Erstbewohner duldet ihn als zweiten Röhreninsassen. Eine weitere Möglichkeit ist, daß sich der Eindringling dem Einwohner von hinten nähert, sein Hinterende kneift und ihn so hinaustreibt. Gibt es jedoch eine Gesicht-zu-Gesicht-Begegnung, kommt es gewöhnlich zum Kampf: beide kneifen sich in die Kiefer, und Verletzungen (wenn auch nicht schwer), können auftreten. Dabei kann herauskommen, daß nach einem Kampf von drei bis vier Minuten beide Würmer sich in derselben Röhre niederlassen oder daß der Einwohner vertrieben wird. Das Kämpfen geschieht nur selten außerhalb der Röhre: es ist, nach der Definition, ein territoriales Verhalten. Sein Ausgang ist atypisch (wenigstens nach diesen Experimenten), weil der Einwohner oft be-

siegt wird. Das mag darauf zurückzuführen sein, daß der Neuankömmling besser in die Röhre paßt. Wir wissen nicht, ob das Verhalten in Glasröhrchen dasselbe ist wie in der natürlichen Umwelt. Auch kennen wir die Signale nicht, die einen Kampf hervorrufen. Andere *Nereis*-Arten kämpfen öfters auch außerhalb ihres Schlupfwinkels miteinander.
Von den Wirbellosen mit ziemlich einfachem Nervensystem ist *Nereis* einer der wenigen, von denen Territorial-Verhalten — und sei es auch in atypischer Form — bekannt ist; typischere und genauer untersuchte Beispiele finden wir bei den Arthropoda.

Die Winkerkrabbe und die Libelle

Zu den Bewohnern der Sandstrände warmer Meere gehört die Winkerkrabbe der Gattung *Uca.* Jocelyn Crane hat einen ausgezeichneten Bericht über zwölf Arten gegeben, die an der Küste Panamas leben. Die Männchen dieser Krabben besitzen eine einzige riesige Schere, deren Bau für jede Krabben-Art typisch ist. An der anderen Seite dagegen haben sie nur eine winzige Extremität, die der feineren Aufgabe der Nahrungsaufnahme dient (Abb. 37). Bei Ebbe verlassen diese Tiere während des Tages ihre Löcher im Sand, um zu fressen. Die Männchen zei-

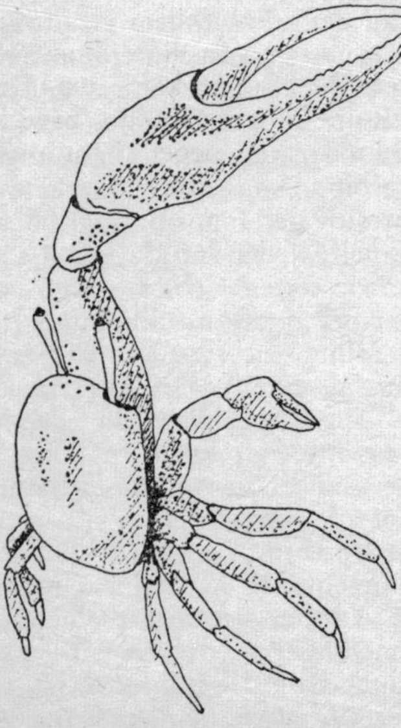

Abb. 37 Winkerkrabbe mit ihrer enorm großen Signalschere.

gen ihre Anwesenheit dabei auch durch ein dauerndes Schwingen der hypertrophierten Schere und dadurch, daß sie die bunten Markierungen an ihren anderen Extremitäten hervorkehren. Sie sind mit Verkehrspolizisten verglichen worden, die den Verkehr mit einer riesigen behandschuhten Hand lenken. Jede Art hat ihr eigenes Signalsystem.

Wir kennen keinen schlüssigen Hinweis auf den Effekt, den diese (vermuteten) Signale auf andere Krabben ausüben. Eine Funktion ist sicherlich, andere Männchen vom Eindringen in den kleinen, um das Loch gelegenen Bezirk abzuschrecken. Wie der unterscheidbare Gesang des Vogels in der Brutzeit können sie einen Rückzug des »Rivalen« hervorrufen, ohne daß es zu engerem Kontakt gekommen wäre. Stimmt das, dann haben wir hier ein Beispiel von Territorial-Verhalten. Doch kommen auch Kämpfe vor. Die Gegner stelzen dann mit steifen Beinen aufeinander zu und schlagen mit ihren Scheren auf den Boden. Jeder schlägt auf den andern los, und die Scheren knallen wie die Degen von Fechtern. Schließlich verbeißen sich die Scheren und jeder stößt den anderen, bis schließlich eine Krabbe aufgibt und sich in ihr Loch zurückzieht. Die Duelle dauern oft nur wenige Sekunden, Verletzungen treten kaum jemals auf.

Eine Beschreibung in allgemeinen Worten ist erlaubt, denn das Verhalten ist ziemlich einheitlich. Dennoch gibt es individuelle Abweichungen. Jocelyn Crane beschrieb dazu den Tagesablauf zweier benachbarter Männchen. Beide kamen bei Tageslicht heraus, putzten sich, fraßen, trafen sich dann plötzlich an einer Stelle zwischen ihren Löchern und kämpften. Der Kampf endete jedesmal damit, daß die kleinere Krabbe zurückgeworfen wurde und in ihr Loch kroch. Der Sieger begann wieder zu fressen und später entschloß sich auch die andere dazu. Ein »Kampf« pro Tag reichte aus. Ausnahmsweise dringt auch einmal ein Männchen in ein benachbartes Territorium ein, zerstört das Loch des Nachbarn und bekämpft dessen Besitzer. Solche Ereignisse sind von sorgfältigen Beobachtern als sport- oder spielähnlich bezeichnet worden — es sind Handlungen, die jenseits derer liegen, die das Überleben oder die Vermehrung erfordern. Es ist faszinierend, bei diesen sehr fortentwickelten und komplexen Arthropoden Hinweise auf Verhaltensweisen zu finden, die uns von Wirbeltieren, speziell Vögeln und Säugern, vertraut sind. Es scheint, daß diese Tiere mit Nervensystemen ganz verschiedenen Bautyps unabhängig nicht nur ihr Territorial-Verhalten, sondern auch die Neigung zu »überschüssigen« Aktivitäten — von denen wir einige »Spiel« nennen — entwickelt haben. Am klarsten sehen wir ein solches Verhalten bei den später entstandenen Klassen der Wirbeltiere. Sicherlich besitzen sie große und komplizierte Nervensysteme.

Unter den Insekten sind die Libellen (*Odonata*) eine alte

Gruppe, die ihren Höhepunkt längst überschritten hat: es gab in früheren Erdzeitaltern Spezies mit einer Flügelspanne von fast einem Meter und Larven von 30 cm Länge. Man sagt, daß solche Typen heute nicht mehr existieren. Viele der übriggebliebenen Arten sind territorial gebunden. N. W. Moore legte einen künstlichen Tümpel in einem alten Bombenkrater in einer Heide in Dorset, England, an. Fünf erwachsene Männchen der Gattung *Ceriagrion* wurden in der Nähe des Tümpels freigelassen und nahmen ihn an. An den folgenden Tagen wurden andere dazugesetzt; doch trotz allem (außer bei schlechtem Wetter, wenn die Libellen inaktiv sind), war es nicht möglich, ihre Zahl über fünf zu bringen. Die residierenden Männchen greifen Männchen ihrer eigenen Spezies an oder vertreiben sie zumindest. Das Verhalten ist jedoch nicht immer einfach zu interpretieren. Es kann leicht mit einer falsch gerichteten Balzhandlung verwechselt werden (manchmal ist es nicht klar, ob die Tiere oder die Beobachter verwirrter sind). M. E. Jacobs hat jedoch an zwei amerikanischen Arten, *Platatmis lydia* und *Perithemis tenera,* eindeutiges Revierverhalten festgestellt. Genau wie Vögel abschreckende Signale benutzen, die für unsere Ohren Musik sind, besitzen diese Tiere Farben, die — für uns prächtig aussehend — Rivalen abschrecken. *P. lydia* zeigt zum Beispiel, wenn sie ein anderes Männchen trifft, ihren blauen und weißen Rücken, indem sie ihr Abdomen hebt (bei der Verfolgung eines Weibchens jedoch senkt es sein Abdomen). Bei *P. tenera* wird die entsprechende visuelle »Drohung« offenbar durch die bernsteinfarbenen Flügel erzeugt.

Die Buntbarsche

Die Cichlidae sind eine Familie von Süßwasserfischen, die etwa 600 Arten, in Afrika, Südamerika und eine Art in Asien, umfaßt. Viele sind bunt, können im Aquarium gezüchtet werden und besitzen ein außerordentlich befriedigendes Repertoire sozialer Handlungen.

Der Rote Buntbarsch, *Hemichromis bimaculatus,* zeigt nur während der Fortpflanzungsperiode Revierverhalten (Abb. 38). Sonst lebt er in Schwärmen. Vor der Paarung wechselt er seine herbstlichen Farben: die Erwachsenen werden hellrot, und es vollziehen sich andere Veränderungen, die sie zu einer prächtigen Schau befähigen, besonders wenn sie sich frontal begegnen. Die Schwärme lösen sich auf, und sowohl die Männchen als auch — für eine kurze Zeit — die Weibchen beziehen Reviere. Ein Eindringling wird mit aufgestellter Rückenflosse empfangen, wodurch die Größe scheinbar erheblich anwächst. Wenn der Einwohner angreift, spreizt er auch die Kiemendeckel, von denen jeder einen schwarzen, ovalen Fleck, an ein Auge erin-

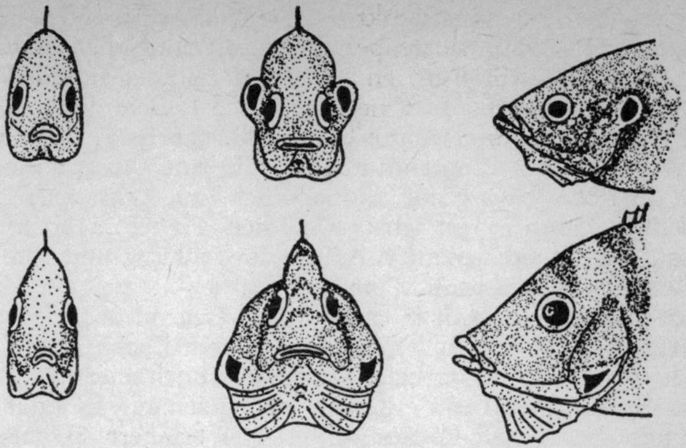

Abb. 38 Signale. Zwei Arten der Fischfamilie Cichlidae. Oben der Rote Buntbarsch (Hemichromis bimaculatus), unten der Feuermaulbuntbarsch (Cichlasoma meeki). Bei gespreizten Kiemendeckeln (links sind sie geschlossen dargestellt) verändert sich die Ansicht von vorn erheblich (Mitte). Dies ist eine Drohgebärde, mit der Eindringlinge aus dem eigenen Revier vertrieben werden.

nernd, trägt: der Totaleffekt ist eine bizarre Maske mit vier Augen. Auch der Schwanz wird heftig geschlagen: dadurch wird offenbar eine Wasserbewegung erzeugt, für die die Fische mit Hilfe ihres Seitenlinienorgans empfindlich sind. Dieses besteht aus Sinnesgruben, die an einer Reihe am Körper des Fisches entlang liegen. Die Gegner umkreisen einander und schnappen manchmal mit den Kiefern. Der Ausgang der Affäre besteht gewöhnlich im Rückzug des Neuankömmlings, der mit angelegten Flossen und geschlossenen Kiemendeckeln davonschwimmt. Diese Veränderung im Aussehen (»Unterwerfung«) beendet sofort die »Drohungen« und Angriffe des Einwohners. Schwere Verletzungen sind höchst ungewöhnlich.
Die Weibchen verlassen sehr bald ihre Reviere und machen sich an die Männchen heran. Letztere reagieren zuerst »aggressiv«, und die Weibchen wehren sich. Allmählich unterliegen jedoch die Weibchen und versuchen es mit »Beruhigung«. Zum Schluß wird das Territorium von dem Paar besetzt gehalten, in ihm findet die Paarung statt und in ihm werden die Jungen aufgezogen.

Das Rotkehlchen

Noch bis vor sehr kurzer Zeit basierte fast alles, was wir über Revierverhalten wußten, auf Beobachtungen von Ornithologen, ganz besonders auf denen des Engländers Eliot Howard (1875 bis 1940). Ein anderer Engländer, David Lack, hat — mit einer

ganz seltenen Kombination von Liebe zur Sache und wissenschaftlicher Sorgfalt — das Verhalten des Rotkehlchens, *Erithacus rubecula,* beschrieben. Dieser Vogel zeichnet sich dadurch aus, daß er manchmal auch im Herbst und Frühwinter sein Revier besetzt hält; ungewöhnlich ist auch, daß beide Geschlechter ein auffälliges Brutkleid anlegen: die rote Brust, die es so leicht macht, erwachsene Rotkehlchen zu erkennen; und schließlich kann sogar das Weibchen singen. Territorialverhalten zeigt sich jedoch vor allem im Frühling und Sommer und ganz besonders beim Männchen.
Ein Männchen, das sich in einer neuen Gegend ansiedelt, beginnt zuerst mit einem leisen Gesang vom Boden aus. Zeigt sich kein Gegner, verstärkt es seinen Gesang immer mehr und singt schließlich voll von erhöhten Sitzplätzen aus. Es singt immer nur im eigenen Revier. Sein Revier erinnert an ein Gefängnis, das es freiwillig betreten hat: es ist nicht möglich, das Männchen daraus zu vertreiben; wird es an seine Grenze gescheucht, fliegt es plötzlich und über den Kopf des Verfolgers zurück. Nähert sich ein fremdes Männchen, wird der Gesang des etablierten Männchens lauter. Oft zieht sich dann der Eindringling *sofort zurück.* Selbst in einer Voliere gehaltene Vögel können ihn, obwohl sie dem Ankömmling ja überhaupt nicht nahekommen können, auf diese harmlose Weise vertreiben. Verfehlt der Gesang seine Wirkung, kann der »Angriff« als nächstes in einer Serie von Drohhaltungen bestehen (Abb. 39), bei denen vor allem die rote Brust vorgezeigt wird. Auch kann eine Kombination von Gesang und Verfolgung auftreten. Dabei kann es jedoch geschehen, daß der Eingesessene verjagt wird. Welcher der Gegner, und warum er gewinnt, kann aus der Beobachtung des Treffens nicht geschlossen werden. Wirklicher Kampf ist selten: die Vögel benutzen dann Beine und Schnäbel, Federn fliegen, und beide können, ineinander verkrallt, zu Boden fallen; doch selbst dann treten schwere Schäden nur ausnahmsweise auf.
Dieser Bericht zeigt, daß sowohl Laut- als auch optische Signale bei dieser Art funktionieren. Sie können zur gütlichen Einigung oder zum Rückzug führen. Lack untersuchte die Bedeutung der roten Brust im Experiment. Er kaufte dazu ein unansehnliches ausgestopftes Rotkehlchen für einen Schilling. Stellte er dieses im Revier eines Rotkehlchens auf, rief es »Drohgebärden« und richtige Angriffe hervor. Selbst als es durch einen außergewöhnlich energischen Hahn geköpft worden war, blieb diese Wirkung erhalten. Bei diesem Experiment, auch aber in normalen Bewegungen, zeigt sich eine große individuelle Variabilität, sowohl in der Intensität des Revierverhaltens als auch im Angriffsstil. Wir wissen nicht, was diese Variationen hervorruft: prinzipiell wäre eine genetische Verankerung denk-

Abb. 39 Angriffshaltung bei Rotkehlchen. In jedem Fall wird dem Eindringling die rote Brust gezeigt.

bar, sie kann aber auch in früheren Erfahrungen ihre Quelle haben. Dieser Tatbestand erschwert die Durchführung quantitativer Verhaltensstudien.

Die Säugetiere

J. A. King hat über das Leben des Präriehundes, *Cynomys ludovicianus*, eine detaillierte Studie publiziert. Diese lauten Nagetiere sind sowohl im Aussehen als auch im Verhalten recht attraktiv. In jeder Kolonie oder auch Stadt (die an Orten liegen, wo es viel Nahrung und einen Boden, der sich zum Graben eignet, gibt) leben Gruppen (oder Sippen), von denen jede ein

Revier besetzt hält. Solche Sippen bestehen aus ein und zwei erwachsenen Männchen, einigen Weibchen und Jungen. Die Angehörigen einer Sippe grüßen einander mit charakteristischen Gebärden, besonders mit »Küssen« und gegenseitigem Putzen. Treffen sich zwei Fremde, geschieht das auf förmliche und gewöhnlich harmlose Art. Während der Fortpflanzungszeit brechen die Territorien der Sippen auseinander, doch werden dann von den Weibchen kompromißlos Nestreviere gehalten. Wachsen die Jungen heran, wandern die Erwachsenen mit ungewöhnlicher Großzügigkeit aus deren Nachbarschaft aus — vielleicht, wie King annimmt, weil sie ununterbrochen von den um Aufmerksamkeit bettelnden Jungen belästigt werden. Diese haben eine nur geringe Sterblichkeitsrate, saugen bei jedem Weibchen, das sie erwischen können, und werden von jedem Männchen, das sie treffen, zärtlich gekrault. Dieser idyllische Zustand hält jedoch nicht an: langsam werden die Sippenterritorien wieder aufgerichtet, und unter den Jährlings-Männchen besteht eine hohe Sterblichkeit.

Der Präriehund ist ein Beispiel der niederen, aber zahlreichen und erfolgreichen Gruppe der Nager. W. Kühme verdanken wir einen Bericht über einen wirklichen Hund, also ein Mitglied der Ordnung der Carnivora, der Familie Canidae, einen engen Verwandten unserer domestizierten Art. Er beobachtete ein Rudel von Hyänenhunden, *Lycaon pictus*, in der Serengeti-Steppe in Ost-Afrika. Zu diesem gehörten sechs erwachsene Männchen, zwei erwachsene Weibchen und fünfzehn Junge, die aus zwei Würfen stammten. Die Jungen lebten in einem Bau, der von einem anderen Tier gegraben worden war. Die einzigen Konflikte, die es im Rudel gab, gab es zwischen den Weibchen: sie entstanden dadurch, daß jedes alle Jungen betreute und sie den anderen wegzunehmen suchte. Das übrige Sozialleben war im höchsten Grade organisiert. Sowohl Männchen als auch Weibchen übernahmen Wächterdienste oder Späherfunktionen für die Jungen, wenn die anderen auf Jagd waren.

Das Jagdgebiet umspannte im Februar 1964 etwa 30 qkm und wurde später im Jahr, als das Wild knapper wurde, drei- bis viermal so groß. Es gab vier andere Rudel in dem Gebiet, die sich jedoch nicht vermischten.

Die Jagd, die zu Sonnenauf- oder -untergang stattfand, war immer erfolgreich. Gewöhnlich wurden Thompson-Gazellen oder Grant-Gazellen gejagt (*Gazella thompsoni, G. granti*). Ein Hund konnte immer eine von diesen überwältigen, selbst wenn er sie über einen Fluchtweg von 700 m verfolgen mußte. Oft verfolgten mehrere Hunde dieselbe Antilope, so daß sie leichter gerissen werden konnte. Hatten sie einen Riß bekommen, versammelten sich alle Hunde an ihm, rissen den Leib auf und verschlangen große Mengen von Fleisch. Sie kehrten dann zu dem

Bau zurück, wo sie von den bettelnden Jungen und den Wachen begrüßt wurden, vor denen sie dann das Fleisch auswürgten. Auch die Wachen würgten manchmal ihr Fleisch hervor. Die Weibchen kauten den sehr jungen Tieren das Fleisch vor.
Ein gemeinsames Jagen nach Nahrung in dieser Form ist kaum mit einem Statussystem zu vereinbaren, und so konnte auch keine Rangfolge beobachtet werden. Alle Individuen bettelten aneinander durch Stoßen an das Maul oder selbst durch Beißen. Andere soziale Signale waren das Lecken der weiblichen Zitzen durch ein Männchen oder das Kriechen unter ein Männchen.
Ein abschließendes Beispiel muß von den Primaten kommen, die nahezu alle Reviere besitzen. Die einzige Art, die sicherlich keine stereotypen territorialen Verhaltensbilder zeigt, ist der Mensch, *Homo sapiens.* C. P. Carpenter hat das Verhalten von Brüllaffen, *Aloutta palliata,* die in Gruppen von ungefähr 17 Individuen im zentralamerikanischen Dschungel leben, beobachtet. Kämpfe sind bei ihnen ungewöhnlich, die Männchen machen jedoch ein gewaltiges, brüllendes Geräusch, wenn fremde Brüllaffen kommen, seien sie einzeln oder in einer Gruppe. Dieses Getöse hält Eindringlinge ab, ohne daß auf beiden Seiten ein nachweisbares Trauma entstünde. Es gibt noch zahlreiche weitere solcher Beispiele, einige werden wir noch im Kapitel 13 erwähnen.

Drohung und Unterwerfung

Alle Tierarten, die Territorialverhalten zeigen, sind auch in gewissem Maße gesellig: selbst wenn sie keine großen Gruppen bilden, müssen die Paare zur Begattung zusammenkommen; gewöhnlich gibt es Familienverbände mindestens während der Periode, zu der die Jungen von den Eltern bewacht oder ernährt werden. Es muß also nicht nur eine Anziehung zwischen Individuen geben, sondern auch Mittel, die zersetzenden Konflikte zwischen den Gliedern einer solchen Gruppe zu verhindern. Es ist leicht, diese Art von Verhalten durch Wörter wie »Angriff« und »Aggression« auf der einen und »Beschwichtigung« auf der anderen Seite zu beschreiben. Es wäre jedoch weniger irreführend, in Begriffen wie Annäherung und Rückzug zu sprechen. Wir können hierbei die Beziehungen zwischen den Geschlechtern oder Eltern-Kind-Beziehungen unberücksichtigt lassen (damit beschäftigen wir uns im nächsten Kapitel). Zwei Aspekte der Annäherung bleiben dann. Der erste ist der zwischen den Mitgliedern einer geselligen Spezies. Die Attraktion, die Individuen zusammenbringt, ist noch nicht genau untersucht worden. Vielleicht, weil es Menschen, die selbst so gesel-

Abb. 40 Eine unerwartete Vergesellschaftung. Die im Vordergrunde sitzende Ratte gehört der »schwarzen« Rattenart, Rattus rattus (Hausratte), die anderen der Art R. norvegicus (Wanderratte) an. Im Labor können diese in der Freiheit »rivalisierenden« Arten in friedlichen gemischten Kolonien gehältert werden.

lig sind, zu »natürlich« erscheint und zu offensichtlich, daß danach noch gefragt werden müsse oder es einer Analyse bedürfe. Assoziationen sind nicht zwangsläufig auf Mitglieder der gleichen Tierart beschränkt: selbst ungleiche Partnerschaften, wie zwischen Katze und Maus, Hirsch und Schildkröte oder selbst Mensch und Löwe sind uns vertraut. Im Labor können sie sich ganz freiwillig bilden. Die beiden häufigsten Rattenarten, die Wanderratte, *Rattus norvegicus*, und die Hausratte, *Rattus rattus*, gelten gewöhnlich und mit Recht als Nahrungs- und Raumkonkurrenten, mindestens in Städten temperierter Klimate. Im Labor jedoch können sie in befreundeten Gruppen leben, sich zum Schlafen zusammenkuscheln und sich überhaupt so behandeln, als ob sie Mitglieder der gleichen Tierart wären. Diese Beispiele zeigen, daß ein »Genosse« nicht die gleichen Charaktere der Spezies des Partners besitzen muß, um atttraktiv zu erscheinen (Abb. 40).

Der zweite Aspekt der Annäherung ist das Verhalten, das die Annäherung eines anderen Mitglieds der Spezies verhindert. Signale, die das bewirken, werden »Drohgebärden« genannt. Ein mögliches Beispiel ist in Abb. 41 dargestellt. Eine formale Definition einer »Drohgebärde« (in dem Sinne, wie sie hier gedeutet wird) muß lauten: ein Anblick, Geräusch, Geruch oder Kontakt, der nicht verletzt, jedoch die Annäherung eines Mitgliedes der gleichen Spezies zu verhindern trachtet oder Rückzug verursacht. Diese Definition ist von den *Effekten* der Signale abhängig, weil sie den Begriff

»Drohung« ganz anders als gewöhnlich benutzt, wenn es eine Erklärung der Absicht bedeutet, zu strafen oder zu verletzen. Einige Autoren der Verhaltensforschung benutzen tatsächlich »Drohung« zur Beschreibung eines Verhaltens, das (wie sie sagen) eine *Absicht* des Tieres ausdrückt. Es ist jedoch außerordentlich schwierig, zu entscheiden, welches die Absichten eines Tieres sind, und manchmal erscheint es sogar zweifelhaft, ob man dem Begriff »Absicht« eine genaue Bedeutung geben kann. Es wäre in jedem Fall schwierig, die »Absicht zu verletzen« nachzuweisen, weil Verletzungen so selten vorkommen.

Die unmittelbare Wirkung einer wie oben definierten Drohgebärde ist zumindest vierfach. Zuerst kann sie dazu beitragen, eine »Rangordnung« zu errichten, wie sie im nächsten Abschnitt beschrieben werden wird. Zum zweiten kann sie bei einigen Arten helfen, junge Erwachsene aus dem Familienverband auszustoßen. Ein solcher Ausschluß von Jungen ist bei kleineren Säugern verbreitet. Drittens haben wir in ihr die gebräuchlichste Funktion, nämlich Fremde zu vertreiben. Die vierte ist der besondere Fall, wo ein Weibchen sein Nest und seine Jungen verteidigt. Das ist bei Säugern üblich.

Abb. 41 Ein Rhesusaffe, Macaca, schüttelt den Ast eines Baumes, als er einen anderen Affen trifft – eine »Drohgebärde«.

All diese Funktionen werden gewöhnlich mit Hilfe von Signalen ausgeführt, die zwar Rückzug, jedoch keine Verletzungen hervorrufen. Die Gelegenheiten, bei denen Zusammenstöße eintreffen, sind natürlich auffällig: selbst wenn ein solcher Zusammenstoß harmlos ist, sieht er doch eindrucksvoll aus. Das hat manche Leute zu dem Glauben verführt, daß Tiere oft heftig sind. Zweifellos wird dieser Glaube durch das Wissen unterstützt, daß Menschen manchmal angreifen, ja sich selbst umbringen und öfter heftige Impulse verspüren.
Das Gegenteil von Drohung oder Angriff ist entweder Flucht oder Unterwerfung. Unterwerfung ist mindestens in zwei Situationstypen wichtig. In erster Linie ist sie eine entscheidende Gebärde bei Balz und Paarung. Mindestens ein Partner, gewöhnlich das Weibchen, muß in dieser Form signalisieren, wenn es einen Angriff des anderen vermeiden will. Die Haltungen oder Signale paarungsbereiter Weibchen ähneln oft denen, die von besiegten oder rangniedrigen Männchen der gleichen Art gezeigt werden. Die zweite Situation ist die, in der ein »Sieg« zugestanden wird, besonders in Kolonien, wo es eine Rangordnung gibt. Einige Arten scheinen dann noch eine dritte Sorte »freundlicher« Signale zu besitzen. So wird zum Beispiel das Zusammentreffen von Mitgliedern derselben Gruppe von Präriehunden durch eine freundliche Begrüßungszeremonie begleitet. Das gleiche geschieht in vielen anderen Tierspezies, so auch bei unseren Katzen und Hunden.

Hackordnung

Wenn ein Tier eine Unterwerfungshaltung annimmt oder sich anschickt zu fliehen, während das andere zu drohen fortfährt oder doch seine Position hält, kann das nur eine vorübergehende Beziehung darstellen. Befände sich das zweite Tier in seinem Territorium, könnten die Rollen gerade vertauscht sein. Einige Säugetiere und Vögel bauen jedoch *innerhalb* ihrer Herden oder Schwärme permanente Systeme von Dominanz und Unterordnung auf. Dominanz innerhalb einer Gruppe und das Sich-Durchsetzen eines Revierbesitzers gegenüber einem Eindringling sind Dinge, die ganz streng unterschieden werden sollten. Die entsprechenden Tierarten sind typischerweise sowohl streitlustig als auch gesellig. Ihre Mitglieder müssen darum über Mittel verfügen, mit deren Hilfe ein Konflikt in der Kolonie reguliert oder überhaupt unterdrückt werden kann. Unter einigen niederen Säugern, wie Ratten, ist der Besitz eines Koloniegeruchs anscheinend ausreichend, ebenso bei sozial lebenden Insekten wie der Honigbiene. Bei anderen treffen wir jedoch eine »Hackordnung« an.

Dieser Terminus hat seinen Ursprung in dem 1922 von dem Norweger T. Schjelderup-Ebbe über Vögel publizierten berühmten Werk. Amerikanische Forscher benutzen gewöhnlich dafür den Ausdruck »Dominanz-Hierarchie«, vielleicht, weil Säugetiere nicht hacken. Der Ausdruck »Hierarchie« trifft aber nicht genau zu, wenigstens nicht etymologisch, denn er bedeutet ursprünglich »Regierung durch Priester«.
Schjelderup-Ebbe untersuchte über fünfzig Vogelarten, einschließlich des Hausgeflügels. Er fand viele Beispiele für Dominanz und Unterwerfung. Im einfachsten Fall, in einer kleinen Gruppe, hat ein Vogel die Herrschaft über alle anderen, der zweite über alle mit Ausnahme des ersten und so weiter. Diese Beziehungen werden zu Beginn durch sogenannte »Kämpfe« errichtet: der Sieger erreicht Dominanz über den Besiegten. Die Dominanz bedeutet bei einigen Arten nicht nur die Möglichkeit, sich frei umherzubewegen, sondern auch bevorzugten Zugang zu Weibchen und Futter, ohne belästigt zu werden. In diesem Buch bezeichne ich als »Dominanz« jede Art Vorherrschaft in einer Gruppe. Der Sozialstatus kann leicht an jeder kleinen Gruppe von Hausgeflügel im Detail studiert werden, sagen wir bei zehn Tieren. Gibt man ihnen nur einen einzigen Haufen Körner, geraten sie sofort in Konflikt. Eine Drohgebärde oder ein wirkliches Zuhacken von einem (dem dominanten) Individuum bewirkt Rückzug, jedoch niemals Gegenwehr des anderen (gehackten). Besteht Mangel, bekommt ein dominantes Huhn immer mehr Futter. Man hat Mitglieder solcher Gruppen herausgenommen und nach unterschiedlichen Zeiträumen wieder zurückgebracht. Solche Experimente zeigen, daß sich Hühner noch nach zwei Wochen an ihren Status erinnern. Ist das Statussystem zerstört, werden Wachstumsvorgänge behindert und weniger Eier gelegt.
Wie wir gesehen haben, gehen mit der Existenz einer Hackordnung bestimmte Standarderscheinungen von Drohgebärden und Unterwerfungsgebärden einher. R. Schenkel, ein Schweizer Ethologe, hat das Scheingefecht von Wölfen, *Canis lupus*, beschrieben. Der Ranghöhere steht mit steifen Beinen, erhobenem und wedelndem Schwanz, gesträubtem Haar und entblößten Fängen da. Er knurrt. Der schwächere Wolf wird höchstens mit eingezogenem Schwanz und angelegten Ohren kriechen (Abb. 42). Er ist still. Solche Haltungen können wir leicht bei vielen Haushunden beobachten; sie gehören zumindest der gleichen Gattung an. Selten wird gebissen, und wenn es geschieht, ist es das Recht des Ranghöheren. Schnappen mit den Zähnen und Scheinbisse sind häufig.
Unter den Säugetieren sind gejagte Tiere, wie etwa Hirsche, *Cervidae*, »hierarchisch«, wie auch solche Raubtiere wie die Wölfe. Der Rothirsch, *Cervus elaphus*, kennt nur während der

Abb. 42 Haltung und sozialer Rang. Links der ranghohe Wolf, der untergeordnete rechts.

Brunftzeit eine Rangordnung. Bei ihm sind auch die Weibchen und nicht die Männchen dominant. Ein altes Weibchen ist am ranghöchsten und auch der Führer des Rudels in dem Sinne, daß es entscheidet, wohin das Rudel zieht. Manchmal wird die Führerschaft mit Dominanz verwechselt — auch in diesem Fall muß ich mich dafür ein wenig entschuldigen. Die dominanten Individuen sind aber oft auch bei anderen Arten nicht die Führer.

H. Bruhin und H. Hediger haben bei ihren Untersuchungen im Zoo von Basel drei Sozialklassen bei verschiedenen Hirscharten unterschieden: Alphas, Betas und Gammas. Die Geweihe sind bei diesen Arten offenbar nicht nur Waffen, sondern auch visuelle Signale, die eine wichtige Rolle in der Aufrechterhaltung des Sozialgefüges spielen. Sie können als Status-Symbol bezeichnet werden. Hirsche zeigen ihren Rang teilweise durch Haltungen, haben aber kaum Ausdrucksmuskulatur wie Carnivora und Primaten. Verliert ein Alpha eine Geweihstange, kann das sofort den Angriff eines Betas auslösen, der unter anderen Umständen etwas Ähnliches niemals gewagt hätte. Bei einem einfachen Experiment mit Damhirschen, *Dama dama,* in einem anderen Zoo, wurde der präparierte, geweihtragende Kopf eines kurz vorher gestorbenen Alpha-Hirsches in dem Gehege, das das Rudel beherbergte, aufgestellt. Das Rudel floh sofort zur anderen Seite des Geheges und kam erst nach einiger Zeit zurück. Es ist jedoch damit nicht schlüssig bewiesen, daß das Geweih die Rolle des Signals spielt: ein vom Körper getrennter Kopf kann auch allein schwere Störungen hervorrufen.

Das Drei-Klassen-Statussystem Bruhins zeigt, daß ein Statussystem nicht immer einfach eine geradlinige Hackordnung ist. Es sind alle Typen von Beziehungen möglich. Ein niederländischer Ethologe unterhielt einmal einen internationalen Kongreß mit einem Bericht über »Dreiecksbeziehungen« in einer Kuhherde. Bei kleinen Säugern, etwa Wühlmäusen, *Microtus*, und Ratten, *Rattus*, gibt es nur zwei wichtige Klassen, die dominanten und die untergeordneten. Es ist gut möglich, daß in einer kleinen Rattengruppe verschiedene Männchen des Typs, den ich »Alpha« nannte, enthalten sind. Alphas sind schon im Aussehen gesund und zeigen keinerlei Spuren von Verletzungen. Sie bewegen sich frei umher, wachsen gut und greifen Neuankömmlinge an. Zwischen ihnen gibt es keine verletzenden Gefechte, obgleich gelegentliche Drohgebärden auftreten und sogar lebhafte Bolzereien vorkommen. Die Betas bilden die einzige andere klar definierte, sichtbare Klasse: wie die Alphas wachsen auch sie gut, doch ziehen sie sich bei Annäherung eines Alphas zurück; auch greifen sie keine Fremden an. Betas benehmen sich anderen gegenüber als liebenswerte Gleichberechtigte.

Existiert eine klare Dominanz, können dazu mindestens vier Faktoren, abgesehen von dem Entstehen von Plänkeleien, beitragen. Zuerst das Alter (Abb. 43). Zweitens die Erfahrung, die nicht vom Alter abhängen muß. Erfolg in einer Serie von Plänkeleien wird ein Tier auch in weiteren Treffen effektiver machen. Drittens das Geschlecht. Dominanz ist ein Vorrecht der

Abb. 43 Bei den Wildschweinen der Gattung Sus ist die Rangstufe häufig eine Funktion des Alters und zeigt sich in deutlich verschiedener Zeichnung der Tiere.

Männchen; oder wie bei den Gorillas, *Gorilla*, aller Männchen. Sie stehen im Rang höher als alle Weibchen, obgleich auch unter den Weibchen selbst Statusbeziehungen existieren. Viertens und letztens die Vergesellschaftung: ein junger Brüllaffe, *Alouatta palliata*, zum Beispiel besitzt den gleichen Rang wie seine Mutter.

Beziehungen dieser Art sind unter Tieren mit komplexen Nervensystemen weit verbreitet. Tiere mit einfachem Nervensystem können in Anbetracht der zwei Grundlagen, auf denen eine solche Ordnung ruhen muß, kaum Dominanz oder Unterwerfung zeigen. Die erste ist ein Repertoire von Signalen, die aktiv von den Tieren, die sie zeigen können, hervorgebracht werden. Dazu kommt die Fähigkeit, auf solche Signale angemessen antworten zu können. Artspezifische Signale und Antworten hängen gewöhnlich nur wenig vom Lernen durch Erfahrung ab. Die zweite Grundlage eines Rangsystems hängt völlig von solchem Lernen ab: alle diese Systeme funktionieren durch das Sich-Wiedererkennen der Tiere, und das wiederum hängt gewöhnlich von den Erfahrungen einer Niederlage in irgendeiner Art Konflikt ab. Dieser Konflikt mag formal verlaufen oder vielleicht wirklich zu einer Verletzung (sehr selten zu einer gefährlichen) führen. Wenn aber, wie in allen Rangsystemen, individuelles Erkennen Bedeutung hat, dann muß entsprechend eine Variation in der Erscheinung, im Geruch oder anderen Merkmalen vorhanden sein. Wir kennen an uns selbst den hohen Grad von Polymorphismus dieser Art, der auf genetischen Unterschieden beruht, und es gibt offenbar spezielle genetische Mechanismen, die verhindern, daß eine Art uniform wird. Diese Heterogenität hat allgemeinen Überlebenswert, denn sie macht eine Art temporären oder permanenten Umweltveränderungen gegenüber anpassungsfähiger: die Populationen können sich genetisch verändern, um sich adaptieren zu können. In den komplexen Arten jedoch hat sie den zusätzlichen Wert — wenn sie mit ausreichender Lernfähigkeit kombiniert ist — die Entstehung stabiler Gesellschaften zu ermöglichen.

Sozialer Druck

Die meisten Wissenschaftler, die über Konflikte innerhalb einer Art schreiben, vermuten, daß diese gewöhnlich harmlos ausgehen; tun sie das nicht, wirkt gewöhnlich noch ein anderer indirekter Faktor mit: daß zum Beispiel junge Männchen aus ihrer Gruppe vertrieben werden, keine geeigneten Lebensbedingungen an anderer Stelle finden und so sterben oder Räubern zum Opfer fallen. Es kann erwartet werden, daß in extremen Fällen die Verlierer in diesem brudermordenden Streit zu Tode getrampelt, gespießt, gebissen oder gehackt werden, je nach den zur Verfügung stehenden Waffen. (Die Bienen töten die Drohnen ihres eigenen Stocks im Herbst, doch ist das ein spezieller Fall.) Tatsächlich erfolgen tödliche Verletzungen unter Wildtieren in deren natürlichem Lebensraum bei solchen Zusammenstößen nur selten. Domestizierte oder gefangengehaltene Tiere sind aber eine andere Sache: das Verhalten domestizierter Tiere ist oft von dem ihrer wilden Vorgänger oder Vettern verschieden. Wichtiger ist noch, daß sich wilde Tiere in der Gefangenschaft oft völlig anormal verhalten, was zum Teil auf starke Überbesetzung, zum Teil auf die Unterbrechung oder das Fehlen eines Rangsystems zurückzuführen ist. Paviane, *Papio,* zum Beispiel sind im Londoner Zoo mit einem abstoßenden, wilden Verhalten beobachtet worden: etwas Ähnliches ist unter natürlichen Bedingungen nicht bekannt.

Trotzdem kann gegenseitige Intoleranz weit mehr verursachen als nur das bloße Auseinanderfallen einer Population. Wir beginnen gerade, etwas über den Übervölkerungseffekt, besonders bei gewissen Arten kleiner Säugetiere zu lernen. Ein extremes Beispiel, wie ich es bei einer Laborgruppe wilder Ratten, *Rattus norvegicus,* beobachten konnte, ist ein plötzlicher, unerklärbarer Tod. Ein erwachsenes Männchen, das in die Reviere anderer eindringt, wird von einem der Einwohner angegriffen: der Angriff besteht aus einer Drohgebärde, Hüpfen und kurzem Beißen. Das Beißen ist gewöhnlich harmlos. Trotzdem kann der Eindringling sterben – und das geschieht in der Tat auch oft. Man findet dann keine post mortem Veränderungen, die auf den Kollaps hinweisen. In der Natur kann der soziale Druck ein solches Ausmaß nur unter den äußerst seltenen und temporären Bedingungen hoher Populationsdichte erreichen. Wie der Tod durch tatsächliche Verletzungen, ist auch diese »Intoleranz« für die Existenz irgendeiner Tierart nicht bedeutend, wenigstens soweit wir jetzt wissen.

Es gibt jedoch auch andere Krankheitsanzeichen, die auf Übervölkerung zurückzuführen sind. Mit steigender Populationsdichte muß auch die Ansteckungsgefahr bei infektiösen Krankheiten steigen, doch wissen wir bei Tierpopulationen noch nicht viel darüber. Mehr ist über die Einwirkung auf die Fortpflanzung, wenigstens bei Säugetieren, bekannt. Möglicherweise ist der Tod während der Kindheit oder in utero eine weit häufigere Folge von Überbevölkerung als der Tod von Erwachsenen. In dichten Populationen von Wühlmäusen und anderen Nagern werfen die Weibchen viel weniger Junge und ziehen auch weniger auf als in lockerer Population. Die Beziehungen zwischen Fruchtbarkeit und Populationsdichte können experimentell im Feld untersucht werden. Es ist möglich, in stabilen Populationen von Nagetieren, etwa dem Waldmurmeltier, *Marmota monax*, die Geburten- und Entwöhnungsrate zu schätzen. Danach fängt man einen bedeutenden Teil der Population mit Fallen fort. Fast augenblicklich steigt die Entwöhnungsrate, und die ursprüngliche Anzahl wird bald wieder erreicht. Ähnliches ist auch in städtischen Populationen der Wanderratte beobachtet worden.

Es ist nicht bekannt, in welcher Form die Überbevölkerung auf die Fruchtbarkeit einwirkt. Wiederholte Störungen von säugenden Weibchen in ihren Nestern können eventuell zu Verlusten zwischen Geburt und Entwöhnung führen. Bei Mäusen hat man ähnliches im Labor beobachten können. Doch können sie nicht für Fehlbefruchtungen oder Embryoverluste verantwortlich gemacht werden. Kürzlich hat jedoch Hilda Bruce neue Möglichkeiten beschrieben, wie Populationsdichte die Anzahl der Jungen vermindern kann. Sie beobachtete Labormäuse der Art *Mus musculus* (Hausmaus). Zuerst werden die Weibchen verheiratet. Nach erfolgreicher Kopulation (die durch den Vaginalverschluß angezeigt wird), wird das Männchen entfernt und durch ein fremdes Männchen ersetzt — gewöhnlich eines anderen Stammes. Geschieht das früh genug, findet gewöhnlich keine Schwangerschaft statt. Offenbar verhindert die Anwesenheit eines fremden Männchens die Implantation des befruchteten Eis in der Uteruswand. Das Merkmal des Männchens, das dies bewirkt, ist sein Geruch; wie dieser wirkt, ist im Augenblick noch mysteriös. Vor noch kürzerer Zeit ist ein ebenso erzeugter »Schwangerschafts-Stop« auch bei der Weißfußmaus, *Peromyscus*, nachgewiesen worden. Da aber *Peromyscus* weit weniger als die Gattung *Mus* domestiziert ist, kann angenommen werden, daß der Bruce-Effekt mindestens unter Nagern weit verbreitet ist. Stimmt das, dann haben wir in ihm einen möglichen Weg, wie Überbevölkerung zu einer Reduktion der Fruchtbarkeit führen kann. Wenn Weibchen mehrfach mit fremden Männchen zusammentreffen, kann die Implantationsrate erheblich absinken, selbst in natürlicher Population.

Der Nutzen des Konflikts

Die Tatsache des Territorialverhaltens und besonders des sozialen Drucks stellt in akuter Form die Frage nach dem Überlebenswert der Intoleranz innerhalb einer Spezies. Das weitverbreitete Auftreten des Territorialverhaltens bei Wirbeltieren und selbst bei vielen terrestrischen Wirbellosen macht seine Bedeutung evident, ohne daß wir jedoch sagen können, was es für das Tier selbst bedeutet. Der *Effekt* beinahe aller Konflikte innerhalb einer Tierart ist, das Individuum oder häufiger Paare und ihre Jungen oder auch größere Gruppen mit Raum zu versorgen. Manchmal halten, wie wir gesehen haben, auch größere Gruppen ein Revier. Auf diese Weise wird verhindert, daß ein für eine Art günstiges Gebiet schließlich eine Population erhält, die über einer bestimmten Dichte liegt. Entsprechend hat das Territorialverhalten besonders die Ökologen angesprochen, die an der Regulierung von Tierzahlen interessiert sind.

Dies ist durchaus ein Streitpunkt. Ein großer Teil des Streites geht um das Konzept der Dichte-abhängigen Faktoren, die das Wachstum einer Population regulieren. In einem einfachen Fall ist die Wachstumsrate, wenn eine Population in einer günstigen Umgebung mit einer geringen Individuenzahl beginnt, zuerst langsam, sie steigert sich dann und verlangsamt sich wieder, wenn ein Maximum erreicht ist. Diese Verlangsamung und das Aufrechterhalten der Maximumdichte kann vielleicht auf die Wirkung eines ungünstigen Effektes zurückgeführt werden, der proportional mit der Populationsdichte anwächst. Das läßt auf ein System, das auf negativer Rückkopplung basiert, schließen. Tierpopulationen sind gewöhnlich ziemlich stabil. Die wenigen, die es nicht sind, wie etwa die der Heuschrekken (*Acrididae*) drängen sich ein wenig in den Vordergrund und können dadurch eine falsche Vorstellung erwecken.

Von der Populationsdichte abhängige Faktoren, die das Populationswachstum regeln könnten, sind unter anderem der Nahrungsbedarf, die Angriffe von Räubern und das Auftreten infektiöser Krankheiten. Sie alle verstärken ihre Wirkung mit ansteigender Populationsdichte. Nun sind aber die meisten Tiere gesund: es ist selten, in der Natur irgendeine große Anzahl von Individuen zu finden, die Anzeichen von Hunger oder Krankheit zeigen. Darüber hinaus zeigen die Untersuchungen des Räuber-Beute-Verhältnisses, daß die Anzahl der Räuber gewöhnlich durch die Anzahl der Beutetiere, und nicht umgekehrt, reguliert wird. Die Tatsachen deuten, wenn es Tatsachen sind, darauf hin, daß es »positive checks« (mit den Worten Malthus' zu sprechen) geben muß, die ein Anwachsen der Zahl bremsen, *bevor* Hunger oder Krankheit akut werden können. Wenn das stimmt, müssen wir bei den sozialen Zwischenbeziehungen nach dem kontrollierenden Faktor suchen. Ob durch die Überbevölkerung einige Individuen aus günstigen Gebieten vertrieben werden oder ob dadurch die Fruchtbarkeit herabgesetzt wird oder irgend etwas anderes geschieht — es kann immer den beabsichtigten Effekt haben.

Das gleiche Argument gilt auch für viele Arten, besonders die Vögel, die nur während der Fortpflanzungszeit ein Revier haben. Die Intoleranz innerhalb der Art sorgt dann dafür, daß genauso viele Paare, wie der Lebensraum tragen kann, gesunde

Junge aufziehen können. Ob der entscheidende Faktor gute Nahrungsbedingungen, Schutzmöglichkeiten oder irgend etwas anderes ist, kann vom heutigen Wissensstand nicht entschieden werden.

Ein Regulationssystem, das von negativer Rückkopplung abhängt, kann nur mit etwas Verzögerung arbeiten. Ist die Verzögerung groß, dann müssen in dem regulierenden System Oszillationen auftreten. Einige wenige Tierpopulationen schwanken ziemlich regelmäßig. So etwa einige Arten von Wühlmäusen, Lemminge (*Lemmus, Lagurus*) und andere, die Populationszyklen von drei bis vier Jahren haben. Diese erstaunliche Regelmäßigkeit wird manchmal übertrieben, und es entstehen »Wühlmausplagen«. Über solch eine Explosion schreibt Charles Elton:

»Es ist ein eindrucksvolles Bild aufrührerischer, unterirdischer Aktivität, wenn die Vernichtung wie eine Flut über die Ernten hereinbricht. Des Menschen ganze Wachsamkeit und Sorge wird von einer Vielzahl kleiner, flinker, flitzender Gestalten, die den Boden vernichten und alle lebenden Pflanzen verschlingen, strapaziert ... Im Jahre 1822 ... war das Elsaß völlig in der Gewalt von Mäusen. Es war eine wimmelnde und gräßliche Plage der Erde, die überall wie ein Sieb durchlöchert schien.«

Solche Ausbrüche sind extreme Fälle eines Versagens der Regulation bei zyklischen Arten. Viel Arbeit, und leider meist vergebliche, ist dem Versuch geopfert worden, Erklärungen dieser Unstabilität zu finden. Dennis Chitty hat auf der Basis eines außerordentlich intensiven Studiums von *Microtus agrestis* in Wales festgestellt, daß der plötzliche Abfall oder Zusammenbruch von Populationen, wenn diese ihren Höhepunkt erreicht haben, nicht auf Futtermangel, anwachsende Verluste durch Raubtiere oder Krankheit zurückgeführt werden kann. Diese Feststellung, daß es für Wühlmäuse sehr ungewöhnlich ist, das Futterangebot zu überschreiten, ist ganz besonders wichtig. Dementsprechend hat Chitty vermutet, daß die Zusammenbrüche eine Folge von Veränderungen in der Natur und Häufigkeit sozialer Zwischenbeziehungen sind. Nun ist, wie J. R. Clarke gezeigt hat, diese Art in Behältnissen oder im Labor streitsüchtig. Beide Geschlechter geraten in Konflikt, und die Zusammenstöße gehen unter heftigem Beißen und Rangeln vor sich. Was dieses Verhalten in der Natur bewirkt, ist allerdings nicht bekannt. Vielleicht kann angenommen werden, daß, analog zu anderen Arten, ebenfalls eine Herabsetzung der Fruchtbarkeit die Folge ist. Nach dem, was wir jedoch über die Form der Zyklen wissen und über die beobachteten Veränderungen in der Fertilität, muß der Effekt nicht nur die in den dichtesten Populationen lebenden Weibchen beeinflussen, sondern auch die weiblichen Jungtiere: das ist notwendig, weil die entstehenden

Fluktuationen, die sich in einem Absinken der Populationsstärke zeigen, sich gewöhnlich mindestens über zwei weitere Generationen fortsetzen. Vielleicht werden selbst die Jungen von einer in der Überbevölkerung lebenden Mutter schädlich beeinflußt infolge der Veränderungen, die sich in der uterinen Umgebung, in der sie ihre ersten Lebenswochen verbringen, vollziehen. Ist einmal mehr über diese kleinen Nager bekannt, werden ihre demographischen Besonderheiten vielleicht ein Licht auf die Gesetze werfen, mit denen Populationen reguliert werden.

Die Tatsachen, die sich nun langsam ansammeln, weisen auf eine Vielzahl von Möglichkeiten hin, mit denen Populationen *ohne* Gewalt reguliert werden können. Wenn die Fruchtbarkeit der Weibchen im gleichen Verhältnis zur Häufigkeit ihrer Zusammentreffen mit anderen Artgenossen vermindert werden kann, dann zeigt sich hier ein Weg, wie die Populationsdichte selbst ohne Tod eines einzigen Nestlings kontrolliert werden kann.

Die Unterschiede zum Menschen

Es ist für einen Menschen, sei er Wissenschaftler oder nicht, nicht möglich, das Verhalten einer anderen Tierart ohne jeden, wenn auch nur geringen Bezug auf den Menschen selbst zu studieren. Dennoch sind Vergleiche gefährlich. So ist zum Beispiel möglich, den Terminus »Territorium« für »verteidigtes Gebiet« zu benutzen, wenn die Definition sich darauf bezieht. Das bedeutet jedoch nicht, daß man das Territorialverhalten in einer anderen Spezies mit dem Verwalten des Eigentums durch den Menschen vergleichen kann. Das Territorialverhalten der Tiere hängt von einem Signalsystem ab, das der gesamten Art eigen ist; auch die Beantwortung der Signale — durch Rückzug, »Unterwerfung« und so weiter — sind standardisiert. Das Lernen spielt in der Entwicklung dieses Verhaltens bei den Einzelindividuen eine erheblich geringere Rolle. Beim Menschen sind dagegen die Regeln, die das Eigentum betreffen, kulturell festgelegt: jeder von uns muß sie in der Kindheit für seine eigene Gruppe lernen. Es gibt kein Signalsystem oder Antworten darauf, die der gesamten Art eigen wären. Will ich einen unerwünschten Besucher von meinem Haus fernhalten, gibt es kein universelles, effektives und harmloses Geräusch oder eine Geste, die ich dazu benutzen könnte. Daraus aber ergibt sich die Verschiedenheit in den einzelnen menschlichen Gesellschaften. In den meisten Gesellschaften kann Eigentum gekauft oder vererbt werden, jeweils in Übereinstimmung mit einem System, das allein diese Gesellschaft entwickelt hat. Darüber hinaus ermöglicht die Formbarkeit des menschlichen Verhaltens schnelle Veränderungen innerhalb von Generationen sowohl der Gesetze als auch der Sitten.

Genau wie das Verhalten des Menschen gegenüber seinem Besitz sich von der Art des Territorialverhaltens bei Tieren unterscheidet, so sind auch die Konsequenzen, die sich aus dem Besitz ergeben, verschieden. Bei allen anderen Arten, die dieses Verhalten zeigen, scheint das Revier eine Art der Regulierung der Bevölkerungsdichte zu sein. Für den Menschen trifft das offenkundig nicht zu. Zu den meisten Zeiten und an den meisten Orten haben während der letzten wenigen tausend Jahre Krankheiten und Epidemien in erheblich stärkerem Maße als gegenseitige Intoleranz das Wachstum der Bevölkerung unserer eigenen Art in Schach gehalten.

Auf den ersten Blick scheint die Hackordnung bei anderen Arten den Status-Beziehungen des Menschen näherzustehen. Aber wieder macht den großen Unterschied zum Menschen der Standardcharakter des Verhaltens aus: die Rituale von Behauptung und Unterwerfung sind für die ganze Tierart charakteristisch und müssen sich über Millionen oder viele Millionen Jahre langsam entwickelt haben. Beim Menschen dagegen können formale Verhaltenssysteme innerhalb weniger Dekaden wechseln. Viele Menschen, die heute leben, haben das selbst erfahren.

Wie die Verwaltung des Eigentums und der Sozialstatus beim Menschen sich fundamental von Territorien und Dominanzsystemen unterscheiden, so ist auch der Krieg im Gegensatz zu den Konflikten, die sich innerhalb anderer Arten abspielen, verschieden. Wieder wandeln sich die Regeln des Krieges mit Ort und Zeit. Darüber hinaus können die Regeln des Krieges, wenn auch fast immer welche existieren, (im Gegensatz zu »aggressiven« Signalen anderer Tierarten) keine schweren Verletzungen und Tod verhindern. Die Abwesenheit fester, artcharakteristischer Signale und Antworten zwingt den Menschen, mit bewußter Intelligenz Übereinkünfte zu treffen, die den Konflikt begrenzen oder vermeiden, wenn er überleben will. Das ist mit bemerkenswertem Erfolg *innerhalb* vieler großer Gemeinschaften erreicht worden, nicht jedoch für unsere gesamte Art.

So gibt es also zwei Einwände gegen einfache Analogien zwischen aggressivem und anderem menschlichen Sozialverhalten auf der einen Seite und offenbar ähnlichem Verhalten bei anderen Arten auf der anderen Seite. Erstens kann es, wie wir im Kapitel Eins sahen, zu erheblichen Mißdeutungen des tierischen Verhaltens kommen. Sie können uns dazu bringen, bei anderen Spezies Wildheit zu erwarten oder gar gesehen zu haben, auch wenn tatsächlich solche Wildheit nicht existiert. Zum zweiten mag man verführt werden, das menschliche Verhalten für fixiert in dem Sinne, wie das anderer Spezies stereotyp oder schwer veränderbar ist, zu halten. Einige Autoren haben versucht, die Verwaltung des Eigentums und den Krieg beim Menschen so zu beschreiben, als wären es Dinge, die man früher »Instinkt« genannt hätte. Die Folgerung ist, daß das Verhalten nicht einfach verändert werden kann.

Welchen Sinn hat es dann, uns selbst mit anderen Arten zu vergleichen? Es ist kein Problem zu behaupten, daß der Effekt einer Droge oder eines Vitamins bei einem Labortier und einem Menschen sehr ähnlich ist. Weniger nahe liegt, daß die analoge Betrachtung des tierischen Verhaltens brauchbare Hypothesen über unser eigenes Verhalten bringen könnte, und es ist auch zweifelhaft, ob es das oft tut. Aber Diskussionen über Aggression und anderes Sozialverhalten suchen gewöhnlich Rückschlüsse von größerer Allgemeinheit, als beim Vergleich des Effektes von Drogen, und von größerer Genauigkeit, als sie von einer analogen Überlegung abgeleitet werden könnte. Ob deutlich oder nicht, oft enthalten sie die Fragen: wie können wir lernen, unser eigenes Verhalten zu kontrollieren? Die Antwort läßt sich nicht vom Verhalten einer anderen Tierart ablesen. Ihre Physiologie kann uns, besonders, wenn wir sie besser kennen, viel über uns selbst berichten. Wenn wir aber nach Weisheit im Umgang miteinander suchen, dann lautet das Delphische Orakel noch immer: Erkenne Dich selbst!

VII Werbung und Familie

. . . siehe, der Winter ist vergangen.
Weit weg ist der Regen und dahin.
Blumen trägt wieder das Land.
Die Zeit der zwitschernden Vögel
ist gekommen.
Und den Gesang der Turteltaube kann man
auf dem Felde wieder hören.
Das Hohelied Salomos

Sehr viel vom klomplexen, bizarren und faszinierenden Verhalten im Tierreich liegt in den Problemen verborgen, die die Befruchtung der Eier sichern; das erfreulichste Verhalten, das man betrachten kann, ist oft das der Gemeinsamkeit von Eltern und Jungen. Werbung, Paarung und Elternschaft sind die Hauptangelegenheiten in der Zusammenarbeit von Tieren. Wir werden dennoch feststellen müssen, daß, wie beim Territorialverhalten, auch hier der Konflikt zwischen Annäherung und Rückzug, Unterwerfung und Bedrohung, Zusammenrottung und dem Sichmeiden herrscht.

Einige Wirbellose

Ein gemeiner europäischer Schmetterling, der silberüberhauchte Kaisermantel, *Argynnis paphia,* ist von D. Magnus genau studiert worden. Diese herrliche Kreatur bewohnt Waldränder und Lichtungen, wo die erwachsenen Exemplare im Juli und August fliegen. Ein beträchtlicher Teil ihres Verhaltens kann als Orientierungsverhalten ausgelegt werden, Orientierung nach genau bezeichneten Merkmalen der Umgebung. Das konnte mit Hilfe von beweglichen Modellen gezeigt werden (Abb. 44).
Wenn die erwachsenen Tiere saugen wollen, nähern sie sich gelben, grünen oder blauen Objekten: sind sie aber auf dem Paarungsfluge (der in typischen Zickzack-Linien erfolgt), ist Orangegelb die Farbe, die anzieht: dies ist die vorherrschende Farbe des Weibchens. Ein orangegelbes Objekt ist zudem maximal attraktiv, wenn es flattert, besonders mit hoher Schlagzahl. Nichts scheint über die neutralen Prozesse, die dabei ablaufen, bekannt zu sein; es ist jedoch leicht einzusehen, daß der Bau des zusammengesetzten Auges besonders gut dem Erkennen von schnellen und kleinen Lageveränderungen angepaßt ist.

Wie dem auch sei, heiratslustige Weibchen, und nur diese, haben einen schwirrenden, flatternden Flug. Das Männchen sucht diese flatternden Jungfrauen und beginnt dann selbst zu flattern. Die Weibchen fliegen – wieder in einer besonderen Form – geradlinig, davon. Danach tanzt man einen *Pas de deux* in der Luft, wobei das Männchen dem Weibchen Sekret anheftet. Das Weibchen setzt sich dann, fährt aber mit dem Flattern fort und scheint dabei auch Duftstoffe abzugeben. (Abb. 44).

Das Männchen nähert sich jetzt langsam, »begrüßt« das Weibchen, klammert sich mit seinen Flügeln an, gibt weitere Duftstoffe ab und trillert mit Antennen und den mittleren Beinen gegen die Hinterflügel des Weibchens. Die Paarung wird Leib an Leib mit aufeinander zugekrümmten Abdomen ausgeführt.

Diese Schmetterlinge reagieren also offenbar in höchst spezifischer Weise auf optische, Geruchs- und taktile Reize. Fast das gleiche gilt für ein sehr verschiedenartiges Insekt, die Schabe *Nauphoëta cinerea,* eine weitverbreitete Art, die von L. M. Roth und seinen Mitarbeitern untersucht wurde. Natürlich spielt in ihrer warmen, feuchten und dunklen Umwelt der optische Reiz eine kleinere Rolle. Geschlechtsreife Männchen sind hochaktiv und berühren mit ihren Antennen jede andere Schabe, die sie treffen. Die Antennen unbefruchteter Weibchen sekretieren eine Substanz, die die Männchen zu weiterer antennaler Stimulation anreizt. Nach diesem Vorgeplänkel posiert das Männchen in einer Standardhaltung mit erhobenen Flügeln und gesenktem

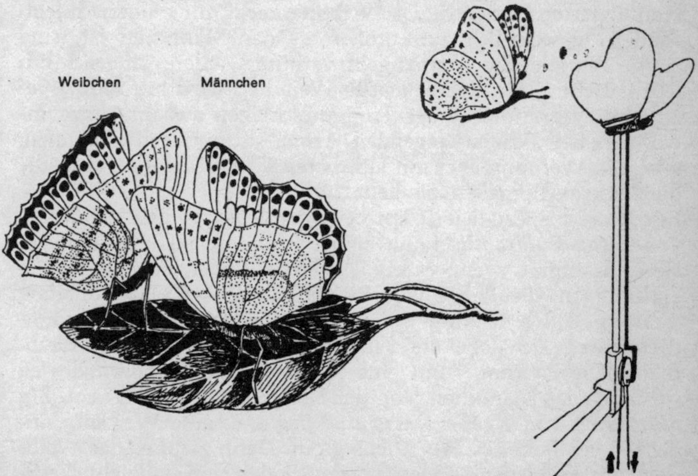

Abb. 44 Kaisermäntel bei der Paarung. Rechts wird eine im Text erwähnte Versuchsanordnung gezeigt.

Abdomen, manchmal bis zu einer Minute lang. Das Weibchen benutzt diese Gelegenheit, um am Drüsensekret auf dem Rükken des Männchens zu saugen. Die Sekrete enthalten eine das Weibchen anlockende Substanz und bewirken, daß es sich beim Koitus ruhig verhält. Diese Substanz wurde Seducin genannt. Während des Koitus hält das Männchen das Weibchen mit seinen Greifern, die am Körperende sitzen. Die Samenübertragung findet statt, wenn beide eine einzige Linie, mit den Köpfen voneinander entfernt, bilden.

Diese beiden Insektenarten sind ein typisches Beispiel für gerichtete Antworten auf spezifische Stimuli. Andere Beispiele zeigen die Bedeutung von Hemmsignalen – bei der Paarung von Spinnen zum Beispiel. Es gibt weit weniger Spinnen (Araneida) als Insekten, doch ist die Vielfalt ihres Familienlebens genauso groß wie bei jenen, und die seltsamsten Beispiele sind genauso faszinierend und unerwartet, wie irgend etwas im Tierreich – oder in der Science fiction, wenn man so will.

Ein Männchen der Webspinnen beginnt seine Vorbereitungen zur Fortpflanzung allein. Schon bald, nachdem es seine endgültige Größe nach der letzten Larvenhäutung erreicht hat, baut es ein Miniaturnetz, in das es einen Tropfen Samenflüssigkeit ablegt – eine Art funktioneller Masturbation. Dieser wird nun mit den geschwollenen Enden der Palpen – dem ersten Paar beinartiger Extremitäten – aufgenommen. Dann nähert es sich einem Weibchen. Das geschieht in einer ganz bestimmten, arteigenen Weise, gewöhnlich in Übereinstimmung mit einem komplizierten Ritus. Da das Weibchen nicht nur räuberisch lebt, sondern gewöhnlich auch größer als das Männchen ist, sind einige Signale, die den Angriff verhüten sollen, offensichtlich lebenswichtig. Ein netzbauendes Weibchen wird mit Hilfe spezifischer Vibrationen oder Trommelschlägen auf ihr Netz umworben. Bei aktiven, jagenden Arten, die gut sehen können, wird die Werbung aber mit sichtbaren Gesten durchgeführt, die die Beine als Signalmasten benutzen (Abb. 45).

Es gibt auch spezialisierte Formen der Werbung. Das Männchen von *Pisaura mirabilis* fängt zum Beispiel eine Fliege, umwebt sie und nimmt, wenn es ein Weibchen findet, eine besondere Haltung an, die Fliege vor sich hinhaltend. Ist das Weibchen paarungswillig, beginnt es, die Fliege zu fressen. Das Männchen bewegt sich dabei unter und zwischen die Palpen des Weibchens. Die Paarung kann eine Stunde dauern, währenddessen sich auch das Männchen, von der Fliege naschend, erfrischt. Ein Männchen von *Xysticus cristatus* beginnt seine Werbung, indem es ein Bein des Weibchens greift. Dann zieht es das Weibchen mit »seidenen« Fäden auf den Boden und vollzieht, nachdem alles abgesichert ist, den Koitus. Nach einer Stunde oder mehr verläßt es das Weibchen, das sich freizappelt.

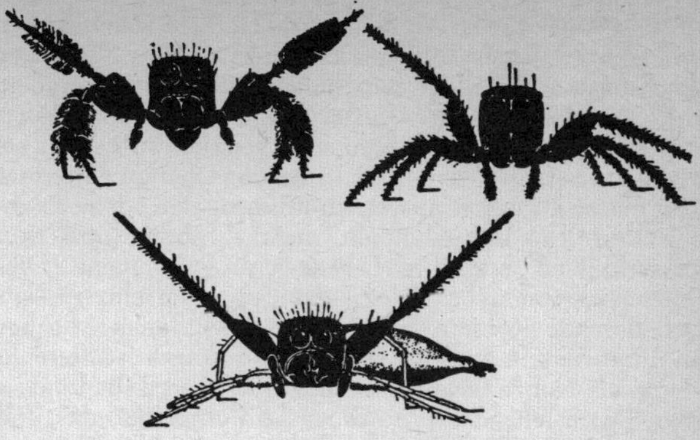

Abb. 45 Spinnen der Gattung Corythalia. Oben »Drohgebärden«, unten Balzpositur.

Dieses sind Beispiele komplizierten Werbens. Manche Spinnen treiben auch Brutpflege. Gewöhnlich läßt das Weibchen die befruchteten Eier in einem Kokon von Spinnseide. Die Wolfsspinnen (Lycosidae) tragen jedoch ihre Jungen auf dem Rücken umher oder bringen sie (bei grabenden Formen) zum Sonnen an die frische Luft. Spinnen der Gattung *Argyroneta* bauen ihre Nester in einer Luftblase unter der Wasseroberfläche eines Tümpels oder eines Flusses.

Soziale Insekten

Termiten

Um die bemerkenswertesten Beispiele von Familienleben unter den Wirbellosen zu finden, müssen wir uns wieder den Insekten zuwenden. Zwei ihrer Ordnung, die Isoptera und die Hymenoptera, haben hochentwickelte Gesellschaften hervorgebracht. Zuerst scheint der selektive Vorteil dabei immer im Schutz und in der Ernährung der Jungen gelegen zu haben. Die Forschung über diese bemerkenswerten Lebewesen hat sich zu einem riesigen Sondergebiet entwickelt, das keineswegs im Verhältnis zu der Anzahl der betroffenen Arten steht, wenngleich durchaus im Verhältnis zu dem Interesse an ihnen. Allein die Honigbiene, *Apis mellifera*, hat zu einer enormen wissenschaftlichen Literatur angeregt.

Die Termiten (Isoptera), fälschlich auch »weiße Ameisen« genannt, sind ziemlich »primitive« Insekten. Sie machen keine Metamorphose von einer Larve in ein völlig anders gestaltetes, erwachsenes Tier durch. Auch dadurch, daß sie Männchen und Weibchen in ähnlicher Zahl hervorbringen, sind sie von anderen hochsozialen Insekten verschieden. Einige sind außerordentliche Architekten: ihre Nester können aus einer erstaunlich harten Mischung von Lehm und Speichel aufgebaut sein, die, wenn sie zerstört werden soll, um das Land zu einer Pflanzung zu machen, gesprengt werden müssen. Ihre weiße Erscheinung ist auf ihre Lichtscheuheit zurückzuführen: ihre Nester sind verschlossen, und ihre Lebensweise ist grabend. Dieses Verhalten hat ihnen besonders geholfen: eine einzige, lange Zeit existierende Kolonie kann mehrere Millionen Mitglieder zählen. Eine weitere wichtige Basis ihres Erfolges ist die Fähigkeit, Holz als Nahrung aufzuschließen: dazu verhilft ihnen ein in ihrem Darm lebendes *Protozoon, Trichonympha*, das Zellulose und andere, gewöhnlich unverdauliche Kohlehydrate verdauen kann. Werden diese Protozoen getötet (indem man die Termiten hohem Sauerstoffdruck aussetzt), sterben die Insekten.

Gewöhnlich wird eine neue Kolonie durch ein frisch verheiratetes Paar gegründet. Wolken von geflügelten, heiratslustigen Weibchen und fertilen Männchen, die durch temporäre Löcher in den Nestwänden herausgelassen werden, erscheinen nur kurze Zeit. Die Geschlechtstiere treffen sich in der Luft oder auf dem Boden und werfen ihre Flügel ab. Die beiden Insekten berühren sich mit ihren Antennen und ihren Mundgliedmaßen. Es folgt ein »Hochzeits-Spaziergang«, der mit der Auswahl des Nestplatzes endet. Schnell wird ein Tunnel gegraben, in welchem dann die Begattung stattfindet. Die ersten Jungen werden notwendigerweise vom »königlichen« Paar aufgezogen. Später füttern »Arbeiter« die Jungen mit vorverdauter Nahrung. Letztere enthält die Protozoen, die Holz verdauen können. Bei einigen Arten scheint die Nahrung durch Schimmelpilze ergänzt zu werden, die auf gekautem Holz wachsen, das in Höhlen unter der Erde aufbewahrt wird. Diese Höhlen erinnern uns an unsere eigenen Pilzzuchten in Kellern, wo Champignons gezogen werden. Es ist aber nicht gewiß, wieviel die Pilzgärten zur Nahrung beitragen: sie könnten auch das Nest durch Verdunstung kühlen. Jede Kolonie besitzt sowohl »Soldaten« als auch »Arbeiter«. Jede Art hat zwei von jeder Sorte: den mandibulaten Typ mit massiven Mundgliedmaßen, die der Vernichtung feindlicher Insekten, speziell Ameisen, dienen, und den Natusi-Typ, der eine lange Schnauze besitzt, aus der er eine klebrige Flüssigkeit auf die Beute schmieren kann. Bei manchen Arten ist es Experimentatoren gelungen, aus 30 anscheinend identischen Jungtieren eine voll ausgeglichene Kolonie mit Vertretern aller Kasten heranzuziehen. Werden Mitglieder einer Kaste entfernt, so werden diese durch die Entwicklung von Ersatzmännern aus der

nächsten jungen Generation ersetzt. Wie das geschieht, ist nicht bekannt. Die »trophische Theorie« nimmt an, daß die Kastendifferenzierungen vom Futter abhängen, das den Larven gereicht wird, doch gibt es dafür keine zufriedenstellenden Hinweise. Eine Alternative stellt der »Gruppeneffekt« dar, der durch das Nervensystem auf die sich entwickelnden Termiten wirken soll: nach dieser Methode wird die Entwicklung durch die An- oder Abwesenheit von Mitgliedern der verschiedenen Kasten beeinflußt. Nur das Experiment kann dieses Problem lösen.
Wie immer auch die Lösung sein mag: diese eigenartigen Kreaturen bilden ein bemerkenswertes Beispiel für die Möglichkeit, wie die Entwicklung stereotyper Verhaltensweisen von Umweltfaktoren abhängen kann. Bei jeder Art gibt es eine ganze Skala von Möglichkeiten: das Verhalten kann sexuell und auf die Fortpflanzung ausgerichtet sein, es kann das eines Arbeiters oder eines Soldaten sein. Welcher Teil des Repertoires verwirklicht wird, hängt, wie auch die adulte Struktur, von den Bedingungen ab, unter denen sich die jungen Insekten entwickeln, das heißt, es hängt von dem ab, was in der Kolonie geschieht. Auf diese Weise zeigt jede Kolonie wie ein individueller Tierkörper Selbstregulation.

Ameisen

Die uns vertrauteren sozialen Insekten der Ordnung Hymenoptera – die Ameisen, Wespen und Bienen – haben ein Larvenstadium, das sich scharf vom erwachsenen Tier unterscheidet. Es gibt also auch ein Puppenstadium, währenddessen sich die Metamorphose vollzieht. Die sozialen Hymenopteren produzieren typischerweise nur wenige Männchen, deren einzige Aufgabe es ist, die fertilen Weibchen zu befruchten. »Arbeiter« und »Soldaten« sind alles Weibchen, wenngleich ihre Reproduktionsorgane gewöhnlich rudimentär und funktionslos sind.
Von den Ameisen (Formicidae) sind alle sozial. Alle hüten, wie die Termiten, ihre Eier und Jungen gewöhnlich in Nestern. Es gibt in der Tat eine Reihe von bemerkenswerten Parallelen zur Termitenorganisation, obgleich beide Tiergruppen ihre Sozialsysteme unabhängig voneinander entwickelt haben.
Nach ihrem Verhalten muß man die Ameisen als Jäger, Sammler, Farmer und Viehzüchter ansprechen, und manche Arten üben sogar mehr als eine dieser Tätigkeiten aus. Die Jäger besitzen gewöhnlich einen gut entwickelten Stachel. Sie jagen andere kleine Tiere, meist Insekten. Gewöhnlich machen sie keine Unterschiede, einige sind jedoch spezialisiert: eine amerikanische Gattung frißt zum Beispiel vornehmlich Asseln. Oft wird die Jagd auch im Verband unternommen. Eine indische Art, *Oecophylla smaragdina*, tötet einen Käfer durch Ziehen an ver-

schiedenen Beinen in verschiedene Richtungen. Das kann eine halbe Stunde dauern. Dann wird das tote Insekt von der Jagdgesellschaft zum Nest zurückgeschleppt, selbst wenn es auf einem hohen Baum liegt. Die Ameisen der Ponerinae-Gruppe sind hochspezialisierte Jäger, die auch in Gruppen jagen. Die Arten der Gattung *Lobopelta* überfallen Termitennester in großer Anzahl, töten deren Besitzer und tragen die Opfer zu ihrem Nest zurück.

Zu den Ponerinae gehören auch die Wander- und Treiberameisen. Diese unternehmen Beutezüge in riesiger Zahl und können Schweine in ihren Koben und Hühner in ihren Ställen töten. Hervorragende Untersuchungen hat T. C. Schneirla über sie gemacht. Die Phase aktiver Bewegung wechselt bei ihnen regelmäßig mit einer Phase ab, in der ein temporäres Nest oder ein »Biwak« angelegt wird. Dieser Zyklus steht mit dem Eilegezyklus der »Königin« in Zusammenhang, die bei diesen Arten das einzige fruchtbare Weibchen ist. Alle fünf oder sechs Wochen legt sie in einer Periode von nur wenigen Tagen über zwanzigtausend Eier. Diese werden auf dem Marsch von Arbeiterinnen versorgt und getragen. Die Periode, in der die Kolonie aktiv wird, ist dann, wenn die Eier geschlüpft sind und die Larven heranwachsen. Diese Larven werden mit den Erträgen der vielen Beutezüge gefüttert, die jetzt unternommen werden. Die Ruheperiode fällt mit der Zeit zusammen, während der die Larven ihre Metamorphose durchmachen, und endet kurz bevor diese als Erwachsene hervorkommen. Viel müssen wir jedoch noch über die Regulierung der komplexen Aktivitäten der Kolonie erforschen.

Bei den Ernteameisen haben wir einen anderen Fall von »Schwert und Pflug«: die »Soldaten« zerbrechen mit ihren riesigen Köpfen und mächtigen Mandibeln Pflanzensamen zum Wohl der gesamten Kolonie. Diese Sammler leben hauptsächlich von Grassamen.

Es gibt jedoch noch viele andere Nahrungsquellen für Sammler. Zu den ungewöhnlichsten gehören die Exkrete von Blattläusen und Wanzen (Hemiptera). Diese Flüssigkeiten sind süß, und manchmal können Ameisen Blattläuse durch Betrommeln dazu bringen, einen Tropfen dieser Flüssigkeit auszuscheiden. Dann gibt es eine Gruppe von Sammlern, die Honigtopf-Ameisen genannt werden. Bei ihnen funktionieren einige spezialisierte Arbeiter als Vorratsgefäße für Nahrung. Diese »vollgepfropften« Insekten werden im Übermaß mit den Zuckerflüssigkeiten anderer Insekten gefüttert: sie schwellen enorm an und hängen in diesem Zustand dann von den Decken unterirdischer Höhlen des Nestes herab. Werden sie richtig stimuliert, geben sie einen Teil der gespeicherten Nahrung an gewöhnliche Arbeiter ab. Sie fungieren also als Reserven für Notzeiten. Auch die Ernteameisen speichern Nahrung, doch in der Form normaler Körner und auch in unterirdischen Kammern. Werden die Körner feucht, bringen die Ameisen sie, wenn die Sonne scheint, zum Trocknen nach draußen. Das Keimen wird dadurch verhindert, daß das Samenende mit dem Schößling abgebissen wird.

Man hat gesagt, daß die Ernteameisen auch Samen außerhalb ihres Nestes aussäen und die Ernte im nächsten Jahr sammeln: es ist jedoch unwahrscheinlich, daß die von Ameisen eingebrachten Samen mit Absicht zum Keimen gebracht werden. Allerdings gibt es auch »Ackerbauer«. Sie tragen Pflanzenteile in ihr Nest und lassen Pilze auf ihnen wachsen. Die Pilze sind bei jeder dieser Blattschneiderameisen verschieden, und es scheint, als ob sie ausschließlich in Assoziation mit den Ameisen wachsen. Das Wachstum der Pilze hängt zum Teil von dem Dünger ab, den sie aus den Fäzes der Arbeiter gewinnen und der mit den Pflanzenteilen vermischt wird. Das Netzwerk der Pilzmyzelien erzeugt dann knopfartige Auswüchse, von denen die Ameisen fressen. Einige der Arbeiter halten diese Pilzgärten in Ordnung: so muß zum Beispiel gejätet werden, das heißt, es muß Schimmel beseitigt werden. Die größten Larven liegen in den Pilzgärten und fressen selbst von den Pilzen.

Wie werden die Pilzgärten in einer neuen Kolonie angelegt? Wenn ein Weibchen zur Hochzeit ausfliegt, nimmt es eine kleine Pille mit sich, die Pilzsporen enthält. Diese Pille wird auf den Boden einer unterirdischen Höhle gelegt, die sie nach der Paarung baut. Die Pilze wachsen hier und werden mit Exkreten des Weibchens gedüngt. Von Zeit zu Zeit nimmt das Weibchen ein Pilzstück und hält es gegen seinen After, aus dem es Flüssigkeit ausspritzt. Die Kultivierung von Pilzen ist bei diesen Arten also das Produkt eines höchst komplizierten Systems von stereotypen Handlungen.

Zum Schluß gibt es noch »Viehzüchter«. Diese Lebensweise hat sich offenbar aus der der sammelnden Arten entwickelt, die Exkrete von Blattläusen und anderen eintragen. Eine Anzahl von Ameisenarten hält sich Blattläuse oder Wanzen in ihren Nestern. Diese Untermieter sind auch Ameisen-Kühe genannt worden. Einige Ameisen tragen die Eier von Blattläusen schon im Herbst ein und bringen sie im Frühling wieder auf die Pflanzen hinaus, auf denen sie gedeihen.

Wespen und Bienen

Die Ameisen (Formicidae) werden in dieselbe Familiengruppe (Vespoidea) gestellt wie die sozialen Wespen und verschiedene andere, nicht-soziale Arten. Letztere können uns etwas darüber erzählen, wie sich komplexe soziale Organisationen entwickelt haben. Die Raubwespen und Feldwespen versorgen ihre Jungen

mit betäubten oder toten Beutetieren (Raupen, Spinnen und andere) als Futter. Ich habe schon einige Handlungen der Feldwespen im Kapitel fünf beschrieben. Diese Versorgung mit Futter ist jedoch einmal zu Ende; dann müssen die Jungtiere allein für sich sorgen, denn eine Kolonie entwickelt sich nicht.
Zu den einfachen Feldwespen-Gesellschaften gehören auch die der Gattung *Polistes.* Diese Insekten stellen schon einen wirklichen Fortschritt gegenüber allen solitären Formen dar. Die »Königin« ähnelt noch den Arbeiterinnen, außer jedoch im Verhalten: sie bleibt im Nest und legt die meisten oder gar alle Eier. Auch erhält sie eine Extraportion der Nahrung, die eingebracht wird. Wird dieses eine fertile Weibchen entfernt, beginnen die Arbeiterinnen bald selbst Eier zu legen. Weil die Eier jedoch nicht befruchtet wurden, sind alle *parthenogenetisch,* und so entstehen (als Ergebnis einer eigenartigen Methode von Geschlechtsbestimmung) ausschließlich Männchen. Offenbar verhindert die Gegenwart der Königin, daß die Arbeiterinnen Eier legen. Wie das geschieht, wissen wir nicht.
Mindestens eine Wespenart, *Polistes gallicus,* gründet Kolonien mit mehreren fruchtbaren Weibchen. Später wird auf verschiedenen Wegen eines der Weibchen die einzige Königin: sie »greift die anderen an«, indem sie ihre Kiefer weit aufreißt und laut summt. Vielleicht degenerieren dadurch die Ovarien ihrer Rivalinnen. Das Resultat ist am Ende ein Dominanzsystem mit einer einzigen Königin an der Spitze. Dominanz ist in erster Linie eine Angelegenheit der Priorität beim Fressen. Vielleicht liegt der Überlebenswert der Begrenzung des Eierlegens auf ein Weibchen darin, daß andere zum Nestbau, zur Pflege der Jungen und zum Futtersammeln frei werden.
Eine andere Wespengruppe, die ihre Kolonien mit mehreren — manchmal vielen — Königinnen beginnt, ist die Art *Polybia* und ihre Verwandten. Wieder ähnelt die Königin den Arbeiterinnen. Wie die meisten Wespen sind auch diese tropisch. O. W. Richards hat einmal auf die große Gefahr hingewiesen, in der diese Insekten leben, besonders im Hinblick auf die vielen räuberischen Ameisen um sie her, unter ihnen die Treiber-Ameisen. Einige Arten aber, zum Beispiel *Polybia rejecta,* haben einen Modus vivendi mit den Ameisen entwickelt; sie bauen ihre Nester auf Bäumen, die schon große und blühende Ameisenkolonien beherbergen, zum Beispiel solche der Gattung *Dolichoderus.* Und dort gedeihen sie aus Gründen, die noch nicht entdeckt wurden. Solche Bäume tragen oft auch die hängenden Nester der Pirole, *Oriolus.*
Die häufigsten sozialen Wespen Europas und Nordamerikas gehören, besonders die Gattung *Vespula,* zu den sozial fortschrittlichsten. Die Königinnen sind viel größer als die Arbeiterinnen und werden während einer kurzen Periode am Ende des Som-

mers, wenn Männchen hervorgebracht werden, befruchtet. Das Überleben im Winter hängt allein von der befruchteten Königin ab. Im Frühling müssen sie einen geeigneten Platz für das Nest finden und beginnen dann, es zu bauen. Es wird aus »Papier« hergestellt, das aus einer Mischung von Holz, das von toten Bäumen und Zäunen abgenagt wird, und Schleim fabriziert wird. Die Zellen, in denen die Jungen heranwachsen, sind mit mehreren kuppelartigen Hüllen umkleidet. Das sorgt für so gute Wärmeisolation, wie es mit diesem Material eben möglich ist.

Adulte Wespen können nur flüssige Nahrung aufnehmen, doch erbeuten sie auch andere Insekten, um ihre Larven mit nahrhafter, eiweißhaltiger Paste zu versorgen, die durch Kauen mit den Mandibeln hergestellt wird.

Am Ende des Sommers enthält eine erfolgreiche Kolonie mehrere Tausend Wespen. Das schnelle Wachstum der Jungen wird ohne Zweifel von der Temperatur des Nestes unterstützt. Diese liegt zwischen 26—30° C, also erheblich über der Außentemperatur, und schwankt auch kaum. Das ist teilweise ein Resultat der Anstrengungen der Arbeiterinnen. Wird ein Nest zu warm, versammeln sich die Arbeiterinnen am Eingang wie Bienen, klammern sich fest und fächeln heftig. Einige bringen auch zusätzlich noch Wasser zur Abkühlung.

Der Bau der Zellen, der Stützen und der Hüllen ist, wie auch bei der Honigbiene, ein gemeinsames Werk, das in noch unbekannter Weise gelenkt wird. Es wird jedoch erreicht, und das Ergebnis ist ein großes, elegantes und hochfunktionelles Stück Architektur.

Unter den Bienen wie unter den Wespen gibt es eine ganze Serie solitärer Formen, mäßig sozialer Gattungen und schließlich die Honigbienen, von denen unsere eigene Art am besten bekannt ist. Die Bienen haben sich jedoch in enger Beziehung mit vielen Blütenpflanzen entwickelt. Die Pflanzen hängen von der Pollenübertragung durch die Bienen ab und die Bienen von den Pflanzen durch die Nahrung — Pollen und Nektar. Dieses hervorragende Beispiel einer Symbiose ist für den Menschen von enormer Bedeutung.

Die Honigbiene

Weil das prinzipielle Thema dieses Buches die Analyse des Verhaltens durch das Experiment ist, muß wieder der Honigbiene, *Apis mellifera,* besondere Aufmerksamkeit gewidmet werden. Die phantastisch detaillierten Beschreibungen ihres Verhaltens befähigen uns, allein an dieser Art zu erkennen, welche Probleme uns die Analyse des Verhaltens sozialer Insekten stellt. Brillante Untersuchungen haben wenigstens einige wenige von

ihnen gelöst; einige Probleme, die früher debattiert wurden, sind keine gewesen. Einige Autoren haben die Insektenstaaten als »Superorganismen« bezeichnet. Zugegeben, es gibt *Analogien* zwischen einer Tiergesellschaft auf der einen und einem aus Zellen aufgebauten Tierorganismus auf der anderen Seite. In bestimmten Einzelheiten sind diese Parallelen überraschend: die Temperatur im Innern eines Bienenstocks wird mit bemerkenswerter Verläßlichkeit zwischen 34,5 und 35,5° C gehalten. Hier besteht eine bemerkenswerte Ähnlichkeit zu den homöothermen oder »warmblütigen« Vögeln und Säugern. Es ist jedoch, wenn man diese Fakten in Termini wie »Superorganismen« interpretiert, nur ein kleiner Schritt, um auch vom »Geist des Stockes« zu sprechen. Und genau das tat nämlich Maeterlinck (1862—1949). Solche Ausdrücke helfen uns wenig, wenn wir klären wollen, wie z. B. die Temperatur eines Bienenstaates reguliert wird.
Versuchungen dieser Art ist der Experimentator dauernd ausgesetzt. Viele andere Dinge des Bienenstaates werden ja auch konstant gehalten, ein Phänomen, das man manchmal »soziale Homöostase« genannt hat. Die Regulation des Zustands eines Bienenstaates hängt von der individuellen Fähigkeit der Bienen ab, ihr Verhalten an die Bedürfnisse des Staates anzupassen, und umgekehrt hängt dies oft von der Fähigkeit ab, sich anderen Bienen verständlich zu machen. Ein bemerkenswertes Beispiel eines homöostatischen Prozesses ist in diesem Sinne das Sammeln von Wasser durch Versorgungsbienen (anstelle von Nektar oder Pollen), wenn der Stock zu warm wird: Wassertropfen werden auf den Waben abgesetzt, und Stockbienen klammern sich fest und fächeln mit ihren Flügeln, um den kühlenden Effekt der Verdunstungskälte zu erzeugen.
Eine frisch geschlüpfte Arbeiterin übernimmt innerhalb weniger Stunden ganz komplizierte Aufgaben im Stock. Zuerst wird sie eine Stockbiene: sie reinigt die Zellen, baut oder repariert die Waben mit Hilfe der Sekrete ihrer Wachsdrüsen und füttert die Larven mit den Sekreten ihrer hypopharyngalen Drüsen. Sie übernimmt und verstaut auch von älteren Bienen eingebrachten Nektar. Während des Sommers hat die Königin eine Gruppe gewöhnlich junger Bienen um sich herum: sie belecken sie und berühren sie mit ihren Antennen. Einige Jungbienen werden für gewisse Zeit Wächter. Sie untersuchen die Ankommenden mit ihren Antennen und verjagen Fremde, die sie an ihrem Geruch erkennen. Besteht Nahrungsmangel, werden Eindringlinge so rücksichtslos angegriffen, daß sie sterben können. Diese Folge von Pflichten ist nicht fixiert. Eine nur drei Wochen alte Arbeiterin kann genau wie eine erwachsene Biene jede Art Aktivität im Stock übernehmen.
Die Stockbienen verbringen (wie ich im Kapitel fünf schon er-

wähnte) viel Zeit mit einfachem Umherlaufen, offenbar ihre Umgebung erkundend. Dieses Erkunden schließt Zellen und Larven mit ein. Eine Stockbiene untersucht eine Larve, bevor sie sie füttert, ganz genau. Ein Experimentator kann einen Bienenstock so teilen, daß die eine Hälfte nur Versorgungsbienen enthält. Diese Bienen waren nicht mehr mit der Pflege der Larven beschäftigt, und ihre Hypopharyngaldrüsen hatten begonnen, sich zurückzubilden. Trotzdem nehmen einige die Pflegefunktion wieder auf, und ihre Drüsen vergrößern sich wieder. Ganz ähnlich können Bienen, wenn viele Larven versorgt werden müssen, Pflegefunktionen noch sieben Wochen nach dem Schlüpfen ausführen – eine lange Zeit, nach welcher sie normalerweise schon Sammelbienen geworden wären.

Obgleich die Bienenlarven ihre Pflegerinnen nicht mit einem Tropfen zuckriger Lösung »belohnen« wie manche Ameisenlarven, ist der Nahrungsaustausch (und im Falle der Königin auch der Austausch von Sekreten) ein wichtiges Mittel des integrierenden Verhaltens in einer Kolonie. Man nennt dies Trophallaxis. (Sie tritt auch bei Wespen auf.) Eine Sammelbiene, die mit einer Ladung Nektar zurückkommt, verstaut diese nicht in einer Zelle, sondern gibt sie an eine Stockbiene weiter. Diese wiederum kann sie noch anderen Bienen weitergeben. Es wird also nur etwas gelagert oder gar nichts, wenn die Zeiten schlecht sind. Die Ausbreitung der Nahrung in einem Stock hat man mit Experimenten klären können, in denen einigen Vorratsbienen Sirup gegeben worden war, der Spuren radioaktiven Phosphors enthielt. Dieser Phosphor konnte verfolgt werden und wurde weit im Stock bei verschiedensten Mitgliedern nachgewiesen.

Bei der Futterübergabe können auch andere Substanzen von sozialer Bedeutung übergeben werden. Die Gegenwart einer Bienenkönigin beeinflußt die vielen hundert Arbeiterinnen eines Staates. Dieser Einfluß hängt von einer spezifischen Substanz ab, die auch verhindert, daß sich die Ovarien der Arbeiterinnen entwickeln und daß andere große Zellen, in denen Königinnen heranwachsen könnten, gebaut werden. Substanzen, die zwischen Mitgliedern der gleichen Art ausgetauscht werden und die einen speziellen Effekt auf den Empfangenden ausüben, werden Pheromone genannt. Eines dieser Pheromone übernehmen die Arbeiterinnen zweifellos von der Königin, wenn sie diese lecken.

Am genauesten sind wir über die Signale zwischen den Bienen informiert, die Futterquellen oder die Auswahl eines neuen Nestplatzes betreffen. Es ist nicht bekannt, wie die Bevorratung des Nektars reguliert wird; eine ganze Menge wissen wir aber über die Art, wie Informationen darüber an Sammelbienen weitergegeben werden, wo Futter zu finden ist. Dies verdanken wir den berühmten Arbeiten des deutschen Zoologen Karl von

Frisch. Er hielt Bienen in einem Beobachtungsstock und markierte einige Sammelbienen mit Farbflecken. Er stellte auch in verschiedenen Richtungen und Entfernungen Teller mit Zuckerlösung auf und beobachtete das Verhalten der Bienen, nachdem sie die Nahrung gefunden hatten und zurückgekehrt waren.
Die Signale, die Informationen über Nahrungsquellen vermitteln (oder über Nestplätze) betreffen den Tastsinn, das Gehör, den Geschmack und den Geruch der Bienen. Sie alle sind offenbar in der Dunkelheit des Stocks wirksam. Wenn eine Sammelbiene eine neue Futterquelle in der Nähe des Stocks (im Umkreis von 100 Metern) gefunden hat, hinterläßt sie Spuren ihrer Anwesenheit in Form von riechenden Sekreten auf den Blumen, die sie besucht hat, und fliegt zum Stock zurück. Auf einer der Waben vollführt sie dann eine typische Folge von Bewegungen, den Rundtanz, der insbesondere aus Kreisbewegungen besteht, die in Abständen wiederholt werden. Es versammeln sich andere Arbeiterinnen um sie und füttern diese. Die zuhörenden Arbeiterinnen halten ihre Antennen auf den Tänzer und sind so (offenbar) in der Lage, die Bewegungsformen und ihr charakteristisches Summen wahrzunehmen. Die Botschaft, die in diesem Falle vom Tanz übertragen wird, enthält die Nachricht, daß Futter in der Nähe ist, und zwar solches, wie die Tänzerin wieder hervorwürgte.
Ein großer Stock bekommt seine Nahrung oft auch aus viel größerer Entfernung, bis zu 10 Kilometern. Um eine brauchbare Information über solch entfernte Quellen geben zu können, muß auch ein Hinweis auf die Richtung vermittelt werden. Dies wird durch den Schwänzeltanz (Abb. 46) erreicht: dieser ent-

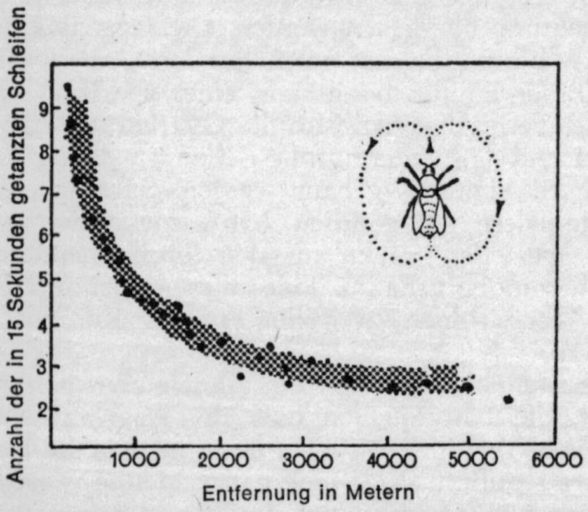

Abb. 46 Der Schwänzeltanz der Bienen: Die Tanzgeschwindigkeit weist auf die Entfernung hin.

hält auch eine gerade Tanzkomponente, und die Richtung dieser geraden Schwänzelstrecke gibt die Richtung der Nahrungsquelle an. An einer horizontalen Fläche deutet der Tanz direkt in die Richtung der Nahrung, doch auf der gewöhnlich vertikalen Fläche einer Wabe ist die Tanzrichtung schwieriger auszuwerten. Nehmen wir an, die Futterquelle läge östlich des Stocks und der Tanz erfolgte um die Mittagszeit. In der nördlichen Hemisphäre müßte dann eine Sammelbiene im Winkel von 90° links von der Sonne zum Futter fliegen (vom Stock aus gesehen). Der Winkel, in dem die gerade Schwänzelstrecke von der vertikalen Linie auf der Wabe abweicht, beträgt dann 90°, und zwar links von der Vertikalen: das heißt also, daß die Vertikale die Richtung der Sonne darstellt, und zwar zur Zeit des Tanzes. Der Winkel der geraden Schwänzelstrecke zur Vertikalen entspricht dann dem Winkel, in dem die Futterquelle zur Sonnenrichtung liegt. In Zeiten der Wasserknappheit wird durch diese Tänze in ähnlicher Weise auch die Richtung des Wassers angezeigt.

Der Schwänzeltanz signalisiert nun nicht nur die Richtung, sondern auch die Entfernung: Die Dauer der geraden Schwänzelstrecke wächst mit der Entfernung der Futterquelle an. Die volle Information enthält also Daten über Richtung, Entfernung und Art der Nahrungsquelle. Hinzu kommt auch noch eine Nachricht über die Nahrungsmenge; denn Bienen tanzen nur, wenn die neu entdeckte Futterquelle auch wirklich reich ist: der wichtige Faktor dabei ist die relative Zuckerkonzentration im Vergleich zu der vorher eingebrachten Nahrung. Je größer der Zuwachs der Konzentration ist, desto länger wird der Tanz ausgeführt. Der Effekt der Konzentration braucht aber kein direkter zu sein: je höher die Konzentration, um so bereitwilliger übernehmen die anderen Bienen das Angebot der Sammelbiene: der Tanz kann also auch zum Teil von der Ansprechbarkeit der Stockbienen abhängen. Durch Tanzen wird auch die Auswahl eines neuen Nestplatzes durch den Schwarm bestimmt. Wenn ein blühender Staat eine gewisse Größe erreicht hat, werden die großen Königinnenzellen gebaut, und die Larven, die sich in ihnen entwickeln, erhalten eine spezielle Nahrung. Dadurch entwickeln sie sich zu fruchtbaren Weibchen, die auf einen Hochzeitsflug — gefolgt von den Drohnen (das sind die Männchen) — gehen können. Nach ihrer Rückkehr kann die alte Königin mit vielen Hunderten ihrer Arbeiterinnen in einem Schwarm fortfliegen. Die ganze Versammlung läßt sich dann vielleicht auf einem Baum nieder, und einige Arbeiterinnen fliegen aus, als wenn sie Futter suchen wollten. Statt dessen untersuchen sie aber Spalten und Ritzen, die die Möglichkeit zum Bau eines Nestes mit Waben bieten. Die Arbeiterinnen, die etwas finden, kehren zurück und tanzen und zeigen damit die Richtung des Platzes an. Diese

Tänze werden jedoch größtenteils verlängert, und ihre Richtung ändert sich mit der scheinbaren Bewegung der Sonne, so daß sie immer in dem angemessenen Winkel zur Vertikalen stattfinden. Da verschiedene Bienen auch verschiedene mögliche Plätze finden, kann es dazu kommen, daß zu einem gewissen Augenblick verschiedene Gruppen tanzender Bienen vorhanden sind, von denen jede eine andere Richtung anzeigt. Eine der Gruppen kann dann schließlich dadurch, daß immer neue zugezogen werden, so groß werden, daß der gesamte Schwarm veranlaßt wird, in dieser Richtung davonzufliegen. Hier ist in der Tat eine eigenartige Parallele zur menschlichen Demokratie vorhanden.

Die Fähigkeit der Bienen, eine Richtung anzugeben, analog zu unserer Navigation und dem Lesen von Karten, ist so bemerkenswert, daß, als von Frisch seine Entdeckung zuerst bekanntgab, erheblicher Zweifel aufkam. Diese Zweifel wurden allerdings schnell zerstreut, als Besucher seiner Feldstation Gelegenheit hatten, selbst Experimente auszuführen. Heute bezweifelt niemand mehr, daß Bienen einen Kurs in dieser komplizierten Form anzugeben vermögen, und zwar mit Hilfe eines Richtungssinnes, der mit einem Zeitsinn kombiniert ist: sie müssen eine »innere Uhr« besitzen, die sie befähigt, die Veränderungen in der Richtung der Sonne zu verrechnen. Wie ihr kleines Nervensystem das schafft, kann heute nicht einmal vermutet werden.

Damit ist das Repertoire der Sammelbienen aber keinesfalls erschöpft, denn sie zeigen obendrein noch eine zusätzliche Art assoziativen Lernens. D. L. Johnson und A. M. Wenner markierten Bienen eines Beobachtungsstocks und dressierten sie darauf, Zuckerlösung, die mit Nelkenöl gewürzt worden war, in 150 Metern Entfernung vom Stock zu sammeln. Der Zucker wurde dann entfernt, und trotzdem kamen die Bienen immer wieder, um den Teller zu inspizieren. Als die Lösung wieder eingefüllt worden war, gab es ein schnelles Anwachsen der Besuche, *ohne* daß jedoch getanzt worden war. Das läßt vermuten, daß die Bienen auf den Geruch oder Geschmack des eingebrachten Futters reagierten, wie wenn sie vorher damit schon Erfahrung gemacht hätten. Dann wurde Luft, die durch Nelkenöl gewürzt worden war, in den Stock geblasen. Auch das führte zum sofortigen Anwachsen der Futterflüge. Arbeiterinnen können also von anderen Sammelbienen auch Informationen übernehmen, ohne daß sie auf einen Tanz warten müssen.

Einige Arten von Wirbeltieren sind mit genausoviel Liebe und Sorgfalt, wie man für das Studium der sozialen Insekten verwendete, untersucht worden. Zudem ist das Studium des Verhaltens dieser Arten oft experimentell gewesen, so daß auch ein wenig Licht auf die Ursachen des Verhaltens geworfen wurde.

Ein hervorragendes Beispiel wird durch einen nicht einmal besonders auffälligen Süßwasserfisch gestellt, den Dreistachligen Stichling, *Gasterosteus aculeatus*, der von N. Tinbergen und dessen Mitarbeitern in Holland und England untersucht wurde. Außerhalb der Brutzeit lebt dieser kleine Fisch in Schwärmen. Im Winter ist er recht inaktiv, doch im Frühling treiben die steigenden Temperaturen das Männchen zu Ausflügen an, die erst dann eingestellt werden, wenn es einen Platz mit sandigem Boden und viel Wasserpflanzen darum herum gefunden hat. Das Männchen baut dann sein Nest im Sand am Stengel einer Wasserpflanze. Es zeigt auch typisches Territorialverhalten, indem es andere Männchen vertreibt. Ist das Nest nahezu fertig, verbringt das Männchen immer mehr Zeit damit, nahe der Oberfläche über ihm herumzuschwimmen. Kommt jetzt ein Weibchen heran, wird es »angegriffen«, aber natürlich nicht so, daß es wie ein Männchen vertrieben werden würde. (Leser, die schon kurze Berichte über das Verhalten dieser Art gelesen haben, werden erstaunt sein, zu erfahren, daß Weibchen angegriffen werden. Die Territorialverteidigung des Stichlings wird gewöhnlich als durch den charakteristischen roten Bauch eines Männchens ausgelöst beschrieben, den dieses während der Brutzeit zeigt. Das Weibchen hat nicht nur eine andere Form, sondern ist einförmig silbrig gefärbt.) Das Weibchen nimmt eine charakteristische Haltung an, die weitere Angriffe verhindern soll und bringt dann das Männchen dazu, im schnellen Zickzack hinter ihm her und dann zum Nest zu schwimmen. Das Weibchen folgt dem Männchen und schwimmt in das Nest hinein. Jetzt legt das Männchen den Kopf gegen den Schwanz des Weibchens und beginnt heftig zu zappeln. Dieses Zappeln, das vom Experimentator mit einem Glasstab imitiert werden kann, bringt das Weibchen zur Ablage der Eier. Gleichzeitig gibt auch das Männchen seine Spermien ab. Nun wird das Weibchen verjagt, und das Männchen sucht in der beschriebenen Form an der Oberfläche schwimmend nach einem anderen. Bei dieser polygamen Art kann das Männchen Eier und Junge von fünf Weibchen betreuen. In der Werbung des Männchens können einige fortschreitende Veränderungen beobachtet werden: besonders vermindern sich die Angriffsbewegungen des Männchens; es ist, als ob es sich an die neue, nicht aggressive

Verhaltensweise angepaßt hätte, die seinem Treiben mit den Weibchen angemessener ist.

Die Weibchen dieser Spezies spielen bei der Aufzucht der Jungen keine Rolle. Das Männchen bleibt, während sich die Eier entwickeln, in der Nähe des Nestes. Es vertreibt weiterhin Eindringlinge und versorgt die Eier durch Fächeln mit den Flossen mit einem Strom frischen Wassers. Dieses Fächeln bewirkt, daß sich die Eier in einer sauerstoffreichen Umgebung entwickeln können, und seine Intensität schwankt mit der Menge der vorhandenen Kohlensäure.

Das Stichlingsmännchen bewacht die Jungen auch, nachdem sie geschlüpft sind. Das bedeutet, daß es jeden Drang, sie anzugreifen und aufzufressen, unterdrücken muß. Das Unterdrücken solch stereotyper Reize ist bei den maulbrütenden Fischen, unter denen die Cichliden die bemerkenswertesten Beispiele stellen, aber noch ausgeprägter. Das Weibchen einer dieser Arten, des ostafrikanischen Maulbrüters, *Tilapia natalensis* (Abb. 47), trägt die Jungen in seinem Maul so lange herum, bis sie gut herangewachsen sind. Während dieser Zeit frißt es nicht: die ge-

Abb. 47 Maulbrüter aus Ostafrika. Verhalten beim Zusammentreffen auf der Reviergrenze.

samte Reizkette, die mit dem Fressen verbunden ist, wird zeitweilig ausgeschaltet. Es gibt also keinen Kannibalismus an Jungen. Bei einigen Arten wird das Fressen jedoch nicht eingestellt. Und doch »fangen« beide Eltern ausgerissene Junge (wie Ratten oder Mäuse das tun) wieder ein, indem sie sie mit dem Maul aufnehmen und zu ihrer Kinderstube – einer in das Substrat gegrabenen Höhlung – zurücktragen. Offenbar ist an den Jungen selbst irgend etwas, was sie davor bewahrt, gefressen zu werden.

Um noch ein anderes Beispiel von Werbungsverhalten in einer anderen Klasse der »kalt-blütigen« Tiere zu geben, wenden wir uns den Molchen zu, die ein recht bizarres Paarungsverhalten haben. Die Form der Befruchtung bei Molchen wurde im späten neunzehnten Jahrhundert entdeckt, und zwar von einem genialen Naturforscher, der Aquarien an der Decke seines Zimmers befestigt hatte, um das Verhalten der Molche von unten beobachten zu können. In der Brutzeit schwimmen die männlichen Molche in ganz charakteristischer Weise ruckartig umher. Finden sie ein Weibchen, folgen sie ihm und stoßen es wiederholt mit der Schnauze. Auch schwimmen sie vor ihm her und wedeln heftig mit dem Schwanz. Irgendwann setzt dann das Männchen Sperma in einer kompakten Masse, einer Spermatophore, ab. Ist das Weibchen ausreichend stimuliert worden, nimmt es die Spermatophore auf, indem es die Kloakenöffnung, das ist die Öffnung des Urogenitalsystems, über diese preßt. Die Eier werden dann im Körper befruchtet. Eier und Junge werden nicht von den Eltern bewacht.

Bei diesen Wirbeltier-Beispielen finden wir also die gleichen Prinzipien, wie sie für die Insekten und Spinnen, die am Anfang dieses Kapitels beschrieben wurden, realisiert sind. Zuerst gibt es eine Serie stereotyper artcharakteristischer Bewegungen, wie wir sie bei Werbung und Paarung im gesamten Tierreich antreffen. An zweiter Stelle ist dann ein recht ausgeklügeltes Verhalten notwendig, um das Weibchen zur angemessenen Reaktion zu bringen.

Analoges Verhalten ist von Schlangen beschrieben worden. Wegen einer ganzen Reihe von Gründen, von denen manche nicht einmal klar sind, rufen Schlangen beim Menschen erhebliche Emotionen hervor, und gleichermaßen gibt es auch eine ganze Anzahl bemerkenswerter Legenden über sie. Eine von ihnen ist, daß Schlangen ausgesprochen sensibel, ja sogar sinnlich, zumindest in ihren sexuellen Beziehungen, sein sollen. Zum Glück verfügen wir über eine genaue Beschreibung des Werbungsverhaltens bei der Bullennatter, *Pituophis melanoleucus*, von Charles Shaw. Das Männchen kriecht auf den Rücken des Weibchens, wobei es schnelle Schlängelbewegungen mit seiner Bauchseite macht. Es reibt auch den Körper auf dem Weibchen vor und zurück und zuckt mit dem Schwanz von einer Seite des Schwanzes des Weibchens auf die andere. Das Männchen hebt dann den Schwanz des Weibchens an, wobei die Kloaken beider Tiere irgendwann zusammengebracht werden. Das Männchen besitzt einen doppelten Penis, doch nur eine Hälfte wird eingeführt. Der *Hemipenis* jeder Art besitzt ganz charakteristische Borsten und andere Strukturen, deren Anordnung genau in die Kloake des Weibchens passen. Die Borsten sorgen für eine Verankerung des Hemipenis im Inneren des Weibchens, so daß dieses, wenn der Penis eingeführt worden ist, nicht mehr fortkriechen kann.

Einige Leser werden sicher einen »Werbungstanz« bei Schlangen erwartet haben. Tatsächlich gibt es so etwas bei Männchenpaaren während der Fortpflanzungszeit. Die beiden liegen sich Kopf vor Kopf gegenüber und richten sich vertikal auf. Sie schwingen nach vorn und zurück und ringen wie im Kampfe miteinander. Tatsächlich könnte man dabei auch, wenn man gesehen hat, daß es sich um zwei Männchen handelt, an Territorialverhalten denken oder doch mindestens an eine Art Kampf um ein Weibchen. Es gibt jedoch keine Hinweise darauf, daß dieses Verhalten etwas mit dem Revier zu tun hat oder daß es eine Erscheinung sei, die mit dem Rangsystem in Verbindung stände.

Vögel

Einige Beispiele

Es mag als sehr abrupt erscheinen, von den Schlangen direkt zu den Vögeln überzugehen. Die Vögel sind jedoch nicht ohne zoologische Berechtigung »Glorifizierte Reptilien« genannt worden. Unter ihnen finden wir die schönsten Beispiele und besten Beschreibungen der Balz und des Familienlebens.

Die Goldammer, *Emberiza citrinella*, ist ein häufiger europäischer Vogel, der Buschland und Ackerland bewohnt. Sie ist von R. J. Andrew eingehend beobachtet worden. Die leuchtend gelbe Farbe der Männchen macht es leicht, sie von anderen Singvögeln zu unterscheiden. Im Winter fressen und rasten beide Geschlechter in gemeinsamen Schwärmen. Die Männchen beginnen im Februar und März, ihre Reviere zu besetzen. Sie singen dann von exponierten Aussichtsplätzen aus. Die bräunlicheren Weibchen suchen die Männchen, offenbar durch die Farbe und den Gesang angelockt, auf. Das nächste Stadium wird niemand erwartet haben: die weiblichen Besucher beginnen nämlich, Angriffe auf die Männchen zu machen, und treiben sie fort. Beim Weibchen gibt es nichts, was man eine »Befriedungshaltung« nennen könnte: das heißt, es gibt keine Signale, die einen männlichen Angriff verhindern könnten. Offenbar macht aber auch das Männchen in diesem Stadium keinen Angriff. Im Gegenteil, es erlaubt es sich, ausgestochen zu werden. (Seine Antwort anderen Männchen gegenüber ist natürlich ganz anders.) Sehr bald besucht ein Weibchen häufiger ein Männchen, und das Paar findet sich zum Fressen und Ruhen zusammen. Sie beginnen dann auch, Material für das Nest zu sammeln.

Während dieser Verlobungszeit macht das Männchen Scheinangriffe auf das Weibchen, und wenn das Weibchen abfliegt, wird es heftig verfolgt. Diese »sexuellen Fangspiele« enden offenbar erst, wenn das Männchen ermüdet ist. Solche Fangspiele gibt es bei vielen anderen Arten auch, und sie sind offenbar notwendig, um ein Reifen des Eies in den Ovarien des Weibchens herbeizuführen. Anfang Mai beginnen beide Partner mit dem Nestbau: das Männchen sammelt dabei nur Material, während das Weibchen das Nest auf der Erde unter einem Überhang baut. Gelegentlich lockt das Weibchen das Männchen zum Nest. Dort (aber auch an anderen Stellen) gibt es einen ganz bestimmten Laut von sich und balzt mit horizontal gestelltem Körper, nach unten gerichtetem Schnabel und ausgebreiteten, vibrierenden Flügeln. Auch weiter entwickelte Balzhandlungen werden ausgeführt. Eine solche besteht aus sehr kurzen Läufen, während deren das Körpergefieder aufgeplustert, der Schwanz gesenkt, die Beine eingeknickt und die zitternden Flügel auf dem Boden geschleift werden. (Sie erinnert an das »Lahmstellen«, mit welchem Räuber vom Nest fortgelockt werden.) Bei einer anderen wichtigen Balzstellung läuft das Männchen auf das Weibchen zu und nicht fort von ihm. Das Körper-, Schwingen- und Schwanzgefieder wird dabei aufgestellt. Bettelt das Weibchen jetzt, indem es eine spezielle horizontale Haltung annimmt und einen besonderen Laut ausstößt, wird es vom Männchen begattet.

Wir haben hier ein klares Beispiel von Sozialsignalen und Beantwortungen derselben, die bei beiden Geschlechtern des Paares vorhanden sind. Die Fortpflanzung hängt bei diesen und anderen Arten offenbar von der Durchführung einer Serie typischer Handlungen ab, deren jede eine ähnlich voraussagbare Antwort durch den Partner erfährt. Natürlich ist die Voraussage nicht vollkommen: es gibt individuelle Abweichungen, doch ist auch genügend Uniformität vorhanden, daß dieser kurze Bericht für die ganze Spezies in ihrem natürlichen Habitat gültig ist.

Die Goldammer stellt ein Beispiel für solche Arten, bei denen das Territorium durch ein isoliertes Paar gehalten wird. Der Grünreiher, *Butoroides virescens*, eine nordamerikanische Art, die von A. J. Meyerriecks untersucht wurde, brütet wie auch andere Reiher in Kolonien in der Nähe von Süß- oder Salzgewässern. Die Nester stehen zu mehreren in hohen Bäumen. Ein Männchen macht dadurch auf sich aufmerksam, daß es sich mit nach oben gerichtetem Schnabel auf eine Baumspitze stellt und dabei einen Ruf ausstößt, der mit »Skau« wiedergegeben wurde. (Versuche, den Vogelruf in Schreibweise darzustellen, bedeuten für Menschen, die diesen Ruf nicht wirklich gehört haben, nur wenig.) Ein Weibchen fällt außerhalb des kleinen Territoriums des Männchens ein und ruft »skiau«. Es gibt richtige Duette von Skau – Skiau –, die für einen Bewunderer von

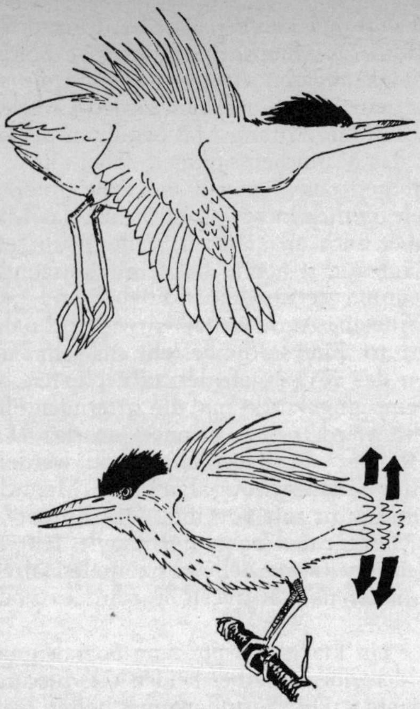

Abb. 48 Balz eines Grünreihers.

J. S. Bach wahrscheinlich monoton sind –, die aber die Grünreiher stimulieren. Das Weibchen versucht nun, das Nistterritorium des Männchens zu betreten, wird vom Männchen »angegriffen«, hält aber stand und wird dann schließlich vom Männchen akzeptiert. Es folgt nun eine Verlobungszeit, während deren beide Vögel in der Nähe des Nestes komplizierte Balzflüge unternehmen. Diese bringen ihre wundervolle Färbung, den nußbraunen Nacken, das dunkelgrüne Rückengefieder und die orangefarbigen Beine herrlich zur Geltung. Auch die dunkelgelben Augen tragen dazu bei. Selbst bei der Balz am Nest sind diese Merkmale hervorragend: das Männchen steht mit Kopf, Hals und Gefieder in Positur, schwingt sich nach den Seiten und ruft dabei weich »äruh, äruh«. Auch kann es dabei den Schnabel nach unten halten, scharf mit ihm schnappen und sich hin und her bewegen und verbeugen. Diese Bewegungen erinnern an die beim Nestbau und haben sich vielleicht daraus entwickelt (Abb. 48 u. 49).

All das kann als überschwengliche Aufforderung an das Weibchen, zum Nest zu kommen, verstanden werden. In der Tat

wird dieses Gehabe aufgegeben, wenn sich das Weibchen zum Nest wagt und »angegriffen« wird. Schließlich betritt das Weibchen das Nest, und sofort ändert sich das Verhalten des Männchens: Drohungen, Flug- und Schnapphandlungen hören auf und werden durch Kopulation und Nestbau ersetzt.
Wir wollen nun noch ein Beispiel von Balzhandlungen eines Vogels anführen, der kein Territorium besitzt. Konrad Lorenz und später Uli Weidmann haben eine uns vertraute Wildente, die Stockente, *Anas platyrhynchos*, studiert, bei der die Paarbildung und die Verlobung gesellig stattfinden. Beide Geschlechter des Paares gehen gemeinsam auf Nestsuche und sondern sich zur Kopulation ab. Das leuchtende Hochzeitsgefieder ist mit Ausnahme des Spätsommers immer vorhanden. Die Weibchen behalten ihr braunes Gefieder ständig. Die Paarbildung findet im Oktober bis April statt. Ein wichtiges Verhalten ist das Scheinputzen. Hierbei wird der Schnabel hinter die leicht angehobenen Flügel gesteckt und an deren Unterseite entlanggezogen, um einen deutlich vibrierenden Ton zu erzeugen. Diese Handlung geht oft dem Trinken voraus. Sowohl das Trinken als auch das Putzen scheinen in dieser Situation nur die einzige Funktion eines Signals für die Weibchen zu haben. Eine andere männliche Balzhandlung ist der Grunzpfiff: zuerst wird der Kopf ins Wasser gesteckt, dann hoch erhoben und ein lautes Pfeifen ausgestoßen. Weibchen können auch einem balzen-

Abb. 49 Balz eines Grünreihers.

den Männchen nachschwimmen und dabei mit dem Kopf nikken. Weidmann glaubt, daß die Weibchen sich ein Männchen aussuchen, daß das Männchen das Weibchen aber auch abweisen kann.

Das ist nicht die einzige Ungewißheit. Dane und van der Kloot haben eine andere Art, die Schellente, *Bucephala clangula*, untersucht und dabei eine große Anzahl von Bewegungsformen bemerkt — weit mehr als ich beschrieben habe —, die von Erpeln und Enten ausgeführt werden. Sie alle wirken offenbar als Sozialsignale: sie ziehen die Aufmerksamkeit anderer Enten und Erpel auf sich und werden sicherlich auch häufig — und in gewissem Grade auch voraussagbar — wiederholt. Eine einfache Beziehung zwischen einem Signal und dessen spezieller Beantwortung scheint aber nicht zu existieren.

Experimentelle Untersuchungen

Manchmal kann nur die physiologische Analyse endgültig darüber entscheiden, wie das Verhalten einer Art für diese nützlich ist. Solche Analysen sind außerordentlich schwierig, und nur wenige haben sie versucht. Ein erfolgreiches Beispiel gaben D. S. Lehrman und seine Mitarbeiter mit ihren Arbeiten über die Lachtaube, *Streptopelia risoria*. Diese Vögel brüten wie auch andere Tauben (Columbidae) in der Gefangenschaft gut. Wenn man ein Männchen und ein Weibchen in einen Käfig mit Heu und einer Nestschale setzt, dann vollziehen sie alle normalen Handlungen der Balz, des Nestbaus, Brütens und der Aufzucht der Jungen. Bevor mit dem Nestbau begonnen wird, muß das Paar einige Zeit zusammenleben: die meiste Zeit verbringt dabei das Männchen damit, »vor dem Weibchen verbeugend und gurrend umherzustolzieren«. Am Nestbau sind beide beteiligt. Das Brüten findet nur statt, wenn die Vögel in dieser Weise am Nestbau beteiligt waren. Während der Brutzeit vergrößert sich der Kropf beider Vögel stark; dies geht auf eine Erweiterung der Speiseröhre unterhalb des Schnabels zurück und ist die Quelle der »Taubenmilch«, mit der die Nestlinge gefüttert werden. Die Erweiterung des Kropfes hängt von der Sekretion eines Hormons (Prolactin) ab, das von der Hypophyse sezerniert wird. Das Prolactin beeinflußt aber nicht nur den Kropf, es verändert auch das Verhalten: Injiziert man dieses Hormon, so kann bei Tauben das Füttern von Jungen ausgelöst werden, die diese vorher gar nicht beachtet hätten. Ist keine Kropfsekretion vorhanden, werden die Jungen mit vorverdauten Samen gefüttert.

Ein einfaches Experiment ist, ein Weibchen mit einem kastrierten Männchen zusammenzusetzen. Solch ein Männchen macht keine Verbeugungen und gurrt auch nicht. Fehlt diese Stimulation von Auge und Gehör, legt das Weibchen gewöhnlich keine Eier. Hier haben wir wirklich ein klares Beispiel für physiologische Beeinflussung durch die Balz. Später hat die Anwesenheit der Nestlinge einen besonderen Effekt auf die Eltern: die Kröpfe der Eltern wachsen nämlich schneller, wenn die Nestlinge geschlüpft sind, als vorher beim Anblick nur der Eier. Darüber hinaus wächst der Kropf des Männchens nur voll aus, wenn ein Weibchen vorhanden ist: dieses Wachstum erfordert in der Tat auch die Teilnahme am Nestbau und den Anblick des brütenden Weibchens.

Lehrman hat auch die Beziehungen zwischen der hormonalen Wirkung und früheren Erfahrungen untersucht. Er injizierte bei Vögeln, die schon Erfahrungen mit Eiern und Jungen gehabt hatten, das Hormon Progesteron. Jedem wurde dann ein Nest, das zwei Eier enthielt, angeboten. Die Hälfte von ihnen saß nach zweiundzwanzig Minuten auf den Eiern, die anderen setzten sich innerhalb von drei Stunden. Im Gegensatz dazu setzen sich unerfahrene Weibchen, die ähnlich behandelt werden, oft überhaupt nicht auf das Nest, und es dauert vierundzwanzig Stunden, bis die Hälfte von ihnen zu brüten beginnt. In ähnlicher Weise bringt das injizierte Hormon Prolactin erfahrene Vögel dazu, sechs Tage alte Nestlinge zu füttern, hat aber gar keinen Effekt auf unerfahrene. (Frisch geschlüpfte Junge sind stimulierender: sie werden selbst von unerfahrenen Weibchen gefüttert.)

Diese Serie sorgfältiger Experimente betrifft also nicht nur den Effekt auf das Balzverhalten, sondern auch die Beziehungen zwischen Eltern und Jungen. Sie ergibt eine Übersicht über die Physiologie gewisser Sozialsignale. Es entsteht der Eindruck, daß einige Stimuli nicht als einfache Beziehungen zwischen Stimulus und Reaktion aufgefaßt werden dürfen, sondern daß sie eine weitstreuende Wirkung haben.

Einfache Beziehungen zwischen Stimulus und Reaktion findet man bei Tieren, die so komplex wie Vögel sind – wenn überhaupt –, nur im Verhalten der Jungen. Das »Sperren« der Nestlinge ist so verbreitet und so offensichtlich wichtig, daß es zu der speziellen Frage berechtigt, was es bewirkt. N. Tinbergen und T. J. Kuehnen benutzen Pappattrappen, um Nestlinge der Amsel, *Turdus merula*, zum Sperren zu bringen. Zuerst wird einfach nach oben gesperrt, später gezielt nach dem Schnabel des Elternvogels oder nach einem schnabelartigen Fortsatz der Attrappe. Das Sperren kann also die Antwort auf einen visuellen Reiz sein. Aber selbst bevor die Augen geöffnet sind, bewirkt irgendwelche Bewegung am Nest (als wenn sie von den Eltern verursacht wäre) das Sperren.

Tinbergen und A. C. Perdek haben weitaus detailliertere – und inzwischen berühmte – Experimente über das Füttern der Küken der Silbermöwe, *Larus argentatus*, beschrieben. Die Adulten dieser Möwe besitzen einen weißen Kopf, eine gelbe Iris, einen gelben Schnabel und einen roten Fleck auf diesem. Der Schnabel ist ein bedeutsames Merkmal: eine Veränderung der Form oder Farbe des Kopfes der Attrappe hat keinen Effekt auf die Jungen; es mußte jedoch stets eine spitze schnabelartige Struktur mit etwas Rot daran vorhanden sein. Ein völlig roter Schnabel war noch viel wirksamer! Diese Ergebnisse beruhen auf vielen hundert Beobachtungen von Jungen, die wenige Stunden nach dem Schlüpfen — und wahrscheinlich bevor sie jemals von den Eltern gefüttert wurden — aus dem Nest genommen worden waren. Sie zeigen, daß frisch geschlüpfte Silbermöwen schon in ihrem Nervensystem und in ihrer Muskulatur dazu ausgerüstet sind, effektiv auf sichtbare Merkmale des elterlichen Schnabels anzusprechen. Die Arbeiten zeigen natürlich auch das komplementäre Verhalten der Eltern selbst, doch ist das nicht in der gleichen Weise analysiert worden.

Abb. 50 Kopfmodelle von Seeschwalben: links leerer Schnabel, Mitte: Schnabel mit »Fisch«, rechts Schnabel mit gefärbter Spitze.

D. A. Quine und J. M. Cullen wandten diese gleiche Methode bei einer anderen Vogelart, der Küstenseeschwalbe, *Sterna macrura*, an. Die Vögel, die sie untersuchten, waren im Brutschrank ausgebrütet worden, kannten also keine adulten Seeschwalben. Auch die Jungen dieser Art wiesen Farbbevorzugungen auf — besonders für Rot, Blau und Silber. Die Vögel wurden mit kleinen Fischen gefüttert, und wenn man ein fischartiges Objekt (etwa ein rechteckiges Stück Metallfolie) an das flache Modell eines Seeschwalbenkopfes (Abb. 50) anheftete, war die Reaktion auf diese Attrappe verstärkt. Es scheint darum, daß bei jeder Art die Beantwortung der Fütterungsreize eng mit den speziellen Merkmalen der Eltern oder Nahrung gekoppelt ist.

Säugetiere

Die Säugetiere sind die einzige Tiergruppe, bei der in allen Spezies die Jungen durch mütterliche Sekretionen ernährt werden. Selbst die eierlegenden Monotremata produzieren Milch. Mutter und Junge sind durch ein komplexes und komplementäres System von Reizen und Antworten miteinander verbunden, das gewährleistet, daß die Jungen auch wirklich genährt und beschützt werden. Die Befruchtung ist, wie auch bei Vögeln, immer eine innere, der gewöhnlich bestimmte Werbungszeremonien vorausgehen. Die detailliertesten Beschreibungen des Werbungsverhaltens von Säugetieren und ihrer Paarung haben wir von domestizierten Arten, von Laborratten und -mäusen bis zu Hunden, Katzen, Pferden und Rindern. Sie tragen besonders dazu bei, unsere eigene Physiologie zu erkennen. Diese beginnt schon mit der Kenntnis der Zusammenhänge von Hoden und Ovarien bei dem Verhalten von Rindern und Pferden (Zusammenhänge, die schon den Viehzüchtern vergangener Jahrtausende vertraut waren). Entfernt man die Hoden eines männlichen Kalbs, wird der adulte Ochse niemals viel Interesse an Kühen zeigen und auch nicht die gefährliche Streitbarkeit eines Bullen entwickeln. Ein Wallach, wie ein kastriertes Pferd genannt wird, hat ein ähnlich verändertes Verhalten. Eine ebenso alte Weisheit ist, daß das Entfernen des Ovars einer Sau bei dieser zur Unterdrückung des Sexualverhaltens führt. Doch erst im zwanzigsten Jahrhundert konnte der Mensch diese Zusammenhänge auch erklären. Wir wissen noch wenig über den Weg, auf welchem das Nervensystem die komplexen Verhaltensweisen organisiert. Wir wissen aber, daß die Gonaden (die Hoden und Ovarien) das Gehirn zur Sekretion von Hormonen in das Blut hinein anregen.

Diese Erkenntnis haben wir durch Experimente mit Injektionen entweder von Extrakten der Ovarien und Hoden oder mit reinen Substanzen, die diesen ähneln, erhalten. Wenn zum Beispiel durch Entfernung der Hoden das Sexualverhalten ausgeschlossen worden war, konnte ein kastriertes Tier wieder zur sexuellen Aktivität gebracht werden, wenn ihm eine Injektion einer Substanz, die man Testosteron nennt, gegeben wurde. Es sind viele solcher Substanzen bekannt: Öle eines Typs, die man Steroide nennt. Diese werden bei der Behandlung von Erkrankungen der Fortpflanzungsorgane klinisch angewendet und stellen ein chemisches Behandlungsmittel dar. Steroide beeinflussen nicht allein das Verhalten von Erwachsenen, sondern auch die Entwicklung: wird ein junges Säugetier sterilisiert oder kastriert, treten die typischen Pubertätsveränderungen nicht auf. Die Milchdrüsen des Weibchens entwickeln sich nicht, und die typischen körperlichen Proportionen des erwachsenen Männchens stellen sich nicht ein. Beim Menschen tritt der uns so vertraute Stimmbruch des Jungen in der Pubertät nicht auf, wenn keine Hoden vorhanden sind. Man hat diese Tatsache früher benutzt, um in Kirchenchören sich viele gute Stimmen zu erhalten. Die Frauenstimmen von Händels Opern wurden noch für *Castrati* geschrieben.

Die wichtigsten Verhaltensveränderungen eines männlichen Säugetiers in der Pubertät bestehen im Ansprechen auf Weibchen und in der Entwicklung von »Aggression«. Oft üben Junge beider Geschlechter im Spiel sexuelles und Drohverhalten. Die volle Entwicklung männlicher Merkmale (Koitus mit Ejakulation oder echtes Abschreckungsverhalten anderen Männchen gegenüber) erfordert jedoch die Anwesenheit des männlichen Geschlechtshormons im Blut. Injektion von Hormonen in ein unreifes Männchen kann vor der Reife adultes Verhalten erzeugen. Auch kann hormonale Behandlung beim Weibchen männliches Verhalten erzeugen. Offenbar ist das Nervensystem beider Geschlechter dazu ausgerüstet, die Verhaltensweisen jedes Geschlechts zu organisieren, wobei die Hormone wie Schalthebel funktionieren.

Viele große Säuger besitzen einen saisonbedingten Zyklus in der Sekretion von männlichen Geschlechtshormonen. Es gibt dann eine Brunftzeit, während der sich die Männchen mit den Weibchen und mit »Kämpfen« beschäftigen oder doch mindestens mit Verhaltensweisen, die gegen andere Männchen gerichtet sind. Dieser Zyklus ist besonders bei den Hirschen (Cervidae) auffällig. In solchen Fällen wird der »Schalthebel« also nur wenige Wochen im Jahre angestellt.

Eine Folge oder ein Zyklus auffälliger Wechsel im Verhalten tritt bei den Weibchen nahezu aller typischen Säugetierarten (mit Ausnahme bei Frauen) auf. Dies ist ein Aspekt des Östrus-Zyklus. Ist ein Weibchen nicht im Östrus, wehrt es die männlichen Annäherungen ab; ist es im Östrus, fördert es sie. Das Begattungsverhalten ist gewöhnlich mit dem Prozeß der Eireife synchronisiert: ein Weibchen erlaubt auf diese Weise eine Besamung nur, wenn sie Aussicht auf Erfolg hat. Das Verhalten wiederum hängt von Hormonen ab, die die Ovarien erzeugen. Eines von diesen, das Östrogen, aktiviert offenbar Prozesse im Gehirn des Weibchens, die dieses den Männchen gegenüber ansprechbar machen. Die Kontrolle der Östrogen-Sekretion ist kompliziert und liegt paradoxerweise primär auch im Gehirn. Die unmittelbare Anregung des Ovars zu sezernieren kommt von der Hypophyse: eines der vielen Hypophysen-Hormone, das Follikel stimulierende Hormon (FSH), ist notwendig, um das Ovar zur Sekretion des Östrogens zu bringen und so die Östrus-Veränderungen zu erzeugen, die »Hitze« genannt werden. Die Hypophyse selbst wird jedoch vom Gehirn, insbesondere vom Hypothalamus kontrolliert.

Auch das mütterliche Verhalten wird von Hormonen gelenkt. Ein Kaninchen, *Oryctolagus cuniculus*, baut sein Nest, kurz bevor es Junge bekommt. Dies ist eine komplizierte Tätigkeit, bei der Stroh gesammelt werden muß und Haare aus dem eigenen Fell gerupft werden, um das Nest auszupolstern. Diese Tätigkeit hängt, genau wie die Sekretion der Milch, von der Anwesenheit spezifischer Hormone im Blutkreislauf ab. Die Jungen anderer Arten, von kleinsten bis größten Carnivoren, etwa des Tigers, werden eine Zeitlang umhergetragen. Auch diese Tätigkeit hängt zum Teil von Hormonen ab. Tatsächlich wird vielleicht bei einigen Arten das gesamte Repertoire weiblicher Fürsorge, zu dem auch das Einnehmen der Haltung gehört, die den Jungen das Saugen erlaubt, von Hormonen aktiviert.

Schlussfolgerungen

In dem ganzen Durcheinander und in der Vielfalt des sozialen Verhaltens können wir doch einige allgemeine Erscheinungen und Regeln finden. Einige von ihnen werden klarer, wenn man nach ihrer Funktion oder nach ihrem Überlebenswert fragt.

Wozu ist das Werbungsverhalten gut? Diese Frage klingt zuerst naiv, wird jedoch ernsthafter, wenn wir präziser fragen, wie sich die Komplexität des Werbungsverhaltens entwickelt haben kann. Da ist zuerst das einleitende Zusammentreffen: Oft hat sich ein Männchen in einem Territorium angesiedelt und ist nun gezwungen, selbst wenn es kein räuberisches Wesen ist, Eindringlinge zu vertreiben. Weiterhin ist es gezwungen zu drohen, sonst müßte es selbst vor anderen Tieren fliehen. Beide Reaktionen müssen aber verhütet werden, wenn eine Paarung erreicht werden soll, genauso wie das Weibchen seine Flucht unterdrücken muß. Wir haben darum charakteristische Farben, Muster und Haltungen (die alle sichtbar sind), Kontakte, Töne und Gerüche, die von jedem Partner geboten werden, und natürlich auch die Fähigkeit, auf diese Signale zu antworten.

Diese Verhaltensformen (oder Signalmuster) verhüten nicht nur Angriff oder Flucht, sie dienen oft auch dazu, ein Tier auf einen möglichen Partner hinzuweisen. Da sie darüber hinaus im höchsten Grade artspezifisch sind, müssen sie gewöhnlich auch unnütze Paarungsversuche zwischen Mitgliedern verschiedener Art verhindern. Vielleicht ist der Vorteil dieser reproduktiven Isolation darin zu sehen, daß großer Aufwand verhindert wird, und vielleicht haben sich darum einige der komplexen Verhaltensweisen oder -muster der Werbung entwickelt.

Ist ein Paar erst einmal gebildet, muß einer oder müssen beide Partner oft weitere Anstrengungen machen, um den anderen in den gerade richtigen Zustand für einen erfolgreichen Koitus zu bringen. Viele der von männlichen Vögeln vor der Brutzeit vollzogenen Possen haben offenbar die Funktion des korrekten Aufeinanderabstimmens der verschiedenen inneren Prozesse im Weibchen.

Eine weitere mögliche Quelle komplexer Verhaltensformen ist vielleicht die Partnerwahl. Die *natürliche* Selektion wird gewöhnlich als die Funktion der Umwelt auf die gesamte Art verstanden: Tiere, die in einem dicht bewaldeten Gebiet wohnen,

dürften z. B. kaum über visuelle Verhaltensweisen verfügen, die auf große Entfernung wahrgenommen werden müßten. Manchmal gibt es jedoch einen Wettstreit von Männchen um Weibchen (oder Weibchen um Männchen). Darwin nahm an, daß allein dies zu evolutiven Veränderungen führen könnte: wenn zum Beispiel sehr bunt gefärbte Männchen eine größere Chance hätten, ein Weibchen anzuziehen, als unscheinbarere: wenn bunte Färbung dabei genetisch fixiert (angeboren) wäre, dann könnte die Bevorzugung bunter Männchen durch Weibchen zu einer progressiven Zunahme dieser Eigenschaft beim Männchen einer Spezies führen. Experimente mit der Fruchtfliege *Drosophila* haben einen solchen Prozeß im Labor gezeigt.
Alle Stadien von beginnendem Werbungsverhalten, Verlobung und Paarung werden gewöhnlich durch das Territorialverhalten begleitet. Vielleicht ist für viele Arten die territoriale Verbreitung entscheidend für die mögliche Aufzucht gesunder Junger: eine Übervölkerung könnte eine Überbenutzung lebenswichtiger Dinge, besonders von Nahrung und Schutz zur Folge haben. Ein Territorium mag auch einen ungestörten Koitus zulassen und könnte helfen, die Jungen zu beschützen. All diese Feststellungen sind jedoch hypothetisch, und es gibt keine entscheidenden experimentellen Hinweise, sie zu stützen.
Was immer die Funktion des Territoriums für die Aufzucht der Jungen ist, spezifische Signale spielen in ihm, wie in der Werbung, eine entscheidende Rolle. Überall, wo es elterliche Fürsorge gibt, müssen Eltern und Junge zusammengebracht und -gehalten werden, und zwar durch geeignete Signale. Die Jungen vieler Arten reagieren auf chemische Signale der Eltern, doch sind nur wenige experimentelle Analysen durchgeführt worden.
Schriebe ich ein mittelalterliches Bestiarium oder ein moralisches Traktat, würde ich mich jetzt über die moralischen Rückschlüsse aus den Fakten dieses Kapitels verbreiten. Zu ihnen gehört die Zusammenarbeit der Mitglieder der Insektenstaaten – jene bewunderungswürdigen Gesellschaften, in denen jedes Mitglied zum Wohl des Ganzen beiträgt und in denen es kein asoziales Verhalten gibt. Das Argument könnte noch durch das Beispiel der Polybiinen Wespen verstärkt werden, die eine harmlose Beziehung, vielleicht eine Symbiose, mit Ameisen eingegangen sind, die sonst vielleicht für sie gefährliche Räuber wären. Wir sind uns jetzt des Abgrunds bewußter, der zwischen uns und anderen Tierarten, besonders solch entfernten Lebewesen wie den Insekten klafft. Das bedeutet nicht, daß wir moralische Betrachtungen nicht wollen, doch kennen wir die Tatsachen besser. Wir können zugeben, daß anderen Mitgliedern der gleichen Art kaum jemals schwere Verletzungen zugefügt werden. Wir können ferner zugeben, daß die meisten hochsozialen Tiere

Wunder steter Zusammenarbeit bieten: Bienen sind nicht nur »Demokraten«, sie leben auch, Generation für Generation, ohne Verbrechen oder Krieg. Warum aber fühlen wir uns trotzdem nicht berechtigt, andere Arten als Beispiele anzusehen? Der fundamentale Unterschied zu uns liegt darin, daß das Sozialverhalten der anderen Tiere für jede Spezies stereotyp ist. Keine außer unserer besitzt eine weite und sich schnell verändernde Vielzahl sozialer Systeme. Das liegt daran, daß bei keiner anderen Art die Entwicklung des Verhaltens in der Jugend so stark und entscheidend modifizierbar ist. Dennoch gibt es unter Säugern einfache Beispiele elterlicher Erziehung, wenngleich der Rahmen dieses Verhaltens sehr eng ist: die Laute und Gerüche, die einen großen Anteil an der Kommunikation zwischen Säugern haben, sind in jeder Spezies standardisiert.

Wir kennen bei uns keine universell gültigen Signale und überhaupt keine universell anerkannten Moralsysteme. Obgleich jede menschliche Gesellschaft eine Sprache hat, ist ihre Form in Raum und Zeit doch sehr verschieden. Für einen Menschen hängt die Fähigkeit, mit anderen Menschen zusammenzuleben, davon ab, ob er es lernt. Wir wenden uns im nächsten Kapitel darum auch einer weiteren Analyse der Kommunikation in tierischen und menschlichen Gesellschaften zu.

VIII Kommunikation und Gesellschaft

Oh Kuckuck! Soll ich dich Vogel nennen
Oder aber wandernde Stimme?
Wordsworth

Das Wort »Kommunikation« war in seinem Ursprung mit den Ideen der Gesellschaft und der Verpflichtung ihr gegenüber verbunden. Im Lateinischen bezieht sich *munis* auf jemanden, der seine Pflicht tut. *Communis* bedeutet dagegen, in Gemeinschaft zu sein, im Gegensatz zu *propius*, das »für sich selbst« bedeutet. *Communicare* hieß ursprünglich, etwas allgemein zu machen, es zu teilen oder aufzusparen, und das ist auch der Ursprung unseres Wortes »Kommunikation«.

Wenn man heute das Wort »Kommunikation« in einem wissenschaftlichen Zusammenhang verwendet, denkt man gleich an Ingenieurwissenschaft oder Mathematik oder, in der Zoologie, an den Versuch, das Sozialverhalten der Tiere mit den Begriffen Stimulus und Reaktion zu beschreiben. Das reflektiert die neuen Anforderungen, die von jenen, die neue Erkenntnisse schaffen und anwenden, an die Sprache gestellt werden. Es zeigt auch, wie neue Konzepte eingeführt und akzeptabel gemacht werden im Vergleich mit uns schon Vertrautem. Im gleichen Sinne hatte das Wort »informieren« früher den Sinn »in Form bringen«, das heißt, den anderen Gefühl vermitteln. Heute bedeutet es aber auch »erzählen«, und heute ist für den Ingenieur oder den Zoologen die Information etwas, was kommuniziert wird und was in mathematischen Termini definiert werden kann. Ingenieure haben also Wörter benutzt, die ursprünglich menschliches Verhalten beschrieben und die sie nun für Vorgänge verwenden, die in Drähten, Röhren oder Ventilen ablaufen. Die Biologen wiederum haben den Prozeß umgedreht und die Wörter wieder aufzufinden versucht, in der Hoffnung, daß die Gesetze und Konzepte der physikalischen Wissenschaften ihnen helfen könnten, das Verhalten zu erklären.

Jede Vermittlung von Information hängt von Signalen ab. In der Biologie ist ein Signal eine Art Stimulus. Dieser kann, nicht sehr genau, als eine kleine Energiemenge oder Substanz definiert werden, die in einem System eine große Veränderung in der Verteilung von Energie oder Material hervorrufen kann. Diese Definition erfordert keine Aktion über Distanz. Das Hauptmerkmal ist der triviale Charakter des Signals, vergleicht man seine Wirkungen: nur ein leiser Ton oder eine Spur von Geruch kann eine Gruppe großer Tiere dazu veranlassen, große Energiemengen zur Flucht aufzuwenden. Beim Sozialverhalten sind Quelle des Signals und dadurch beeinflußtes System Tiere der gleichen Spezies. Und darum sprechen wir von Sozialsignalen.

Die Diversität der Signale

Gerüche

Alle wichtigen Sinnesorgane können durch soziale Signale erregt werden. Die Signale können also Substanzen, optische und akustische Reize oder Kontakte sein.

Substanzen beeinflussen die menschlichen Sinne Geruch und Geschmack. Von diesen hat ersterer einen bei weitem größeren Umfang. Die meisten unserer Wahrnehmungen von Nahrung und Getränk hängen vom Geruchssinn ab — was leicht beobachtet werden kann, wenn dieser einmal eine Zeitlang oder immer außer Aktion ist. Auch andere Spezies werden durch chemische Sinne in der Wahl ihrer Nahrung geleitet. Hier jedoch wollen wir uns mit ihren sozialen Funktionen beschäftigen. Gerüche haben die nützliche Eigenschaft, über Entfernungen wahrgenommen werden zu können, gleichgültig ob Hindernisse dazwischen sind. Das berühmte Beispiel der nachtfliegenden Schmetterlinge (Seite 16) zeigt, daß ein gerichteter Effekt über eine große Entfernung vorhanden ist; das Beispiel des Kaisermantels zeigt (Seite 127), wie durch Gerüche eine Serie stereotyper Paarungsverhaltensweisen in Gang gebracht werden kann. Dies sind Beispiele des Erkennens des Weibchens durch das Männchen oder umgekehrt. Sie sind artcharakteristisch und schließen dadurch die Annäherung eines Mitglieds einer anderen Tierart aus.

Gerüche unterscheiden aber nicht nur Arten: sie trennen auch Tiergruppen. Mitglieder einer Kolonie soziallebender Insekten vertreiben Mitglieder anderer Kolonien; das Erkennen ermöglicht der Geruch, der offensichtlich von der besonderen Kombination von Nahrungsstoffen, die von den sammelnden Individuen eingebracht wurden, herstammt. Wenn sich Mitglieder von zwei Kolonien durch eine Barriere hindurch riechen können, entwickelt sich keine Abneigung, wenn sie später zusammengebracht werden.

Die Männchen einer Wildrattenkolonie greifen fremde Männchen an, Mitglieder der eigenen Kolonie werden aber nur »beschnüffelt« (Abb. 51). In diesem Falle kennen wir jedoch den Ursprung des Hemmgeruchs nicht. Chemische Signale bewirken

Abb. 51 Bedeutung des Geruchs für das Sozialverhalten: das Männchen einer Wildratte beriecht ein Weibchen, das gerade in das Brunststadium (Östrus) eintritt.

auch den Zusammenhalt von Gruppen, etwa bei den sozialen Insekten, durch Futteraustausch (Trophallaxis), wie ich es im vorhergehenden Kapitel beschrieben habe.
Einige Säugetiere können offensichtlich nicht nur Gruppen, sondern auch Individuen durch ihren Geruch unterscheiden. Das setzt in erster Linie die Produktion eines charakteristischen Körpergeruchs durch jedes Individuum voraus. Die Haut der Säugetiere produziert eine ganze Skala von Sekreten, zu denen oft zwei Sorten Schweiß und Talg gehören. Hinzu kommt eine Batterie spezieller Drüsen, von denen die meisten mit den Geschlechtsorganen in Verbindung stehen. Um dieses Angebot zu bewältigen, muß natürlich eine sensorische Ausrüstung vorhanden sein. Der hochwirksame Geruchssinn eines Hundes kann zum Beispiel nicht nur die Geruchsmerkmale anderer Hunde (oder Hündinnen) »lesen«, und das in beträchtlicher Verdünnung, sondern auch die des Menschen. Die Fähigkeit der Hunde, *individuelle* Spuren von Menschen durch Geruch zu verfolgen, wurde eine Zeit bezweifelt. H. Kalmus hat jedoch darüber überzeugende Experimente durchgeführt. Eine dritte notwendige Komponente dieses Verhaltens ist natürlich die Fähigkeit, sehr ähnliche Gerüche *unterscheiden* zu können, genau wie wir die Stimmen unserer Bekannten unterscheiden können.
Wir haben unglücklicherweise kaum exakte Kenntnis über die soziale Rolle bei der individuellen Unterscheidung durch Geruch. Bei Säugern wird das Territorium oft durch Geruchsmarken abgegrenzt: Urin (Hunde an Laternenpfählen) oder spezielle Sekrete werden dazu benutzt. Dieses Verhalten weist auf eine bemerkenswerte Eigenschaft der Gerüche hin: sie ermöglichen es einem Tier, eine andauernde Fährte zu hinterlassen. In wel-

chem Grade aber Geruchsmarken attraktiv, abschreckend oder nur Gedächtnisstütze sind, ist noch nicht entschieden worden.
Trotz ihrer Bedeutung sind die Gerüche aber in ihrer Wirkung stark begrenzt. Obgleich Individuen mehrere zur gleichen Zeit produzieren können, sind sie jedoch nicht mit der großen Fülle von Tönen einer Melodie vergleichbar: es gibt kein »Spektrum« von Gerüchen, wie es Töne verschiedener Wellenlängen gibt. Auch die visuellen Signale können von den Gerüchen nicht übertroffen werden.

Optische Signale

Der einfachste Typ eines visuellen sozialen Signals ist ein Lichtstrahl. Eine Käferfamilie (Coleoptera), die »Glühwürmchen« genannt werden, paart sich nachts. Diese sind auf Organe angewiesen, die ein helles, aber kaltes Licht produzieren. Das Männchen des Leuchtkäfers *Photinus pyralis* fliegt suchend umher und blitzt in Abständen von genau 5,8 Sekunden. Das Weibchen, das auf einem Grashalm sitzt, blitzt in gleichen Abständen, jedoch zwei Sekunden später. Einem gefangenen Männchen kann durch leichtes Drücken der Blitzrhythmus des Weibchens induziert werden. Andere Männchen nähern sich ihm dann, als ob es ein Weibchen wäre. Andere Arten besitzen andere Blitzmuster, so daß es keine Konfusion gibt.
Dies ist jedoch ein ziemlich spezieller Fall. Leuchtorgane sind nämlich im Tierreich ziemlich selten. Besonders auffällig sind sie bei Tiefseetieren: ihre dünnen Populationen, die in der dau-

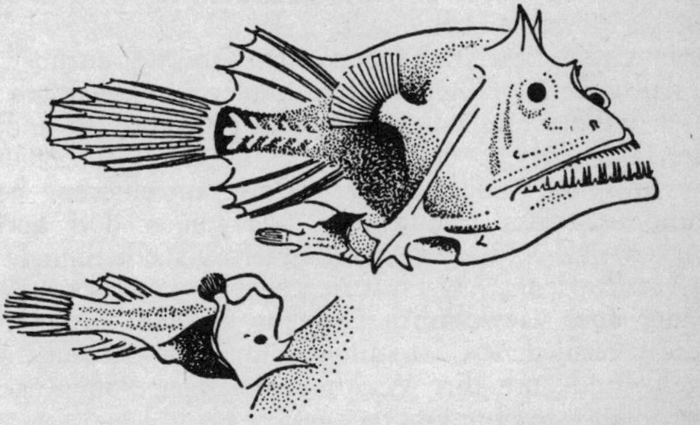

Abb. 52 Der abyssale Edriolychnus, ein Anglerfisch. Oben ist das Weibchen mit einem an ihm angehefteten Zwergmännchen abgebildet; unten das Männchen nach der Anheftung. In diesem besonderen Falle besteht das gesamte Fortpflanzungsverhalten darin, daß ein Jungtier ein Weibchen finden muß, an dem es sich für immer anheften kann.

ernden Dunkelheit des Abyssals leben, haben sicherlich oft nur überlebt, weil ihnen recht spezielle Methoden von Signalverständigung zur Verfügung standen. (Das Problem, wie sich die Geschlechter unter diesen Bedingungen finden, zeigt besonders gut die Fischgattung *Ceratias*: das Weibchen dieser Arten hat normalen Körperbau, das Männchen bleibt jedoch klein und wird zu einem kleinen, am Weibchen parasitierenden Anhang.)
Fast alle Wirbeltiere und auch viele Wirbellose reagieren nicht nur auf Helligkeitsunterschiede, sondern auch auf sichtbare Bewegungen und Muster; viele können Farben unterscheiden. Es gibt darum einen großen Reichtum an Signalen, den Menschen nur bewundern können. Wir haben schon die Beispiele der bunten Signalflaggen der Winkerkrabben und viele andere bis zu den Gebärden leuchtend gefärbter Vögel kennengelernt. Manchmal kann durch Attrappenversuche das Merkmal herausgefunden werden, das den stimulierenden Effekt erzeugt. Manchmal, wenn eine Attrappe nicht die komplexen Bewegungen ausreichend ausführen kann, kann das signalisierende Tier selbst verändert werden. Wellensittiche, *Melopsittacus undulatus*, können mit Hilfe von Farbe verändert werden: malt man einem Männchen kunstvoll größere Halsflecken, wird es von den Weibchen einem Männchen mit kleineren Halsflecken vorgezogen. Umgekehrt kann auch ein weiblicher Wellensittich als Männchen getarnt werden, wenn man die Wachshaut über seinem Schnabel, die beim Weibchen sonst bräunlich ist, blau färbt (ihr also die Männchenfarbe gibt). Ihr Gatte greift sie dann an. Ein weiblicher Buchfink, *Fringilla coelebs*, dessen gewöhnlich grünliche Brust mit roter Tinte gefärbt wird, wird in ähnlicher Weise als Männchen behandelt.
Experimente dieser Art können einen Eindruck darüber vermitteln, daß viele Verhaltensweisen doch recht mechanisch hervorgerufen werden. Im vorigen Kapitel erwähnte ich andere Beispiele. Es ist, als ob das Gehirn eines Tieres so gebaut wäre, daß es in einer standardisierten Weise auf eine eng begrenzte Reizung antworten müßte. Aber wir können doch auch schon bemerken, daß bei Vögeln und Säugern visuelle Signale oft von recht verschiedener Art sind: sie gehen in komplexer Weise ineinander über. Gewöhnlich variieren sie auch in einer Weise, die die verschiedenen Erregungszustände des Erzeugers widerspiegeln, und auch ihre Wirkungen hängen vom Zustand des Tieres ab, das sie empfängt.
Um diese Situationen angemessen beschreiben zu können, ist ein hoher Grad von Hingabe und Beharrlichkeit notwendig: ein riesiger Aufwand bloßen Zählens von Ereignissen und Gebärden ist erforderlich. Aus den wenigen vorhandenen Beispielen wollen wir die Arbeit von A. W. Stokes über die Blaumeise, *Parus caeruleus*, auswählen. Diese Vögel wurden am Futterhaus

im Winter beobachtet. Ein Aufstellen der Haube und ein Plustern der Körperfedern reduzierte bei dieser Spezies die Fluchtneigung anderer Individuen (d. h., daß andere Vögel öfter abflogen, wenn Haube und Körperfedern nicht geplustert waren): ein Aufstellen der Haube reduzierte die Fluchtabsicht von siebenunddreißig auf fünf Prozent. Diese Prozentzahlen zeigen, daß es dabei nicht eine einfache Reiz-Antwort-Beziehung gab. Stokes war auch in der Lage, eine bestimmte Wahrscheinlichkeit festzusetzen, mit der ein gegebenes Signal durch eine spezifische Handlung beantwortet wurde. Ein Aufstellen der Haube ging in neunzig Prozent der Fälle der Flucht voraus (wurde sie jedoch nicht aufgestellt, dann kam mit 26 Prozent Wahrscheinlichkeit eine Verfolgung bei der Flucht hinzu). Bei der Voraussage von Angriffen war die Wahrscheinlichkeitsrate erstaunlich niedrig. Eine Anzahl von Merkmalen *tendiert* dazu, einer Attacke vorauszugehen; doch gab die Kombination 1. Nackenfedern gesträubt, 2. Ansehen des Gegners, 3. Horizontalstellung des Körpers, 4. Haube angelegt und 5. Schwingen nicht erhoben, nur eine Wahrscheinlichkeit von achtundvierzig Prozent dafür, daß ein Angriff folgen würde. Diese Beobachtungen warnen uns davor, tierische Signale als mechanische Äußerungen anzusehen.

Geräusche

Das gute menschliche Gehör hat uns in den Stand gesetzt, detaillierte Untersuchungen über Tonmuster anzustellen, mit deren Hilfe Tiere sich verständigen. Die uns vertrautesten Töne von Tieren werden, wie auch unsere, mit Hilfe von »Wind-Instrumenten« erzeugt: das heißt, sie entstehen bei der Passage von Luftströmen durch Öffnungen. Vielleicht sind die Lautsignale einmal zufällig entstanden, wenn ein Tier gestört wurde und nach Luft schnappte. Abgesehen von den Landwirbeltieren, vom Frosch an aufwärts, sind die Insekten die Hauptproduzenten von Tönen. Sie benutzen gewöhnlich »Saiteninstrumente«. Die Töne werden durch das Reiben z. B. eines bewaffneten Beines gegen eine andere Körperoberfläche erzeugt. Nachdem wir heute in der Lage sind, auch unterseeische Geräusche abzuhören, wissen wir auch, daß Fische recht lärmende Zeitgenossen sind: einige knirschen mit den Zähnen, andere benutzen »Schlaginstrumente«: so etwa die Drückerfische der Familie Balistidae, die mit ihren Brustflossen eine Membrane beklopfen.

All dieser Lärm wäre natürlich sozial völlig unnütz, gäbe es nicht Ohren, die ihn hören könnten. Das Wirbeltierohr reagiert auf Druckveränderung, und zwar sowohl in der Luft als auch im Wasser. Um darüber hinaus auch die Richtung, aus der die Laute kommen, bestimmen zu können, werden zwei Ohren benötigt, die günstigerweise durch irgend etwas (etwa den Kopf) getrennt sind, was in gewissem Maße als eine Geräuschbarriere wirken kann. Die Insektenohren reagieren dagegen auf die Bewegung von Luftpartikeln, welches die zweite Eigenschaft einer Tonwelle ist. Solch ein Ohr wirkt schon für sich als Richtungsanzeiger: wird es gedreht, wird der Ton entweder lauter oder leiser empfangen, und der beste Empfang ist, wenn das Organ im rechten Winkel zur Richtung steht, aus der der Ton kommt. Soziale Laute sind am meisten bei Vögeln untersucht worden. Sie sind hauptsächlich zweierlei physikalischer Natur. Zuerst gibt es kurze, oft wiederholte Laute, die eine genaue Lokalisation des Erzeugers erlauben; sie werden im Gesang dargebracht, der Bedeutung bei der Revierverteidigung und bei der Balz hat. Zum zweiten gibt es hohe, pfeifende oder schrille Töne, die geäußert werden, wenn sich ein Räuber, etwa ein Raubvogel, nähert. Diese sind sicherlich soziale Signale, jedoch von einer Qualität, wie sie bisher noch nicht erwähnt wurden. Sie locken keine Artgenossen an, noch verscheuchen sie diese, sondern lösen ihre Flucht und das Aufsuchen von Deckung aus. Jeder, der Vögel schon belauscht hat, weiß, wie schwer Töne dieser Sorte zu lokalisieren sind.

Die komplizierteren Geräusche der Vögel, die »Gesänge«, sind ein Mittel, mit dem wir eine Vogelart erkennen können: sie sind unter den kleineren Singvögeln genauso verschieden wie Umriß und Farbe (Passerinen). Dennoch sind sie keinesfalls uniform. In der Tat haben so verbreitete Vögel wie unser Rotkehlchen, *Erithacus rubecula,* ein ungeheuer diverses Repertoire. Einen ganz anderen Aspekt ergibt die Variation im Vogelgesang einer Spezies, die im Lernprozeß auftritt, den viele Jungvögel durchmachen müssen, bis sie den typischen Gesang produzieren können. Eine kuriose Erscheinung ist das Auftreten von »Dialekten« beim Gesang: Der typische Gesang einer Vogelart kann in verschiedenen Gegenden unterschiedlich sein. Die Amsel, *Turdus merula,* ist ein häufiger europäischer Vogel, an dem man leicht die geographischen Unterschiede des Gesangs belauschen kann. Der Buchfink, *Fringilla coelebs,* ist in Schottland in Klane geteilt, die von Tal zu Tal anderen Gesang zeigen.

Wenn wir feststellen, daß selbst einzelne Vögel in gewissem Grade ihre eigenen, individuellen Gesänge haben, sind wir bereit, Melodien als Produkte privater Erfindungsgabe anzusehen, die »aus Spaß« erzeugt werden. Bis zu einem gewissen Punkt ist das richtig: Tiere spielen, das heißt, sie führen alle möglichen Aktivitäten ohne unmittelbares Müssen oder Belohnung aus — Handlungen, deren Durchführung allein ausreicht, um ihre Wiederholung zu sichern. Es ist aber auch richtig, wenn wir fragen, ob ein solches Verhalten Überlebenswert hat.

Die Variationen eines Gesangs innerhalb einer Spezies sind vielleicht vor allem für das Erkennen von Individuen wichtig. Man hat selbst individuelle Rufnoten unterschieden: eine Silbermöwe, *Larus argentatus*, wird durch den miauenden Ton ihres Partners aufgeweckt, während sie bei den Rufen anderer ruhig weiterschläft. (Man wird an eine Mutter erinnert, die vom schwachen Weinen ihres Kindes aufwacht, von lauteren Tönen aber nicht gestört wird.) Auch Jungvögel können lernen, die Rufe der Eltern zu erkennen. Die Brutstätten des Königspinguins *Aptenodytes patagonica*, werden von Tausenden von Jungen bevölkert. Dennoch hört jedes auf den Ruf seiner eigenen Eltern: offenbar haben sie ihre eigenen unterscheidbaren Tonrhythmen, und das Küken lernt sie in den ersten Tagen oder Wochen seines Lebens. Das Erkennen der Eltern ist für eine geordnete Existenz in diesen überfüllten Brutstätten von Bedeutung.

Die bemerkenswertesten und faszinierendsten Beispiele liefern aber die Vögel, die Duette und selbst Trios bilden. W. H. Thorpe und M. E. W. North haben einen Bericht über diesen Wechselgesang publiziert und mit einigen Strophen des Gesanges selbst ergänzt. (Glücklicherweise können die meisten Vogelgesänge mit den westlichen Notensystemen genau aufgezeichnet werden.) Die musikalischen Fähigkeiten gewisser Vogelarten sind in ihrer natürlichen Umgebung größer als im Labor gewesen. Im Jahre 1903 wurden jedoch zwei Berichte über Stubenvögel in dem wissenschaftlichen Journal *Nature* publiziert. Ein Pärchen australischer Echter Flötenvögel der Art *Gymnorhina tibican* erlernte eine Melodie von fünfzehn Noten, die ihm auf einer Flöte vorgespielt worden war, und sang diese im Kehrvers, das heißt in abwechselnden Sätzen. Als einer starb, übernahm der andere die Gesamtstrophe, obgleich er niemals vorher etwas anderes als nur die eigene Strophe gesungen hatte. Ein anderes Beispiel betrifft zwei Vogelarten: einen Kanarienvogel, *Serinus canarius*, und einen Gimpel, *Pyrrhula pyrrhula*. Sie sangen Duette im Haus des Musikers Georg Henschel.

Thorpe und North haben verschiedene Arten untersucht, besonders aber den tropischen Bou-Bou-Würger, *Lanius aethiopicus*. Die Duette dieser Spezies werden zwischen Paaren ausgeführt und erreichen durch lange Praxis hohe Perfektion. Sie wurden in einer Form aufgenommen, die gestattete, die genauen Intervalle zu messen: und diese Intervalle erwiesen sich als erstaunlich genau bis zu wenigen Millisekunden bei jeder Wiederholung. Offenbar ist es diese zeitliche Abstimmung, die individuelles Erkennen erlaubt. Bei der Abwesenheit des Partners singt der andere die gesamte Strophe. Das mag den Partner zurückrufen. Die beiden Partner können dann den ganzen

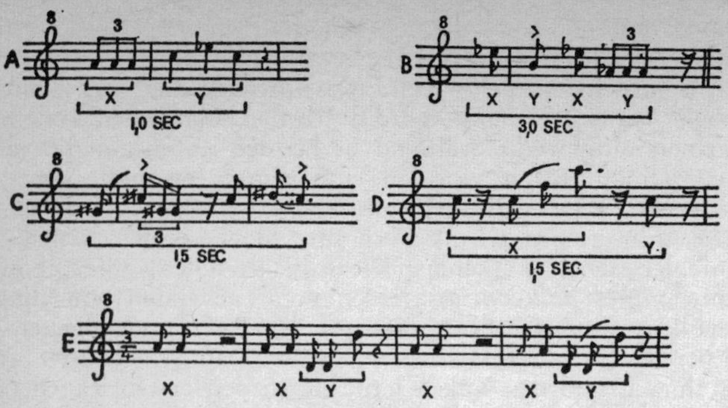

Abb. 53 Wechselgesänge tropischer Würger, aufgenommen von Thorpe und North.

Gesang unisono singen, obgleich sie allgemein zu ihrem Wechselgesangs-Stil zurückkehren (Abb. 53). Es war lange Zeit rätselhaft, warum Vögel, besonders Papageien, genau die menschlichen Stimmen und vom Menschen erzeugte Laute imitieren können. Diese Beobachtungen legen den Schluß nahe, daß diese Fähigkeit nachzuahmen in der Natur die Partner eines Paares befähigt, die gleichen Töne zu erzeugen und sich so zu erkennen und einander zu rufen. Besonders im tropischen Wald, wo man nicht weit sehen kann, ist das ohne Zweifel wichtig.

Kontakte

Gerüche, optische Signale und Geräusche können über beträchtliche Entfernung wirken. Aber eine andere wichtige Quelle sozialer Signale ist der wirkliche Kontakt von Individuen untereinander. Die sozialen Insekten sind ständig miteinander »in Berührung«. Säuger lecken, betatschen und beschnuppern sich. Das Studium dieser Signale bringt jedoch nichts wesentlich Neues. Auch ist über sie bislang noch nicht ausführlich experimentiert worden.

Das Problem der Evolution

Offenbar sind in der einen oder der anderen Tierart alle Sinne mit der Aufnahme von Informationen aus sozialen Signalen betraut, und jedes mögliche Mittel, Signale zu erzeugen, wird genutzt. Wie sind solche Signale entstanden? In der Vergangenheit war für viele Menschen das komplexe Verhalten einfach das Werk eines Schöpfers; oder, wenn das nicht angenommen wurde, das Resultat eines Wettkampfes – im weitesten Sinne – der Vorfahren der Tiere, die es zeigten. Heute können wir uns mit Erklärungen dieser Art nicht mehr zufriedengeben. Vor einem Jahrhundert schon wurden sie durch die Theorie der natürlichen Selektion ersetzt.

Die Basis von Darwins Theorie war, wie wir im 1. Kapitel sahen, die Annahme der Existenz einer angeborenen Variationsbreite in jedem Tier. Für unsere Diskussion brauchen wir nur zu akzeptieren, daß alle Komponenten sozialen Verhaltens ebenfalls solche Variationen zeigen, wie auch alle anderen Merkmale der Organismen. Auf Seite 153 habe ich diese Annahme schon für die sexuelle Selektion unterstellt. Für die Evolution sozialer Signale müssen wir eine gleichzeitige Evolution für das Signal und für die Fähigkeit, dieses beantworten zu können, annehmen. Diese Forderung benötigt für die Evolution der Signale keine Sonderstellung dieser gegenüber anderen Merkmalen. Die meisten evolutiven Veränderungen betreffen parallele Umbildungen in mehreren Charakteren. Wenn zum Beispiel die Giraffen, *Giraffa giraffa*, längere Beine entwickeln, um schneller laufen zu können, dann müssen sie gleichzeitig längere Hälse hervorbringen, damit sie leicht das Wasser zum Trinken erreichen können. Beide Neuerwerbungen erfordern viele Veränderungen in der Muskulatur und im Knochenbau. Es ist darum unvermeidlich, daß die Evolution langsam vor sich geht.

Betrachten wir nun Vögel, bei denen der Hahn in der Brutzeit ein leuchtendes Gefieder anlegt und das Weibchen, das sich dem Hahn nähert, sich nicht durch irgendwelche Drohgebärden abschrecken läßt. Der Hahn selbst hat Bewegungsweisen entwickelt, die sein Gefieder recht zur Geltung bringen. Wir müssen annehmen, daß sich all diese Merkmale langsam entwickelten. Wir nehmen weiterhin an, daß manche Individuen eine bessere Chance zur Brut besaßen als andere, weil sie diese Charaktere in höherem Maße besaßen, und daß die Unterschiede zwischen den Typen an die Nachkommen weitergegeben wurden. Bei diesem Beispiel ist das Männchen durch sein Verhalten (und seine Erscheinung) vom Weibchen unterschieden. Beide Geschlechter besitzen dennoch die nervliche Ausrüstung, die *beiderlei* Geschlecht angemessen ist: ob ein erwachsenes Tier sich wie ein Männchen oder Weibchen benimmt, hängt von der »Schaltung« der schon erwähnten Hormonaktionen ab.

Woher kamen solche Signale? Die natürliche Selektion erfordert einige angeborene Unterschiede in der Erzeugung und Beantwortung von Signalen. Entsprechend müssen wir annehmen, daß die Signale schon entstanden, *bevor* sie als solche verwendet wurden, mindestens in rudimentärer Form. Eine solche Frage kann natürlich nicht mit der Genauigkeit und Schärfe beantwortet werden, wie sie (zum Beispiel) die Physiologie erfordert. Es ist jedoch möglich zu zeigen, daß es eine Menge von Rohmaterial gibt oder gab, aus dem sich Signale in der Evolution entwickeln konnten.

Viele Beispiele geben Gebärden (Drohgebärden), die den Rückzug eines Gegners erzwingen. Wir haben gesehen, daß, wenn ein Eindringling sich nicht zurückzieht, ein Zusammenstoß erfolgen kann; doch selbst dieser ist gewöhnlich harmlos. Es gilt für komplexe Tierarten, die in strukturierten Umgebungen leben — auf Land, in einem Fluß oder auf dem Meeresboden — eine allgemeine Regel: sie teilen sich den Lebensraum mit Hilfe von Drohung und Rückzug in Reviere auf. Wir müssen annehmen, daß vor langer Zeit die Vorfahren dieser Spezies ein Kampfverhalten recht heftiger Art entwickelt hatten: unter bestimmten Bedingungen konnte eine siegreiche Attacke auf Artgenossen dem Angreifer und seinen Nachkommen helfen zu überleben. (Ich werde nicht versuchen, die Entstehung des *Angriffsverhaltens* zu erklären.) Meine Annahme geht nun dahin, daß die Signale sich aus verschiedenen Strukturen entwickelten, entweder aus dem Angriff selbst, oder aber aus Beiwerk desselben. Es wird gleichzeitig vermutet, daß immer ein selektiver Vorteil für die Ausbreitung durch Drohung und Rückzug anstelle von gefährlichen Zusammenstößen entsteht.

Genaue Beobachtungen des Verhaltens haben erkennen lassen, daß viel von ihm aus unvollkommenen oder fehlgeleiteten Angriffshandlungen besteht, die nicht zu einem wirklichen Zusammenstoß führen. Dies ist eine fundamentierte Vermutung für das Fletschen der Zähne bei Säugetieren oder das Hacken mit dem Schnabel bei Vögeln. Ein Tier macht kurz vor einem Angriff oft »Intentionsbewegungen«. Eine männliche Silbermöwe, *Larus argentatus*, die einem Eindringling gegenübersteht, streckt den Hals, den Schnabel nach unten gerichtet, und hebt etwas die Flügel. Das kann das Vorspiel für einen wirklichen (wenngleich harmlosen) Angriff sein. Für sich selbst betrachtet, stellt es aber eine klar erkennbare Haltung dar, die den Rückzug des Neuankömmlings bewirken kann.

Andere Abschreckhandlungen scheinen jedoch komplexeren Ursprungs zu sein. Manchmal werden zwei entgegengesetzte Handlungen gleichzeitig erzeugt: an der Reviergrenze kann zum Beispiel ein Tier durch einen fremden Artgenossen sowohl zur Annäherung (vielleicht zum Angriff) als auch zum Rückzug stimuliert werden. Eine doppeldeutige, unentschlossene Bewegung mag resultieren. Solch eine Bewegung kann, wie es scheint, ein Signal werden. Man hält den Zickzack-Tanz des männlichen Stichlings, *Gasterosteus aculeatus*, für eine solche Bewegung: die Bewegung kann als ein Schwanken zwischen der Bedrohung des Weibchens und einem Rückzug vor ihm ver-

Abb. 54 Verhalten der Mandarinente.

standen werden; dabei kann die Rückzugskomponente eine zum Nest leitende Bewegung sein.

Diese Beispiele, die wir N. Tinbergen verdanken, sind lokomotorische Bewegungen. Desmond Morris hat auf eine andere Quelle von Haltungssignalen hingewiesen. Wenn ein Tier dabei ist, eine heftige Aktion zu unternehmen – sei es Angriff, Flucht oder Koitus –, wird sein Nervensystem hochgradig aktiviert, was sich in einer Anzahl von Veränderungen reflektiert, die Primärprodukte dieser Aktivierung sind. Vom Menschen ist uns das bekannt: Erbleichen kann Wut oder Furcht bedeuten, und eine Erweiterung oder Verengung der Pupille kann durchaus nicht nur starke Emotionen, sondern selbst einfaches Interesse begleiten. Diese Veränderungen bei uns und anderen Säugern werden vom autonomen Nervensystem kontrolliert: eine Veränderung der Blutversorgung der Haut ist primär mit der Regulation der Körpertemperatur verbunden. Das gleiche gilt für das Anlegen oder Plustern des Vogelgefieders. »Federhaltungen« können das Bedürfnis des Vogels widerspiegeln, Wärme zurückzuhalten oder abzugeben; sie können aber auch an Stelle dessen eine Droh- oder Rückzugstendenz ausdrücken. Dies sind sichtbare Zeichen innerer Veränderungen. Es gibt auch andere, nicht sichtbare, aber dennoch gut wahrnehmbare. Wenn ein Tier gestört wird oder ungewöhnlich aktiv ist, können sich die Sekretionen verschiedener Drüsen verändern: bei Säugern kann die Intensität der Schweißsekretion oder eine andere Hautdrüsensekretion ansteigen und damit den Geruch des Tieres verändern. Vielleicht haben sich auch chemische Signale als Neben-

effekte der Temperaturregulation entwickelt, oder doch mindestens als Aktivitäten des autonomen Nervensystems.
Bislang habe ich Gebärden (und vielleicht auch Gerüche) beschrieben, die Sozialsignale wurden, ohne daß sie sich selbst änderten; in Wirklichkeit werden aber die meisten Signale, die in dieser Weise entstanden sind, für Signale gehalten, die ihre ursprüngliche Bedeutung stark verändert haben. Ist ein solcher Fall wahrscheinlich, dann spricht man von einem ritualisierten Signal. Es ist vorteilhaft, wenn eine Gebärde als Sozialsignal wirkt, und es ist ebenso vorteilhaft, wenn dies auffällig ist. Es scheint darum, daß manche solcher Signale Übertreibungen sind. Wieder bieten die Vögel Beispiele, die durch komplizierte Bewegungen von Schwingen- und Schwanzfedern und das Öffnen des Schnabels charakteristisch sind. Zu ihnen gehört das auffällige Radschlagen des Pfaues, *Pavo cristatus.* Wenn wir so etwas »Ritualisierung« nennen, darf man dabei natürlich nicht an menschliche Rituale denken. Das menschliche Verhalten, sei es rituell oder anders, besteht nicht aus einer Serie formeller Muster, die sich unter dem Druck der natürlichen Selektion entwickelt haben. Unsere Riten sind in den einzelnen Gemeinschaften verschieden und müssen individuell erlernt werden.
Fassen wir zusammen: Intentionsbewegungen und andere Nebeneffekte des Angriffs und die besonderen Handlungen, die in Konfliktsituationen ausgeführt werden, können zur Entwicklung von Verhaltensweisen beigetragen haben. Obwohl diese Vermutung über den Ursprung von Signalen nicht streng getestet werden kann, hilft sie uns doch, das Mysterium tierischer Kommunikation in ein rationales Evolutionsschema zu bringen.

Tierische Kommunikationen und menschliche Sprache

Das bemerkenswerteste aller Signalsysteme ist das des Menschen. Welche besonderen Merkmale unterscheiden es von denen anderer Tierarten? Der Versuch, diese Frage zu beantworten, erklärt uns nicht nur einige Eigenarten der menschlichen Sprache, sondern hilft uns auch, tierische Signale besser zu verstehen.
Wenn man über die Natur der menschlichen Sprache nachdenkt, wird man zuerst durch den *willkürlichen* Charakter der Sprache beeindruckt. Ein Wort oder ein Satz entspricht in der Regel in seiner eigenen Form nicht dem Charakter des Gegenstandes oder Ereignisses, auf das sie sich beziehen. Wörter wie *murmeln* oder *zischen* sind Ausnahmen von dieser Regel. Das bedeutet jedoch nicht, daß die Töne, die wir erzeugen, von denen anderer Arten verschieden sind, denn auch sie sind in diesem Sinne will-

kürlich. Das komplexeste System von Kommunikation außerhalb unserer eigenen Spezies, das wir kennen, das der Honigbiene, ist jedoch (wenigstens in seinen bekanntesten Zügen) nicht willkürlich: ein Bienentanz entspricht in seiner Form der Botschaft, die er übermittelt: er ist bildlich oder analog, wie ein Diagramm, ein Schema oder eine Karte.
Ein der menschlichen Sprache beigeordnetes Merkmal ist, daß sie unter Individuen völlig austauschbar ist: jeder kann jedes sagen und nicht einmal in übereinstimmender Form, wenn er es so will. In einer Sprache wie etwa dem Französischen kann ein Mann von sich sprechen, als wäre er eine Frau. Das hat zur Folge, daß Menschen Lügen erzählen können, für die es innerhalb der Kommunikation anderer Lebewesen kein Beispiel gibt. (Vielleicht müßte ich besser sagen: für die es innerhalb einer Spezies kein Beispiel gibt, denn das »Krankstellen« von Vögeln täuscht Raubtiere *anderer* Spezies.)
Ein drittes wichtiges Merkmal der menschlichen Sprache ist, daß sie *produktiv* ist. Man kann leicht einen Satz bilden, den man vorher nie gesprochen oder gehört hat, und zwar aus vertrauten Bestandteilen. Das sind Dinge, die dauernd geschehen, zum Beispiel auch, wenn eine Person eine neue Erfahrung beschreibt. Diese Eigenschaft ist im Tierreich selten; nur die Bienen teilen sie mit uns: eine Arbeiterin kann einen Tanz vollführen, den sie niemals vorher getanzt hat, um eine gewisse Entfernung und Richtung zu übermitteln. Die Sprachen von Menschen und Bienen teilen auch das Phänomen der *Übertragung*. Wir und sie können Informationen über Gegenstände geben, die wir nicht mehr sehen. Es gibt jedoch einen großen Unterschied zwischen Bienen und uns, nämlich in der Form, wie wir von dieser Fähigkeit Gebrauch machen. Wie andere Spezies machen wir Geräusche oder Signale, die Absichten klarmachen oder andere ermuntern, irgendwelche Aktionen auszuführen: Ausdrücke wie »paß auf« oder »Hilfe« sind Beispiele. Ein großer Teil der Kommunikation zwischen Eltern und Kindern ist dieser Art. Wir können aber auch etwas berichten, was wir in der Vergangenheit getan oder beobachtet haben. J. B. S. Haldane hat in der Tat vermutet, daß die Prahlsucht eine wichtige Rolle in der Entwicklung der menschlichen Sprache gespielt hat. Vielleicht war die früheste Form einer darstellenden Sprache die eines Fischers, der seinen Fang beschreibt. Dazu sagt Haldane:

> »Ein Kind, das nach Nahrung verlangt ... oder dessen Aufmerksamkeit durch auffällige Gegenstände erregt wird, ist noch ein kleines Tier. Wenn es anfängt, die Mutter zu fragen, wo sie war und was sie gesehen hat, wird es ein menschliches Wesen. In diesem Stadium beginnt es, ein geordnetes Gedächtnis für vergangene Dinge zu entwickeln, und ich bezweifle, ob solch ein geordnetes Gedächtnis, das man einem

Gedächtnis für eindrucksvolle Erfahrungen gegenüberstellen muß, schon vor der Erfindung einer beschreibenden Sprache existiert hat.«

Die Komplexität unserer Sprachen wird durch die Tatsache ermöglicht, daß individuelle Komponenten (Töne oder Buchstaben) in einer Fülle von Formen zusammengesetzt werden können: jede hat viele Funktionen. Unsere Zehntausende von Wörtern, gesprochen oder geschrieben, gehen nur auf zwanzig oder dreißig Töne oder Buchstaben zurück. Dies ist eines der einzigartigen Merkmale menschlicher Kommunikation. Ein anderes ist das Ausmaß, bis zu welchem die menschliche Sprache kulturell bestimmt und nicht in ihren Formen artcharakteristisch ist. Die Laute und anderen Signale aller anderen Tierarten können leicht als typisch für die Spezies erkannt werden, selbst wenn es lokale Varianten gibt, die durch »Tradition« gehalten werden. (Wir sahen, daß dies bei einigen Vogelarten der Fall ist.)

Die Entwicklung des menschlichen Sprechens ist in solch starkem Maße eine Angelegenheit des Lernens in der Jugend, daß ein von einer tauben oder geistig behinderten Mutter in Isolation aufgezogenes Kind stumm und schwachsinnig aufwächst. Gelegentlich geschehen solche Tragödien auch in fortschrittlichen Gemeinschaften. Wird solch ein Kind nach einigen Jahren aufgefunden, kann ihm Sprache und normales soziales Verhalten anerzogen werden, nicht jedoch ohne Schwierigkeiten. Die *Fähigkeit*, sprechen zu lernen, ist ein allgemeines Merkmal unserer Spezies; alles, was darüber hinausgeht, ist jedoch ein Produkt des Lehrens und Lernens, das in der menschlichen Gesellschaft erfolgt.

Dritter Teil

IX Vererbung und Umwelt

Eine Handlung, die von uns selbst Erfahrung erfordert, um sie ausführen zu können, nennen wir, wenn sie von einem Tier, besonders von einem sehr jungen ohne jede Erfahrung ausgeführt wird und wenn sie viele Individuen in der gleichen Weise ausführen, ohne daß sie wissen, zu welchem Zweck, instinktiv. Ich konnte jedoch zeigen, daß keines dieser Merkmale des Instinkts allgemeingültig ist. Eine kleine Dosis Verstand und Vernunft spielt, wie Pierre Huber sagt, selbst bei Tieren in der unteren Skala der Natur ein wenig mit.

Darwin

Dieses und die nächsten beiden Kapitel könnten die allgemeine Überschrift »Über den Instinkt« tragen: denn sie untersuchen die Hauptfakten und Ideen, die unter diesem Namen diskutiert wurden.

Die moderne Erforschung des »Instinkts« begann im Jahre 1859 mit dem Kapitel Sieben von Darwins *Entstehung der Arten*, aus dem obiger Absatz stammt. Wenn wir das Prinzip der natürlichen Selektion akzeptieren, haben wir keinen Grund, das Verhalten von dessen Effekten auszuschließen. Alles, was notwendig ist, ist eine angeborene Variabilität im Verhalten, wie sie für alle anderen Merkmale jedes Organismus gültig ist. Die Mitglieder einer gegebenen Art unterscheiden sich oft voneinander. Diese Variabilität geht nicht nur auf genetische oder vererbte Unterschiede zurück, sondern teilweise auch auf Unterschiede in der Umwelt: wir sahen im Kapitel Fünf, daß ein Säugetier, das in der Jugend viele Erfahrungen machen konnte, »intelligenter« ist als eines, das in einer verarmten Umwelt lebte. In ähnlicher Weise hängt auch das Sozialverhalten, das ein Erkennen der Artgenossen einschließt, unausweichlich von vorheriger Erfahrung ab – wie es bei der Bildung der Rangsysteme in Kapitel Sechs beschrieben wurde. Es gibt viele andere Beispiele. Wir wollen uns jetzt aber mit einer anderen Quelle der Variabilität beschäftigen, nämlich mit der abweichenden genetischen Beschaffenheit verschiedener Individuen.

Die wichtigen Einflüsse der natürlichen Selektion wirken über Millionen von Jahren. Sie können direkt nicht beobachtet werden und noch weniger Objekt eines Experiments sein. Genetische Veränderungen kleineren Umfangs, die auf Selektion zurückgeführt werden können, sind jedoch genau untersucht worden. Ein berühmtes Beispiel ist das Auftreten von dunklen Schmetterlingen an Stelle von hellen in bestimmten Gebieten Europas während des letzten Jahrhunderts. Die am besten erforschte Art ist der Birkenspanner, *Biston betularia.* In Gebieten, die von giftigen Abgasen aus Schornsteinen beeinträchtigt werden, sterben die Flechten, die gewöhnlich an Bäumen wachsen, ab. Die dunkle, ungeschmückte Borke der Baumstämme kommt zum Vorschein. Auf dieser sind dunkle Schmetterlinge weniger sichtbar für Vögel, die sie fressen – sie haben also einen Vorteil. Dieser Unterschied in der Färbung geht mit einem veränderten Verhalten einher: dunkle Schmetterlinge neigen dazu, wenn sie vor die Wahl gestellt werden, sich dunklen Untergrund zum Niederlassen auszusuchen, während die »normalen« hellgefärbten Individuen die ihnen besser zustehenden hellen Unterlagen bevorzugen. Zeitweise glaubte man, daß die dunkle Farbe der schwarzen Schmetterlinge irgendwie direkt durch Umwelteinfluß zustande gekommen sei. Schnell zeigte sich, daß das nicht zutraf. Die dunkle Farbe wird genetisch auf einfachem Weg bestimmt: sie ist ein rezessiver Faktor, das heißt, daß jeder Elter ein Gen, das diese Farbe bestimmt, beitragen muß, wenn der Nachkomme dieses Merkmal zeigen soll. Jede Population des Birkenspanners bringt gelegentlich eine schwarze »Mutante« hervor, unabhängig von der Umgebung. Gewöhnlich werden die dunklen Formen schnell eliminiert: nur in von Menschen verschmutzten Gebieten setzen sie sich durch. Wir haben hier also ein Beispiel eines genetisch bedingten Unterschiedes im Verhalten (und im Aussehen), das im Zusammenhang mit dem selektiven Vorteil, der es begleitet, untersucht worden ist.

Dies ist eine Ausnahme. Es gibt jedoch Berichte von Veränderungen des Verhaltens unter Selektionsdruck, die sich über größere Zeiträume erstrecken. Einige Haustierarten leben schon seit Jahrtausenden mit dem Menschen zusammen, und es gibt alte geschriebene Berichte über ihr Verhalten. Manchmal können wir die domestizierten Varianten einer Spezies mit eng verwandten, wilden Populationen vergleichen, so etwa den Haushund mit wilden Hunden und Wölfen (alle Gattung *Canis*). Darüber hinaus sind innerhalb einer Spezies Varietäten mit verschiedenen Eigenschaften gezüchtet worden: alle unsere Hunde sind ziemlich zahm und gelehrig. Einige Typen eignen sich aber besser als

Hütehund oder Jagdhund, andere als Wachhund oder zu einem Leben als Schoßhündchen einer alten Dame. Unter den Vögeln sind einige Tauben, *Columba*, für Wettflüge ausgewählt worden, eine Tätigkeit, zu der gutes Heimfindevermögen gehört. Die Kanarienvögel in unseren Stuben singen (für unsere Ohren) viel schöner als ihre wilden Vettern.

Im Labor kann ein Experimentator, wenn er Tiere mit schnellen Generationsfolgen benutzt, einen noch höheren Selektionsgrad erreichen als den, dem die Tiere des Bauernhofs und des Hauses ausgesetzt waren. R. C. Tryon erreichte das mit einem genetisch gemischten Stamm von Laborratten. In jeder Generation schulte er die Ratten, ihren Weg durch ein dunkles Labyrinth zu finden, und züchtete dann in zwei Gruppen — einer, die schnell lernte, und einer anderen mit den langsamsten Ratten — weiter. In nur sieben Generationen erzeugte er zwei verschiedene »Rassen«, eine schnellernende (»Labyrinth-schlau«) und eine andere (»Labyrinth-dumm«). Man ist versucht, die eine Gruppe für »intelligent«, die andere für »dumm« zu halten. Spätere Arbeiten von I. Krechevsky analysierten die Unterschiede zwischen ihnen jedoch aussagekräftiger. Das Erlernen eines Labyrinths setzt, wie wir im Kapitel Fünf sahen, ein Erkunden voraus. Die »dummen« Ratten sprachen gut auf visuelle Reize an, etwa auf Unterschiede von Hell und Dunkel und Schwarz und Weiß; das brachte sie im Dunkeln in Nachteil. Die scheinbar intelligenten Ratten sprachen besser auf Reize an, die durch Bewegung entstehen, das heißt, sie erfühlten sich ihren Weg. Es besteht kein Zweifel, daß die Unterschiede zwischen den Ratten ihrerseits von Unterschieden in der nervlichen Organisation abhingen. In jedem Fall sind sie genetisch bestimmt, eine Tatsache, die sich klar aus den Effekten der Zuchtwahl (Selektion) ergab.

Es gibt noch verschiedene andere Beispiele, wie durch Selektion das Verhalten einer Tierpopulation verändert wurde. Die berühmte Fruchtfliege, *Drosophila melanogaster*, die einen ungeheuren Beitrag zur Genetik geleistet hat, ist gewöhnlich positiv phototaktisch: sie bewegt sich auf das Licht zu. Es erwies sich jedoch als möglich, innerhalb von achtzehn Generationen eine Fruchtfliegenpopulation durch Selektion zu züchten, die das Licht meidet. Ein noch wichtigeres Beispiel von der Gattung *Drosophila* betrifft zwei Spezies, *D. persimilis* und *D. pseudo-obscura*, die sich manchmal kreuzen. K. F. Koopman hielt eine gemischte Population dieser beiden Arten mehrere Generationen lang. In jeder Generation entfernte er die Hybriden. Nach einiger Zeit führte dies zum Entstehen von zwei Gruppen, deren Mitglieder viel geringere Neigung zur Hybridisation (Mischung) mit der anderen Art zeigten. Das Verhalten der einen Gruppe deckte sich nicht mehr mit dem der anderen, und dadurch war der Isolationseffekt angewachsen. In der Natur wird das sicher öfter geschehen, besonders wenn sich zwei neue Arten aus einem gemeinsamen Stamm abzuzweigen beginnen.

Der »Lamarckismus«

Bei allen diesen Beispielen treten die genetischen Veränderungen innerhalb von *Populationen* während des Ablaufs von einer Anzahl von Generationen auf. Die Veränderungen hängen von der Existenz genetischer Variation in der Ausgangspopulation ab. Die Birkenspanner brachten schon lange, bevor Industriegebiete entstanden, dunkle Formen hervor. Ein vermischter Stamm von Ratten dürfte sowohl Labyrinth-schlaue als auch Labyrinthdumme Individuen enthalten haben.

Diese »darwinistische« Auffassung von der Evolution des Verhaltens steht im Gegensatz zum sogenannten »Lamarckismus«, der »Vererbung erworbener Eigenschaften«. Nach diesem sollten sich Veränderungen von Individuen, die durch eigene Erfahrungen entstanden, in den Charakteren ihrer Nachkommen wiederfinden lassen. Nach dieser Ansicht wären stereotype Verhaltensweisen wie etwa das Nestbauen, das Netzspinnen und so weiter vererbte Gedächtnisleistungen: das bedeutet, daß Vorfahren von Tieren, die gelernt hatten, ein Nest oder Spinngewebe zu bauen, Veränderungen in ihren Genen erfuhren, die ihren Nachkommen ihre Fähigkeiten in der Architektur weitergaben, so daß diese Nachkommen nicht mehr so viel durch Praxis lernen mußten. Darwin selbst deutete darauf hin, daß dies kaum für einige der uns am besten bekannten Baumeister unter den Tieren, der Honigbiene und ihren Verwandten, zutreffen könnte. Die Gene der Bienen werden von Generation zu Generation allein durch die Königin und die Drohnen weitergegeben, die selbst ja nicht bauen können. Auch gehen sie nicht auf Nahrungssuche oder führen irgendwelche anderen komplexen Tätigkeiten, außer der Paarung, aus, von der die Honigbienen abhängen. Der traditionelle Lamarckismus schließt den Verlust von Fähigkeiten durch Nichtgebrauch ein. Das aber ist sicherlich nicht in den Millionen von Jahren geschehen, während deren die Bienen ihre gegenwärtige soziale Organisation schon besessen haben.

Es sind im Labor Versuche durchgeführt worden, um die Vorstellung einer Vererbung von Gedächtnisleistungen zu testen. W. MacDougall lehrte Ratten, ein wassergefülltes Labyrinth zu meistern, bei dessen Durchqueren die Tiere schwimmen mußten. Diese Dressur wurde mehrere Generationen lang wiederholt, und es war eine progressive Verbesserung des Lernens zu beobachten. Die Veröffentlichung dieser Arbeiten rief unter den

Biologen eine Sensation hervor, denn es schien, als ob der »Lamarckismus«, die Weitergabe einer erworbenen Fähigkeit, bewiesen worden wäre. Schnell legte sich jedoch die Erregung, und die Arbeit MacDougalls wurde einer kritischen Prüfung unterzogen. Schließlich wurde sie von einer Forschergruppe unter der Leitung von W. E. Agar wiederholt. Auch sie dressierten Generation nach Generation von Ratten in einem Labyrinth, und auch sie fanden, wie MacDougall, eine progressive Verbesserung des Lernens, mindestens für die ersten zwanzig Generationen. Diese Forschergruppe war jedoch vorsichtiger als MacDougall: sie untersuchte auch die Fähigkeiten ähnlicher Ratten im Labyrinth, deren Vorfahren *nicht* dressiert worden waren. Auch diese Kontroll-Ratten zeigten eine Verbesserung im Laufe der Generationen. Mit anderen Worten: was immer auch die Verbesserung der Leistung bedingte, es war nicht die Dressur. Später nahm die Lernfähigkeit bei dressierten und nicht dressierten Ratten ab. Die Gesamtuntersuchung dauerte zwanzig Jahre und umfaßte fünfzig Generationen von Ratten. Viele der Beobachtungen sind noch nicht geklärt; manche scheinen auf unbeabsichtigte Veränderungen in der Ernährung zurückzuführen zu sein. Es bleibt der Hauptschluß, daß selbst speziell dafür angelegte Experimente keine Stützung der These von der »Vererbung erworbener Eigenschaften« ergeben.

Was bedeutet »vererbt«?

Bei all diesen Beispielen waren die Merkmale, die ich »vererbt« nannte, *Unterschiede* zwischen Individuen (oder Gruppen derselben): Ich sage (zum Beispiel) nicht, daß die Tänze der Bienen vererbt seien, sondern nur, daß die Unterschiede in den Einzelheiten der Tänze, die von geographisch isolierten Gruppen ausgeführt werden, vererbt wurden. Ich muß nun kritisch analysieren, was der Ausdruck »vererbt« bedeutet. Das führt zu einer fundamentalen Frage, die die gesamte Biologie betrifft. Selbst für Biologen ist sie eine Quelle großer Verwirrungen.
Das Wort »Vererbung« oder »vererbt« und die davon abgeleiteten Begriffe bezogen sich ursprünglich auf die Weitergabe von Eigentum von einer Person an die andere, gewöhnlich von Eltern auf Nachkommen. Dieses war und ist auch noch eine legale und soziale Deutung. Eine sekundäre Bedeutung erhalten diese Wörter durch die Feststellung, daß ein Mann seines Vaters Namen (oder Titel) erbt. Das ist primär eine nomenklatorische Angelegenheit (obgleich Eigentum oft damit zusammenhängt). Unglücklicherweise sagt man nun gewöhnlich auch, wenn eine weißäugige Fruchtfliege weißäugige Nachkommen (anstelle der normalen rotäugigen) hat, daß der Nachkomme seine Augen-

farbe von seinen Eltern ererbt habe. Die Augen selbst werden ja gar nicht weitergegeben: sie werden in jedem Individuum getrennt entwickelt. Es sind die Gene, die die materiellen Vermittler der Weitergabe von Eltern zum Nachkommen sind, die einen komplizierten Entwicklungsprozeß vom befruchteten Ei bis zum erwachsenen Tier steuern.

Die Beispiele des vorhergehenden Abschnitts betrafen alle — dessen können wir sicher sein — Unterschiede im Verhalten, die auf Unterschiede in den Genen des Tieres zurückgehen: bei den hellen und dunklen Birkenspannern, die sich verschiedenen Untergrund aussuchen, wissen wir das durch die Untersuchung der Nachkommen aus Kreuzungsexperimenten mit beiden Typen. Sind die Unterschiede eine Folge von Selektionen im Labor, dann müssen sie auf Selektionen verschiedener Genotypen zurückgeführt werden — vorausgesetzt, daß die Umwelt, in der zwei selektionierte Gruppen leben, konstant gehalten wurde. Es ist darum angebracht, solche Differenzen als *genetisch determiniert* zu bezeichnen und nicht das doppelsinnige Wort »vererbt« zu benutzen.

Diese Bezeichnung »genetisch determiniert« ist danach also für Unterschiede zwischen Individuen reserviert, die auf Unterschieden in den Genen beruhen. *Sie bedeutet nicht, »durch Gene beeinflußt«, denn alle Merkmale sind sowohl von Genen als auch durch Umweltfaktoren beeinflußt.* Dies ist eine Binsenwahrheit, die manchmal übersehen wird. Ein Organismus beginnt sein Leben gewöhnlich als befruchtetes Ei mit einer Garnitur von Genen, die von beiden Eltern stammt. Diese Gene beeinflussen die Entwicklung in jedem Stadium. Zur gleichen Zeit entwickelt sich der Organismus aber in einer Umgebung. Die Entwicklungsphysiologie muß darum als eine kontinuierliche und äußerst komplexe Folge von Interaktionen zwischen Genotyp und Umwelt verstanden werden.

Eine größere Schwierigkeit ist durch die Angewohnheit mancher Autoren entstanden, *gewisse Erscheinungen des Verhaltens* als genetisch determiniert zu bezeichnen. Das trifft für Verhaltensformen des Typs zu, die ich »stereotyp« genannt habe: also spezies-charakteristische, fixierte Aktionsmuster, wie etwa die Balz oder andere Verhaltensformen. Wenn man diese Verhaltensweisen als »vererbt« bezeichnet (oder einen äquivalenten Ausdruck, etwa »durch den genetischen Code bestimmt« benutzt), dann benutzt man das Wort »vererbt« in einem ganz anderen Sinne als gewöhnlich in der Biologie. Man sagt nicht, daß der Besitz von zwei Augen vererbt sei. Ein Tier, das einer zweiäugigen Spezies angehört, kann auch nur ein Auge haben. Diese Zyklopen können durch das Wirken abnormer Gene entstehen: in diesem Falle sagen wir, daß der *Unterschied vom Normaltypus* genetisch determiniert ist. In ähnlicher Weise haben die meisten Tiere die Fähigkeit, ihr Verhalten neuen Bedingungen anzupassen. Wir sagen jedoch nicht, daß diese Lernfähigkeit angeboren ist, obgleich (wie ich oben beschrieb) es möglich ist, genetisch fixierte Unterschiede in der Lernfähigkeit zu finden.

Wenn alles Verhalten und in der Tat auch alle Merkmale eines Tieres durch Gene beeinflußt werden, was, so müssen wir fragen, versuchen die Autoren dann zu unterscheiden, wenn sie von »genetisch bedingtem« Verhalten oder nicht auf diese Weise bedingtem sprechen? Die Unterschiede liegen nicht in der genetischen Konstitution des Tieres, auf das sie sich beziehen, sondern in der *Entwicklung* des Verhaltens. Manches spezies-charakteristische Verhalten erweist sich in der Entwicklung als äußerst stabil: einige Verhaltensmuster, etwa elterliches Verhalten oder Fähigkeiten in der Architektur, scheinen sich in jedem Individuum, das überlebt, zu entwickeln. Keine nicht-letale Veränderung der Umgebung kann den Charakter dieses Verhaltens stark beeinflussen, wenn das Tier erst einmal das Lebensstadium erreicht hat, in dem diese Aktivitäten zur Anwendung kommen. Eine Spinne, die ein Netz baut, baut es in der charakteristischen Weise, die ihrer Art eigen ist, gleichgültig wie die Umstände sein mögen.

Ein Grund, die Tatsache hervorzuheben, daß sich Verhalten entwickelt, ist, daß viele wichtige spezies-charakteristische Aktivitäten in der Entwicklung weniger stabil sind, als es auf den ersten Blick erscheint. Die am besten untersuchten Beispiele, auf die ich mich im letzten Kapitel bezog, sind die Vogelgesänge. Ich werde darüber im nächsten Kapitel mehr sagen. Wir werden sehen, daß die Erforschung der Entwicklung des Verhaltens, besonders bei den Tieren mit großem Lernvermögen, kaum begonnen hat, daß sie jedoch einige faszinierende Ausblicke erlaubt.

»Natur und Erziehung«

Die größte Bedeutung dieser Feststellung ist, daß sie die äquivalenten Rollen von Vererbung und Umwelt oder auch Natur und Erziehung in der Entwicklung des Verhaltens (oder auch anderer Merkmale) bestätigt. *Im allgemeinen* kann man nicht das eine oder das andere für bedeutsamer halten; manchmal trägt jedoch das eine mehr als das andere zur Veränderung eines gewissen Verhaltensmerkmals bei. So ist zum Beispiel die Länge der Bienentänze ganz überwiegend ein Produkt der Umwelt — nämlich der Entfernung der Futterquelle vom Stock. Das gilt sogar für die gesamte Art, wenngleich einige genetische Unterschiede mitspielen können.

Schon schwieriger ist es, ein Beispiel einer Variation zu finden, die hauptsächlich auf genetischen Unterschieden beruht. Viele der fixierten Aktionsmuster, besonders solche des Sozialverhaltens, wären weniger effektiv, wenn sie nicht uniform wären. Sozialsignale müssen von anderen erkannt und beantwortet werden, wenn sie zu irgend etwas nütze sein sollen. Individuen, die sich stark von der Norm entfernen, würden ein schwerer Nachteil sein. Entsprechend tendiert die natürliche Selektion unter konstanten Umweltbedingungen dazu, Veränderungen zu *verhindern:* Sonderheiten werden ausgemerzt. Unterschiede zwischen *Tierarten,* die charakteristische Verhaltensweisen betreffen, sind ohne Zweifel gewöhnlich genetisch bedingt, doch kann das in der Regel nicht durch Kreuzungen getestet werden.
Eine Art, die starke genetische Variation des Verhaltens zeigt, ist unsere eigene; doch gibt es beim Menschen auch eine immense Variation, die durch Umweltfaktoren hervorgerufen wird. Ein Aspekt der »Intelligenz« beim Menschen mag als ein Beispiel für die Gefahren angeführt werden, die bei einem Mißverständnis genetischer Wirkungen entstehen. Bei einem bestimmten Typ geistig gestörter Kinder findet man im Urin eine Substanz, die im Urin normaler Menschen fehlt. Die Erscheinung wird Phenylketonurie genannt und ist rezessiv; das heißt, daß sie auf einfachem Wege vererbt wird, bei dem jeder Elter ein Gen beitragen muß, um den Effekt hervorzurufen. Hier haben wir einen Fall eines höchst unwillkommenen genetisch bestimmten Unterschieds, und auf den ersten Blick müssen Eltern oder Ärzte sich damit abfinden, daß sie es mit einem permanent hilflosen, schwachsinnigen Kind zu tun haben. Das würde jedoch voraussetzen, daß »genetisch determiniert« gleichzeitig fixiert und unveränderlich bedeuten würde. Es läßt die Tatsache außer acht, daß die Entwicklung in einer Umwelt stattfindet und daß eine Umwelt verändert werden kann. Die Schwachsinnigkeit hängt in diesem Fall von einem Gift ab, das sich im Blut befindet. Dieses Gift entsteht aus einer Substanz, die normalerweise harmlos ist und die sich in der Nahrung findet. Wird einem solchen Kind Nahrung gegeben, die diese Substanz nicht enthält (Phenylalanin), entwickelt es sich normal.

X »Instinkt«

Mit grübelnder Vernunft er jeden Schritt bedenkt,
So fehlt der Mensch dennoch den Weg,
Die üble Tat jedoch, vom Instinkt wohl gelenkt,
Gar selten sie verirret sich.

Cowper

Die Fragestellung von Darwins *Entstehung der Arten* als Überschrift über Kapitel Neun und die aus Cowpers *Die Tauben* über diesem repräsentieren zwei Hauptlinien des Tierverhaltens, auf die wir schon an früheren Textstellen stießen. Es gibt in den Werken früherer Autoren viele Berichte über instinktives Verhalten im darwinschen Sinne, und einige von ihnen sind richtig. Bei Herodot (ungefähr 485—425 v. Chr.), dem griechischen »Vater der Geschichte«, finden wir eine Passage über das Krokodil:

»Weil es im Wasser lebt, ist sein Maul innen voll von Egeln. Alle Vögel und Tiere fliehen es, nur mit dem Regenpfeifer lebt es in Frieden, weil dieser Vogel dem Krokodil einen Dienst tut; denn immer, wenn das Krokodil ans Ufer kommt, aus dem Wasser heraus, öffnet es sein Maul (und das tut es vor allem, um den Westwind zu nutzen), und der Regenpfeifer geht in das Maul hinein und frißt die Egel. Das Krokodil ist von diesem Dienst sehr angetan und tut dem Regenpfeifer nichts Böses.«

Dies ist kein Mythos. Der »Regenpfeifer« des Übersetzers ist ein Vogel, der heute auf deutsch Waffenkiebitz heißt, bzw. mit seinem lateinischen Namen *Hoplopterus armatus*. Noch heute kann man ihn an den Ufern des Nils bei der gleichen Tätigkeit beobachten. Beide, der Waffenkiebitz und das Krokodil (*Crocodilus crocodilus*), sind ein Beispiel spezies-charakteristischen, stereotypen Verhaltens. Und genauso verhalten sich die Egel (*Hirudinea*), die sich in Mengen im Rachen des Krokodils finden.

Die Autoren des Mittelalters und spätere bewunderten wie ihre Vorgänger die Präzision des komplexen Verhaltens der Tiere: das Saugen eines Insekts an einer Blüte, der Flug der Möwen, der Bau eines Spinnennetzes und vieles andere beeindruckte sie durch ihre Eleganz und scheinbare Geschicklichkeit. Und doch bemerkten sie, daß diese Dinge nicht »intelligent« waren und daß, wenn eine Wespe ihre Jungen mit Raupen versorgt und eine befruchtete Maus ein Nest baut, diese Tiere nicht von Voraussicht gelenkt wurden. Sie schrieben dem Verhalten darum, im Geist ihrer Zeit, göttliche Lenkung zu, einige betrachteten es sogar als einen Beweis der Existenz Gottes.

Heute fangen wir an, in anderer Weise vom tierischen Verhalten zu sprechen. Das Verhalten ist noch das gleiche, schön, mysteriös und faszinierend, doch wir betrachten es anders. Zwei Aspekte (abgesehen vom genetischen, den wir im vorigen Kapitel diskutierten) des tierischen Verhaltens gehören unter die Überschrift »Instinkt«. Einer, den wir jetzt untersuchen wollen, ist die Existenz eines »fixierten Verhaltensmusters«, das jeder Tierart zukommt. Der andere, zu dem wir im nächsten Kapitel kommen, ist der »Trieb« oder Impuls zur Handlung.

Das art-charakteristische Verhalten steht manchmal offensichtlich in Beziehung zu den Bedingungen, unter denen eine Art lebt. Der Kaiserpinguin, *Aptenodytes forsteri*, lebt unter Bedingungen, die, wie man glauben möchte, ein Überleben ausschließen. Die Temperatur seines antarktischen Habitats fällt oft bis zu -35° C. Es gibt Stürme mit Geschwindigkeiten bis zu 125 km/h, in denen ein Mensch, der keinen Unterschlupf findet, schnell stirbt. Diese großen Vögel haben keine Reviere. Sie haben eine seltene Fähigkeit, ganz still zu stehen: ohne Zweifel ein Verhalten, das Energie einspart und den Wärmeverlust durch die Körperoberfläche einschränkt. Bei einem Sturm kuscheln sie sich dicht zusammen und schützen so sich und ihre Jungen. Die Eier sind von einer Bauchfalte bedeckt – es muß nicht einmal die elterliche sein. Wenn das Junge geschlüpft ist, wird es auf die Füße der Eltern – oder auf die Füße irgendeines anderen erwachsenen Tieres gedrängt, so stark ist der Versorgungstrieb für die Jungen. Dieses intensive kommunale Verhalten – das keinen Wettstreit, außer den um die Gelegenheit, für Eier und Junge zu sorgen, kennt – ist ohne Zweifel entscheidend für den Erfolg in dem harten Klima eines antarktischen Winters.

Für eine experimentelle Analyse müssen wir uns jedoch zugänglicheren Tierarten zuwenden.

Standardisiertes Verhalten

Bewegungen

Ein Ornithologe erscheint dem Uneingeweihten oft als mit wunderbaren Kräften ausgestattet, die ihn befähigen, selbst kleine, kaum erkennbare Vögel mit etwas weniger als einem Blick identifizieren zu können. Manchmal wird dieses Erkennen nur zum Teil mit Hilfe des Umrisses und noch weniger mit Hilfe der Farben auf den Tafeln eines Vogelbuchs zustande gebracht:

es hängt vielmehr größtenteils von den Besonderheiten des Verhaltens ab. So fliegen zum Beispiel manche uferlebende Vogelarten bei der Flucht in Richtung Wasser ab, während andere das nicht tun. In diesem Falle ist das stereotype Merkmal die besondere Beziehung des Tieres zu seiner Umwelt. (Die eigentlichen Flugbewegungen sind dabei auch standardisiert.) Dieses Verhalten wird durch äußere Stimuli ausgelöst. Die Bewegungen einiger Arten sind aber von keinem speziellen Auslöser abhängig. G. P. Wells hat das Verhalten des Pierwurmes, *Arenicola marina*, beschrieben, eines Tieres, das Angler am Meere als Köder, die Zoologen aber als Unterrichtsobjekt benutzen. Dieser Wurm und seine Verwandten sind über die ganze Erde verbreitet und bauen auf sandigen Wattflächen ihre U-Gänge, die sich an beiden Enden nach außen öffnen. Der Gang wird durch regelmäßige Bewegungen des Wurmes offengehalten: ein Irrigationszyklus, der einen Tätigkeitsausbruch alle vierzig Minuten einschließt. Die Intervalle sind bemerkenswert regelmäßig und — erstaunlicherweise — unabhängig von Sauerstoffmangel oder der Ansammlung von Kohlensäure. (Erst Erstickungsgefahr erhöht die Bewegungsrate.) Der Wurm überlebt das Trokkenfallen des Ganges bei niedriger Ebbe mit Hilfe eines Blutpigments (einem Hämoglobin), das Sauerstoff in ungewöhnlichem Ausmaß speichert. Die Bewegungsrhythmen des Körpers können noch an Hautstreifen wahrgenommen werden, die mit den ventralen Nervensträngen abpräpariert und in Seewasser aufbewahrt werden. Offenbar gibt es einen Zeitgeber im Nervenstrang. Dies ist ein weiteres Beispiel, das die Wirkungen einer »inneren Uhr« auf das Verhalten zeigt.

Andere Beispiele sind, obwohl auch sie ohne äußere Stimuli ablaufen, direkt mit dem Tageszyklus der Sonne verbunden; andere scheinen mit den Mondphasen in Beziehung zu stehen. Daneben gibt es Zyklen, die, wie der Östrus-Zyklus kleiner Säuger, nicht mit irgendwelchen äußeren Zyklen zusammenhängen. Eine jüngfräuliche weibliche Ratte oder Maus unterliegt einer Serie von Veränderungen in ihren Reproduktionsorganen, die von entsprechenden Veränderungen des Verhaltens begleitet werden. Alle vier oder fünf Tage ist sie nicht nur Männchen gegenüber empfänglich, sondern zeigt auch eine Phase ansteigender Aktivität und zurückgehenden Nahrungsverbrauchs.

Darüber hinaus haben wir Beispiele standardisierter Bewegungsrichtung, von Zeitabstimmung der Bewegung und vielem anderen. Die hervorragendsten Beispiele von Standardisierung wurden mit der Bezeichnung *fixierte Handlungsweisen* belegt. Ich meine damit Bewegungsfolgen, die uniform und darum für die gesamte Tierart in hohem Grade voraussagbar sind. Solch ein Verhalten ist natürlich niemals völlig uniform. Trotzdem ist es oft möglich, es von einem Verhalten zu unterscheiden, das sich bei einem Individuum allmählich als Antwort auf seine spezielle eigene Umgebung entwickelte (erlernt wurde). Man kann ja die Balz *des* Grünreihers, den Nestbau *des* dreistachligen Stichlings und das Revierverhalten *der* Winterkrabbe beschreiben: die Uniformität des Verhaltens jeder Tierart erlaubt es.

Ein Grund, warum artcharakteristisches Verhalten auf uns einen solchen Eindruck macht, ist, daß es uns völlig fehlt. Wir haben nicht einmal eine bestimmte Methode, Haut und Haar zu pflegen: hätten wir sie, wäre es nicht notwendig, Kinder zum Waschen zu ermuntern. Der Gang, das Laufen und das Springen des Menschen sind ziemlich standardisiert: unser Körperbau macht es unvermeidbar. Andererseits müssen wir, wenn wir beim Menschen nach fixierten Handlungsweisen suchen, das Verhalten in den ersten Wochen nach der Geburt untersuchen. Das Füttern eines Menschenkindes wird mit Hilfe universaler Bewegungen des Saugens, des Kopfdrehens und des Schreiens vollführt. Alles, was in den Mund eines Kindes gerät, ruft eine Saugbewegung hervor, die mit großem Erfolg Milch aus einer Brust (oder Flasche) ziehen soll. Berührt man ein Kind leicht an der Wange oder an den Lippen, dreht es sofort den Kopf als Antwort. Nach den ersten Tagen dreht es sich *in Richtung* auf den Stimulus. Die Funktion dieses Suchens ist natürlich, die Lippen an die Brustwarze zu bringen. Das Schreien schließlich ist für den Menschen das universelle soziale Signal, das die Mutter zum Kind bringt.

Diese drei Aktivitäten haben Parallelen, und zwar nicht nur im Verhalten anderer Säugetiere, sondern selbst bei Vögeln: die Nestlinge vieler Arten sperren, drehen ihren Kopf in Richtung auf den Schnabel des Elters und piepsen (Abb. 55).

Abb. 55 Junge Drosseln »sperren«, wenn ein Elter mit Futter kommt.

Die fixierten Verhaltensweisen des vorhergehenden Abschnitts sind Endprodukte eines komplexen Prozesses. Das erste Stadium läuft gewöhnlich in den äußeren Sinnesorganen, das zweite in den sensorischen Teilen des Nervensystems (vgl. Kapitel 2) ab. In Kapitel 4 finden wir Beispiele fixierter Orientierung, die, wie es scheint, von einer starren sensorischen und neuralen Organisation abhängt. Wenn sich eine Insektenlarve vom Licht fortbewegt, tut sie das ohne vorherige Erfahrung mit Licht und unabhängig von den Bedingungen, unter denen sie sich entwikkelt hat: vielleicht scheut eine Fliegenlarve, wenn sie sich überhaupt entwickelt, immer das Licht, und nur eine sehr drastische Operation, etwa die Entfernung ihrer lichtsensitiven Organe, könnte das ändern.

Einige Tiere suchen sofort Deckung auf, wenn sie eine bestimmte Umrißform sehen. Auch das muß von einer spezifischen sensorischen Organisation abhängen. Einige bodenlebende Vögel fliehen vor Raubvögeln oder gar vor raubvogelartigen Attrappen. Andere fürchten sich vor einer Eule (selbst vor einer ausgestopften). Eine Vogelart, die Krummschnabelspottdrossel *Toxostoma curvirostra*, geht offenbar Schlangen aus dem Wege, ohne daß sie das gelernt hätte.

Dies sind Sonderfälle. Die meisten Tiere, mit Ausnahme weniger sehr großer oder gut geschützter, werden von einer Vielzahl von Räubern bedroht und besitzen sicherlich keine besondere Ausrüstung, um mit Flucht vor jedem Feindtypus zu reagieren. Sie gehen dafür auf jede plötzliche Veränderung in der Umwelt hin in Deckung oder nehmen ein anderes schützendes Verhalten an. Solche plötzliche Veränderung der Umgebung können schnell sich bewegende Objekte, unerwartete Laute (für solche, die Ohren besitzen), ja irgend etwas Ungewöhnliches sein, das Flucht hervorrufen kann. Das Verhalten dabei ist standardisiert; die Stimuli, die es auslösen, sind jedoch sehr divers.

Ein anderes generalisiertes Verhalten ist das bei Säugern beobachtete Meiden eines potentiell gefährlichen Steilabfalls. Wenn ein junges Säugetier an den Rand eines Abgrunds gerät, ist die Gefahr, daß es abstürzt, recht gering; denn selbst wenn es nie einer solchen Situation begegnet wäre, reagiert es mit sofortigem Rückzug. Diese abschreckende Wirkung einer »Abgrund-Vision (visuelles Kliff)« wurde bei Ratten (*Rattus*), Katzen (*Felis*) und bei Babys beobachtet. Die Fähigkeit, ein Abstürzen zu vermeiden, und zwar ohne vorherige Erfahrung, ist offenbar für das Überleben dieser und vieler anderer Tiere von Bedeutung.

Nicht alle Beispiele einer standardisierten sensorischen Ausrüstung stehen mit Meiden oder Rückzug in Zusammenhang. M.

J. Wells hat ein bemerkenswertes Beispiel von jungen Tintenfischen der Gattung *Sepia* gegeben. Diese beginnen ihr Leben als Räuber damit, daß sie nur ein einziges Objekt angreifen, nämlich einen kleinen garnelenähnlichen Krebs, der *Mysis* genannt wird. Es gibt kein anderes Stimulationsmuster, soweit bislang untersucht, das in den ersten Tagen der unabhängigen Existenz eines Tintenfisches einen Angriff auslösen würde: erst später greift der Tintenfisch verschiedenste Objekte an, vielleicht als Ergebnis von Lernen durch Erfahrung.

Die bekannten Beispiele von Annäherung oder Rückzug, die durch Standardstimuli ausgelöst werden, kennen wir wieder vom Sozialverhalten. Wir besprachen schon Beispiele sichtbarer Merkmale, die Geschlechtspartner anlocken und Rivalen verscheuchen können. Es gibt auch Gerüche, die zwingende attraktive Effekte besitzen, besonders im Sexualverhalten von Tieren, und zwar von Schmetterlingen bis zu Säugetieren. Es müssen im Gehirn spezielle Einrichtungen vorhanden sein, die sichern, daß eine Reaktion nur auf diese besonderen Stimuli erfolgt und nicht auf andere; wir kennen sie jedoch nicht. Manchmal werden sie »Angeborene Auslösungsmechanismen« (AAM) genannt; doch ist das nur ein Name.

Starrheit

Es ist jedoch nicht erstaunlich, daß Zoologen in diesem Zusammenhang von »Mechanismen« sprechen. Es gibt Beispiele von fixierten Aktionsmustern, die mit einer solchen Starrheit ausgeführt werden, daß sie unter gewissen Bedingungen für den sie Ausführenden nachteilig werden können. Der Kuckuck liefert uns ein vertrautes Beispiel (*Cuculus canorus*). Der weibliche Kuckuck legt Eier in die Nester anderer Vögel, also auch etwa in das des Wiesenpiepers, *Anthus pratensis*. Der ausgeschlüpfte Jungkuckuck zeigt ein ausgezeichnetes Beispiel eines fixierten Verhaltens, das seiner bestimmten Lebensweise angepaßt ist. Er sperrt wie jeder andere Nestling und besitzt auch die dazugehörige leuchtende Rachenfärbung, die auf die Eltern einen attraktiven Effekt ausübt. Der Kuckuck macht ganz bestimmte Bewegungen, die zu einem Hinauswerfen der anderen Nestlinge führen können. Von den Eltern wird das nicht wahrgenommen: eifrig füttern sie den Kuckuck, weil sie offenbar nicht dazu ausgerüstet sind, wirksam auf irgend etwas anderes als den Anblick des aufgesperrten Schnabels oder vielleicht auch auf das Piepsen des parasitierenden Nestlings zu reagieren. Der Kuckuck hat also ein System von Verhaltensweisen entwickelt, das die stereotypen elterlichen Verhaltensformen anderer Spezies ausnutzt. Die Opfer des Kuckucks passen ihr Verhalten nicht den Umständen an: sie werfen z. B. nie den Kuckuck hin-

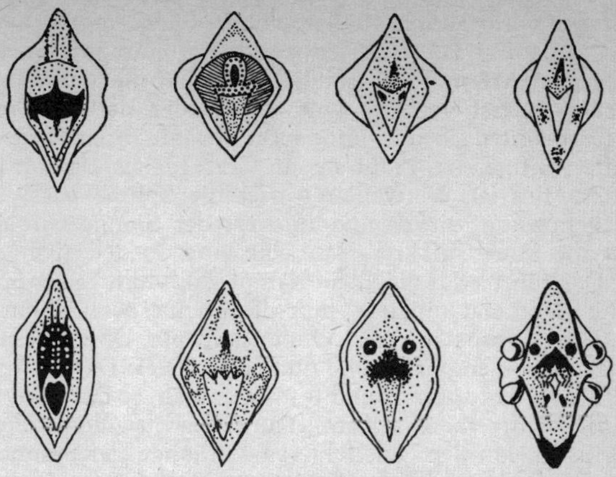

Abb. 56 Rachenmuster von Nestlingen. Die Muster werden vorgezeigt, wenn die Vögel sperren, um Futter von den Eltern zu bekommen. Sie sind leuchtend gefärbt.

aus oder schützen ihre eigenen Jungen. In diesem Sinne ist ihr Verhalten »mechanisch«.

Ein zweites Beispiel ist weniger bekannt. Es bezieht sich auf die Vogelspinnen der Familie Theraphosidae. Sie sind außergewöhnlich groß und »behaart«; ihr Ruf als Bedrohung für den Menschen ist jedoch unberechtigt. Sie sind aber gefährliche Räuber für alles ihrer Größe und kleineren Ausmaßes. Feinde sind für sie die solitären Wespen der Gattung *Pepsis*. A. Petrunkevitsch hat sowohl das Verhalten der Spinnen als auch das der Wespen beschrieben. Die Vogelspinnen können offensichtlich weder gut sehen noch hören, sind aber ausgesprochen tastempfindlich. Im Labor hat man diese Fähigkeit untersucht. Drückt man einen stumpfen Gegenstand, etwa die Fingerspitze, gegen ihren Körper, kriecht die Spinne langsam fort. Wenn jedoch ein Objekt von oben in Sicht gerät, stellt sich die Spinne auf ihre Hinterbeine und öffnet die Fänge. Luftströmungen erregen feine Sensillen an den Beinen, und ein plötzlicher Luftstrom bringt die Spinne dazu, einen genauso plötzlichen Luftsprung zu vollführen. Das geschieht, ob das Tier hungrig ist oder nicht. Ein dritter Reaktionstyp auf Berührung hängt von der inneren Bereitschaft der Spinne ab: eine feine Berührung der Körpersensillen, etwa so, als wäre sie von den Beinen eines Insekts ausgelöst, führt zu einer extrem schnellen Attacke, wenn das Tier länger nicht gefressen hat.

Die große *Pepsis*-Wespe kann sich, aus Gründen, die wir nicht kennen, diesen gefährlichen Tieren, die das Zehnfache ihres

Eigengewichts ausmachen, nähern, ohne einen Angriff hervorzurufen. Jede der *Pepsis*-Arten parasitiert nur auf einer der Vogelspinnen-Arten. Eine weibliche Wespe, die ein reifes Ei trägt, sucht zuerst von der Luft aus. Findet sie eine Spinne, krabbelt sie unter sie und untersucht sie mit ihren Antennen. Ist es die richtige Art, gräbt sie ein Grab für sie, das oft mehr als 20 cm tief ist. Derweilen wartet die Spinne passiv. Die Wespe kehrt nun zurück und injiziert der Spinne Gift durch eine weiche Stelle in ihrer Haut, die einen nadelartigen Stich zuläßt. Das führt zwar zu einem Kampf, doch hilft er der Spinne nicht mehr. Einmal injiziert, fällt die Spinne betäubt um und wird von der Wespe zu ihrem Grab geschleppt. Dort legt sie ihr Ei an das Abdomen der Spinne und befestigt es. Das Grab wird schließlich mit Erde gefüllt und festgetrampelt, so daß man seine Lage nicht mehr erkennen kann. Ein Beobachter dieses Dramas ist überrascht von dem uneffektiven Verhalten der Spinne, die sich mit einer Anzahl von stereotypen Reaktionen zufriedengibt, und dem weitaus komplexeren Verhalten der Wespe. Vielleicht könnte aber auch das Verhalten der Wespe, wenn wir einmal mehr darüber wissen, in Termini standardisierter Handlungen analysiert werden. Auf jeden Fall nutzt das Verhalten der Wespe, wie bei dem des Kuckucks, auch das Fehlen der Anpassungsfähigkeit im Verhalten des Opfers aus.

Nichtanpassungsfähiges Verhalten kann aber zu noch skurrileren Konsequenzen führen. Ein Vogel, der ein Gelege von Eiern besitzt, reagiert sehr spezifisch auf diese Eier. Einem Austernfischer, *Haematopus ostralegus,* wurde die Auswahl zwischen einem Ei normaler Größe und einer viel größeren Attrappe geboten: der Vogel setzte sich in ulkiger Weise auf die Attrappe (Abb. 57). Vielleicht ist auch der Kuckuck ein »übernormaler Auslöser«, denn er und sein sperrender

Abb. 57 Der Austernfischer zieht dem normalen Ei ein vom Experimentator gebotenes Modell eines Rieseneies vor.

Schnabel sind ja viel größer als die herausgeworfenen Nestlinge.

Auch bei unserer eigenen Spezies gibt es eine Parallele aus der Kindheit. Wir kennen alle das niedliche Lächeln eines Kindes im Alter zwischen sechs Wochen und sechs Monaten, mit dem dieses auf den Besuch jedes Erwachsenen antwortet. Dieses »soziale Lächeln« kann auch mit Hilfe eines glatten Stücks Karton erzeugt werden, das vor dem Kind hin und her geschwenkt wird und auf dem Augen und Nase wie auf einer (für uns) häßlichen Maske aufgemalt worden sind. Das Lächeln ist eine Reaktion auf ein mäßig spezifisches, sichtbares Muster; diese Reaktion wird nicht so bereitwillig gezeigt, wenn die Komponenten der Zeichnung durcheinandergebracht worden sind (Abb. 58). Ohne Zweifel verursacht das Lächeln des Kindes, daß Eltern und andere bereitwilliger für es sorgen. Wieder werden wir an Darwins Worte erinnert, daß wir in uns selbst einen unauslöschlichen Stempel unseres niederen Ursprungs tragen.

Ziele

Ein Merkmal fixierter Verhaltensweisen ist, daß sie so lange ausgeführt werden, bis ein gewisser Endzustand erreicht wird. Das gilt ganz sicher für Verhalten, das zum Fressen, zum Koitus und so weiter führt: das Endstadium ist dann ein internes (etwa ein gefüllter Magen). Diesen Aspekt des Verhaltens diskutiere ich im nächsten Kapitel. Ein anderer Endzustand ist die Fertigstellung einer Struktur. Nester, Gewebe, Waben, die Röhren von Röhrenwürmern und von Köcherfliegen, sie alle haben

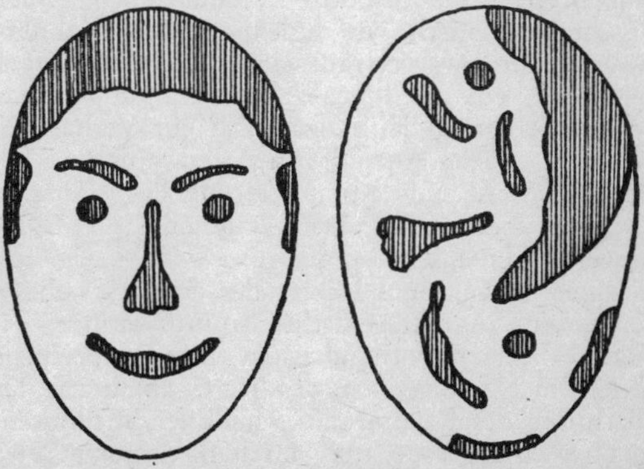

Abb. 58 Links die Merkmale eines Gesichts, die Aufmerksamkeit und Lächeln eines Kleinkindes hervorrufen; rechts die gleichen Musterbestandteile verschoben – weniger Aufmerksamkeit wird erregt.

die Struktur, die der Spezies, die sie anfertigt, charakteristisch ist, und das Bauen hält so lange an, bis dieses Muster erreicht ist.
Die art-charakteristische Natur dieser Bauwerke verschiedener Tierarten wird besonders schön durch die seltsamen Verrichtungen der Laubenvögel (Ptilonorhynchidae) Australiens und Neuguineas gezeigt. Diese mäßig großen Vögel *bauen* Sozialsignale, die zwar keine Nester sind, diesen aber in mancher Hinsicht ähneln. Laubenvögel bauen am Boden; einige ihrer Lauben werden angemalt, etwa mit Fruchtfleisch, andere werden mit Gegenständen, Orchideen, Früchten oder Steinen, geschmückt. Der Fleckenlaubenvogel, *Chlamydera maculata*, benutzt jeden glänzenden oder buntgefärbten Gegenstand, den er tragen kann. Gebleichte Knochen, Muschel- und Schneckenschalen und Früchte werden in beträchtlicher Menge gesammelt. Wenn ein Besucher des Habitats dieser Vogelart seine Autoschlüssel, chirurgische Instrumente, Tafelgeschirr (oder — wie in einem Falle — sein Glasauge, das über Nacht in einem Becher aufbewahrt wurde) verliert, sollte er nach dem Nest des nächsten Laubenvogels suchen. Er wird sicherlich viele eigenartige Gegenstände, darunter auch manches Brauchbare, finden.
Früher nahm man an, daß die Lauben zum Vergnügen ihres Herstellers gebaut würden und daß dieser einen hohen ästhetischen Sinn entwickelt hätte, daß sie aber auf keinen Fall etwas mit dem Brüten zu tun hätten. In Wirklichkeit werden diese Lauben von den Männchen während der Brutzeit gebaut und sind der Platz, an dem diese ihr Territorialverhalten zeigen. Es sind keine Versuche angestellt worden, um die Effekte, die von den Lauben auf die Weibchen ausgeübt werden, zu klären. Jeder Laubentyp ist aber in höchstem Grade für die Spezies, die ihn baut, charakteristisch, wie auch die Balz und ähnliche Verhaltensweisen, die uns vertraut sind. Vielleicht entstand das Verhalten durch ein zufälliges Aufpicken von Gegenständen während der Erregung der Balz. Solch ein Verhalten gibt es heute bei einer ganzen Anzahl von Arten. Aus ihm könnte in zunehmendem Maße eine Komplizierung des Verhaltens entstehen, vorausgesetzt, daß das Weibchen in entsprechender Weise abweichend reagiert.
Der Bau einer Laube, eines Nests oder eines Gewebes — jedes Objekts, das eine charakteristische Struktur besitzt — wird oft vom schon vorherigen Vorhandensein einer entsprechenden Repräsentation im Nervensystem des Tieres abhängen. Das zeigt die Beobachtung der Reparatur beschädigter Strukturen. Wenn ein Tier, etwa eine Wespe, nur »mechanisch« eine Bewegungsfolge ausführt, die im Bau eines Nestes resultiert, würde eine Reparatur niemals ausgeführt werden, denn sie würde ja Bewegungen erfordern, die in einer stereotypen Folge nicht vor-

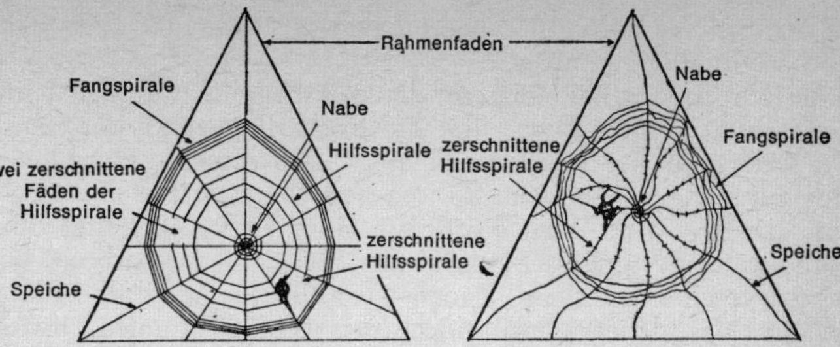

Abb. 59 Die Spinne A r a n e u s baut ein Netz des links abgebildeten Typs. Wird ein Faden der Hilfsspirale zerschnitten, erfolgt keine Reparatur; die Spinne benutzt einen anderen. Rechts wurde die gesamte Hilfsspirale zerschnitten, und dennoch baut die Spinne ihre Falle in dem zerstörten Gewebe. Dieses Beispiel eines nicht veränderbaren stereotypen Bauens kann dem Beispiel der Wespe, das im Text erwähnt wird, gegenübergestellt werden.

handen wären. Das gilt für das Verhalten einer Spinne (Abb. 59). R. W. G. Hingston hat das Verhalten einer Reihe von Lehmwespen, darunter die Art *Eumenes conica*, einer indischen Wespe, beschrieben. Diese solitären Insekten bauen Gruppen von Lehmzellen, in deren jede ein Ei und eine Raupe gelegt wird, die der später schlüpfenden Larve als Nahrung dient. Sind die Zellen erst einmal voll versorgt, wird jede mit einem Deckel verschlossen und die ganze Gruppe mit Lehm bedeckt. Macht man ein Loch in eine der Zellen, wird die Wespe dies einige Zeit nicht bemerken. Die Arbeit des Versorgens mag weiter fortgeführt werden, und es kann sogar eine Raupe aus dem Loch herausfallen. Schließlich untersucht die Wespe, nachdem die Raupen eingefüllt wurden, noch einmal das Ganze und stößt, wenn notwendig, hier und dort eine Raupe, die herausguckt, zurück. Dann holt sie mehr Lehm und repariert die Schäden. Dieses Verhalten stellt sicherlich etwas mehr dar als nur eine einfache fixierte Folge von Handlungen. Möglicherweise gehört das Inspizieren des Ganzen zu dem stereotypen Muster des Verhaltens, bevor das Ganze bedeckt und verlassen wird. Wird ein Defekt gefunden, wird er repariert. Hier ist eine Parallele zum Verhalten von Honigbienen beim Wabenbau. Der Bau der Bienen ist jedoch eine soziale Angelegenheit: die endgültige Form wird durch die Aktion der Gruppe erreicht und erhalten.

Eine andere von Hingston beschriebene Wespe ist *Rhynchium nitidulum*. Auch diese Art baut Gruppen von Lehmzellen, die mit Raupen versehen werden. Ein Weibchen, das ein Loch findet, repariert es von innen und nicht von außen, wie wenn es in der stereotypen Weise einen Deckel auf die Zelle bauen wür-

de. Dieses Verhalten ist bemerkenswert angepaßt und sieht höchst »intelligent« aus.
Eine Gruppe von Baumeistern, deren Architektentätigkeit leicht beobachtet werden kann, sind die Köcherfliegen (Trichoptera). Die Larven dieser Insekten leben im Süßwasser und schützen sich durch elegant gebaute Röhren. Jede Art hat ihre eigene besondere Bauform. Wird die Röhre einer Larve entfernt, kann man, wenn geeignetes Material zur Stelle ist, beobachten, wie die Larve eine neue baut. Zuerst wird eine ziemlich rohe Röhre gebaut; das dauert gewöhnlich nur wenige Stunden. Später wird eine elegantere Struktur hinzugefügt, und der provisorische Teil wird manchmal abgeschnitten. Dorothy Merrill hat mit der physiologischen Analyse dieses Verhaltens einen Anfang gemacht. Sie entfernte an den Hinterenden der Larven gewisse sensorische Strukturen, darunter die Analhaken und haarartige Sensillen. Das führte zu einem Anwachsen des Köcherbaues und damit zu einem stark verlängerten Köcher: die Larven mancher Arten bauten einen dreimal längeren Köcher als ihre gewöhnlichen Gehäuse. Das Hinterende der Larven ist das letzte, was umhüllt wird. Offenbar hört normaler Köcherbau dann auf, wenn Stimuli vom Hinterende ausgesandt werden, die melden, daß das neue Gehäuse das Hinterende bedeckt.
Solche experimentellen Analysen können, für sich betrachtet, zu dem irreführenden Eindruck leiten, daß das Verhalten mechanisch und nicht adaptiv ist. G. Fankhauser und L. E. Reik haben aber eine ausgezeichnete Arbeit publiziert, die uns davor warnt. Larven einer Art, *Neuronia postica,* wurde, nachdem sie aus ihren Köchern entfernt worden waren, eine Reihe verschiedener Materialien geboten. Die gewöhnlichen Baustoffe sind bei dieser Art rechteckige Blattstückchen oder Grasblätter, die in Ringen angeordnet werden. Die Larven bauten jedoch auch typische Köcher, wenn ihnen als einziger Baustoff Zwiebelhäute oder Zellophan zur Verfügung stand, und beinahe typische wurden sogar aus Papier hergestellt. Daneben wurde eine Reihe neuer Kombinationen erreicht: Fichtennadeln und Sand, die normalerweise niemals verwendet werden, wurden zu Köchern zusammengebaut. Wurden nur Stanniol, Hafergrütze und Gerste geboten, wurden zwar noch Köcher angefertigt, diese waren jedoch recht roh.
Am Anfang dieses Abschnitts erwähnte ich die Vermutung, daß das Verhalten der Laubenvögel ein Abbild ihres ästhetischen Sinnes sein könnte. Unseren Augen erscheinen auch die Köcher der Köcherfliegen und die Bauwerke vieler anderer Tierarten attraktiv. Würden sie vom Menschen angefertigt, würde man die Hersteller vielleicht Künstler nennen. Bei Menschen sind jedoch die Kunstformen und verwandte Gebilde, das Handwerk eingeschlossen, keine einheitliche Erscheinung für die gesamte

Spezies: in den einzelnen Gesellschaften werden gewisse eigene Dinge hergestellt und bevorzugt, die in einer anderen Gesellschaft unbeachtet bleiben oder gar verachtet werden. Die Formen aller menschlichen Schöpfungen sind »kulturell bestimmt«. Was machen wir aber mit den Gemälden, die Schimpansen und andere Menschenaffen produziert haben? Den besten Überblick über Kunst bei Menschenaffen verdanken wir Desmond Morris. Die Farbflecken oder Bleistiftstriche, die ein Menschenaffe macht, sind nicht zufällig: die meisten Gemälde von Menschenaffen zeigen eine fächerartige Figur; mehr noch, Morris' berühmtester Schimpanse, Congo, dem ein unfertiges Farbmuster gereicht wurde, fertigte Figuren an, die dazu tendierten, dieses Farbmuster zu ergänzen. Wir treffen hier anscheinend wiederum auf einen Effekt vorher-existierender Repräsentation im Gehirn. Das Verhalten ist darauf ausgerichtet, ein mäßig spezifisches Muster zu produzieren, in diesem Falle eines aus Farbe oder Bleistiftstrichen. Wenn Kunst darin besteht, ein spezifisches Muster herzustellen, dann ist dies Kunst. Nun ist eine solche Aussage ziemlich sinnlos. Wir kennen nicht die Bedeutung, die dieses Verhalten für die Schimpansen hat. Wir wissen auch nicht, ob es mit irgendeiner Handlung korrespondiert, die sie in der Freiheit vollführen. Nur junge Schimpansen können zum Malen überredet werden: Malen ist bei ihnen also ein kindliches Verhalten.

Entwickelt sich das Verhalten?

Vogelgesang

Greifen wir uns die passendsten Beispiele aus den oben von mir gegebenen heraus, dann könnte man das tierische Verhalten als maschinenartig starr bezeichnen: bei jeder Gelegenheit ruft ein stereotypes Muster von optischen Signalen, Tönen, Gerüchen oder Kontakten ein ähnlich uniformes Muster von Bewegungen hervor. Jede dieser Aktivitäten paßt ihren Urheber seinem eigenen Habitat an, keine jedoch ist an ungewöhnliche Bedingungen anpassungsfähig. Solch ein Verhalten hat man »instinktiv« oder »angeboren« genannt und es dem »intelligenten« Verhalten, oder – in jüngerer Zeit – einfach dem »erlernten« Verhalten gegenübergestellt. In jüngeren Arbeiten jedoch hat man die scharfe Grenze zwischen »angeboren« und »erlernt« aufgegeben, und wir müssen nun untersuchen, warum.

Betrachten wir die hoch artcharakteristischen Gesänge von Singvögeln, wie sie in der Abbildung 60 dargestellt wurden. Diese Signale müssen innerhalb jeder Art uniform sein, wenn sie ihre Funktion, den Geschlechtspartner anzulocken und Eindringlinge

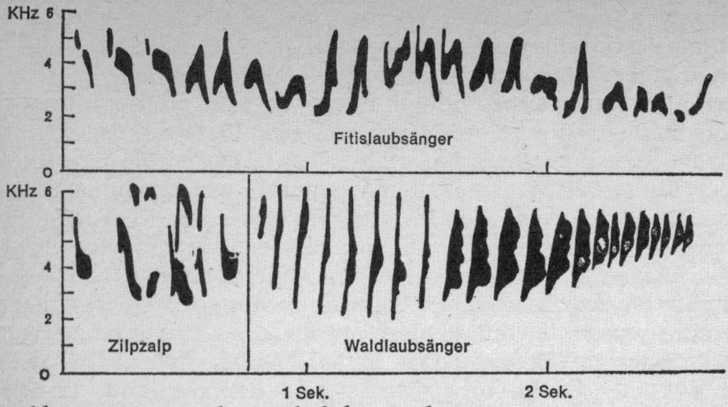

Abb. 60 Gesang dreier ähnlicher Laubsänger.

zu vertreiben, erfüllen sollen. Der Singakt ist sicherlich ein fixiertes Verhaltensmuster, wenngleich oft ein kompliziertes. Wenn wir wie Shelley jenem munteren Gesang der Feldlerche, *Alauda arvensis* zuhören, dann sind wir versucht zu glauben, daß er etwas ist, das der besonderen Natur der Feldlerche gegeben ist. Wir vergessen dabei jedoch, daß sich Verhalten entwickelt. Junge amerikanische Lerchen der Gattung *Sturnella* wurden in einer ungewöhnlichen Umgebung aufgezogen und so dazu gebracht, ungewöhnliche Gesänge zu singen. Diese Art Experimente wurden in weit größerem Rahmen am Buchfink, *Fringilla coelebs*, durchgeführt. H. Poulsen in Dänemark und W. H. Thorpe in England haben gezeigt, daß es für die Entwicklung eines gewöhnlichen Buchfinkengesangs notwendig ist, daß der Jungvogel Gelegenheit hatte, andere Vögel seiner Art zu imitieren. Poulsen hat Ähnliches auch beim domestizierten Kanarienvogel beobachtet (*Serinus canarius*).

Der Buchfink entwickelt seinen vollständigen Gesang während seiner ersten zwölf bis dreizehn Lebensmonate. Wird er bis zu seinem zweiten Juni oder Juli in einem schalldichten Raum gehalten, wird er niemals normal singen lernen. Der in Isolation aufgezogene Vogel singt zwar einen Gesang, der die richtige Länge hat und die richtige Anzahl der Noten, die Melodie ist jedoch nicht als die eines Buchfinken erkennbar. Buchfinken gleichen Alters wurden auch in Gruppen, getrennt von älteren Vögeln gehalten. Jedes Mitglied einer solchen Gruppe singt seinen eigenen Gesang, der mit dem der anderen, der in der Gruppe entwickelt wurde, übereinstimmt, aber vom gewöhnlichen Gesang völlig verschieden ist!

Wir haben hier also ein Verhalten, das art-charakteristisch und notwendigerweise hochstandardisiert ist; doch kann seine Entwicklung im Experiment beträchtlich verändert werden: der normale Gesang erfordert einen Prozeß, den wir, in normalem Gespräch mindestens, Lernen durch Imitation nennen sollten. Es besteht kein Zweifel, daß ein junger Buchfink besonders prädisponiert ist, einen alten Buchfink zu imitieren, und eine Lerche andere Lerchen. Die Präzision, mit der sie das tun, beweist, daß der Gesang als Sozialsignal funktioniert. Der Buchfinkengesang ist leicht von anderen zu unterscheiden, und das selbst bei Populationen in Südafrika oder Neuseeland, die von ihrem elterlichen Stamm schon seit vielen Jahren getrennt leben.

Prägung

Das Erlernen des Gesangs erfolgt durch die Entwicklung einer motorischen Tätigkeit – einer Folge von Bewegungen, in diesem Falle der Stimm- und Atmungsorgane. Ein weiteres Beispiel von Labilität im anscheinend »angeborenen« Verhalten bietet die Nachfolgereaktion bodenlebender Vögel und Säuger, die in Herden oder Schwärmen leben. Sie entspricht einem Kindervers: »Mariechen hatte ein kleines Lamm . . . und über-

Abb. 61 Vergesellschaftung zweier Arten: Reisfink und Taube. Dies ist jedoch kein Ergebnis der Prägung.

all wohin Mariechen ging, folgte ihm das Lamm nach.« Diese Anhänglichkeit junger Tiere an irgendeinen Gegenstand ist »Prägung« genannt worden. Sie ist besonders bei Vögeln, insbesondere bei Enten und Gänsen untersucht worden. Vergleichbares Verhalten ist systematisch jedoch auch bei domestizierten Hunden beobachtet worden. Junge Hunde, mindestens die mancher Rassen, können andauernde Bindungen an andere Hunde oder Menschen eingehen, doch nur in den ersten drei bis sieben Wochen nach ihrer Geburt. Andere Beispiele sind etwa die eines Bison-Kalbs, *Bison bison*, das einem Pferd, oder das eines Zebra-Fohlens, *Equus quagga*, das einem Auto nachlief.

Der Terminus »Prägung« ist definiert worden als das »Erlernen elterlicher Eigenschaften durch junge Tiere«. Da aber eine schwarze Schachtel kein Elterntier ist und da eine Bindung an eine schwarze Schachtel manchmal Prägung genannt wird, entsteht einige Verwirrung. In diesem Buch ist »Prägung« in dem Sinne des »Lernens von Jungtieren, in kindlich-abhängiger Weise auf ein Objekt zu reagieren«, gebraucht worden.

Junge Enten (der Gattung *Anas*) sind häufig untersucht worden. Der wichtigste Faktor dieser Methode besteht darin, es einzurichten, daß ein frisch geschlüpfter Vogel nicht einen Artgenossen als erstes sieht, sondern daß ihm Gelegenheit gegeben wird, einem anderen Objekt zu folgen. Letzteres kann alles mögliche sein: ein Vogelmodell, das quakt, bis zu einer schwarzen Schachtel, die gar keine Töne von sich gibt. Junge Enten können dazu gebracht werden, einer Streichholzschachtel zu folgen, aber auch einem Menschen nachzulaufen. Teichhühner (*Gallinula*) sind sowohl einem Beobachtungszelt nachgelaufen, als auch einer Serie von Attrappen alter Teichhühner. Junge Vögel können also lernen, Gegenständen zu folgen, die besondere sichtbare Merkmale aufweisen; für einige Arten kann es aber offensichtlich *jedes* Merkmal sein. Es gibt auch eine Prägung auf Töne. Altvögel, die Junge führen, glucken, quaken oder machen sich anderswie akustisch bemerkbar. Solche Töne können für Entenküken die Attraktivität einer Attrappe erhöhen. Sie sind vielleicht für Arten, die in Höhlen nisten, besonders wichtig: das gilt besonders für die Brautente, *Aix sponsa*, deren Junge auf eine rufende Mutter zulaufen, selbst wenn sie diese nicht sehen können.

Das Nachlaufen ist nicht das einzige Verhalten, das zeigt, daß eine Prägung stattgefunden hat. Das Sperren von jungen Nestlingen von Vögeln kann auch an eine Serie verschiedener Objekte gebunden sein: offenbar lernen sie ihre Eltern bei den ersten Fütterungen am Nest kennen.

Der Prägung ist besondere Aufmerksamkeit gewidmet worden, weil sie in den frühen Perioden des Lebens vollzogen wird, und nur während einer kurzen Zeit. Es sind nur wenige Stunden

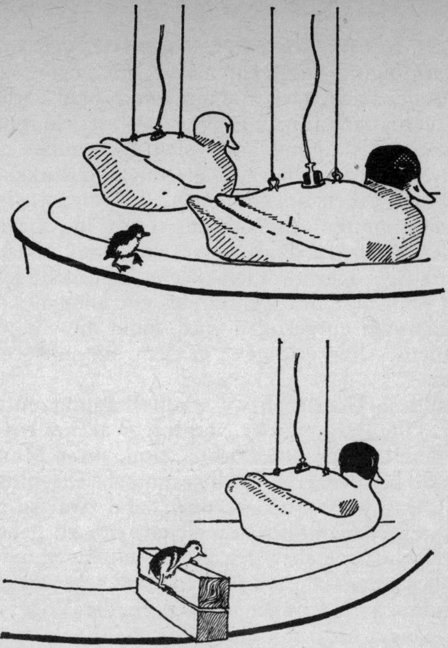

Abb. 62 Experimente mit der Prägung: Entenjunges und zwei Modelleltern.

und Tage, während deren eine Prägung leicht ist. Es ist dies ein Beispiel für eine *sensitive* (oder kritische) *Phase* in der Entwicklung des Verhaltens. Das Nervensystem muß während dieser Perioden in einem stärker rezeptiven Stadium sein als zu anderen Zeiten; wie gewöhnlich wissen wir jedoch nicht, was im Gehirn vor sich geht. Die kurze sensitive Phase und die Tatsache, daß ein Jungvogel (Abb. 62) während dieser Zeit gewöhnlich nur seine Eltern sieht, läßt die folgenden und verwandte Reaktionen »angeboren« oder doch ziemlich in der Entwicklung fixiert erscheinen.

Bei Prägungsexperimenten hat man jungen Tieren, nachdem sie dressiert worden waren, oft eine Auswahl gestattet: sie wurden mit, sagen wir, einer Schachtel konfrontiert, der sie nachzulaufen gewohnt waren, und einem Artgenossen. Der dressierte Vogel folgt nun nicht nur dem vertrauten Objekt, sondern läuft vor dem nicht vertrauten sogar davon. Heute wissen wir, daß, wäre das unvertraute nur früher geboten worden, er diesem folgen würde.

In den ersten Lebenstagen eines Entenkükens oder eines ähn-

lichen Vogels treten zwei entgegengesetzte Verhaltensweisen auf: die Nachfolgereaktion entwickelt sich zuerst, die zweite, das Meiden oder Fliehen, wird dann jedoch bald vorherrschend. Tatsächlich verhalten sich junge Vögel selbst während der sensitiven Phase der Prägung ambivalent gegenüber einem Objekt: sie schwanken zwischen Annäherung und Rückzug.
Einige Autoren haben angenommen, daß die sensitive Phase mit einem bestimmten Alter abrupt endet. In Wirklichkeit ist jedoch in der Regel das Ende keineswegs klar erkennbar, und es kann hinausgezögert werden. Wenn Hausgeflügel während der ersten Lebenstage mit wenig oder gar keinem Kontakt mit anderem Federvieh aufgezogen wird, kann die endgültige Prägung in einem Alter erfolgen, in dem sie sonst gewöhnlich schwierig ist.
Der mutmaßliche Überlebenswert von Prägung und Meidung ist offenbar. Eine Prägung der Nachfolgereaktion tritt bei Tierarten auf, deren Junge Nestflüchter sind, ihrer Mutter darum folgen und sie bei Bedarf aufsuchen müssen. Die Jungen lernen sehr schnell, ihre Mutter zu erkennen, und zwar so sicher, daß das Lernen außergewöhnlich schnell vor sich zu gehen scheint. Da es in Wirklichkeit aber gewöhnlich einige Stunden dauert, ist es nicht besonders schnell, jedoch gewiß sehr wirksam. Warum aber, müssen wir fragen, schlüpfen die Vögel nicht und werden die Säuger nicht mit einem fertigen Reaktionsvermögen auf ihre Eltern geboren? Das würde die angeborene Fähigkeit fordern, die Eltern aus den verschiedensten Blickwinkeln und unter den verschiedensten Bedingungen zu erkennen. Anscheinend ist es leichter, eine Lernfähigkeit zu entwickeln, als eine vollkommene Fähigkeit, ein bestimmtes Objekt zu erkennen.
Die Flucht vor fremden Objekten, die so schnell nach der Prägungsperiode auftritt, ist ein offensichtliches Mittel, nicht die Aufmerksamkeit zu erregen. Es ist ein Beispiel des Schutzverhaltens, das wir im gesamten Tierreich finden und das ich schon früher erwähnte.
Ist das Erkennenkönnen einmal erreicht, werden Entenküken, die man von ihrer Mutter trennt, aufgeregt: sie laufen herum und geben Laute (des Mißvergnügens und der Angst) von sich, bis sie sie gefunden haben. In Isolation aufgezogene Entenküken tun das nicht. Hühnerküken (*Gallus*) neigen in fremder Umgebung dazu, ihrer Mutter dichter zu folgen als in einer vertrauten. Tatsachen wie diese haben zu der Vermutung geführt, daß Prägung die Unruhe reduziert. Es ist schwierig, diese interessante Annahme zu präzisieren. Wir wissen, wie gefährlich es ist, zu glauben, daß man sich die Gefühle eines Entenkükens vorstellen könnte. (Es ist schwierig genug, das bei unseren Babys zu können, obwohl wir selbst einmal Babys waren.)

Die Vermutung über die Unruhe bei jungen Vögeln kann, wenn sie zutrifft, auch auf Säugetiere angewandt werden. Ja, selbst für den Menschen kann sie Bedeutung haben. Gewiß gibt es einige Parallelen im Verhalten unserer Kinder. Der Phase des unterscheidungslosen sozialen Lächelns folgt im Alter von ungefähr sechs Monaten eine Phase, in der die Mutter oder vielleicht der Vater dem Kind willkommen sind, Fremde aber abgelehnt werden. Die Prägung ist vollzogen. In den meisten menschlichen Gesellschaften ist ein Meiden von Fremden jedoch sozial hinderlich, keineswegs ein Schutz: offenbar ist es nur ein Überbleibsel einer vormals nützlichen Verhaltensform.
Es bleibt eine abschließende, sehr wichtige Frage über die Prägung. Was bedeutet sie im späteren Leben? Es gibt keinen Bericht darüber, wie sich Mariechens kleines Lamm als Erwachsenes gegenüber einer Schafherde verhielt, und auch über sein Sexualverhalten (oder über das gegenüber dem eigenen Geschlecht) ist nichts bekannt. Wieder müssen wir uns Arbeiten über Vögel zuwenden, um Antwort zu bekommen. M. W. Schein hat das Verhalten von sechs domestizierten Wilden Truthähnen, *Meleagris gallopavo*, beschrieben. Drei von ihnen wurden mit anderen Truthähnen aufgezogen und darum für normal gehalten (obgleich sie auch Menschen von Anfang an sahen). Drei wurden während der ersten zweiunddreißig Tage von anderen Truthähnen, nicht jedoch vom Menschen isoliert gehalten. Im Alter von fünf Jahren, als sie Truthähnen und Menschen gegenüber vertraut waren, wurde ihnen Gelegenheit gegeben, sich mit Truthennen zu paaren; alle taten es. Auch die Beziehung zum Menschen wurde getestet, und alle bebalzten auch ihn. Das entscheidende Experiment war, ihnen Auswahl zwischen Mensch und Henne zu geben. Dabei zeigte sich, daß die »normale« oder Kontrollgruppe den Vogel wählte, während die anderen, die in den ersten Monaten von Truthähnen isoliert gehalten worden waren, den Menschen auswählten.
Philip Guiton hat bei dem eng verwandten Haushuhn ein ähnliches Verhalten beobachtet. Eine sexuelle Fixierung auf Menschen kann bei diesen Vögeln durch frühe Erfahrungen induziert werden, und die Bereitschaft zu sexueller Annäherung an Menschen hält lange an. Nur die braunen Leghorn-Hähnchen, die Guiton benutzte, bevorzugten noch immer Hennen, wenn sie eine Wahl hatten. Diese Beobachtungen zeigen den andauernden Effekt früher Erfahrung und den wichtigen Einfluß, den frühe Erfahrung besonders auf das Sexualverhalten hat. Frühe Erfahrung ist jedoch nicht notwendigerweise allesbedeutend.
Andere Arbeiten wurden von J. P. Kruijt über das Burmesische Rote Dschungelhuhn, ebenfalls *Gallus gallus*, durchgeführt — einem Vogel, der dem ähnlich ist, von dem unsere Haushühner abstammen. Neun männliche Vögel, die normal von ihren Müt-

tern aufgezogen worden waren, wurden mit elf Männchen verglichen, die nach dem Schlüpfen in Einzelisolation gehalten wurden. Die isolierten Vögel sahen Vögel anderer Arten umherfliegen, sie hörten Vögel der eigenen und anderer Arten, und sie sahen und hörten Menschen. Aber sicherlich hatten sie keine Gelegenheit, andere Dschungelhühner zu prägen. Alle diese Vögel produzierten Spermien und konnten, wenn sie durch Handmassage direkt stimuliert wurden, ejakulieren. Wie verhielten sie sich, als sie im Alter von neun bis sechzehn Monaten mit Weibchen zusammentrafen?

Die Tiere der Kontrollgruppe konnten alle eine normale und erfolgreiche Paarung vollziehen. Von den elf isolierten Vögeln versagten neun völlig; die anderen beiden waren erfolgreich, doch nicht von Anfang an. Auch in anderer Hinsicht verhielten sich die isolierten unnormal: als sie noch allein gehalten wurden, hatten sie Anfälle, bei denen sie klagend, als ob sie von Raubtieren ergriffen worden wären, umherrannten, ohne daß jemals ein auffälliges äußeres Ereignis diese Ausbrüche hervorgerufen hätte. Im menschlichen Verhalten würde man dies als psychopathologisch bezeichnen. Es war ohne Zweifel teilweise eine Folge fehlender Prägung während der ersten wenigen Tage nach dem Schlüpfen; wir wissen aber nicht, wieviel auch die folgende Isolation dazu beigetragen hat.

Soziale Entwicklung der Affen

Die berühmtesten Experimente über die frühe soziale Entwicklung von Säugetieren sind die von H. F. Harlow und seinen Mitarbeitern über die Rhesusaffen, *Macaca mulatta*. Nach der Geburt klammern sich diese kleinen und niedlichen Tiere am Fell ihrer Mutter an, doch auch sie hält die Kleinen fest. Schon früh beginnen die jungen Affen, ihre Mutter zu untersuchen, indem sie sie ansehen, aber auch Mund und Hände gebrauchen. Schon im frühen Alter wird die Mutter imitiert: blickt sie etwas an, macht es das Baby auch; hantiert die Mutter an einem Gegenstand herum, folgt das Kind auf der Stelle. Etwa drei Monate lang besteht eine enge Bindung an die Mutter. Es folgen weitere drei Monate mit größerer Unabhängigkeit; die Mutter dient jedoch noch immer als sichere Zuflucht. Schließlich erfolgt die endgültige Trennung. Rhesusaffen eignen sich sehr gut für Laborstudien, denn selbst solche, die in der Freiheit geboren wurden, entwickeln sich in der Gefangenschaft gut. Sie verhalten sich auch Artgenossen gegenüber normal, paaren sich und ziehen erfolgreich Junge auf.

Die Bindung der Affenmutter an ihre Jungen und der Jungen an die Mutter ist eng und spezifisch. Wird ein Baby erschreckt, geht es zu seiner Mutter und nicht zu anderen Weibchen. In ähnlicher Weise lehnen die Mütter fremde Babys ab (obwohl sie ein sehr junges Baby gleichen Alters adoptieren und beide nähren können). Eine Mutter besitzt zwei auffällige Signale, die ihr Baby anlocken: das eine ist, ihre Hinterseite zu zeigen und zwischen den Beinen hindurch nach hinten zu sehen; das andere eine Art Greinen. Beide sind im Zurückrufen eines herumstreunenden Kindes äußerst effektvoll.

Harlow und seine Mitarbeiter haben lange Serien von Experimenten über die Auswirkungen des frühen Verlustes der mütterlichen Fürsorge und der Isolation von anderen Affen angestellt. Unter den ersten Beobachtungsserien waren solche, in denen jungen Affen eine Ersatzmutter zum Festklammern oder eine Mutterattrappe gegeben wurde. In einigen Experimenten wurden zwei Attrappen zur Auswahl geboten: eine war mit Stoff bedeckt, die andere bestand aus Draht. Selbst wenn die Affen an der Drahtmutter gefüttert wurden, verbrachten sie jedoch die meiste Ruhezeit an der Stoffmutter angeklammert. Die Eigenschaft, zu einer Mutter zu fliehen, ist demnach nicht eine einfache Folge der Ernährung durch die Mutter. Für eine Person mit menschlichen Gefühlen ist das kein erstaunlicher Schluß; es ist jedoch wertvoll, ihn experimentell nachgewiesen zu haben. Die Anwesenheit einer leblosen Substitutionsmutter hat eine beträchtliche Wirkung auf das Verhalten. Ohne eine solche entwickelt ein Affenbaby wenig Erkundungstrieb und wird durch fremde Gegenstände auch leicht erschreckt; mit einer solchen wird mehr des gewöhnlichen Erkundungstriebes entwickelt, der jedoch durch Flucht zum Mutterobjekt dann und wann unterbrochen wird. Völlig allein gelassene Affen sitzen meist schaukelnd in einer Ecke – wie man das auch bei stark unnormalen menschlichen Babys beobachten kann. Isolierte Affen neigen auch dazu, sich selbst Verletzungen zuzufügen.

Trotz des immensen Interesses, die der Bericht über das Verhalten dieser Kinder verdient, sind die meisten wichtigen Beobachtungen über ihr Verhalten im späteren Leben gemacht worden. Eine Isolation von sechs Monaten hat einen unheilvollen Einfluß auf das soziale und sexuelle Verhalten. Werden isoliert gehaltene Affen zusammengebracht, bilden sie nicht – wie normale Affen – schnell ein stabiles Rangsystem. Es gibt ungewöhnlich viele Konflikte, von denen manche tödlich enden.

Der Einfluß auf das Sexualverhalten ist noch schwerer. Von allen Männchen, die mit Attrappenmüttern und ohne Kontakt mit anderen echten Affen aufgezogen wurden, war keines in der Fortpflanzung erfolgreich. Physiologisch sind sie von anderen erwachsenen Männchen nicht zu unterscheiden; sie sind aber mit Harlows Worten »sexuell zerstört«. Sie besitzen noch einen Sexualtrieb, der sie sich Weibchen in sexueller Weise annähern läßt, ihr dann folgendes Verhalten ist jedoch nicht geordnet oder orientiert, so daß sie keinen Koitus erreichen können.

Auch die isolierten Weibchen schienen zur Fortpflanzung zuerst völlig unfähig. Wurden sie jedoch mit besonders zärtlichen, geduldigen, nicht zu stark drängenden und geschickten Männchen zusammengebracht, konnten sie unter Umständen Babys haben. Sie waren jedoch nicht in der Lage, sich wie normale Weibchen zu verhalten. Entweder waren sie ihren Kindern gegenüber gleichgültig oder gar feindselig. Die Babys machten verzweifelte und rührende Versuche, sich ihren Müttern zu nähern, wurden jedoch oft geschlagen oder niedergestoßen. (Dies ist glücklicherweise nur bei wenigen Weibchen beobachtet worden.) Manchmal lernten die Babys, sich ihrer Mutter von hinten zu nähern und auf ihren Rücken zu klettern. Manchmal kraulten die Mütter ihre Kinder. Zwei der Mütter weigerten sich, die Babys zu nähren, so daß sie mit der Flasche aufgezogen werden mußten.

Wie verhielten sich nun diese Jungen? Die Jungen, die von feindseligen Müttern aufgezogen worden waren, waren überaggressiv und ausgenommen aktiv und sexuell frühreif. Sie waren nicht in dem Maße unnormal wie ihre Mütter, doch wären sie menschliche Wesen gewesen, hätte man sie allgemein als »neurotisch« bezeichnet.

Eine sich anbietende Frage ist, ob es für die soziale Entwicklung eines jungen Affen entscheidend ist, eine von anderen Affen unterschiedene *Mutter* zu haben. Es wurden Experimente durchgeführt, in welchen junge Affen nur Kontakt zu Altersgenossen bekamen. Diese Affen entwickelten sich offenbar normal. Sie kuschelten sich häufig aneinander, und sie spielten natürlich. Diese Unternehmungen scheinen das Fehlen des Bemutterns zum großen Teil oder völlig zu ersetzen.

Eines möchten die meisten Leute gern wissen, nämlich die Anwendungsmöglichkeiten dieser Arbeiten auf den Menschen. Harlow und Mitarbeiter sind in dieser Hinsicht äußerst vorsichtig. Die wichtigste Anwendung ist, wieder einmal zu sehen, daß Verhalten, das früher »instinktiv« genannt worden wäre, doch zu einem guten Teil in seiner Entwicklung durch die Umweltbedingungen in der frühen Jugend beeinflußt wird. Das ist keine neue Feststellung: Sigmund Freud (1856–1939) kam zu diesem Schluß schon früher, und zwar auf Grund von Untersuchungen ganz anderer Art.

Die Experimente über die Entwicklung des Verhaltens haben der Ethologie eine ganze neue Dimension erschlossen. Kein Verhalten, sei es stereotyp oder art-charakteristisch oder auch für das Überleben entscheidend, kann länger als ein Ding für sich angesehen werden, das in irgendeiner Weise durch Prädestination bestimmt wird. Das Format eines heranwachsenden Tieres wird durch seine frühe Umwelt (bei Säugern zum Beispiel durch die mütterliche Umwelt) beeinflußt, und seine Widerstandsfähigkeit gegenüber Krankheiten kann dadurch, daß es früh Infektionen ausgesetzt war, bestimmt sein. In gleicher Weise ist jede Verhaltensform den Unbilden der Entwicklung ausgesetzt.
Der Leser mag mit einer solchen Schlußfolgerung unzufrieden sein. Es gibt, so mag er fühlen, dennoch *einige* Hinweise auf die Unterscheidungsmöglichkeiten zwischen einem »angeborenen« und »erlernten« Konzept des Verhaltens. Wir haben gesehen, daß ein Einwand gegen das Angeborensein darin besteht, daß es scheint, als seien gewisse Formen des Verhaltens vor ihrem Auftreten schon völlig fixiert, während sie in Wirklichkeit eine komplexe Entwicklung durchlaufen müssen. Eine Auslegung mag erlaubt sein, nämlich zu sagen, daß manches Verhalten vom Reifeprozeß, andere Handlungen vom Lernen abhängen.
Was bedeutet das? Die Unterscheidung, die hier versucht wird, trennt das Verhalten in eines, das nur durch wiederholte Stimulation eines bestimmten Sinnesorgans entsteht (erlernt wird), und solches, das einer Stimulation dieser Art nicht bedarf. Das neugeborene Opossum, *Didelphis virginiana,* zum Beispiel verbringt die ersten Lebenswochen im Beutel oder Marsupium seiner Mutter. Sobald es also das Licht der Welt erblickt, muß es die Tasche erreichen. Das tut es mit bemerkenswerter Geschwindigkeit und aus eigener Kraft. Bei der Geburt hat es schon kräftige Vorderbeine entwickelt, während die später so mächtigen Hinterbeine noch rudimentär sind. Diese sehr schnelle und genau gerichtete Bewegung, sich am Haar der Mutter in den Beutel hineinzuziehen, kann es nicht allmählich durch Erfahrung erlernt haben: das Ganze dauert nur ein oder zwei Sekunden, es bleibt auf diese eine Gelegenheit beschränkt und wird nie wiederholt.
Soweit ich weiß, sind über das Verhalten neugeborener Opossums noch keine Untersuchungen gemacht worden. Experimentelle Hinweise auf fixierte Entwicklung können wir jedoch aus den häufig angeführten Arbeiten L. Carmichaels über die Kaulquappen verschiedener Amphibienarten erhalten. Sich entwickelnde Eier wurden im Wasser aufbewahrt, das eine betäubende Substanz enthielt, die jede Bewegung der Larven nach dem

Schlüpfen unterband. Gewöhnlich entwickeln die Larven ihre Schwimmfähigkeit allmählich und durchlaufen Stadien unvollkommener Schwimmbewegungen. Die Larven des Experiments wurden in einem Alter in reines Wasser überführt, in dem das Schwimmen schon in einer vollkommenen Bewegung ausgeführt wird. Sobald die Betäubungswirkung nachließ, schwammen sie normal, wie Kontrolltiere, die die ganze Zeit in reinem Wasser aufgezogen waren.

In ähnlicher Weise hielt J. Grohmann junge Tauben, *Columba*, in Papprӧhren, so daß sie keine Flugbewegungen üben konnten. Wurden diese entlassen, flogen sie genauso gut wie die Kontrolltiere, die das gewöhnliche vorherige Flügelschlagen ausführen konnten.

Diese Beispiele geben dem Lernen durch Übung oder Erfahrung keinen Spielraum, und sind darum von der Nachfolgereaktion der Entenküken oder vom Gesang des Buchfinken unterschieden. Man kann diese Erscheinungen so deuten, daß die verschiedenen Formen des Verhaltens mit der Stabilität ihrer Umwelt variieren, oder indem man sagt, daß sie mehr oder weniger labil seien und von offenbar völliger Fixierung über partielle Modifizierbarkeit bis zu Eigenschaften reichen, die von individuellem Lernen durch Übung abhängen.

Aber es reicht nicht aus zu behaupten, daß das Verhalten mehr oder weniger variabel ist. Es gibt nicht nur verschiedene Grade von Labilität, sondern auch verschiedene Formen derselben. Eine Heuschrecke der Familie Acrididae ist solitär: sie lebt in Grasland, in einer über ein großes Gebiet verstreuten Population, bleibt jedoch ihr ganzes Leben lang in der Nähe der Stelle, wo sie geschlüpft ist. Sie ist also nicht migratorisch. Vergleichen wir dieses Leben mit dem einer Wanderheuschrecke (der gleichen Familie): Die Wanderheuschrecken gelten seit Tausenden von Jahren als höchst gesellige Tiere: sie bilden zerstörerische Schwärme, manchmal unglaublichen Ausmaßes: ein Schwarm der roten afrikanischen Wanderheuschrecke, *Locusta migratoria*, der im Flug sorgfältig gemessen wurde, war über neunzig Kilometer lang und beinahe fünf Kilometer breit. Diese Schwärme treten nur in Zwischenräumen von einigen Jahren auf, und bis 1915 war ihr Ursprung völlig unbekannt. Dann fand B. P. Uvarov heraus, daß Wanderheuschrecken in zwei Typen auftreten. Wenn sie nicht schwärmen, leben sie als normale solitäre Grashüpfer. Sie unterscheiden sich nicht nur im Verhalten, sondern auch in der äußeren Erscheinung beider Stadien. Das Schwärmen hängt von speziellen Bedingungen in den Halbwüsten-Gebieten ab, die als Aufbruchsareale dienen. Zum Teil konnten solche Bedingungen im Labor simuliert werden. Anfängliches Zusammenrotten stimuliert die noch nicht erwachsenen Insekten. Statt nun normale, grüne Grashüpfer zu werden,

entwickeln sie Streifen und auch jenes Verhalten, das zu Massenwanderungen führt.
Wir haben hier also zwei Formen art-charakteristischen, stereotypen Verhaltens, die in einer Spezies zusammen existieren. Das Verhalten ist in dem Sinne labil, daß es leicht durch Änderungen in der Umwelt verändert werden kann. Darüber hinaus hängt der Prozeß, eine schwarmbildende Heuschrecke zu werden, mindestens teilweise von visuellen Stimuli ab, die von anderen Heuschrecken geboten werden. Das würde man normalerweise nicht »Lernen« nennen, und doch ist es gewiß ein Beispiel von durch Erfahrung beeinflußten Verhaltens.

XI Der Trieb zur Handlung

Wir haben uns zu sehr angewöhnt, beim Hantieren mit Artennamen Tatsachen zu übersehen.
William Harvey

Ein ruhendes Tier wird plötzlich, ohne äußeren Anreiz, aktiv. Was ruft diese Aktivität hervor? Später, sagen wir, frißt das Tier, stellt seine Bewegungen ein und ruht erneut. Was verursacht das Aufhören der Aktivität? Die erste Frage könnte man volkstümlich damit beantworten, daß das Tier hungrig war, die zweite, daß das Tier nach dem Fressen satt war. Das erscheint einsichtig, läßt jedoch eine ganze Reihe von Fragen unbeantwortet. Wird ein Vogel oder ein Säugetier von einem warmen Lebensraum in einen kalten versetzt, verliert es zuerst an Gewicht. Schnell beginnt es jedoch mehr zu essen, und die Balance zwischen Energieverlust und Nahrungszufuhr ist wiederhergestellt. Oft wird das verlorene Gewicht wieder aufgeholt. Woher »weiß« das Tier, daß es mehr fressen muß? Die Antwort, daß es sich in der Kälte hungriger fühlt, ist wenig befriedigend: es wäre auch nicht zu akzeptieren, wenn ein Ingenieur den hohen Verbrauch von Brennstoff in seiner Maschine mit dem Hinweis erklären würde, daß seine Maschine eben Benzin liebt. Die zu fordernde Antwort müßte in Termini der Maschinenstruktur erfolgen.

Ein ruhendes Tier, das plötzlich aktiv wird, kann herumlaufen, Futter finden, fressen und dann ruhen. Die Aktivität des Tieres kann in diesem Falle zu der Zeit in Beziehung stehen, die verging, seit es zuletzt gefressen hat. Das Tier operiert dann wie ein sich selbst regulierendes System, das in diesem Fall auf das Defizit reagiert, das durch eine Fastenperiode entstanden ist. Heuzutage sind wir alle mit sich selbst regulierenden Systemen vertraut: ein Thermostat sorgt dafür, daß Heizungen, Behälter oder Zimmer eine ungefähr konstante Temperatur behalten; in modernen Maschinen werden Druck, Durchlaufmenge, Elektropotential, Geschwindigkeit und viele andere Werte automatisch geregelt.

Tierisches Verhalten, das diese Funktion zeigt, nennen wir *homöostatisch*: es ist dem Erhalten konstanter Bedingungen im Organismus verwandt. Ein deutliches Beispiel geben Helen Spurway und J. B. S. Haldane in ihrer Arbeit über Molche, *Tri-*

turus, die wir schon im fünften Kapitel erwähnten. Diese Amphibien verbringen die meiste Zeit ihres Lebens im Wasser, die erwachsenen Tiere atmen jedoch Luft. Ein Molch ruht auf dem Boden des Gewässers, steigt aber in ziemlich regelmäßigen Abständen zum Atmen an die Oberfläche auf. Die Atemfrequenz kann in einem Aquarium dadurch verändert werden, daß man die Zusammensetzung der Luft über dem Wasser ändert: wird der Sauerstoffgehalt der Luft reduziert, steigt die Atemfrequenz an; wird er erhöht, nimmt die Atmungshäufigkeit ab. Wie bei allen Landwirbeltieren wird auch die Atemfrequenz des Molches durch die Akkumulationsrate von Kohlensäure im Blut bestimmt. Eine Gruppe von Zellen der Medulla im Gehirn reagiert mit eleganter Genauigkeit auf die chemische Veränderung des Bluts, das sie erreicht. Dies ist ein ungewöhnliches Beispiel. Die Atmungsbewegungen der meisten Landwirbeltiere sind viel zu schnell, als daß man sie im gewöhnlichen Sinne als »Verhalten« bezeichnen könnte: man überläßt darum diesen Problemkreis gern den Physiologen. Ein Tier, das Luft jedoch in Abständen schnappt, besitzt eine Initialphase in einem »Such«- oder Appetenzverhalten (um an die Oberfläche aufzusteigen), bevor es den Endpunkt des Verhaltens — das wirkliche Einatmen der sauerstoffhaltigen Luft — erreicht. Dies ist ein besonders geeignetes Beispiel, denn mein Hauptthema in diesem Kapitel ist die physiologische Analyse des Impulses zum Handeln.

Was ist »Hunger«?

Schmeißfliegen

Wir müssen uns nun genauer ansehen, wie das Verhalten auf diese Weise untersucht werden kann. Für ein weiteres Beispiel kehren wir zum Hunger, oder besser gesagt, zum Fressen zurück. Die wenig beliebte und unappetitliche Schmeißfliege, *Phormia regina*, wurde von V. G. Dethier und seinen Kollegen sehr genau und mit rigorosen Methoden untersucht. Wie die meisten ausgewachsenen Insekten saugt auch *Phormia* in Abständen. Eine Fliege wird, entsprechend der Zeit, die nach einer Nahrungsaufnahme abgelaufen ist, aktiv, und die Aktivität steigt mit der Länge der Fastenzeit proportional an. Die Aktivität, die in Gehen oder Fliegen bestehen kann, kann im Labor verfolgt werden. Die Bewegungen einer aktiven (hungrigen) Fliege können sie zum Futter bringen. Die Nahrung muß flüssig oder in einem Zustand sein, der schnelle Verflüssigung ermöglicht: bei den Versuchen wurde gelierte Zuckerlösung benutzt. Das erste Signal, das das Gehirn der Fliege über die Anwesenheit von Nahrung informiert, kommt von den Beinen, deren Endglieder oder Tarsi mikroskopische Organe besitzen, die durch die Anwesenheit von Substanzen wie Zucker stimuliert werden. Ähnliche Rezeptoren gibt es in der Mundregion. Die Impulse, die in den Nerven dieser Regionen wandern, können gemessen oder durch Zerschneiden der Nerven gestoppt werden.

Eine Aktionsfolge beginnt, wenn die Fliege durch Zucker stimuliert wird. Zuerst wird der Rüssel ausgedehnt, jene Struktur, die bei der Schmeißfliege und verwandten Insekten eine komplizierte Röhre darstellt, mit Hilfe deren die Nahrung aufgetupft wird. Dies bringt andere Rezeptoren, die an der Spitze des Rüssels liegen, mit der Nahrung in Kontakt. Dieser Reizempfang führt zu einem Öffnen des Rüssels, wodurch noch weitere Rezeptoren aktiviert werden, die das Aufsaugen der Nahrung in Gang setzen.

Wir haben nun die Fliege zum Wasser geführt und zum Trinken veranlaßt; das nächste Problem ist nun, sie zum Aufhören zu bewegen. Es gibt während der Nahrungsaufnahme kurze Pausen, die durch temporäre Veränderungen in den Rezeptoren, die das Saugen stimulieren, hervorgerufen werden. Diese Veränderung in den Sinnesorganen, (die verwirrenderweise »sensorische Adaptation« oder »Ermüdung« genannt wurde) kennen auch wir: wenn wir eine Küche betreten, in der eine Mahlzeit gekocht wird, nehmen wir zuerst die Gerüche wahr. Das wird jedoch bald anders: Die Reizbarkeit unserer Nase hat abgenommen, erholt sich jedoch schnell, wenn sie sich ausruhen kann.

Auch das Essen kann länger unterbrochen werden. Das geht aber nicht auf eine Veränderung in den Rezeptoren zurück, und es ist schwierig, herauszufinden, was nun die Unterbrechung des Essens hervorruft. Das Problem war, einen Mechanismus zu finden, der gewährleistet, daß eine normale Schmeißfliege nicht mehr Nahrung aufnimmt, als sie verkraften kann. Nachdem die sensorische »Ermüdung« ausgeschlossen werden konnte, verblieben noch mehrere andere Möglichkeiten. Vielleicht verhindert eine hohe Zuckerkonzentration im Blut das Saugen, wie das für die Säugetiere vermutet wird: die Experimente zeigten jedoch, daß eine Veränderung des Blutzuckergehalts keinen Effekt hervorruft. Nahe am Vorderende des Insektendarmes finden wir eine Erweiterung, den »Kropf«, der sich während der Nahrungsaufnahme füllt. Aber auch ein voller Kropf bewirkt keinen Stopp. Die Antwort gab eine benachbarte Region, der Vorderdarm, von dem ein auffälliger Nerv zum Gehirn zieht. Zerschneidet man diesen Nerv, überfrißt sich die Fliege: sie verhält sich in der Tat wie die »Honigtöpfe« der Ameisen, die sich derart mit Nahrung vollstopfen, daß sie unbeweglich werden.

Der Saugakt der Fliege selbst führt demnach nicht zur Befriedigung: das Auffüllen einer bestimmten Region des Nahrungstraktes bewirkt vielmehr, daß das Tier aufhört.
Der äußerste Überlebenserfolg der Schmeißfliegen, der sich in ihren großen Zahlen manifestiert, beweist die Wirksamkeit dieser negativen Rückkopplung (negative feedback), die die Nahrungsaufnahme reguliert. Sie ist jedoch »mechanisch« in dem Sinne, daß sie sich nicht an ungewöhnliche Bedingungen adaptieren kann. Das Saugen hört auf, nicht wenn das Insekt entsprechend genährt ist, sondern wenn die Rezeptoren im Vorderdarm feuern, (vermutlich) durch den Druck der in ihnen enthaltenen Flüssigkeit. Gibt man einer Fliege Fukose, einen Zukker, den sie nicht verdauen kann, beginnt und endet die Nahrungsaufnahme wie gewöhnlich. Eine Fliege, der also nichts als Fukose gegeben würde, würde mit vollem Magen sterben.

Ratten

Die Nahrungsaufnahme von Säugetieren ist viel weniger einfach organisiert. Eine erste Komplikation ist, daß das Verhalten des Erwachsenen ein Produkt des »Lernens« in dem Sinne ist, daß es durch Erfahrungen beim Essen (oder Trinken) verändert wird. Ein junges Säugetier saugt so lange Milch, bis sein Magen zum Überfließen voll ist. Wir wissen nicht, was ein Kind zum Aufwachen und Schreien bringt, zum Wimmern und Klagen »vor Hunger«. Vielleicht gibt es vom leeren Magen ausgehende Signale. Später *braucht* sich der Magen überhaupt nicht mehr zu beteiligen: ein Säugetier kann mit dem Fressen beginnen oder aufhören, wenn auch die Magennerven zerschnitten sind — ja, selbst, wenn der gesamte Magen entfernt wurde. Vielleicht hat es auf andere Stimuli, die mit dem Fressen verbunden sind, zu reagieren gelernt.
Ist jedoch das Tier intakt, beeinflussen Signale vom Magen tatsächlich die Nahrungsaufnahme. Wird der Nahrung viel unverdaulicher Ballast zugefügt, wird entsprechend weniger Nährstoff mit der Mahlzeit aufgenommen: offenbar ist ein voller Magen ein Signal, das zum Beenden der Mahlzeit bewegt, wie man es auch erwarten müßte. Hier liegt also die zweite Komplikation: es gibt verschiedene Systeme, die die Nahrungsaufnahme regulieren; ist aber eines außer Funktion, können andere das Tier befähigen, dennoch eine konstante Nahrungsaufnahme zu erhalten. Darüber hinaus wird häufiger gegessen, wenn eine Mahlzeit weniger als gewöhnlichen Nährwert besitzt.
Um die vielfache Kontrolle der Nahrungsaufnahme zu zeigen, geben wir hier ein weiteres Beispiel. Die Bereitschaft zum Essen oder Trinken kann in einem Käfig (einer »Skinner-Box«) gemessen werden. In ihr kann durch das Drücken eines Hebels

ein Nahrungspaket, ein Schluck Milch oder andere eßbare Belohnung erreicht werden. Man kann es sogar so arrangieren, daß ein Tier, bei der Betätigung eines Hebels, sich mit Hilfe eines in geeigneter Weise angebrachten Schlauchs, direkt in den eigenen Magen Milch spritzt. Es wurden Laborratten, die mit dieser Situation konfrontiert worden waren, mit anderen, die Milch durch Hebeldruck zum normalen Trinken erhielten, verglichen. Die Milch, die auf dem normalen Wege durch Mund, Pharynx und Oesophagus in den Magen lief, war sättigender als solche, die direkt in den Magen gespritzt wurde: das heißt, daß die Ratten, die Milch tranken, früher mit dem Hebeldrükken aufhörten, als die, die sie direkt bekamen. Es scheinen also Signale vom Mund und Pharynx die Menge des Essens und Trinkens begrenzen zu helfen, die von einem adulten Säugetier aufgenommen wird.

Das gibt uns keinen Hinweis auf die Natur des Impulses, der Nahrungssuche und Nahrungsaufnahme auslöst. Dafür müssen wir zum Gehirn zurückkehren, besonders zum Hypothalamus (s. Seite 37). Dort finden wir zwei kleine Regionen, die ganz speziell mit dem Impuls zum Essen und zum Aufhören, wenn eine bestimmte Menge verzehrt wurde, verbunden sind. Eine Störung derselben kann völlige Appetitlosigkeit oder starkes Überfressen erzeugen. Die Entdeckung dieser Zentren gehört zu den größten Fortschritten in der physiologischen Analyse des »Hungers«. Die Nervenimpulse vom Magen oder anderen Gebieten, die das Essen beeinflussen, wirken vermutlich über den Hypothalamus. Dieser ist auch bei kleinen Veränderungen in der Konzentration der Blutsubstanzen sensitiv.

Natürlich ist das bei weitem nicht die ganze Geschichte vom »Hungertrieb«. Es gibt durchaus schwere Appetitlosigkeit auch ohne wahrnehmbare Verletzungen des Hypothalamus. Geschieht das beim Menschen, nennen wir es Anorexia nervosa und halten es für psychischen Ursprungs. Ähnliches kann aber auch bei anderen Tierarten vorkommen. Ein Pferd kann alle Nahrung ablehnen. Ich habe bei Wildratten eine »totale Appetitlosigkeit«, die einige Tage dauerte, dadurch erzeugt, daß ich ihnen ihre Nahrung nur in ungewohnten Metallbehältern bot. Offensichtlich wirkt noch viel mehr vom Gehirn bei der Freßkontrolle mit als nur der Hypothalamus.

Die Definition von »Hunger«

Ein Leser mag den Eindruck haben, daß uns, als wir den Hypothalamus wieder zu besprechen begannen, das Thema Hunger völlig aus der Hand geglitten war. In gewissem Sinne war das der Fall. Gewöhnlich bezieht sich das Wort »Hunger« auf ein

Gefühl: man kann es bei anderen sich zwar vorstellen, aber nicht beobachten, sondern nur bei sich selbst. Bei anderen Lebewesen, seien es Menschen oder nicht, beobachten wir das Verhalten oder eine Veränderung im Darmkanal, Blut, Nervensystem und so weiter. Die Ursachen der Nahrungsaufnahme oder der Verweigerung von Nahrung scheinen also multipel zu sein. Wir können uns entscheiden, »Hunger« in dem Sinne zu benutzen, daß wir ihn als »die Tendenz zu essen« formulieren. Das hieße aber, den Sinn des Wortes drastisch von seiner gewohnten Definition zu entfernen.
Es gibt noch weitere Schwierigkeiten. Eine Ratte, die gewisse Gehirnverletzungen aufweist, überfrißt sich. Sie ist offensichtlich also »hungriger« als vorher. Sehen wir uns darum eine andere Definition des »Hungers« an, nämlich die Bereitschaft, *tätig zu werden*, etwa durch die Betätigung eines Hebels, um Nahrung zu bekommen. Ratten mit enormem Appetit sind träge: sie drücken den Hebel, um Nahrung zu bekommen, *weniger* heftig als normale Ratten, zeigen also — *in diesem Sinne* — *weniger* Hunger. (Setzen wir an die Stelle des Wortes »Hunger« die Bezeichnung »Hungertrieb«, wie einige Autoren das tun, entstehen genau die gleichen Schwierigkeiten, als wenn wir einfach von »Hunger« sprechen.)
Ein weiteres Beispiel haben W. L. Rodgers und seine Mitarbeiter beigetragen. Sie beschreiben das Verhalten von Ratten, die nach Verletzungen des Gehirns zuerst völlig die Nahrung verweigerten. Ihnen wurde die Wahl zwischen dem Fressen sehr schmackhafter Nahrung und der durch Drücken eines Hebels ausgelösten direkten Injektion von Nahrung in den Magen gegeben. Alle Ratten machten während der Phase der völligen Nahrungsverweigerung Freßbewegungen, wenn Nahrung wirklich in ihre Schnauze gelegt wurde. Später begannen die Ratten, wieder direkt mit dem Mund zu fressen, und erst ganz zum Schluß wurde die Fähigkeit des Hebeldrückens wieder erworben. Die Autoren erklärten dies mit der Feststellung, daß ihre Ratten zwar fressen konnten, dies jedoch nicht taten, weil sie nicht hungrig waren. Vielleicht hätten diese Autoren sich auf sichererem Boden bewegt, hätten sie sich auf das Beschreiben des Verhaltens beschränkt. Sie könnten auch gesagt haben, daß sie sich nicht hungrig fühlten. In solchen Fällen hätten sie klargemacht, daß eine physiologische Analyse der nächst vernünftige Schritt sein würde.
Der einzig vernünftige Weg ist, zu beschreiben, was wir beobachten. Erfordern diese Beobachtungen aber die Aufgabe allgemeiner Termini wie etwa »Hunger«, dann müssen wir uns entschließen, ohne sie auszukommen. Das Verhalten, das absichert, daß ein Tier eine angemessene Menge Nahrung zu sich nimmt, wird von vielen Prozessen des Körpers reguliert. Wir müssen

also auch eine vielseitigere Erklärung darüber geben. Wenn wir die Arbeit einer Maschine beschreiben, erwarten wir nicht, dies mit einem einzigen »Lokomotionstrieb« erklären zu können: wir sprechen von Drucken, Hebelwirkungen, Übersetzungsverhältnissen und so weiter. Unser viel weniger vollständiger Bericht über die Nahrungsaufnahme spricht auch von Nahrungsdruck im Darmkanal, Konzentrationen von Stoffen im Blut, Nervenimpulsen und einer Vielzahl anderer meßbarer Erscheinungen.

Emotion

Behagen

Diese Beispiele vom Verhalten bei der Nahrungsaufnahme wurden angeführt, weil sie sehr gut zeigen, was es bei der Experimentanalyse mit »Trieb« oder »Motivierung« auf sich hat. Im Kapitel Sieben habe ich schon Experimente ähnlicher Art über das Sexualverhalten beschrieben. Physiologische Studien über das Fortpflanzungsverhalten bei Vögeln und Säugern haben sich besonders mit der Rolle der Hormone beschäftigt. Das hat seine Ursache darin, daß Hormone und die Drüsen, die sie produzieren, leichter einer Untersuchung zugänglich sind als das Gehirn. Aber auch die Hormone arbeiten über das Zentralnervensystem, und es ist gut, jetzt zwei neue Forschungsrichtungen der Nervenphysiologie zu untersuchen, die uns versprechen, einiges über die internen Ursachen des Verhaltens zu verraten.
Jede Diskussion über die Quellen des Sexualverhaltens oder auch jedes anderen Verhaltens, das von uns mit Leidenschaft verbunden wird, trifft auf das Problem der Emotion. Mit normalen Worten: wir sprechen vom »Sexual-Instinkt« oder »Trieb«, vom »Mutterinstinkt« und so weiter, Ausdrücken also, die sich auf interne Impulse beziehen, die wir zwar erfahren, aber nicht physiologisch definieren können. Wenn wir sie erfahren, nennen wir sie Emotionen. Wir sprechen von angenehmen Emotionen und Gefühlen, die wir suchen, und von Schmerz oder Unbequemlichkeit, die wir zu meiden versuchen. Es hat eine große Debatte über die Definition von Emotionen bei uns und anderen Tierarten stattgefunden. Manche Menschen würden es vorziehen, diese ganze Aufgabe den Dichtern zu überlassen, während andere die »Emotionalität« (mindestens bei Ratten) in Termini von der Anzahl ausgeschiedener Kotpillen bei Konfrontation mit fremdartigen Situationen definieren. Hier bestehe ich auf einer physiologischen Analyse und kann so einige schwierige und vielleicht nicht zu beantwortende Fragen vermeiden.

Es ist leicht, bei Säugern und Vögeln Verhaltensweisen zu beobachten, die Emotionen auszudrücken scheinen. (Das gleiche gilt auch für andere Tiergruppen, ja selbst für wirbellose Tiere, wie etwa *Octopus*.) Das Verhalten mag sehr wild sein, kann aber auch durch plötzliche Ruhe, ja Erstarren gekennzeichnet sein. Gewöhnlich ist es mit dringenden Bedürfnissen gekoppelt, etwa Nahrungsbedarf oder Flucht vor Gefahr. Es kann auch ein Aspekt des Fortpflanzungsverhaltens sein — Paarung oder die Versorgung der Jungen. Im normalen Gebrauch gehört aber auch das Wohlbefinden, etwa als Folge eines erfüllten Bedürfnisses, zum Kapitel Emotionen. Durch Untersuchungen von James Olds kennen wir heute Berichte über »Zentren des Wohlbefindens« im Gehirn. Was bedeutet das?

Olds und seine Mitarbeiter stimulierten in ihren Experimenten Gehirne von Säugern direkt, aber kurz, mit schwachen elektrischen Strömen. Eine Mikroelektrode wurde in ausgewählte Zonen des Gehirns, etwa in bestimmte Teile des Hypothalamus oder in gewisse Bezirke des limbischen Systems (in Kapitel Zwei beschrieben) implantiert. Diese Art Operationen wurden an Laborratten, Hausratten und Rhesus-Affen entwickelt. Darüber hinaus hatten Operationen an Menschen, die Implantationen von Elektroden im Behandlungsgang erforderten, ähnlichen Effekt. Bei Laborexperimenten hatten Ratten, Katzen oder Affen Zugang zu einem Schalter, der, wenn er betätigt wurde, für einen Moment den Strom einschaltete. Man könnte nun erwarten, daß eine Elektrisierung des Gehirns heftigen Schmerz oder Verletzungen hervorrufen würde; vorausgesetzt jedoch, daß die Elektrode sich in einer bestimmten Struktur befand, benahmen sich die Tiere, als hätten sie eben eine Stimulation genossen. Sie drehten wiederholt den Schalter, der den Schock auslöste. War der Schalter nicht mit Strom verbunden, wurde er in einer Stunde etwa fünfmal betätigt; war er jedoch mit Strom verbunden, konnte die stündliche Rate auf bis zu siebentausend ansteigen.

Die meisten dieser Experimente wurden mit Laborratten ausgeführt, wobei eine der rätselhaften Tatsachen die große Region in dem kleinen Gehirn der Ratten war, die diese Effekte zeigte. Das Verhalten verändert sich jedoch mit einer Verlagerung der Elektrode nicht. Eine Stimulation eines Teils des Hypothalamus macht das Tier während der Stimulation agil (aufnahmebereit für andere Stimuli), jedoch passiv während der Perioden, in denen nicht stimuliert wird. Wird die Elektrode jedoch in einen besonderen Teil der Hirnrinde (etwa unter dem Corpus callosum) implantiert, gibt es einen gegenteiligen Effekt: das Tier verhält sich während der Stimulation ruhig, jedoch »schwierig und empfindlich« während der Pausen. Allgemein gilt, daß die Tiere, obgleich sie eine märchenhafte Rate von Hebeldrücken erreichen, die bis zu zwei bis drei pro Sekunde betragen kann und diese Beschäftigung mit anscheinend perversen Formen von »Wohlbefinden« verbinden, dennoch nicht von effektivem Verhalten in anderer Hinsicht abgehalten werden: die Tiere gehen zum Futternapf, wenn ihnen Nahrung geboten wird. Die Stimulation führt jedoch bei bestimmter Anordnung zu einer Erschöpfung der Muskulatur.

Der »belohnende« Charakter der Stimulation wurde auch in weiteren Experimenten gezeigt, in denen die Tiere zu der Stelle, wo der Schock »ausgeteilt« wurde, gehen oder laufen mußten: Ratten lernten schnell zu diesem Ziel zu laufen und rasten sogar, wenn zwei Elektroden implantiert worden waren, von einem Schalter zum anderen, um so eine stetige, hohe Stimulationsrate von beiden zu gewinnen.

Was haben diese bizarren und faszinierenden Untersuchungen mit normalem Verhalten zu tun? Wir hatten gesehen, daß es ein »Nahrungsaufnahme-Zentrum« im lateralen Hypothalamus gibt. Eine dort implantierte Elektrode erzeugt zwingende Selbststimulation; die Reaktionsrate hängt jedoch von der Zeit ab, die seit der letzten Fütterung des Tieres vergangen ist. Oder, einfacher ausgedrückt, sie hängt vom »Hungertrieb« ab. Die Selbststimulation im Nahrungsaufnahme-Zentrum kann vom Experimentator beendet werden, wenn er mit einer anderen Elektrode ein anderes Zentrum (das Zentrum der Befriedigung) im Hypothalamus reizt.

Ähnliche Untersuchungen sind über Probleme des Sexualverhaltens angestellt worden. Teile des kaudalen Nukleus des limbischen Systems (Seite 44) haben offenbar viel mit dem Sexualverhalten männlicher Ratten zu tun. Auch hier führt eine Elektrode zur Selbststimulation, die jedoch sofort aufhört, wenn das Tier kastriert wird. Wir wissen natürlich, daß die Kastration einer Ratte ihre Reaktionsbereitschaft gegenüber Weibchen vermindert oder ganz unterdrückt. Diese Reaktionsbereitschaft oder dieser »Sexual-Trieb« kann durch Injektionen männlichen Geschlechtshormons wiederhergestellt werden. Eine solche Injektion stellt auch die frühere hohe Rate von Selbststimulation im kaudalen Nukleus wieder her.

Unbehagen

Gewöhnlich haben Versuche über Selbststimulation hohe Raten von Knopfdrücken hervorgerufen, aber manchmal wurde auch ein gegenteiliger Effekt, ein »Strafeffekt« beobachtet. Setzt man eine Ratte in einen Käfig, in dem ein Schalter, ohne daß ein anderer Effekt hervorgerufen wird, betätigt werden kann, drückt sie diesen Schalter von Zeit zu Zeit. Wenn jedoch ein Schalter eine Reizung des Thalamus (zum Beispiel) erzeugt, kann das Tier schwere Anzeichen von Verstörung zeigen, und es kann dazu kommen, daß schließlich alle Schalter von der Ratte gemieden werden. Bei Ratten wurde ein solcher Effekt bei Reizung des Mittelhirn-Gebiets und der Formatio reticularis beobachtet. Bei Katzen hat eine Reizung verschiedener Teile des limbischen Systems negativen Effekt.

Wir haben hier also den unangenehmen Widerpart der »Zentren des Wohlbefindens«. Vielleicht wird sich ein normales Säugetier, das nicht mit Elektroden bespickt ist, schnell so verhalten, daß eine Stimulation der letzteren gesichert ist, alles aber vermieden wird, was eine Stimulation der »Schmerzzentren« hervorruft. Schmerzzentren müssen aber Reizungen erhalten, wenn das Tier verletzt wird, weil nur dadurch das Tier überleben kann.

Erregung

Das Bild, das uns die Versuche mit Selbststimulation vermitteln, ist noch immer trüb und fleckig; bis zur Mitte des zwanzigsten Jahrhunderts existierte es aber überhaupt nicht. Noch eine weitere Erscheinung der Gehirnfunktion ist während dieser selben Zeit wichtig geworden. Ein Leser, der das Kapitel Zwei genau durchgesehen hat, wird sich erinnern, daß die Reaktionsbereitschaft eines Säugetiers gegenüber äußeren Reizen von der Formatio reticularis des Hirnstamms abhängt. Wird dieses System aktiviert, wird auch das autonome Nervensystem in Aktion gesetzt. Die Impulse von der Formatio reticularis wirken besonders auf die Hirnrinde und tragen so zur Organisation der Aktivität des gesamten Tieres bei. Das autonome Nervensystem reguliert die entsprechenden internen Zustände. Erregung hängt aber nicht nur von externer Reizung ab: auch interne Zustände tragen dazu bei und sind manchmal die Hauptursache der Erregung. Ein Säugetier, das durch interne Zustände, etwa durch Nahrungsbedarf, erregt wird, oder aber durch externe Reize wie Kälte oder einen Feind, wird, wie seit langem bekannt ist, Veränderungen im autonomen Nervensystem unterworfen sein: es wird physiologisch zu »Kampf oder Flucht« mobilisiert. Diese Mobilisierung steht aber im Zusammenhang mit Angleichungen im Blutstrom und in der Atemfrequenz; sie organisiert oder richtet das Verhalten nicht in effektiver Weise aus. Wir wissen nur wenig darüber, wie angemessene Bewegungserscheinungen durch das Nervensystem erreicht werden. Es muß aber, wenn das Verhalten voll wirksam sein soll, ein gewisses Erregungsniveau im Nervensystem vorhanden sein. Der Zustand eines Tieres muß sich in ein glückliches Mittel zwischen Schläfrigkeit und Raserei einpendeln.

Die Vorstellung von einem glücklichen Mittel oder Optimum

wird bei der Erforschung des Verhaltens in zunehmendem Maße wichtig. Beispiele erhalten wir aus Studien über den Effekt des internen Zustands eines Tieres auf seine Fähigkeiten beim Erlernen einer Aufgabe. Auch hier wird wieder mit dem Nahrungsentzug gearbeitet. Gemeinhin sollte man annehmen, daß, je hungriger ein Tier ist, desto energischer und effektiver seine Versuche sein würden zu lernen, Nahrung zu erhalten. In Laborexperimenten bestätigt sich das jedoch nicht. Eine *mäßige* Fastenzeit erzeugt das effektivste Lernen.

Zusammenbruch

Ich habe im vorigen Abschnitt auf die Bedeutung einer nicht zu starken Dauerreizung hingewiesen, als ob es eine einfache Erregungsskala, vom Koma an aufwärts gäbe. Ein Tier gerät jedoch oft unter den Einfluß komplexer und Konflikte hervorrufender Kräfte. Im Kapitel Sieben beschrieb ich Männchen, die sich verhielten, als seien sie zugleich sowohl zum Angriff als auch zur Balz vor dem Weibchen stimuliert. In ähnlicher Weise mag ein Weibchen zwischen Annäherung und Flucht schwanken. Manchmal scheint es, als ob sich zwei verschiedene Reize aufheben würden und dadurch das Auftreten noch einer dritten Aktivität erlaubten. Eine Seeschwalbe, *Sterna*, wird in einer Situation, in der sie nicht weiß, ob sie sich einer anderen Seeschwalbe nähern *oder* sich zurückziehen soll, beides nicht tun, sondern dafür anfangen, sich zu putzen. Diese eigenartigen, offenbar abwegigen Handlungen, die manchmal Übersprunghandlungen genannt werden, sind oft von guten Beobachtern bei Vögeln und Säugern, ja selbst bei Fischen beschrieben worden. Ein weiteres Beispiel ist etwa die Ratte, die sich Schnauze und Barthaare putzt, wenn sie sich einer nicht vertrauten Situation gegenübersieht.

Säugetiere vollführen in Konfliktsituationen manchmal nicht nur abwegige Handlungen, sondern zeigen sogar ziemlich schwerwiegende Brüche in ihrem Verhalten. Ein Typ von Experimenten besteht darin, Katzen oder Hunde zu lehren, daß sich, wenn ein Licht angeht, eine Schachtel öffnet und sie darin Futter finden. Als nächsten Schritt lernen sie, durch Drücken eines Hebels das Licht selbst anzuzünden. Nehmen wir an, daß diese Reaktion verhindert wird; dann verhalten sich die Tiere so, wie man vermuten würde, d. h., sie suchen und geben sich anderen Ersatzhandlungen hin. Ihr Verhalten ist nicht gebrochen. Nun tritt der Schalter wieder in Aktion, doch sein Drükken führt manchmal nicht zum Angehen des Lichts, sondern ruft einen unangenehmen Luftzug hervor. Das Tier kann also die erwartete Belohnung nach dem Drücken des Schalters erhalten, es kann aber auch an Stelle dessen — »gestraft« werden.

Dies führt zu einem Verhaltensbruch, der gewöhnlich »Experimentalneurose« genannt wird. Die genaue Form derselben hängt vom Tier ab. In der Tat ähneln Katzen und Hunde dem Menschen darin, daß sie Persönlichkeit besitzen oder individuelle Verhaltensweisen, was in Streßsituationen zu verschiedenen Formen von Zusammenbrüchen führt. Einige Tiere entwikkeln objektive Anzeichen von Angst-Neurosen: sie zittern ununterbrochen und sträuben das Haar; der Atem geht schnell und schwach; auch interne Veränderungen, etwa der Anstieg des Blutzuckers, können beobachtet werden. Andere entwickeln Phobien: sie fliehen und verstecken sich zum Beispiel vor Personen, denen sie sich sonst genähert haben. Einige Tiere verweigern die Nahrung, das heißt, sie zeigen Hemmungen.
Vielleicht tragen die beengten Bedingungen, unter welchen ein Tier während eines Experiments gehalten werden muß, zu der Schwere von Experimentalneurosen bei. Gewöhnlich wird ein Tier, das in eine unangenehme Situation oder unter unangenehme Stimuli gerät, sich gut daraus befreien können. Die ersten und berühmtesten Experimente über »Neurosen« bei Tieren waren die von I. P. Pawlow (1849 bis 1935). In ihnen wurden Hunde in ein Geschirr geschnallt. Pawlow brach das Verhalten bestimmter Hunde, indem er ihnen verwirrende Stimuli bot. Nehmen wir zum Beispiel einen Hund, der darauf dressiert ist, bei einem Ton bestimmter Frequenz Nahrung zu erwarten. Solch ein Hund zeigt beim Ertönen des Tons in Erwartung der Nahrung Speichelbildung. Das Tier wird nun darauf abgerichtet, bei einem anderen Ton nicht zu speicheln. Mit Sorgfalt des Experimentators kann ein solches Training durchgeführt werden. Nun benutzt der Experimentator Töne, die immer näher und näher auf der Tonleiter beieinander liegen, bis sie so nahe sind, daß ihre Unterscheidung schwierig ist. In einer solchen Situation kann das Tier rebellieren, anstatt bereitwillig zum Experimentierraum zu laufen, auf den Tisch zu springen und sich geduldig dem Geschirr zu unterwerfen: es wehrt sich, wenn es zum Experiment gebracht wird, es heult und zeigt andere Zeichen von Erregung, und selbst zu Zeiten, wenn keine Experimente unternommen werden, kann sein Verhalten schwer gestört sein. Wieder ist jedoch die Form der Störung für das individuelle Tier charakteristisch: einige werden stark inaktiv (gehemmt) und kauern sich in eine Ecke, andere werden hochaktiv und sind andauernd erregt. Diese Störungen können, wenn überhaupt, nur durch geduldige und langwierige Rückdressur wieder geheilt werden.
Über die Bedeutung dieser Tatsachen für das menschliche Verhalten kann man streiten. Die menschliche Neurose ist so komplex und hat so vielfältige Ursachen, daß es schwierig ist, überzeugende Vergleiche mit dem Verhalten von Labortieren

anzustellen. Für unsere augenblicklichen Zwecke besteht das Interesse an diesen Fakten darum, weil sie zeigen, wie komplex interne Prozesse, »Triebe« oder »Motivierungen« sind, die ein Säugetier zum Handeln zwingen.

Das »Instinkt«-Konzept

Es ist nun notwendig, einen Überblick über die Fakten zu geben, die dieses und die beiden vorherigen Kapitel behandelten.
Das Verhalten ist wie alle anderen Merkmale eines Tieres ein Produkt der Evolution: es ist das Ergebnis des Überlebens einiger Typen von Individuen auf Kosten anderer. Die Unterschiede, die die natürliche Auslese ermöglichen, sind genetisch bestimmt. Wir müssen darum mit Darwin annehmen, daß es genetische Unterschiede gibt, die das Verhalten beeinflussen. In der Tat können wir das manchmal beobachten und darüber Experimente anstellen: ja wir können selbst die Wirkung der natürlichen Selektion im Labor imitieren.
Trotz der Existenz dieser Unterschiede ist ein großer Teil des Verhaltens innerhalb einer Spezies auffällig uniform. Dies ist offensichtlich ein wichtiges Merkmal des Sozialverhaltens: soziale Signale müssen standardisiert sein, damit sie ähnlich standardisierte Reaktionen hervorrufen. Auch anderes Verhalten ist stereotyp: Bewegung, Nahrungsaufnahme, Nestbau, Meiden von Gefahr und viele andere Erscheinungen sind gewöhnlich als »die gleichen« bei allen Mitgliedern einer Spezies zu erkennen, das heißt, es sind Handlungen, die bis in einige Details voraussagbar sind. Offensichtlich hat der ungeheuer lange Prozeß der natürlichen Selektion bei all diesen Merkmalen einen solch hohen Grad von Wirksamkeit hervorgerufen, daß ein Abweichen vom Typischen gewöhnlich mit einem Absinken in der Vollkommenheit verbunden ist. Es erscheint danach paradox, daß die natürliche Selektion, die wir uns als den Motor der evolutiven Veränderungen vorstellen, oft gerade die Uniformität einer Spezies erhalten muß. Das jedoch setzt eine sich nicht verändernde Umwelt voraus.
Dementsprechend glauben wir, daß die Evolution eine große Fülle von eleganten, fixierten Verhaltensweisen hervorgebracht hat, die den genauso eleganten, art-charakteristischen strukturellen Merkmalen entsprechen. Es gibt jedoch wichtige Formen von Verhalten, die ein gut Teil Plastizität erfordern. Wenn ein aktives Tier ein Nest, ein Lager oder einen anderen Unterschlupf besitzt, muß es in der Lage sein, seinen Weg nach Hause zu finden. Das erfordert die Fähigkeit, den Weg durch sein Revier lernen zu können. Infolgedessen haben sich in verschiedenen größeren Teilen des Tierreichs Nervensysteme entwickelt,

die komplexes topographisches Lernen erlauben. Diese Art adaptiven Verhaltens kann zusammen mit hochentwickelten speziescharakteristischen Verhaltensweisen auftreten: im Kapitel Fünf gaben wir eine Anzahl von Beispielen, besonders von Wespen und Bienen, aber auch von Wirbeltieren.

Aus diesem Grunde haben wegweisende, moderne Arbeiten über den »Instinkt« stets zwischen zwei verschiedenen Verhaltenstypen unterschieden, dem »angeborenen« (oder instinktiven) und dem »erlernten« Verhalten. Diese scharfe Trennung ist nun aufgegeben worden. Einige fixierte Handlungsweisen benötigen, wie im Experiment nachgewiesen wurde, wenige oder keine besonderen Erfahrungen zu ihrer Ausbildung; andere, wie etwa der Vogelgesang, hängen bei normaler Entwicklung (mindestens bei einigen Arten), obwohl innerhalb einer Spezies bemerkenswert uniform, von der Gelegenheit ab, in früher Jugend Erwachsene imitieren zu können. Dies ist ein Beispiel von Fähigkeiten, etwas zu erlernen, was auf eine frühe, sensitive Phase beschränkt ist. Im allgemeinen gibt es adaptive Komponenten in eigentlich allen komplexen Verhaltensformen, wenn sie auch sterotyp erscheinen mögen.

Diese Veränderung in der Beurteilung des »instinktiven Verhaltens« hat die Aufmerksamkeit stärker auf die Entwicklung des Verhaltens gelenkt. Diese hängt, wie auch die Entwicklung anderer Charakteristika, von einem dauernden Aufeinandereinwirken der Gene und der Umweltfaktoren, die das Tier beeinflussen, ab. Nicht nur die Bewegungsweisen können in dieser Form analysiert werden: auch sensorische Aspekte, etwa die Fähigkeit, bestimmte Muster zu erkennen, können (oder auch nicht), von besonderen Erfahrungen abhängen. Die Nachfolgereaktion, die von einigen Vögeln und Säugern gegenüber ihren Müttern ausgeführt wird, hängt von der Fähigkeit ab, die Eltern zu erkennen, eine Fähigkeit, die in einer frühen sensitiven Phase erworben wird. Die Fähigkeit dagegen, einen gefährlichen »Abgrund« (zum Beispiel) zu erkennen, ist nicht in dem Maße von Erfahrung bestimmt (s. a. S. 183).

Ein komplexes Verhalten kann von einem Tier gezeigt werden, ohne daß irgendeine besondere äußere Provokation vorliegt. Aus diesem Grunde spricht man gewöhnlich von »Trieb« oder von internen Zuständen oder Antrieben, die ein Tier zum Handeln zwingen. Diese internen Quellen des Verhaltens sind gewöhnlich auch unter der Überschrift »Instinkt« diskutiert worden. Erst jetzt sind wir dabei, sie in Termini von Prozessen zu analysieren, die im Nervensystem und anderen Körperorganen ablaufen. Es eröffnet sich also eine neue Periode der Verhaltensforschung, in welcher die Forschung, die Physiologie und Verhalten kombiniert, uns davon entbindet, diesen Aspekt des »Instinkts« mit ungenauen Termini, wie »Hungertrieb« oder

»Sexualdrang«, beschreiben zu müssen. An dieser Stelle mag ein Leser fragen, was *ist* denn nun Instinkt? Diese Frage geht davon aus, daß, wenn es ein *Wort* (Instinkt) gibt, es auch ein *Ding* oder doch mindestens irgendein Phänomen geben müsse, das damit bezeichnet wird. Man fragt aber besser zuerst, welche Fakten unter der Bezeichnung »Instinkt« bislang diskutiert oder interpretiert worden sind. Einige der Fakten sind divers, weil Termini wie »instinktives Verhalten«, »angeborenes Verhalten« und »Trieb« in verschiedenstem Sinn von den einzelnen Autoren gebraucht wurden: ihre Bedeutung hat sich in der Tat mit wachsender Kenntnis verändert. Man hat darum manchmal darauf gedrungen, das Wort »Instinkt« aus der wissenschaftlichen Literatur zu verbannen. Es gibt aber kaum einen logischen Grund, warum wir dieses Wort nicht benutzen sollten oder irgendein anderes, vorausgesetzt, daß man vorher klar sagt, was man damit meint. Die Schwierigkeit ist dabei nur, daß Wörter mit einer langen Geschichte nicht konstanten Gebrauchs sowohl im allgemeinen Gespräch als auch in technischen Arbeiten die Leser leicht verwirren, selbst wenn man mit der Definition vorsichtig ist. Darum ist das Wort »Instinkt« in diesem Buch nicht als Terminus technicus benutzt worden.
Das bedeutet nicht, daß wir die Wunder tierischen Verhaltens übersehen. Es gibt keinen kurzen Bericht, der diesen oder den Problemen, die sie aufwerfen, Gerechtigkeit widerfahren lassen würde. Will der Leser jedoch weiter in die Probleme eindringen, sollte er sich selbst mit einigen Beispielen tierischen Verhaltens im Detail beschäftigen.

XII »Intelligenz«

... »Wenn ich dir einen Schlag auf das Knie versetze, wippt dein Fußknöchel hoch.« »Dann werde ich dir meinerseits einen Schlag mit meinem Knotenstock versetzen; also laß es lieber bleiben«, sagte das Negermädchen. »Wissenschaftliche Zwecke machen es notwendig, solch sekundäre und scheinbar unerhebliche Reflexe zu verhindern, indem man die Versuchsobjekte festbindet«, sagte der Professor ...

G. B. Shaw, Ein Negermädchen sucht Gott

Eine lexikonmäßige Definition von »Intelligenz« würde lauten: die Fähigkeit, das Verhalten den Umständen anzupassen. Wie »Instinkt« ist auch »Intelligenz« kein präziser technischer Terminus, und ich werde ihn hier auch nicht als solchen benutzen. Zu den Beispielen adaptiven Verhaltens gehört das Lernen, seinen Weg zu finden (Kapitel Fünf), einfachere Veränderungen, wie etwa das Aufhören einer Reaktion auf einen wiederholten Stimulus (Seite 49) — zum Beispiel, das Sich-Gewöhnen an Lärm und die Entwicklung eines Sekretionsrhythmus von Drüsen als Folge regelmäßiger Mahlzeiten.

Versuch und Irrtum

Es ist am besten, mit dem Versuch-und-Irrtum-Verhalten zu beginnen. Dies ist experimentell gut untersucht worden, und es ist oft, wie es scheint, auch die Methode der Experimentatoren selbst gewesen.

Planmäßige Experimente wurden von einem Amerikaner, E. L. Thorndike (1874—1949), mit Katzen eingeführt. Seine Arbeiten wurden vor denen von J. P. Pawlow über die bedingten Reflexe publiziert, erreichten jedoch nie den Ruhm der russischen Experimente. Thorndike konfrontierte Katzen mit einer Aufgabe, die in Abb. 63 gezeigt wird. Einige Stunden nach seiner letzten Mahlzeit wurde ein Tier in einen Zwinger oder Problemkäfig gesperrt, dessen Tür von innen durch Ziehen an einem Strick geöffnet werden konnte. Das Futter wurde vor den Käfig gelegt. Das Ziehen an dem Strick war durchaus eine Aufgabe, die die Katzen lösen konnten; bei den ersten Versuchen war ihnen die Situation jedoch völlig fremd. Das Ergebnis sol-

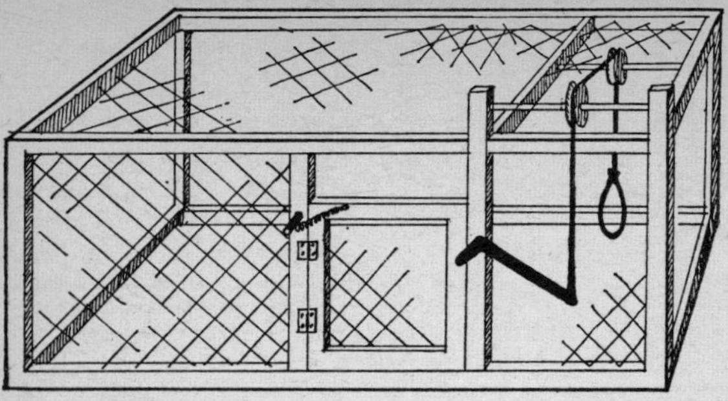

Abb. 63 Problemkäfig: ein Tier, etwa eine Katze, kann herauskommen, wenn es an der Schlinge zieht.

cher Versuche stimmte, wie so viele Forschungen über »erlerntes« Verhalten, mit den gewöhnlichen Vorstellungen überein. Zuerst machte jedes Tier unwirksame Bewegungen. Diese waren jedoch nicht völlig zufällig, weil sie durch die Käfigwände und die Lage des Futters beeinflußt waren; sie waren jedoch nicht den Bedürfnissen der Situation angepaßt. Schließlich wurde beim Herumkratzen der Katze auch zufällig der Strick berührt, die Tür sprang auf, die Katze hinaus, und das Futter wurde gefressen. Danach wurde die Zeit, die die Katze während einer Serie von Wiederholungen im Käfig verbrachte, immer kürzer, bis schließlich das Tier elegant und mit geringstem Aufwand sofort den Strick zog, sobald es in den Käfig gesetzt würde.

Wie das Diagramm (Abb. 64) zeigt, erlauben es die Experimente Thorndikes, eine quantitative Beschreibung der adaptiven Veränderung des Verhaltens zu geben. Sie zeigen auch, daß in einer solchen Situation ein Tier nur die nicht effektiven Bewegungen aufgibt, bis schließlich kaum noch eine andere Bewegung als jene ausgeführt wird, die zu Futter oder Belohnung führt.

Das gleiche gilt für die berühmteste Weiterentwicklung der Thorndikeschen Methode, für die Skinner-Zelle. B. F. Skinner wollte das »Lernen« bei Labortieren oder genauer Laborratten mit einer völlig objektiven Methode und ohne den Versuch physiologischer Analysen erforschen. (Später übernahmen er und andere diese Methode auch für Vögel, insbesondere Tauben, *Columba*.) Seine Erfindung ist ganz allgemein ein Käfig, in dem ein Hebel oder Schalter leicht betätigt werden kann. Werden sie betätigt, fällt vielleicht ein Bonbon (oder ein Kügelchen Nahrung) in einen Napf, und das Tier kann diese (wenn hungrig und an Kügelchen gewöhnt) auffressen. Auch

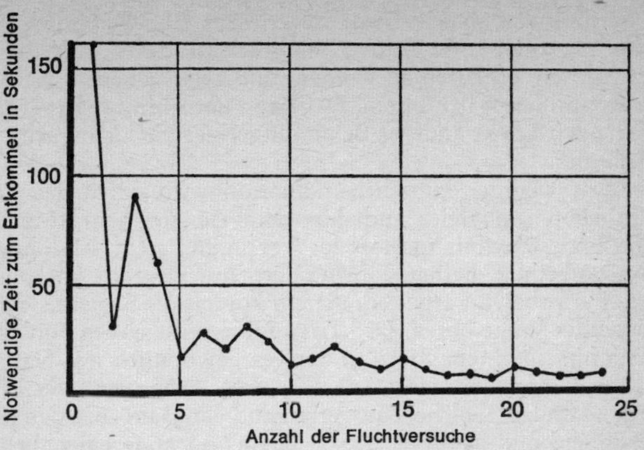

Abb. 64 Wenn eine Katze erstmals in einen Problemkäfig (Abb. 63) gesperrt wird, braucht sie längere Zeit, um herauszukommen; doch schon nach vier oder fünf Versuchen geht es sehr schnell.

Wasser oder Milch kann gegeben, Licht angeknipst oder ein Ton zum Klingen gebracht werden oder, wenn das Lernen des Vermeidens unangenehmer Situationen untersucht werden soll, ein elektrischer Schock gegen die Füße des Tieres gebracht werden, wobei das Tier dressiert wird, den Hebel zu drücken, um den Schock zu vermeiden.

Ein anderes Mittel zu beobachten, wie ein Tier einen Schock vermeiden lernt, ist der Auswahl-Käfig. Dieser hat zwei Räume: um einem Schock zu entkommen oder ihn zu vermeiden, muß das Tier von einem in den anderen, vielleicht sogar über einen Zaun oder ein anderes Hindernis springen. Oft wird der Schock durch ein Signal angekündigt, etwa einen Ton oder ein Licht. Das Tier kann lernen, diesen unangenehmen Stimulus zu vermeiden, indem es bei diesem Signal fortspringt, bevor der Strom eingeschaltet wird.

Diese Situationen, in welchen Laborratten, Tauben, Affen oder selbst Menschen nach Versuch-und-Irrtum lernen, sind sehr unnatürlich in dem Sinne, daß kein Tier etwas Ähnliches in der Freiheit erleben würde. Nicht nur, daß eine Skinner-Zelle oder ein Auswahlkäfig ein künstlicher Gegenstand ist, das Tier muß am Anfang des Experiments auch hineingesetzt und am Ende herausgeholt werden. Die Anpassungsfähigkeit von Säugern (und Vögeln) zeigt sich sehr gut in ihrem Vermögen, mit den Erfindungen der Experimentatoren fertigzuwerden. Ja, für den Experimentator selbst birgt diese Anpassungsfähigkeit viele Gefahren in sich. Manche Laborratten waren mit diesen Handlungen schließlich schon so vertraut, daß für sie schon das

Ausgewähltwerden zu einem Experiment eine Belohnung darstellte. Das heißt, sie führten einige Aktivitäten aus, die nur dazu führten, ergriffen zu werden, und zwar genauso, als wenn sie sich um Futter bemühten. Das kann natürlich bei Experimenten, die den Effekt anderer Belohnungen testen sollen, sehr hinderlich sein.

Eine weit weniger künstliche Situation wird durch das Labyrinth geboten, obgleich auch hier dem Tier nur sehr kurze Zeit in der Experimentalsituation zur Verfügung steht. Man begann schon vor einem halben Jahrhundert, mit ziemlich komplizierten Labyrinthen zu arbeiten, die ein komplexes System sich verzweigender Wege boten. Das Tier mußte seinen Weg von einem Startpunkt zu einem Ziel (an dem es gewöhnlich mit Nahrung belohnt wurde) über eine Anzahl von Alternativen oder Wahlpunkten finden. Solche Bauwerke sind langsam aus der Mode gekommen, und heute ist das T- oder Y-förmige Labyrinth mit nur einem Wahlpunkt die beliebteste Versuchsanordnung. Die Abbildung 65 illustriert das Ergebnis eines einfachen Experiments.

Die Anzahl der verschiedenen Versuchsbedingungen, die mit einem solchen Labyrinth oder mit der Hebel-Drücken-Situation erreicht werden können, ist sehr groß. In der Tat haben die Variationen des Themas Labyrinth oder Skinner-Zelle Material

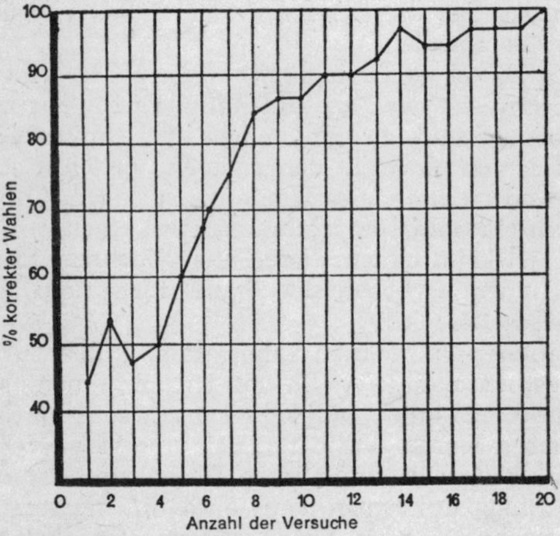

Abb. 65 Seit einigen Stunden hungrige Ratten wurden in die Startbahn eines »T-förmigen Labyrinths« gesetzt. Einer der Seitenarme enthielt Futter. Zuerst wird mit gleicher Häufigkeit der linke oder rechte Arm ausgewählt, später wenden sie sich fast immer der Seite mit »Belohnung« zu.

für Hunderte von Doktorarbeiten geliefert und werden es auch noch für viele weitere tun.
Skinner-Zelle und einfaches Labyrinth sind Beispiele dafür, wie die Experimentatoren, die über »erlerntes Verhalten« arbeiten, versucht haben, die Versuchsbedingungen auf das Einfachste zurückzuführen, damit die Beobachtungen, die sie machen, leichter interpretiert werden können.

Die Pawlowsche Methode

Ein weiterer Versuch zur Einfachheit war der von Pawlow, als er sich in mittleren Jahren vom Studium der Verdauungsexperimente den bedingten (oder »bedingenden«) Reflexen zuwandte. Pawlow war seiner Zeit voraus, denn er wollte das Verhalten physiologisch erklären. Er war mit den Beschreibungen des Verhaltens, die damals von Psychologen mit Termini wie »Assoziation von Ideen« und ähnlichem vorgenommen wurden, unzufrieden: denn diese bezogen sich gar nicht auf identifizierbare Ereignisse. Pawlow suchte nach Vorgängen, die, wie die Drüsensekretion, beobachtbar und meßbar waren.
Als Pawlow die Wirkung von Nahrung im Mund oder im Magen auf die Sekretionen der Speichel- und Magendrüsen untersuchte, stellte er fest, daß ein Tier im Experiment oft schon Verdauungssekrete bildete, *bevor* es zu fressen anfing: in allgemeinen Worten ausgedrückt – es hatte gelernt, das Futter im Mund mit einigen Merkmalen der experimentellen Situation zu assoziieren. Pawlow konzentrierte seine Beobachtungen darum auf die ihm vertrauten Vorgänge der Reaktion der Verdauungsdrüsen. Er und seine Mitarbeiter waren schon mit der Operation von Hunden vertraut, die diese Reaktionen aufdecken sollten. Für die neuen Experimente wurden Hunde so dressiert, daß sie passiv auf einem Tisch standen, in einem Geschirr befestigt, das ihnen nahezu alle Bewegungen unmöglich machte. Diese Dressur dauerte sehr lange, ermöglichte aber, war sie einmal erreicht, dem Experimentator, ein Glasrohr vom Ductus der Speicheldrüsen in ein Glasgefäß zu leiten, in dem dann das Speichelsekret gemessen werden konnte.
Pawlow untersuchte also eigentlich gar nicht das Verhalten im ursprünglichen Sinne, sondern Veränderungen in den Reflexen. Sein Arbeitsmaterial war eine Drüsenreaktion. Die Speicheldrüsen eines Hundes (oder eines anderen Säugetieres, eingeschlossen der Mensch) können dazu gebracht werden, Speichel bei der Präsentation eines Stimulus zu produzieren, der die Drüsentätigkeit in erster Linie gar nicht beeinflußt. Dazu sind folgende Vorleistungen notwendig. Zuerst muß der neue Stimulus (der bedingte Stimulus) etwas sein, auf das das Tier schon reagiert,

etwa ein Ton, bei dem ein Hund die Ohren spitzt. Dann muß in wiederholten Fällen innerhalb weniger Sekunden auf den neuen Stimulus hin Nahrung vorgewiesen werden. Nahrung im Mund ruft ohne besondere Dressur die Tätigkeit der Speicheldrüsen hervor; sie wird darum ein unbedingter Stimulus genannt. Drittens darf der Hund vorher nicht gefressen haben. Mit Geduld auf beiden Seiten, beim Experimentator wie beim Hund, kann dann Speichel schon allein durch den bedingten Stimulus (einen Ton) hervorgerufen werden. Es scheint, als ob die Reaktion durch Speichelabsonderung als Folge der Dressur nunmehr nicht allein mit dem ursprünglichen Stimulus verbunden ist — also der Nahrung —, sondern auch mit dem neuen (Abb. 66).

Diese Arbeiten der russischen Schule haben der Forschung über adaptives Verhalten in der UdSSR erheblichen Auftrieb gegeben — aber nicht nur dort, sondern auch in den USA, wo die meisten Forschungen über diesen Wissenszweig in den letzten Jahrzehnten durchgeführt wurden. Eine Folge dieser Arbeiten war, daß unzählige Studenten (nicht nur in diesen beiden Ländern) zu der Vorstellung verführt wurden, daß »Lernen« nichts weiter sei als ein einfacher Prozeß zur Bildung bedingter Reflexe und daß es darum ebenso einfach in die Tätigkeiten des Nervensystems eingepaßt werden könne. Schüler wie Lehrer fanden es beruhigend zu glauben, daß die Funktion des Säugergehirns und die ihres eigenen so einfach erklärt werden könne. Wenn das wirklich so wäre, dann wären sie ohne Zweifel mindestens zeitweilig Einwohner eines Narren-Paradieses.

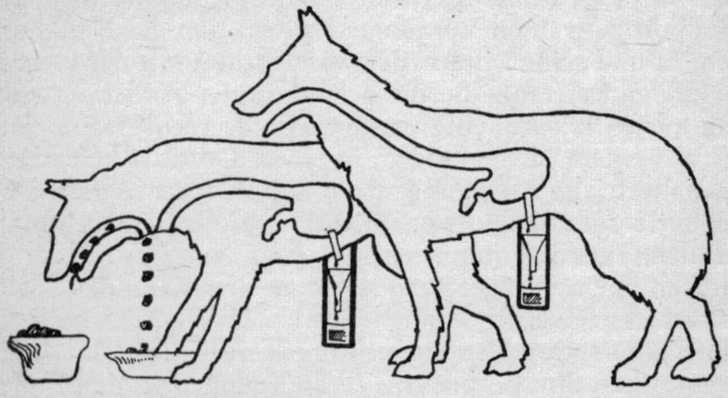

Abb. 66 Pawlows frühe Arbeiten zum »bedingten Reflex«. Links frißt ein Hund mit einer künstlichen Oesophagus-Öffnung; kein Futter erreicht den Magen. Trotzdem geben die Magendrüsen Verdauungssekret ab. Rechts hat der Hund noch nicht mit dem Fressen begonnen; allein der Geruch und der Anblick des Futters regt den Magen zur Sekretion an. Dies sind zwei Beispiele zu Pawlows »Psychisch bedingter Sekretion«.

Die vorausgehenden Kapitel haben uns Beispiele von Verhaltensweisen gebracht, die selbst bei Insekten wohl nicht so einfach in die enge Hülle der bedingten Reflexe gezwängt werden können: das gilt besonders klar für das Erlernen der Wege im Lebensraum. Pawlows Methode wurde für einen Weg gehalten, wiederholbare und meßbare Beobachtungen des Verhaltens im Labor zu erhalten. Um das zu erreichen, wurde das Gesamtverhalten des Tieres zum größten Teil ignoriert und die Aufmerksamkeit nur einer einzigen Erscheinung zugewandt. Darüber hinaus wurde nahezu völlig verhindert, daß das Tier im Experiment überhaupt ein Verhalten zeigen konnte. Im Gegensatz dazu kann das Tier im Versuch-und-Irrtum-Experiment mindestens eine Vielfalt von Bewegungen ausführen. Der Experimentator kann dieses Gesamtverhalten aufnehmen. (Zugegeben, meistens tut er das nicht: von den meisten Tieren in einer Skinner-Zelle oder einem Labyrinth werden gewöhnlich nur die Frequenz des Hebeldrückens oder Herumlaufens bzw. andere Erscheinungen registriert.)

Das sind aber Fragen der Methode. Die Beobachtungen über die bedingten Reflexe zeigen selbst klar genug, daß ein bedingter Reflex mehr ist als nur ein Resultat einiger besonderer Verbindungslinien im Gehirn. Im Experiment tritt Speichelbildung zuerst nur ein, nachdem das Futter gezeigt worden ist. Später tritt sie schon vorher auf. Die Speichelbildung hat sich also selbst während der Dressur verändert: sie geschieht im voraus. Diese Zusammenhänge wurden in jüngeren Experimenten durch die Untersuchungen des Russen P. K. Anokhin geklärt, dessen Arbeiten durch N. E. Miller beschrieben wurden. Ein Hund wird darauf dressiert, auf einen Ton hin Speichel zu bilden, indem man ihm mit dem Ton Fleisch in einem Napf bietet. In gleicher Weise wird er getrennt dazu abgerichtet, beim Anmachen des Lichts zu speicheln, wobei man ihm in einem zweiten Napf Brot gibt. Ist dies erreicht, bietet man ihm Brot in dem Fleischnapf. Wie wenn man uns Rotwein mit Fisch zu einem Diner anböte, zeigt jetzt der Hund gestörtes Verhalten: die bedingte Speichelbildung bleibt aus, und das Tier sieht von einem Napf zum anderen. (Ich zweifle nicht, daß der Experimentator, mindestens privat, sagt, daß der Hund verwirrt sei.)

Die Pawlowschen Beobachtungen, die alle Hoffnung auf Einfachheit zerstörten, waren also Versuche über Experimental-Neurosen, wie sie im letzten Kapitel beschrieben wurden. Die Unterbrechung des Verhaltens, die durch gewisse Dressuren hervorgerufen werden kann, spiegelt den Komplex miteinander verflochtener Prozesse wider, dem das Geifern des Hundes, der auf Futter wartet, unterliegt; vielleicht sind es gerade diejenigen, die den Hund zu einer Experimental-Neurose bringen, die in gemäßigter Form für effektives Verhalten unabdingbar sind.

Ob ein Experimentator die »klassischen Bedingtheiten« (Pawlowscher Art) oder Versuch-und-Irrtum beobachtet, hängt allein von der Auswahl des Versuchsapparats ab. Vielleicht möchte er jedoch einen einfacheren Wechsel im Verhalten beobachten. In diesem Fall bietet sich eine große Anzahl wirbelloser Tierarten an. Eines der häufigsten Beispiele ist die Bewegung des Rückzugs in Deckung oder Unterschlupf. Diese Art Reaktionen auf Störungen sehen zuerst recht »mechanisch« aus; einfache Experimente zeigen aber, daß sie nicht immer mit maschinenartiger Gleichmäßigkeit ausgeführt werden. Setzen wir einige Schnirkelschnecken auf eine Plattform und erlauben ihnen, herauszukommen und umherzukriechen. Rütteln wir nun an der Plattform oder schlagen wir mit einem Hammer auf sie, ziehen sich die Schnecken in ihre Gehäuse zurück. Wiederholen wir das in Abständen von wenigen Sekunden, läßt das Zurückziehen vielleicht nach, bis die Schnecken schließlich gar keine Notiz mehr davon nehmen. Werden die Schnecken nun eine Stunde oder länger ungestört gelassen, tritt das Sichzurückziehen wieder auf, wenn sie aufs neue stimuliert werden. Das ist ein Beispiel von Gewöhnung oder von Nachlassen einer Reaktion auf wiederholte Stimulation.

In diesem Fall sind wir mit einer Handlung (Rückzug) konfrontiert, die nicht allmählich durch Erfahrung erlernt wurde. Soweit wir wissen, müssen die Schnecken das Zurückziehen nicht üben, bevor sie es wirksam ausführen können. Ein weiteres, sehr verschiedenes Beispiel wird im nächsten Abschnitt besprochen: es ist der Verlust (das Erlöschen) einer durch Dressur erworbenen Eigenschaft.

Ein kritischer Leser wird fragen, ob es denn notwendig sei, dieser Art Verhalten einen besonderen Namen zu geben. Er wird sagen, daß Tiere eben ermüden: warum dann von Gewöhnung sprechen und nicht einfach von Ermüdung? Die Antwort ist, daß »Ermüden« gewöhnlich etwas anderes bedeutet. Wird ein Tier gezwungen zu laufen, zu fliegen, zu schwimmen oder sich sonstwie zu erschöpfen, ohne sich erholen zu können, wird ein Zeitpunkt kommen, an dem es anhalten muß und an dem *kein* weiterer Stimulus, ob vertraut oder neu, es wieder aufreizen kann. Das mag auf das Fehlen von Sauerstoff für den Stoffwechsel von Abfallprodukten aus den überarbeiteten Muskeln zurückzuführen sein. Es kann auch sein, daß der Muskel selbst sich noch kontrahieren kann, daß aber im Zentralnervensystem eine Veränderung stattgefunden hat. In beiden Fällen ist das Ausbleiben der Reaktion nicht selektiv.

Dagegen ist die Gewöhnung der Art, wie ich sie beschrieben habe, im höchsten Grade selektiv. Nur der Stimulus, der regelmäßig wiederholt wurde, und andere, die diesem ähnlich sind, werden ignoriert: ganz unterschiedliche Stimuli bewirken noch immer eine Reaktion wie gewöhnlich. Darüber hinaus bewirken auch Stimuli der gleichen Art Reaktionen; wenn sie nur stärker (lautere Töne zum Beispiel) sind. Die Unterschiede im Verhalten können vielleicht auf Veränderungen in den Sinnesorganen oder im Gehirn zurückgeführt werden. Bei Säugern wird die Gewöhnung an wiederholte Töne (zum Beispiel) von Veränderungen in der Formatio reticularis im Gehirn begleitet, die elektrisch meßbar sind.

Das Abnehmen einer Reaktion bei wiederholter Stimulation kann danach also entweder durch eine allgemeine Erschöpfung der Körperreserven hervorgerufen werden oder aber Folge einer lokalen Veränderung in den Sinnesorganen, die diese Stimuli aufnehmen, sein. Oft ist es aber kein Produkt dieser Ursachen, sondern eine Veränderung der Wirkung des Stimulus auf das Zentralnervensystem. Letztere ist in höchstem Grade selektiv, denn sie berührt nur die Reaktionen einer engen Skala von Stimuli.

Wir können nun zwei allgemeine Feststellungen machen. Eine ist, daß offensichtlich ein Überlebenswert in der Fähigkeit liegt, Reaktionen auf wiederholte und neutrale Veränderungen in der Umwelt einzustellen. Die andere ist, daß sogar diese offenbar einfache Form des »Lernens« eine Anzahl diverser Phänomene in sich birgt.

Belohnung und Strafe

Wie verändert man ein Verhalten?

Wir wenden uns nun komplexeren Verhaltensweisen zu. Trotz der großen historischen Bedeutung, die Pawlows Arbeiten hatten, ist keine große Zahl von Experimenten Pawlowschen Typs durchgeführt worden. Die meisten Versuche, Lerngesetzmäßigkeiten zu finden, haben die Versuch-Irrtum-Methode benutzt. Einige Rückschlüsse sind beiden gemein. Die meisten von ihnen arbeiten mit Belohnung und Strafe.

Betrachten wir wieder das Tier als ein sich selbst erhaltendes System. Wir können dann drei Erscheinungen in jeder Situation unterscheiden, in der ein Tier systematisch sein Verhalten ändert, um seine Bedürfnisse zu befriedigen.

Erstens gibt es bestimmte Reizsituationen: das Tier ist potentiell schädlichen Umständen ausgesetzt. Es können dies Bedürfnisse sein, die durch Fasten, Wasser- oder Sauerstoffmangel hervorgerufen werden oder das Fliehen vor einer bestimmten Temperatur oder andere Mängel betreffen. Diese internen Zu-

stände werden manchmal homöostatische Triebe genannt. An Stelle dieser Bedingungen kann die Reizsituation auch durch widrige Eigenarten der Umwelt entstehen. Gewöhnlich sprechen wir von Schmerzen oder Unbehagen; ein gewissenhafter Objektivist müßte jedoch von »aversiven Stimuli« sprechen: wenn ich diese Bezeichnung für Stimuli benutze, die bei den Tieren eine Tendenz zum Rückzug hervorrufen, kann ich nicht verdächtigt werden zu glauben, ich wüßte, warum die Tiere so fühlen. Es besteht natürlich die Gefahr der Klage von Nichtspezialisten, ich schriebe einen obskuren Jargon anstelle guten Deutschs. Dieses Buch zeigt vielleicht allzu klar, daß Dilemmata dieser Art nicht immer vermieden werden können.
Die zweite Erscheinung der meisten »Lernsituationen« ist die Fähigkeit, eine große Anzahl von Bewegungen machen zu können. Oft schweift das Tier weit umher. Einige Tierarten können Manipulationen ausführen. Die Tatsache, daß Bewegungen wirklich ausgeführt werden, hängt manchmal von einem internen Defizit des obenerwähnten Typs ab. Solche Bewegungen nennen wir oft »Appetenzbewegungen«.
Schließlich und zuletzt wird die präzise Form der Bewegungen durch die Reizsituation bestimmt – das sind alle Erscheinungen der tierischen Umwelt, die Verhalten durch die Wirkung von Sinnesorganen beeinflussen.

Notwendige Belohnung

Betrachten wir jetzt die Wirkungen der Belohnung. In diesem Buch benutze ich das Wort Belohnung für alles, was ein Tier zu suchen beabsichtigt. (Einige Autoren benutzen die Bezeichnung »verstärkender Stimulus«.) Bei den meisten Experimenten, in welchen Tiere dressiert werden, bestimmte Aufgaben zu lösen, wird als Antriebsmittel irgendeine Belohnung benutzt. Nur bei der Dressur einiger Kinder hält die Bestrafung länger vor.
Eine gute Methode, die Wirksamkeit der Belohnung zu testen, ist, sie zu entziehen und die Wirkung zu beobachten. Nehmen wir ein kleines Säugetier, das gelernt hat, einen Schalter zu betätigen, um Nahrung zu erhalten. Diese wird nun entzogen. Was genau geschieht, hängt von seinen vorherigen Erfahrungen ab. Wurde es mit Hilfe einer Nahrungspille oder ähnlicher Belohnung dressiert, indem es für jeden Schalterdruck belohnt wurde (»einhundert Prozent Verstärkung«), wird die Frequenz des Hebeldrückens schnell geringer werden. Wurde es aber nur mit gelegentlicher Belohnung dressiert – sagen wir, ein Kügelchen pro 10 Schalterdrücke –, wird das nicht belohnte Betätigen des Schalters viel länger andauern. Es ist hier offenbar eine Wirkung der Gewohnheit zu beobachten, viel Arbeit für nur gelegentliche Belohnung zu leisten.

Der Rückgang in der Frequenz des Hebeldrückens ist ein Beispiel von Ermüdung oder ein Beispiel eines Verlustes erworbener Reaktionen für den Fall, daß die Reaktion nicht länger belohnt wird. Das ist in vielen Situationen beobachtet worden (Abb. 67), ja sogar beim klassischen bedingten Reflex. (Pawlow und seine Schüler stellten detaillierte Untersuchungen über die Ermüdung der Speichelreaktion von Hunden an.) Es muß dies vom Vergessen unterschieden werden, das den Verlust einer Reaktion aus Mangel an Praxis darstellt. Das Vergessen geht allmählich, über einen langen Zeitraum vor sich; Ermüdung ist eine andere Sache. Man kann eine Ermüdung der Speichelproduktion, des Hebeldrückens oder anderer Tätigkeiten innerhalb eines Tages durch plötzliche, nicht belohnte Darbietungen eines Stimulus erreichen. Wird das Tier dann aber am nächsten Tag getestet, hat sich die Reaktion zum größten Teil, wenn auch nicht völlig, wieder erholt. Offensichtlich ist die Ermüdung ein Lernen, *nicht* zu reagieren, und nicht ein Nichtwirken der Effekte der vorangegangenen Dressur. Die Spuren, die davon im Nervensystem hinterlassen werden (was immer sie sein mögen), verlieren sich mit verschiedener Geschwindigkeit – bei Ermüdungserscheinungen schneller, bei anerzogenen Gewohnheiten langsamer.

Das Erwerben einer Gewohnheit, ihr Verlust durch Ermüdung und ihr Verlust durch Vergessen sind vermutlich drei verschiedene Prozesse, die andauernd in einem Säugetier unter Nor-

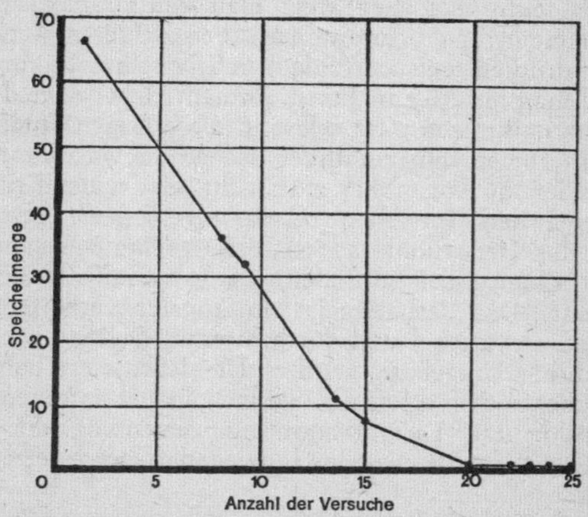

Abb. 67 Erlöschen einer erlernten Antwortreaktion. Ein Hund wurde darauf dressiert, auf einen bestimmten Ton hin Speichel zu produzieren. Nachdem der Ton fünfundzwanzigmal den Hund erregt hatte, aber keine Belohnung (Nahrung) auf die Reaktion gegeben worden war, erfolgte keine Speichelproduktion mehr.

malbedingungen ablaufen. Darüber hinaus müssen sie zu jedem Zeitpunkt und für eine Anzahl verschiedener Gewohnheiten bis zu einem gewissen Grade unabhängig vor sich gehen. Wieder sehen wir, wie divers die Dinge sind, die man mit dem Wort »Lernen« verbindet.

Es kann die *Größe* der Belohnung variiert werden. Das Ergebnis ist oft wie erwartet: so steigt die Geschwindigkeit, mit der ein Labyrinth durchlaufen wird, bis zu einem gewissen Punkt zum Beispiel mit der Menge der Nahrung an, die am anderen Ende geboten wird. Andere, subtilere und doch vertrautere Effekte wurden beobachtet, wenn bei der Dressur von Laborratten die hinterher gebotene Höhe der Belohnung variiert wurde. Wenn Ratten, die daran gewöhnt worden waren, ein kleines Nahrungskügelchen am Ende des Labyrinths zu finden, eines mittlerer Größe gegeben worden war, stieg ihre Laufgeschwindigkeit an. Andere, an *große* Kügelchen gewöhnt, erhielten ebenfalls ein mittleres, und ihre Geschwindigkeit nahm ab. Das gemessene Verhalten dieser Tiere ist in der Tat mit Erscheinungen wie Freude und Enttäuschung vergleichbar.

Wenn wir jedoch unsere Aufmerksamkeit nur auf solche Erscheinungen wie Laufgeschwindigkeit beschränken, geht uns viel Information über das Verhalten von Versuchstieren verloren. Ein Tier, das Ermüdungserscheinungen in einer Reaktion zeigt, wird ja nicht völlig inaktiv, wie etwa eine abgestellte Maschine: es wendet sich anderem Verhalten zu. Eine solche Tatsache wird leicht übersehen, wenn man zum Beispiel seine Aufmerksamkeit mehr einem automatischen Zähler zuwendet, der das Hebeldrücken registriert, als dem Tier selbst. In einer Skinner-Zelle mag ein Tier in Ecken, an dem Hebel oder dem Futternapf herumkratzen oder selbst in diese Gegenstände beißen und daran ziehen. Ein zufälliger Beobachter wird dann sagen, daß das Tier im Augenblick enttäuscht oder wütend sei. Es ist jedoch eine den Tatsachen besser angemessene Feststellung möglich: das Tier erhöht dadurch, daß es seine Bewegungen variiert, die Chance, das zu finden, was es vermißt (Nahrung im Experiment). Das Verhalten ist ein Appetenzverhalten in dem Sinne, daß es variabel und durch internes Defizit angeregt ist. In natürlicher Umgebung wird es Überlebenswert haben. Wir können aber noch nicht sagen, welche genauen internen Prozesse es hervorrufen. Es gibt noch keine physiologische Bezeichnung, die die Begriffe Enttäuschung und Ärger ersetzen könnten.

Nicht notwendige Belohnung?

Wenn jemand ein Tier zum Lösen einer Aufgabe dressiert, ist es allgemein, daß es für Erfolg belohnt wird. Das heißt aber nicht, daß all die vielen Prozesse, die wir »Lernen« nennen, von Belohnung abhängen. Sehen wir uns ein amüsantes Experiment an, in welchem Ratten dressiert wurden, ein Labyrinth zu durchschwimmen. Einigen Ratten war vorher Gelegenheit gegeben worden, das Labyrinth von einem kleinen Wagen aus, mit dem sie es durchfuhren, in Augenschein zu nehmen. Diese Ratten lernten schneller als die Kontrolltiere, die keine vorherigen Erfahrungen machen konnten. Offensichtlich hatten sie, passiv dahinrollend, Informationen aufgenommen, die sie später verwerten konnten. Zuerst gab es jedoch keinerlei Anzeichen, daß sich irgend etwas in ihnen verändert hätte. Im Kapitel Fünf habe ich beschrieben, wie Tiere, von Insekten bis hinauf zu Säugetieren, lernen können, sich zurechtzufinden, und zwar durch Bewegungen, die nicht durch irgendwelche Mangelerscheinungen angetrieben werden. Diese Bewegungen gelten einer allgemeinen Erkundung. Alle diese Beobachtungen lassen uns vermuten, daß bei vielen Tierarten das Gehirn eine Repräsentation der äußeren Umwelt entwickeln kann, selbst wenn kein spezieller interner Antriebseffekt vorliegt. Die Veränderungen des Nervensystems gehen dann, wie man glaubt, auf direkte Einwirkungen und nicht auf »Triebbefriedigung« zurück.

Es hat darüber manche lebhafte Debatte gegeben. Einige Forscher versuchten, alles Verhalten oder doch mindestens das adaptive Verhalten in das Gedankengebäude der »Triebbefriedigung« einzupassen. In seiner extremsten Form geht diese Annahme so weit, zu konstatieren, daß alle Tiere immer dazu tendieren, sich so zu verhalten, daß die Reize, die von allen Sinnen eintreffen, abgeschwächt werden. Sigmund Freud, der eine ähnliche Theorie für das menschliche Verhalten aufstellte, bezog sich auf das Nirwana-Prinzip. Heute wissen wir, daß weder Tier noch Mensch so sind. Menschen werden, wie wir in Kapitel Fünf sahen, tiefgreifend verwirrt, wenn sie unter Bedingungen gebracht werden, die eine äußere Stimulation auf ein Minimum reduzieren: andere Arten verhalten sich, als ob sie die Stimulation, die sie erhalten, verstärken oder variieren möchten.

Lee Kavanau hat Experimente mit Weißfußmäusen (*Peromyscus*) beschrieben. Diese wurden in ein außerordentlich kompliziertes Labyrinth von Gängen und Räumen gesetzt. Ihre Bewegungen wurden von Punkt zu Punkt im ganzen System aufgenommen, und diese Beobachtungen über Wochen und mehr fortgesetzt. Alle Tiere lernten, ohne zu zögern, schnell Stück für Stück im ganzen System herumzulaufen. Dazu gehörte auch, zu lernen, sich nicht in Sackgassen festzulaufen. Kavanau ver-

gleicht dieses Verhalten mit dem eines Pianisten, der ein langes Stück Satz für Satz erlernt. Wenn eine Maus während des Laufens plötzlich innehielt, um sich zum Beispiel einige Sekunden lang zu putzen, dann erweckte dies oft den Anschein, als wäre sie, wenn sie wieder fortlief, verwirrt – etwa wie ein Pianist, der mitten in einer Passage unterbricht, die er in einer einzigen Folge erlernt hatte. Im Gegensatz zum Pianisten lernten die Mäuse ihre Passagen jedoch sowohl von vorn als auch von hinten.
Ein solches Verhalten wird manchmal auch als sich selbst erhaltend oder sich selbst belohnend bezeichnet. Das bedeutet, daß es ausgeführt wird, ohne daß es zu einer für das Überleben wichtigen Handlung führt, weder für das Individuum noch für die gesamte Spezies. In dieser Hinsicht ähnelt es dem Spiel. Eine von vielen Lexikon-Definitionen des »Spiels« lautet »zum Spaß ausgeführt«. Das Verhalten besteht aus einem oder mehreren Teilen, die eine wichtige Funktion haben, die aber zur unangemessenen Zeit oder nur unvollständig ausgeführt werden. Prinzipiell ist es ein Merkmal von Tieren mit hoch komplexem Verhalten (Vögel oder Säuger), besonders natürlich von deren Jungen. Wir kennen Scheingefechte, Scheinpaarungen, Scheinjagden und vieles andere. Über die Physiologie des Spiels wissen wir wirklich nichts, wir können uns jedoch leicht seinen Wert für das Tier vorstellen. Mindestens bei Säugetieren ist eine Fülle von Erfahrungen und verschiedenen Bewegungen notwendig, um alle Fähigkeiten voll zu entfalten.
Wir sind aber noch weit von einer einheitlichen Theorie über das »Lernen« entfernt. Progressive Veränderungen des Verhaltens werden oft von ihrer Wirksamkeit bestimmt, das Tier zu erhalten, das heißt, das Tier zu Nahrung oder anderen notwendigen Dingen zu führen oder auch zum Geschlechtspartner und zu Jungen zu bringen. Einige Veränderungen des Nervensystems, die zu einem veränderten Verhalten beitragen, sind jedoch von allen Antrieben unabhängig.

Strafe

Man hat manchmal angenommen, daß, wenn ein Tier dressiert werden soll, eine von zwei Alternativen auszuwählen, es am besten ist, richtige Reaktionen zu belohnen und unrichtige zu bestrafen. Bei den meisten Experimenten dieser Art wird nur die Belohnung benutzt. Was geschieht, wenn die Strafe hinzukommt? Während eine Belohnung fast immer die Reaktion verstärkt, schwächt die Bestrafung sie *nicht* immer ab.
»Strafe« kann als etwas definiert werden, was das Tier zu vermeiden sucht. Viele Autoren pflegen jedoch einen Satz wie »im Zusammenhang mit einer spezifischen Handlung des Tieres ste-

hend« hinzuzufügen. Gewöhnlich fällt natürlich die «spezifische Handlung« aus: die Strafe oder der »aversive Stimulus« verhindert ein Verhalten, das dazu führt. Wenn der Terminus »Strafe« für Situationen reserviert bleibt, die Folge des tierischen Verhaltens sind, dann gibt es eine getrennte Sorte unwillkommener Stimuli, die vielleicht mit einem anderen Namen belegt werden müssen. Ein experimentelles Beispiel ist der elektrische Schock, dem die Füße des Tieres ausgesetzt werden. Der Schock kann ganz unabhängig vom Verhalten des Tieres gegeben werden und ist dann keinesfalls eine Folge von irgend etwas, was das Tier getan hätte. Ist Rückzug jedoch möglich, dann wird das Tier tatsächlich versuchen, sich von der Quelle des Stimulus zurückzuziehen. Ich benutze darum in diesem Buch das Wort »Strafe« in einem engeren Sinne, besonders im Sinne eines *»reaktionsabhängigen aversiven Stimulus«*.

Im vorhergehenden Kapitel habe ich die negativen Effekte unangenehmer Stimuli, etwa eines Luftzugs, auf das Verhalten des Tieres während recht komplizierter Experimente beschrieben. Tiere, die *sowohl* Belohnung *als auch* Strafe für die gleiche Tätigkeit (etwa das Drücken eines Hebels) erfahren haben, werden oft ganz allgemein gestört: die Experimentalneurose umfaßt auch einen Zusammenbruch von schon erreichten Dressuren und eine Unfähigkeit, neue Gewohnheiten zu entwickeln. Muß jedoch nur ein leichtes Wahlverhalten erlernt werden, sind die Wirkungen der Bestrafung nicht so leicht vorauszusagen. Insgesamt hat schwere Bestrafung für das Ausführen einer »falschen« Reaktion gewöhnlich einen schlechten Effekt: die Tiere versuchen mit Flucht aus der gesamten Versuchssituation (oder Kampf, wenn festgehalten) zu reagieren. Sobald sie zu dem Apparat oder in den Beobachtungsraum gebracht werden, steigt ihr Pulsschlag an, und sie zeigen — in einfachen Worten — offensichtliche Furcht oder Ängstlichkeit. Sie können Gewohnheiten verlieren, die sie früher erworben hatten, auch wenn diese selbst nicht zur Strafe führen. Technisch ausgedrückt, sie *generalisieren* den Effekt des unangenehmen Stimulus mit allen umgebenden Gegenständen. Ein extremes Beispiel ist die Verweigerung von Nahrung über viele Monate hinweg in einem Apparat, in welchem sie einmal während des Fressens von einem Luftzug getroffen wurden.

Diese Fakten zeigen zumindestens, daß jeder, der mit der Dressur von Tieren (oder Menschen) beschäftigt ist, mit der Strafe sehr vorsichtig umgehen muß. Die einzige Ausnahme ist, wenn ein lang andauerndes und völliges Meiden anerzogen werden soll. Ich vermute, daß ähnliches Kindern in der Schule passieren kann.

Wenn wir uns nun wieder den milden »aversiven Stimuli«, wie etwa einem leichten Schock gegen die Füße, zuwenden, entdecken wir einige kuriose Anomalien. Säugetiere, etwa Ratten, Katzen, Schafe oder Affen, können mit Gewißheit darauf dressiert werden, solchen Schocks aus dem Wege zu gehen. Was geschieht, wenn eine »richtige« Reaktion in einem Experiment gleichzeitig *sowohl* mit Nahrung belohnt, *als auch* auf diese Weise bestraft wird? Manchmal *steigt* die Lerngeschwindigkeit an: das heißt, daß ein Tier, das so behandelt wird, eine Wahl schneller als solche lernt, denen nur Nahrung gegeben wird. Vielleicht hilft der Schock dem Tier, zwischen zwei Möglichkeiten zu wählen. Oder vielleicht bewirkt die zusätzliche Stimulation des leichten Schocks ein Ansteigen der Effektivität. Beides ist möglich. Wie wir im letzten Kapitel sahen, benötigt das Nervensystem eine gewisse, von außen kommende Erregung durch Stimuli, wenn es gut arbeiten soll.

Es gibt jedoch einige Beobachtungen, die nicht auf diese Weise erklärt werden können. Ratten wurden darauf dressiert, einen langen Gang entlang zu laufen, etwa zwei Meter lang, um einem Schock zu entkommen. Bei der Dressur wurden sie dann *ohne* Schock vom Start losgelassen: das heißt, man wollte ihnen »Ermüdungsversuche« oder eine Serie von Läufen geben, die zu einem Verlust der Gewohnheit führen sollten. Einigen der Ratten wurde ein leichter Schock am *äußersten Ende* des Laufgangs gegeben. Diese Schocks hätten unter anderen Versuchsbedingungen zu einem Meiden geführt. In diesen Experimenten verzögerten jedoch die Schocks das Ermüden der Gewohnheit: Die Ratten fuhren fort, *nach* der neuen Schockquelle zu laufen, und zwar länger als Kontrollratten, denen normale nicht mit einem Schock verbundene Ermüdungsversuche gewährt worden waren. Darüber hinaus verzögerte ein Schock, der bei jedem Lauf gegeben wurde, das Ermüden der Reaktion stärker, als wenn ihnen bei jedem dritten Lauf ein Schock zugefügt wurde. In diesem Falle hatte die Bestrafung die Ausführung der bestraften Handlung *verstärkt*.

Trotz der großen Anzahl verschiedener Versuche, die über die Effekte schmerzhafter Stimuli angestellt wurden, gibt es noch keine übereinstimmende Theorie über sie. Möglicherweise wird unsere neue Kenntnis der Zentren des Behagens und Unbehagens im Gehirn (auf den Seiten 211–212 beschrieben) auf neuen Wegen zu einem einheitlichen Bericht führen.

Kombinationsgabe

Das Studium von Belohnung und Strafe erzählt uns, wie ein Tier dazu gebracht werden kann, sein Verhalten zu ändern. Es gibt jedoch, so genau interne Bedürfnisse oder äußere Reize auch angepaßt werden, Grenzen in dem, was ein Tier zu tun lernen kann. Diese Grenzen sind bei den einzelnen Arten sehr verschieden, und gültige Vergleiche können nur schwer angestellt werden. Der Umfang und die Grenzen der tierischen »Intelligenz« sind bislang vor allem an Labortieren untersucht worden.

Eine ganze Serie von Problemen betrifft eigentlich nur das, worauf ein Tier, wenn es ein Problem löst, reagiert. Eine einfache Situation wäre ein Tier in einem T-Labyrinth, an dessen beiden Armen sich keine Belohnung findet: es wechselt die Seiten in den sukzessiven Läufen ab. Verändert sich dabei die *Reaktion* (oder Bewegung) oder ändern sich dabei die äußeren *Stimuli* (sagen wir, sichtbare Merkmale der beiden Arme)? Im Kapitel Fünf sahen wir, daß beides geschehen kann, je nach den Bedingungen des Versuchs.

Diese Beobachtung stimmt mit einer allgemeinen Regel überein: ein Säugetier und auch viele andere Tiere können darauf dressiert werden, auf alles zu reagieren, was ihre Sinnesorgane wahrnehmen können. Für einen Säuger, wie Ratte oder Hund, können Aufgaben also Töne betreffen, die eine zu hohe Frequenz für unsere Ohren haben, aber sie können keine Farbunterschiede beinhalten, wie leicht gezeigt werden kann. (Ein Affe kann allerdings, wie wir, Farben unterscheiden.) Offensichtlich ist das Gehirn eines Säugers so gebaut, daß die Stränge und Verbindungen, die für eine veränderte Reaktion benötigt werden, für den Reiz von den Sinnesorganen vorhanden sind.

Es gibt aber schwierigere Fragen. Ein Tier wird darauf dressiert, von einem Startpunkt zu einem Kasten mit Futter zu laufen. Es gibt verschiedene Wege gleicher Länge für diesen Lauf. Kann man das Tier darauf dressieren, nur *einen* dieser Wege zu benutzen, wenn man es nur dann belohnt, wenn es diesen einen benutzt? Die Antwort: ja. Das Tier lernt also eine spezielle Reaktion oder Bewegung auszuführen.

Es gibt jedoch noch etwas anderes, was ein Tier bei gleichen Bedingungen lernen kann: es kann lernen, einen Zweck oder ein Ziel zu erreichen, unabhängig von den Mitteln. Das heißt, es kann in einem Labyrinth mit vielen Gängen lernen, die Zielschachtel zu erreichen, ohne eine bestimmte Gewohnheit im Verfolgen einer besonderen Route zu entwickeln. In diesem Fall ist das Ziel immer dasselbe – die Bewegungen oder Reaktionen, es zu erreichen, können sich verändern.

Das menschliche Verhalten kennt viele Beispiele »zielgerichteter« Aktivitäten.

Ein nettes kleines Experiment zeigt, daß selbst scheinbar einfaches Verhalten manchmal zweckgerichtete Merkmale aufweist. Menschliche Versuchspersonen werden aufgefordert, ihre Hand mit der Fläche nach unten auf den Tisch zu legen und die Finger in der Ruheposition, also etwas gekrümmt zu belassen. In einer Serie von Versuchen lernen sie nun, den Zeigefinger zu strecken, als ob sie damit einem Schock ausweichen wollten. Dann werden die Personen aufgefordert, ihre Hand mit der *Fläche nach oben* auf den Tisch zu legen. Kommt nun das Signal, das anzeigt »der Schock kommt«, werden sie nicht den Finger strecken, sondern ihn beugen. Sie vollziehen also eine Bewegung, die der erlernten gerade entgegengesetzt ist, erreichen aber dabei die *räumliche Beziehung*, die sie bei der Dressur gelernt haben: das heißt, sie bewegen die Fingerspitzen vom Tisch fort.

Konventionellere Beispiele kennen wir von Labortieren. Wenden wir uns wieder den Tieren zu, die gelernt haben, ein Ziel auf einem von zwei Wegen zu erreichen. Man kann den Versuch nun so anordnen, daß die beiden Wege zu verschiedenen Zielschachteln führen, eine, sagen wir, weiß, die andere schwarz. In dieser Situation lernen Laborratten schneller, als wenn es nur eine Schachtel gäbe. Mit anderen Worten, die Tatsache, daß ein Tier zwischen verschiedenen Zielen unterscheiden kann (und auch zwischen Bewegungen auf verschiedenen Wegen) hilft ihm zu lernen.

Allgemein muß man bei Tieren, die Aufgaben einiger Komplexität lösen lernen, erwarten, daß *sowohl* eine bestimmte Serie von Bewegungen *als auch* das erreichte Ziel wirksam sein können.

Üblicherweise würde man sagen, daß diese Austauschbarkeit ein Zeichen von »Intelligenz« wäre. Es gibt noch andere, berühmtere Beispiele von der »Fähigkeit, das Verhalten den Umständen anzupassen«. Nimmt man diesen Satz wörtlich, dann würde er sich mit *jedem* Verhalten decken, das in diesem Kapitel besprochen wurde; der gewöhnliche Gebrauch würde ihn jedoch auf die komplexeren Verhaltensweisen beschränken. Das Heimfindevermögen von Wespen und anderen Tieren fällt unter die letzte Kategorie. Geplante Laboruntersuchungen dieser Art von Fähigkeiten sind, wie so oft, mit Ratten vorgenommen worden. Wenn Ratten einen Teil eines Labyrinths erlernen und bei anderer Gelegenheit den zweiten Teil, dann können sie bei weiteren Versuchen die beiden verschiedenen Informationsserien *kombinieren* und ökonomisch zum Ziel laufen.

Eine plötzliche, adaptive Reorganisation von Verhaltensweisen wird manchmal »einsichtiges Verhalten« genannt. Natürlich gibt es Grade der Plötzlichkeit, und darum ist das Konzept nicht sehr genau. Die am meisten zitierten Versuche plötzlichen Lösens von Problemen sind die während einer Periode verstärkter Isolation angestellten Versuche von Wolfgang Köhler (1887 bis 1953). Köhler hatte wenig menschliche Gesellschaft, dafür waren jedoch glücklicherweise einige Schimpansen verfügbar. Ihnen wurden Aufgaben gestellt, etwa das Zusammenstecken

Abb. 68 Ein Schimpanse steckt zwei Stöcke ineinander, um an eine Banane heranzukommen.

zweier Stöcke oder das Auftürmen von Kisten, in jedem Fall Aufgaben, um einen Leckerbissen zu erreichen. (Abb. 68). Die Affen wirkten bei diesen Aufgaben vielleicht sowohl wegen der Freude an der Sache als auch wegen der Belohnung mit einer Banane mit. Obwohl Köhler ihnen oft ein Schnippchen schlug, konnte dennoch eines seiner Versuchstiere, nachdem es sich offenbar vom ganzen Problem schon zurückgezogen hatte, die Sache wieder aufnehmen und lösen. Es war, als ob die Lösung im stillen schon durch Überlegung gefunden worden war. Man muß nun nicht glauben, daß alle Menschenaffen ihre manipulatorischen Probleme auf diese Weise lösen — genausowenig wie wir das tun. Sie benutzen häufig das Versuch-und-Irrtum-Prinzip. Jede Form des Verhaltens beim Lösen eines Problems wird darum weit mehr enthalten, als eine kurze Beschreibung zu zeigen vermag.

Wir sind mit unserer Methode des Überdenkens von Problemen vertraut. Wir wissen auch, was es bedeutet, eine Landkarte im Kopf zu haben. Auch die Tiere verhalten sich manchmal beim Heimfinden oder beim Hantieren mit Stöcken oder beim Nestbau so, als ob sie eine Repräsentation der Umwelt in ihren Köpfen hätten und diese Repräsentation sie befähigte, das zu tun, was sie aus den Gegebenheiten machen. Zoologen und andere Forscher haben in den letzten wenigen Jahrzehnten gezeigt, daß die Skala dieser Art von Fähigkeiten bei weitem größer ist, als man bislang vermutete. Sie konnten auch der Neurophysiologie eines der erstaunlichsten biologischen Probleme zuordnen: die Frage, wie das Gehirn arbeitet.

Dies erschöpft auch nicht die Fähigkeit des Gehirns zu adaptiven Veränderungen. Ein Säuger, der gelernt hat, ein Labyrinth zu durchlaufen, kann gewöhnlich ein anderes Labyrinth ähnlicher Komplexität schneller als das erste erlernen. (Ich sage ein Säuger, weil diese Feststellung nicht für alle Tiere gilt: Ameisen können ein Labyrinth erlernen, sind dann aber vielleicht *weniger* in der Lage, ein zweites zu erlernen.) Im allgemeinen schließt das Lösen von Problemen die Fähigkeit ein, auch andere, die ähnliche Charaktere besitzen, zu bewältigen. Man kann einen Affen, *Macaca mulatta*, darauf dressieren, ein »Überzähligkeits-Problem« zu lösen. Dazu sind zwei Paar Gegenstände notwendig – sagen wir zwei hölzerne Dreiecke und zwei hölzerne Ringe. Bei jedem Versuch werden nur drei dieser Objekte gezeigt, und das überzählige (gleichgültig, welches es ist) ist mit einer Belohnung verbunden, etwa einer Pampelmuse. Ein Affe wird (im Gegensatz zur Laborratte) schnell lernen, immer das überzählige der drei Objekte zu wählen. Nehmen wir an, daß die gleiche Art von Test nun mit einem anderen Satz von Objekten durchgeführt wird. Ein Mensch, selbst ein Kind, würde wahrscheinlich sofort das überzählige Objekt heraussuchen, und in der Tat tut das ein Affe genauso schnell.

Dieses Begreifen einer *generellen* Beziehung nennt man »Lern-Satz«. Es stellt eine äußerst wichtige Eigenschaft der komplexesten Nervensysteme dar. Es erinnert an eine andere Fähigkeit, die ich im Kapitel Fünf untersuchte. Dort beschrieb ich, wie die Einwirkung einer Vielzahl von Stimuli in der Jugend einem Tier hilft, eine *allgemeine Fähigkeit zum Lösen von Problemen* zu entwickeln.

Alle diese Fähigkeiten sind am höchsten beim Menschen ausprägt. Es wäre gut, wüßten wir mehr darüber, und sei es auch nur für ihre Anwendung beim Lehren. Verteidiger der konventionellen Erziehungsmethoden pflegen zu sagen, daß Latein und Griechisch »den Geist trainieren«. Ohne Zweifel tun sie das in gewisser Hinsicht. Zur Planung einer rationellen Schulung müssen wir jedoch mindestens zwei allgemeine Fragen beantworten. Die erste ist, welche Art von Fähigkeiten wir zu fördern wünschen; die zweite, wie wir dies tun wollen. Trotz vieler Laborversuche ist noch immer kein wissenschaftliches Programm aufgestellt worden.

Wie Tiere anderer Spezies als der Mensch ihre Jungen lehren, ist von den Zoologen erstaunlicherweise nicht untersucht worden. Die meisten Informationen, die wir besitzen, sind darum auch anekdotisch und schwierig zu verwerten.
Beginnen wir mit dem Verhalten der Eltern. Prinzipiell kann es mindestens drei Elemente aufweisen: erstens, »ein Beispiel zu geben«, zweitens »zu ermutigen« und drittens, abzuschrecken — das heißt, bestrafen. Einige Säuger vollführen in Gegenwart der Jungen ohne Zweifel gewisse Handlungen, um diese zu beeinflussen. Z. Y. Kuo stellte eine berühmte Serie von Beobachtungen an der Hauskatze, *Felis ocreata*, an. Einige der Jungen, die er untersuchte, konnten ihre Mutter beim Beutefang von Ratten oder Mäusen beobachten, andere nicht. Von der ersten Gruppe wurden fast alle gute Mäusefänger, von der zweiten, denen das Beispiel der Mutter fehlte, etwa nur die Hälfte. Man könnte nun sagen, daß dies nicht Lehren genannt werden sollte, weil das Verhalten der Eltern sicherlich das gleiche sein würde, ohne oder mit Jungen: »Lehren« umfaßt aber eine speziell auf die Individuen gerichtete Aktivität, deren Verhalten dadurch geändert wird.
Deutlichere Beispiele von Verhalten, das in dieser Art ausgerichtet wird, finden wir unter dem Oberbegriff des »Ermutigens«. Die Weibchen von Menschenaffen lehren ihre Kinder das Laufen in fast der gleichen Weise, wie wir das bei unseren Kindern tun. Raubtiere, wie etwa Katzen, fordern ihre Jungen heraus, das Jagen zu üben: gewiß ist der von einer Seite auf die andere zuckende elterliche Schwanz oft Ziel von Scheinattacken. Bei den Huftieren (Artiodactyla) nehmen die Weibchen manchmal an den Spielen ihrer Jungen teil: Gamslämmchen, *Rupicapra rupicapra*, hüpfen herum und buffen sich dabei, und ihre Mütter machen mit; der Bison, *Bison bison*, erregt sich mit wilden Possen, indem diese massigen Kreaturen in Gruppen von einem Platz zu einem anderen donnern und dabei die ganze Herde in Bewegung bringen können. Bis zu welchem Grade diese wilden Fluchten etwas lehren, weiß man nicht. Vielleicht lernen die Jungen dabei, sich in einer Gruppe zu bewegen.
Die Wirkungen der »Bestrafung« sind, mindestens oberflächlich betrachtet, offensichtlicher als die der »Ermutigung«. Ein verbreitetes Merkmal mütterlichen Verhaltens ist das Verstoßen der Jungen, wenn sie alt genug geworden sind, unabhängig von der Mutter zu fressen. Der indische Hulman, *Presbytis entellus*, ist genau erforscht worden. Im Alter von einem Jahr hört die Mutter-Kind-Bindung bei diesen Affen auf, und die Mutter löst sich vom Kind, anstatt ein ständiger Zufluchtsort zu sein. Versucht das Kind zu saugen, wird es davon abgehalten. Das Kind mault

und versucht immer wieder, und — in den ersten Stadien der Entwöhnung — wird ihm dann auch die Annäherung gestattet. Später ist das Verstoßen jedoch rücksichtslos, und die Weibchen schlagen ihre Jungen. Manchmal krault jedoch auch jetzt noch das Weibchen seinen empörten Sprößling, und das hat gewöhnlich einen beruhigenden Effekt. Nach fünfzehn Monaten ist die Trennung endgültig.

Ähnliches Verhalten ist auch bei anderen Säugetieren beobachtet worden. Nehmen wir als vertrautes Objekt eine Haushündin mit ihren Jungen. Ihr Verhalten kann als ein Beispiel von Bestrafung angesehen werden, die bei besonderen Handlungen, besonders bei Annäherung an die Mutter, ausgeübt wird. Das ermuntert eine Bindung der Jungen an Altersgenossen und stellt auf diese Weise eine Art sozialen Trainings dar.

Von dieser speziellen Rolle abgesehen, hat die Bestrafung bei der »Erziehung« der Jungen verschiedenster Spezies (außer bei der unsrigen) keine große Bedeutung. Das Beispielgeben ist viel bedeutender, kann jedoch nur dann voll effektiv sein, wenn die Jungen die Fähigkeit zur Imitation besitzen.

Die Imitation läßt sich nur schwer eingehend analysieren. Nehmen wir an, ein Tier A hätte gelernt, einen speziellen Platz zur Nahrungsaufnahme aufzusuchen. Das Tier B wird nun in eine Situation gebracht, in der es entweder dem Tier A folgen, oder aber einen besonderen Weg gehen kann. Nach wenigen solchen Erfahrungen folgt B regelmäßig A und kommt so zu seinem Futter. Ist das Imitation? In Wirklichkeit braucht B nur zu lernen, den Weg zu gehen, der durch die Gegenwart von A markiert ist. An Stelle von A könnte auch jedes leblose Objekt als Wegweiser mit dem gleichen Erfolg benutzt werden.

Was können wir dann als Imitation bewerten? Eine allgemeine, wenn auch ziemlich ungenaue Definition ist: das Nachahmen einer neuen und nicht vorgesehenen Handlung. Die aufregendsten Beispiele (außerhalb unserer eigenen Spezies) sind auch die bekanntesten: einige Vögel lernen, wie wir gesehen haben, ihre Gesänge zum Teil durch Imitation, einige andere zeigen mimikritische Fähigkeiten, die von ihren menschlichen Besitzern ausgenutzt wurden.

Diese speziellen Kräfte helfen offenbar (wie wir sahen) bei der Paarbildung und ermöglichen individuelles Erkennen. Die Imitation halten wir gewöhnlich für etwas, das von einem Tier (oder Menschen) gelehrt oder erlernt wird. Tier B beobachtet Tier A beim Ausführen einer Handlung, die A vorher erlernt hat oder gerade lernt. Später wird B mit dem gleichen Problem konfrontiert und löst dies schneller, als es ihm sonst vorher möglich gewesen wäre. In der Praxis ist es von Bedeutung, viele Tiere zu benutzen: der Versuch geht dann dahin zu testen, ob Tiere der B-Gruppe, die schon dressierte Tiere beobachten

konnten, ein Problem schneller lösen als Kontrolltiere, die andere nicht bei der Ausführung dieser Tätigkeit sahen.
Diese Art Verhalten, das oft Lernen durch Beobachten genannt wurde, wird sicherlich von domestizierten Katzen gezeigt. Sie können etwa lernen, einen Futternapf an einer Schnur oder einem Band in einen Käfig hineinzuziehen. Eine unerfahrene Katze, die andere dabei beobachtet hat, profitiert gewöhnlich von ihren Beobachtungen, wenn sie später mit Schnur oder Band konfrontiert wird. Wie wir erwarten können, lernen auch Primaten (Affen der verschiedensten Typen), solche Probleme auf die gleiche Weise zu lösen.
Es bleibt noch eine spezielle Frage. Bis zu welchem Grade beharren Tiere, die nicht zu unserer Spezies gehören, auf einem Verhalten, das das Lernen bei ihren Jungen fördert? Warten sie, bis die Jungen wirklich gelernt haben? Mütter beharren, wie wir gesehen haben, während der Entwöhnung auf dem Verstoßen der Jungen. Gibt es andere Beispiele? Gäbe es welche, könnte dieses Verhalten ohne Bedenken Lehren genannt werden. So weit ich unterrichtet bin, kann diese Frage nicht endgültig beantwortet werden. Hier liegt in der Tat noch ein Forschungsprojekt offen.

Die Unzulänglichkeiten

»Intelligenz« ist offensichtlich kein genauer technischer Terminus, wie gewöhnlich angenommen. Er bezieht sich auf viele Aspekte des Verhaltens, sowohl beim Menschen als auch bei anderen Lebewesen. Es gibt zahlreiche mit ihm verbundene Probleme, und viele Arten von Fähigkeiten werden benötigt, sie zu lösen. Das gleiche gilt für das »Lernen« oder das »erlernte Verhalten«.
Man hat sogar angenommen, daß »Lernen« auch bei Pflanzen beobachtet werden könnte. Die empfindliche Mimose, *Mimosa pudica*, läßt bei Berührung ihre Blätter hängen. Diese Bewegung erfolgt sehr schnell, wird jedoch auf die Übermittlung durch eine Substanz – ein Hormon – zurückgeführt, die vom stimulierten Teil allmählich in die entfernteren Teile der Blattstruktur geleitet wird. Diese Reaktion kann durch Wassertropfen hervorgerufen werden. Der Stimulus verliert jedoch seinen Effekt, wenn er regelmäßig (sagen wir in Intervallen von fünfzehn Sekunden) wiederholt wird: nach etwa zwanzig Minuten öffnet sich die Pflanze trotz fortgesetzter Stimulation wieder. Das hängt nicht mit der Erschöpfung einer für die Reaktion notwendigen Substanz zusammen, denn eine Berührung mit dem Finger verursacht wieder sofortiges Hängenlassen der Blätter. Werden diese Beobachtungen bestätigt, haben wir es hier

mit einem deutlichen Beispiel von Gewöhnung zu tun. Dennoch ist der Organismus, der dieses Verhalten zeigt, eine grüne Pflanze, die keinerlei Nervensystem besitzt.

Die Gewöhnung hat für *Mimosa* sehr wahrscheinlich genau die gleichen Vorteile wie für ein Tier. In dieser Hinsicht ist es nicht überraschend, daß die Pflanze sich so verhält. Gewöhnung wird nun aber in der Regel als eine Art Lernen bezeichnet. Die Beobachtungen an *Mimosa* zeigen, sind sie richtig berichtet worden, in extremer Form, wie divers das »erlernte Verhalten« ist.

All die verschiedenen Phänomene, die »Lernen« genannt werden, sind Beispiele einer noch allgemeineren Erscheinung, nämlich der Fähigkeit der Organismen, Funktionen an die Bedürfnisse anpassen zu können. Viele grüne Pflanzen wenden sich zum Licht, wachsen höher, wenn sie im Schatten stehen, und bilden tiefere Wurzeln, wenn die oberen Bodenschichten trocken sind. Tiere bilden größere und stärkere Muskulatur, wenn diese beansprucht wird. Ein Säuger, wir etwa, bildet mehr rote Blutkörperchen, wenn er unter niedrigerem Sauerstoffdruck leben muß, zum Beispiel in großen Höhen. Auch chemische Eigenschaften können, den Umweltansprüchen angepaßt, verändert werden.

Die meisten adaptiven Veränderungen des *Verhaltens* sind Ergebnisse der Plastizität eines besonderen Organs, des Nervensystems. Vielleicht hängt alles, was wir »erlerntes Verhalten« genannt haben, von einem einzigen Nervenprozeß ab. Aber es gibt, wie wir gerade gesehen haben, eine große Diversität, und zwar nicht nur in kurzzeitlichen Veränderungen des Verhaltens (etwa beim Lösen eines Problems), sondern auch bei lang andauernden Veränderungen (etwa bei der Entwicklung der Fähigkeit, ganz allgemein Probleme lösen zu können). Darüber hinaus ist eine fortschrittliche Veränderung des komplexen Verhaltens nicht allein auf das Lösen von Problemen beschränkt. Auch das Sozialverhalten hängt im frühen Leben von Erfahrungen ab. Es ist darum kaum verwunderlich, daß sich unsere Wörter, die wir benutzen, nicht ganz mit der Vielfalt des adaptiven Verhaltens im Tierreich decken.

Vierter Teil

XIII Der Ursprung menschlichen Verhaltens

Der Umfang des instinktiven Wissens ist beim Menschen begrenzt, und wir fühlen diesen Mangel. Der freie Wille ist eine schwere Bürde, die wir tragen müssen.

J. B. S. Haldane

Vor mehr als einer Million Jahren entstand ein Lebewesen, das ohne die gewöhnliche Ausrüstung mit standardisierten Signalen überlebte. Das Verhalten dieser menschlichen Lebewesen war und ist, wie wir annehmen, ein Produkt der natürlichen Selektion. Auf mysteriöse Weise hat die Selektion jedoch zum Verlust von fixierten Verhaltensweisen geführt und dafür die Anpassungsfähigkeit schnell anwachsen lassen.

Mensch und Affe

Obgleich wir nicht wissen, welcher Selektionsprozeß dies hervorgebracht hat, können wir dennoch beobachten, daß unsere Vorfahren in verschiedener Hinsicht auf eine eventuelle Herstellung von Werkzeug, auf die rationelle Lebensweise des Menschen also, prä-adaptiert waren. Vor einigen zehn Millionen Jahren eroberten einige kleine, Spitzmaus-ähnliche Kreaturen den Baumlebensraum: dieser Ausdruck, der zu der Vorstellung verleiten könnte, daß diese Eroberung als plötzliche Flucht vor Verfolgung vor sich ging, beinhaltet vielmehr einen fast unvorstellbar langsamen Prozeß, in dem diese boden-lebenden Vorfahrenformen sich in ein affenähnliches Wesen verwandelten. Die auf diese Weise begründete Tiergruppe nennen wir die Primaten. Im folgenden werde ich die Halbaffen übergehen, denn sie bilden eine besondere Untergruppe. Ich werde mich vielmehr gleich den Anthropoidea zuwenden — der Gruppe, der alle Affen und Menschenaffen und auch wir selbst angehören.
Es ist nicht erstaunlich, daß ihre Entwicklung langsam vor sich ging, denn sie betraf viele Organe. Die primitiven Vorfahren müssen schon die fünffingrige (pentadactyle) Extremität besessen haben, die mit den ersten, das Land erobernden Wirbeltieren entstand. Diese blieb erhalten, in einer Form jedoch, die die Bewegung auf Bäumen erleichterte. Alle vier Extremitäten entwickelten in gewissem Grade Hände, die greifen und mit Ge-

genständen manipulieren konnten. Hier lag die Quelle manueller Geschicklichkeit, die in uns selbst ihren Höhepunkt erreichen sollte.
Hände sind unnütz, wenn es keine Mittel gibt, sie gerichtet einzusetzen. Die meisten Säugetiere werden stärker von Geruchsreizen beeinflußt als durch sichtbare Merkmale ihrer Umgebung. Die Primaten dagegen konnten ausgezeichnet sehen, und die meisten von ihnen verfügten über binokulares Sehen: das heißt, ihre Augen waren nach vorn gerichtet, und jedes betrachtete das gleiche Objekt. Die Bedeutung dieser Augenstellung für ein genaues Leiten von Bewegungen kann man leicht kontrollieren, wenn man einmal versucht, einen Faden in eine Nadel mit nur einem Auge einzufädeln. Darüber hinaus können Primaten gewöhnlich, im Gegensatz zu anderen Säugern, ausgezeichnet Farben unterscheiden. Als der Gesichtssinn an Bedeutung zunahm, ging die Vorherrschaft des Geruchssinnes zurück. Äußerlich sichtbar nahm dadurch das Vorstehen der Schnauze (die Prognathie) ab. Auf diese Weise entstand die fötale, flache Erscheinung des Gesichts, die beim Menschen am extremsten ausgebildet ist.
Natürlich sind die Primaten als Gesichtstiere vor allem Tagestiere. Sie sind außerdem hoch sozial. Wir wissen, in welchem Ausmaß die manuelle Geschicklichkeit, das Leben am Tage oder die sozialen Beziehungen ein Anwachsen des Gehirns erforderten. Ein großes Gehirn, relativ zur Körpergröße, ist jedoch ein konstantes Merkmal der ganzen Ordnung. Mit dem Anwachsen des Gehirns entsteht die bemerkenswerte Fähigkeit, Probleme zu lösen, die allen anderen Säugetieren voraus ist. Die »Intelligenz« der Affen, kombiniert mit ihrer Neigung zum Erkunden und Spielen, macht sie zu faszinierenden Halb-Menschen.
Auch in der Fortpflanzung zeigt sich ihre Vetternschaft mit uns. Wie Frauen haben auch Affenweibchen einen Menstruationszyklus. Es gibt keine bestimmte Fortpflanzungszeit, sondern die Weibchen sind während fast des gesamten Zyklus befruchtungsfähig. Am wichtigsten ist, daß die Geburten gewöhnlich Einzelgeburten sind und daß es eine lange Periode der Unreife gibt.
Eine verlängerte Kindheit ist ein besonderes Merkmal des Menschen, bei dem dies ein Extrem erreicht hat. Das Erreichen der Geschlechtsreife erst mit vierzehn Jahren und später, und die Fähigkeit, eine große Anzahl von Fertigkeiten für weit längere Zeit zu erlernen, hat unter den anderen Primaten keine Parallele. Das gilt auch für unsere dementsprechende Neigung zum *Lehren* der Jungen. Dennoch sind diese Trends auch unter den Affen und Menschenaffen auffällig. Ich werde unten einige Beispiele der Lehre durch Mütter von Menschenaffen beschreiben.

Eine Folge dieser Verhaltensweisen ist, daß manche Aktivitäten durch Tradition weitergegeben werden können. Kawamura hat dies von Gruppen japanischer Affen, *Macaca*, berichtet. Einige von diesen graben Wurzeln aus, um sie zu fressen, andere fressen in Reisfeldern. Wieder andere, die genauso leicht Zugang zu diesen Nahrungsquellen haben, nutzen sie nicht aus. Das eigenartigste Beispiel betrifft Gruppen von Affen, die die Angewohnheit entwickelt haben, die Kartoffeln, die sie fressen wollen, zu waschen, bevor sie sie essen. Offenbar hat sich in jeder Gruppe traditionell entwickelt, sich in dieser Form zu verhalten, und zwar über verschiedene Generationen hinweg, nachdem einige vom Forschungstrieb erfaßte junge Affen — oder kühne Erneuerer — damit angefangen hatten.

Die grossen Menschenaffen

Von allen Anthropoidea sind uns der Orang-Utan, *Simia satyrus*, der Schimpanse, *Pan troglodytes* und der Gorilla, *Gorilla gorilla*, am ähnlichsten. Mit einigen Arten von Gibbons, *Hylobates*, bilden diese Menschenaffen die Familie der Pongidae. Der Übergang von Affen zu Menschenaffen läßt sich durch Fossilien kaum belegen. Der Hauptwechsel vollzog sich in der Bewegungsweise: Affen springen, während Menschenaffen schwingen. Die Menschenaffen und insbesondere die Gibbons sind meisterhafte Trapezkünstler, und ihre Bewegungsweise, bei der nur die Arme benutzt werden, wird »Schwinghangeln« genannt. Mit ihr ist eine Verstärkung der Vorderextremitäten als Festhalte- und Manipulationsorgane und eine vertikalere Einlenkung derselben verbunden. Dies sind auch Merkmale des Menschen. Die heutigen Menschenaffen jedoch (die natürlich Vettern und nicht Vorfahren sind) haben eigene strukturelle Besonderheiten: sie besitzen zum Beispiel lange Arme und kurze Beine im Gegensatz zu uns. Es ist sogar wahrscheinlich, daß die gemeinsamen Vorfahren von Mensch und Menschenaffen ein menschenähnlicheres Verhalten und auch einen menschenähnlicheren Körperbau besaßen als die Menschenaffen heute. Vielleicht blieben, als unsere Vorfahren zum erstenmal begannen, in offenen Savannen zu jagen, einige ihrer nahen Verwandten Waldbewohner (oder zogen sich in die Wälder zurück) und verloren dabei den größten Teil der gerade entstehenden Fähigkeiten zur Werkzeugherstellung.
Erst jetzt, in der zweiten Hälfte des zwanzigsten Jahrhunderts, können wir das Verhalten der Menschenaffen in der Wildnis einigermaßen gut beschreiben. Ein hervorragendes Werk dieses Gebiets ist das von George Schaller über den Gorilla. Schaller lebte achtzehn Monate lang in der Bergwildnis von Uganda und

des Kongos und verbrachte lange Perioden, oft dicht mit ihnen zusammenlebend, damit, das Verhalten dieser Tiere aufzuzeichnen.

Mit ihrem glänzend blau-schwarzen Haar, ihren schimmernden Gesichtern und einem Gewicht, das oft 180 kg erreicht, sind sie bei einem Zusammentreffen auf den Dschungelpfaden ein prächtiger Anblick. Sie verbringen achtzig bis neunzig Prozent ihrer Zeit auf dem Boden, und ihr Klettern ist, obwohl sicher, weit davon entfernt, jene Brillanz der Bewegung der Gibbons zu erreichen. Sie nutzen ihre Tage damit, Pflanzen zu fressen — besonders solche, die einen bitteren Geschmack haben. Es müssen riesige Mengen dieser Nahrung gefressen werden, und Siestas sind nach jedem schweren Mahl vonnöten. Gorillas schlafen ebenfalls nachts.

Manuelle Geschicklichkeit in der Wildnis zeichnet sie nicht besonders aus. Sie bauen einfache Nester aus Ästen und Zweigen, benutzen jedoch keine Werkzeuge — wenigstens so weit bekannt. Tauchen in ihrem natürlichen Habitat zufällig neue Gegenstände auf, werden diese ignoriert: sie werden nicht mit »Neugier« behandelt, wie es die Schimpansen tun würden. Vielleicht sind Gorillas zu sehr mit dem Fressen beschäftigt. Sie starren allerdings (verlegen) auf einen Menschen.

Die sozialen Beziehungen innerhalb einer Gorilla-Gruppe kennen eine Rangordnung: in einer typischen Gruppe von etwa zwanzig Individuen ist Dominanz ein Vorrecht der älteren Männchen. Diese sind deutlich an ihrem grauen Haar — auf dem Rücken, nicht auf dem Kopf — zu erkennen. Sie werden darum »Silberrücken« genannt. Die Weibchen sind ranghöher als alle Jungen, doch scheint es innerhalb der Weibchen keine feste Ordnung zu geben. Dominanz zeigt sich im »Vorfahrtsrecht« auf engen Pfaden oder im Verjagen anderer Individuen von einem Ruheplatz. Unter den Weibchen entsteht manchmal ein wilder Streit: sie bellen, wimmern, balgen und beißen; nähert sich ihnen dann jedoch ein grunzendes Männchen, hören sie auf. Der Führer der Gruppe regiert nicht mit Gewalt. Im Gegenteil, sein Verhalten ist sanft. Die Weibchen lehnen sich an ihn, und die Jungen tollen um ihn und auf ihm herum. Auch Sexualkonflikte scheint es nicht zu geben. Paarungen sind, soweit bekannt, nicht häufig. Sie werden öffentlich vollzogen, und alle Männchen haben zu allen Weibchen Zugang. Es gibt ein recht ausgedehntes Vorpaarungsspiel, das vom Weibchen begonnen wird. Zum Paarungsverhalten des Menschen gibt es im Detail viele Ähnlichkeiten, nur, daß das Männchen das Weibchen von hinten besteigt.

Eine weitere Ähnlichkeit zu unserer Spezies besteht in der großen Mannigfaltigkeit von »Persönlichkeiten«. Die Individuen sind genau so leicht wie einzelne Menschen zu erkennen, und entsprechend variieren die Temperamente. Einige sind gefällig, andere erregbar. Es gibt selbst Männchen, die viel Zeit allein verbringen und die Gruppe nur gelegentlich besuchen. Diese Einzelgänger erinnern an Menschen, die manchmal »schizoid« genannt werden.

Junge Gorillas haben einen starken Nachahmungstrieb, sind lebhaft und verspielt. Das Kriegenspiel und Hänge-hinab-Rutschen sind beliebte Spiele. Am Abend, wenn die Truppe sich zur Nacht rüstet, enden die Spiele auf den bloßen Blick der Weibchen hin. Die Kinder sind sehr abhängig und werden von der Mutter getragen. Ihre ersten drei Jahre schlafen sie bei der Mutter. Die Entwöhnung erfolgt jedoch schon mit acht Monaten. Die Entwicklungsgeschwindigkeit ist etwa doppelt so hoch wie beim Menschen. Schon im Alter von zweieinhalb Jahren kann ein junger Gorilla ohne fremde Hilfe mit der Gruppe mithalten. Die Bindung an die Mutter währt jedoch noch länger, bis zu vier Jahren und mehr.

Jede Gruppe besitzt ein begrenztes Heimatrevier. Schallers Beobachtungen sagen nichts über ein Territorialverhalten; das mag jedoch dadurch, daß alle Gorillas, die er näher beobachtete, einer einzigen, in Untergruppen geteilten Gruppe angehörten, begründet sein. Diese Untergruppen (wenn es welche waren) trafen und vermischten sich ohne Störung und gingen auch wieder friedlich auseinander. Vielleicht besitzen Gorillas Reviere und verteidigen sie auch in der gewöhnlichen Weise mit Gebärden — sichtbaren und hörbaren.

Sicherlich haben sie ein bemerkenswertes Signalsystem, das auf den Menschen manchmal höchst erschreckend wirkt. Der Anblick eines Menschen oder mehr noch der eines fremden Gorillas ruft ein fürchterliches Gebrüll hervor, das durch das sich zu seiner vollen Größe aufrichtende gigantische Männchen, das sich mit den Fäusten auf die Brust trommelt, noch eindrucksvoller gemacht wird. Dieses plötzliche Aufbrüllen erschreckt sogar die Gorillas der eigenen Gruppe. Ein anderes Signal ist das Kopfschütteln. Dies ist weniger kriegerisch. Wenn Sie oder ich plötzlich einen Gorilla treffen, sind wir gut beraten, wenn wir unsere Köpfe von einer Seite zur anderen schütteln und dabei vermeiden, dem Gorilla ins Auge zu blicken. Schaller tat das, und sein Überleben beweist die Wirksamkeit dieser Geste. Er beschreibt ein Kopfschüttelduell mit einem jungen (aber großen) Männchen, das zehn Minuten dauerte. Ein weiteres Signal ist, mit unter den Körper gezogenen Gliedmaßen sich auf den Boden zu hocken. Man sieht das bei Jungen während eines rauhen Spiels und bei Weibchen während eines Streits. Nimmt ein Individuum diese Stellung ein, erfolgt kein weiterer Angriff. Eine völlige Übersicht über die Signale der Gorillas gibt es nicht, und noch weniger kennen wir die Bedeutung der meisten bekannten Signale. Die Gorillas haben wie wir eine komplexe Ausdrucksmuskulatur: sie runzeln die Stirn, beißen sich auf die Lippen und schneiden andere Grimassen (sie gähnen und strecken sich auch). Ohne Zweifel werden andere Gorillas durch solche Bewegungen spezifisch beeinflußt; wir wissen jedoch nicht genau wie.

Es gibt weitere Rätsel. Das auffälligste ist eine stereotype Folge von Handlungen beträchtlicher Wildheit, die nur von den Silberrücken-Männchen ausgeführt werden. Nach Schaller wird diese abschreckende Handlung nur selten vollständig vollführt. Zuerst sitzt das Männchen mit zusammengezogenen Lippen und stößt eine Folge weicher, klarer Töne mit anwachsender Häufigkeit aus. Wird es in diesem Stadium unterbrochen, blickt es, wie verärgert, um sich, bevor es fortfährt. Das Rufen kann dadurch unterbrochen werden, daß das Männchen ein Blatt von einer Pflanze pflückt und es zwischen die Lippen steckt. In diesem Stadium ziehen sich Weibchen und Junge von der Szene zurück. Das Männchen erhebt sich nun, reißt Zweige oder Blätter von nahen Pflanzen ab und wirft sie in die Luft. Nun kommt der aufregende Teil: Das Brusttrommeln beginnt mit geballten Fäusten, mit einer ziemlich hohen Frequenz von ungefähr zehn Schlägen in der Sekunde. Das dauert auf einmal nur ein oder zwei Sekunden. In den Pausen schlägt sich das Männchen auf den Bauch, die Hüfte, einen Baum oder einen anderen Gorilla. Vielleicht tritt es auch mit einem Bein in die Luft. Nun beginnt es zu laufen, zuerst seitwärts auf den Hinterbeinen, dann vorwärts auf allen vier Füßen, und unterschiedslos auf alles, was ihm im Wege ist, einzuschlagen. Der Höhepunkt ist ein Schlag mit der flachen Hand auf die Erde. Noch bemerkenswerter an dieser sozial offenbar nutzlosen, ja selbst gefährlichen Handlungsfolge ist, daß sie von jungen Gorillas ausschnittweise vom Alter von ungefähr vier Monaten an ausgeführt wird. Weibchen können ähnliche Handlungen beginnen, jedoch ohne das Rufen. Es ist faszinierend, wenn auch ohne weitere Informationen nutzlos, über die Physiologie dieses Verhaltens zu spekulieren. Verursacht sie vielleicht eine Veränderung, die wir »Spannungsentladung« nennen würden?

Der andere große Menschenaffe, von dem wir genaue Beschreibungen haben, ist der Schimpanse. Umfassende Berichte über das Verhalten dieses Tieres im normalen Habitat sind von Adriaan Kortlandt und von Jane Goodall gegeben worden. Aus Zoobeobachtungen war schon bekannt, daß Schimpansen unternehmungslustige und »intelligente« Tiere sind. Ich habe schon auf ihre Leistungen als Maler hingewiesen. Wir wissen, daß die Unterschiede zum Gorilla, die sich in der Gefangenschaft zeigen, in der Wildnis noch bemerkenswerter sind. Kortlandt beobachtete seine Schimpansen von einer in einem hohen Baum angebrachten und einen Hügel überblickenden Plattform im Kongo. Der Hügel wurde von den Afrikanern, die an seinem Fuße lebten, nicht betreten und von einer Affengruppe von 48 oder mehr Individuen bewohnt. Wie die Gorillas erwiesen auch sie sich als hochgradig bodenbewohnend: ja, ihre Bewegungen erzeugten sogar Pfade durch den Wald. Kortlandt beobachtete regelmäßig die Annäherung der Gruppe an eine Lichtung: zuerst waren sie vorsichtig. Die Männchen kamen vor den anderen an, und ihre aus der Deckung herauslugenden Gesichter waren die Vorboten. War die Luft rein, gaben sich die Männchen einem lebhaften Getue hin, schrien, jagten sich und schlugen klatschend gegen Baumstämme. Vielleicht ist dies eine Art Revierverhalten; es gibt jedoch keinen entscheidenden Hinweis. Die Weibchen waren immer still und scheu. Wie die Gorillas vollziehen auch die Schimpansen Sexualakte — eine normale Paarung und auch homosexuelles Verhalten — in der Öffentlichkeit; reguläre Paare gibt es nicht. Jane Goodal sah, daß sich ein Weibchen nacheinander mit sieben Männchen paarte, ohne daß es einen Konflikt gegeben hätte.

Über das mütterliche Verhalten war einiges schon von gefangenen Schimpansen bekannt. Im Gegensatz zum Gorilla klammert sich der junge Schimpanse, sobald er geboren ist, an seine Mutter an. (Wir werden an die Fähigkeit frischgeborener Säuglinge erinnert, die einen Gegenstand, etwa einen Finger, ergreifen und selbst ihr eigenes Gewicht stützen können, wenn sie sanft angehoben werden.) Schnell wird das Junge jedoch aktiv, wozu die Mutter es in den ersten Wochen auch ermuntert: sie streckt seine Gliedmaßen aus und hält dabei das Kind, als wenn sie es zum Gehen zwingen wollte. Im Gegensatz zu einigen Menschenmüttern ermutigt sie es auch zum Klettern. Das Kind lernt so zu stehen, indem es sich an der Mutter emporzieht. Später wird es vielleicht an einen Ort gebracht, wo es klettern üben kann. R. M. Yerkes und M. I. Tomilin beschreiben, wie ein junger Schimpanse, dem eine solche Gelegenheit gegeben wurde, sofort klettert (etwa wie ein Baby spontan eine Treppe hinaufkriecht), oben angekommen schreit und schnell befreit wird. Das Hinabklettern ist schwieriger und entwickelt sich viel später. Ein Weibchen kann ein Junges das Gehen lehren, indem es ihr Junges an einer Hand führt, oder indem es rufend vor ihm herkriecht.

Das meiste Lehren geschieht durch Ermunterung, doch werden manche Hemmungen selbst durch Schläge beseitigt. Im allgemeinen behandeln die Schimpansen ihre Jungen, mindestens in der Freiheit, mit äußerster Toleranz und Zurückhaltung: es wird ihnen erlaubt, ihre Eltern zu belästigen, und selbst die älteren Jungen vermeiden während ihrer stürmischen Spiele, die schwächeren Jüngeren zu verletzen und helfen ihnen aus Schwierig-

keiten heraus. Kortlandt beschreibt die Jungen als »verhätschelt«. Manchmal werden sie von anderen und nicht ihren Eltern gefüttert. Sie betteln durch Aufhalten der Hand um Nahrung.
Zwischen den Schimpansen und vielleicht auch Gorillas vollzieht sich viel schweigende Kommunikation mit Blicken und Gesten. Auch Kontakt ist wichtig. Bei der Begrüßung werfen die Schimpansen wie Menschen die Arme umeinander. Gegenseitiges Kraulen nimmt einen großen Teil der Zeit ein: zwei Erwachsene können zwei Stunden damit verbringen, ihr Fell durchzusuchen. Einige glaubten in diesem Verhalten einen Schatten von Nächstenliebe zu sehen. Heftigere Kommunikationsformen, besonders Schreien, werden bei Gefahr angewandt, oder als Drohung in dem Sinne, wie ich diesen Terminus in Kapitel Sechs definiert habe. Wie die Silberrücken bei den Gorillas sind auch die alten Schimpansen dominant. Kortlandt beschreibt ein ältliches und entkräftetes Männchen, das seine Gruppe trotz seiner Schwachheit zu beherrschen schien.
Für den Menschen sind Schimpansen zwar nicht allgemein harmlos, doch offenbar noch weniger gefährlich als die Gorillas. Trifft ein Schimpanse auf einen Menschen, starrt er ihn gewöhnlich an, kratzt sich und wandert davon. Jane Goodall brachte es fertig, so eng mit Schimpansen zusammenzuleben, daß sie sogar einen von ihnen kraulen durfte – so als wäre sie selbst ein untergeordnetes Mitglied der Gruppe.
Ein größerer Unterschied zu Gorillas besteht in der Neigung der Schimpansen, fremde Gegenstände zu untersuchen. Sie sind hochgradig geschäftig und geschickt und können, wie wir völlig sicher aus den Berichten von Jane Goodall wissen, Werkzeuge zum Erbeuten der Nahrung benutzen. Sie verbringen sechs bis sieben Stunden am Tage mit Fressen und einen großen Teil der restlichen Zeit mit Wanderungen zu den Nahrungsquellen. Ihre Speisekarte ist groß, wie unsere, und oft wechseln sie innerhalb kurzer Zeit von einer zu anderen. Die Hauptmasse besteht aus pflanzlicher Nahrung, doch sie fressen auch viel Insekten. Unter diesen herrschen offensichtlich Termiten und Ameisen vor: die Schimpansen stochern mit Stöcken in den Bauten herum und lecken hinterher die Insekten, die auf diesen herumkrabbeln, ab. Die zu diesem Zweck verwandten Stöcke werden von Pflanzen abgebrochen, nachdem sie sorgfältig ausgewählt wurden, und können in einem Bündel einige Zeit vor dem Gebrauch mit herumgeschleppt werden. Um ein brauchbares Werkzeug zu bekommen, werden die Blätter entfernt. Das Fleischfressen scheint im Leben dieser Tiere eine Sonderstellung einzunehmen. Es werden, wenn auch nicht oft, kleine Säuger gefressen. Ist solche Nahrung verfügbar, wird heftig darum gebettelt. Dabei ist eine Geste das Tippen mit dem Finger an die Lippen des anderen. Geschieht das, kann die Beute

geteilt werden. Beim Fleischfressen nehmen die Schimpansen zwischen den Fleischbrocken Blätter, genau wie wir zwischen Fleisch und Gemüse abwechseln. Mit dem Menschen teilen die Schimpansen auch ihren Salzbedarf, weshalb sie Salzlecken aufsuchen. Salzblöcke werden ebenfalls herumgeschleppt, und bettelnden Schimpansen wird ein Lecken erlaubt.
Wir wissen nicht, ob alle diese besonderen Gebräuche auch den anderen Individuen der gesamten Spezies eigen sind. Wahrscheinlich werden sie schon früh in der Jugend erlernt, zum Teil durch Imitation: sie sind also, wie auch einige Handlungen der japanischen Affen, wahrscheinlich *traditionell.* Darum ist verschiedenes Verhalten in den einzelnen Gruppen anzunehmen.
Kortlandt beschreibt, daß seine von ihm beobachteten Schimpansen in vieler Hinsicht so menschlich waren, daß er manchmal glaubte, eine Anzahl haariger Menschen zu beobachten. Dennoch besteht zwischen Menschenaffen und Menschen selbst in den wesentlichsten Kriterien eine tiefe Kluft. Man hat manchmal gefragt, warum Schimpansen oder Gorillas nicht wie wir eine Sprache und einen komplexeren Sozialverband entwickelten. In einer Hinsicht könnte man dann auch fragen, warum sich eine Art nicht in den gleichen Linien entwickelte wie eine verwandte und erfolgreichere. Solche Fragen kann man kaum beantworten. Wir können nur vermuten, daß vor einigen Millionen Jahren bestimmte Populationen unseres mit den Menschenaffen gemeinsamen Vorfahren eine vollkommen terrestrische Lebensweise entwickelten, die die Jagd nach Fleisch in großem Umfange einschloß. Diese Vormenschen wurden im Körperbau dahingehend spezialisiert, daß sie zur Fortbewegung nur noch die Hinterbeine benutzten und die Vorderbeine so zu Manipulationen frei hatten. Am anderen extremen Ende stehen die Gibbons, *Hylobates,* die die entgegengesetzte Körperstruktur erwarben: sie haben äußerst lange Arme und kurze Beine, die sie ausgezeichnet zum Baumleben geeignet machen. Sich selbst überlassen, scheinen die Menschenaffen, besonders Gorilla, Schimpanse und Orang, zum Aussterben verurteilt. Sie können nicht mit dem Menschen konkurrieren, und dieser dringt immer mehr in ihre Lebensräume ein. Darüber hinaus fürchten die meisten Menschen diese großen Lebewesen, obgleich sie gar keinen Grund dazu haben. Das Schicksal dieser faszinierenden Tiere liegt darum in unseren Händen. Sie werden nur überleben, wenn wir ihnen ziemlich große Gebiete, in denen sie ungestört leben können, zugestehen.

Die Hauptveränderung, die die Evolution von Menschenaffen aus Affen heraus erbrachte, war die Veränderung der Bewegung. Menschenaffen bewegten sich »schwinghangelnd«, und dazu war eine aufrechtere Haltung entscheidend. Die Hinterbeine blieben aber für lange Märsche auf ebenem Boden nur schlecht angepaßt. Entsprechend lag der wichtigste Unterschied zwischen den Menschenaffen und der nächsten Stufe — den frühen Menschen oder Vormenschen — in den Hinterbeinen. Vor ungefähr einer Million Jahren lebten — mindestens in Afrika — Lebewesen, halb Menschenaffe, halb Mensch, die wir *Australopithecus* nennen. Vom Hals an aufwärts waren sie ganz klar Menschenaffen, wenngleich recht eigenartige: ihre Schädel waren für ihre geringe Körpergröße sehr groß, ihre Zähne und Knochen waren aber weniger massiv als die der modernen Menschenaffen. Unterhalb des Kopfes war das Skelett kaum von dem eines kleinen *Homo sapiens* verschieden. Wie wir konnten auch sie offenbar auf Zehenspitzen (wobei sie die ganze Fußwölbung benutzten) und völlig aufrecht gehen.

Australopithecus stellt also in seinen verschiedenen Formen ein völlig bodenlebendes Stadium in der menschlichen Evolution dar, jedoch ein Stadium, das noch nicht die völlige Vergrößerung des Gehirns erreicht hatte. Immerhin benutzte er nicht nur rohes Steinwerkzeug, sondern stellte dies sogar her. Es ist vielleicht am besten, ihn sich als einen aufrecht gehenden Schimpansen, mit einer Vorliebe, nach Fleisch zu jagen, vorzustellen.

Das Jagen hatte vielleicht tiefe soziale Konsequenzen. Ich beschrieb in Kapitel Sieben, wie Hyänenhunde ihre Beute unter der gesamten Rotte aufteilen. Das ist besonders für die Jungen und die säugenden Weibchen von Bedeutung. Die Menschen oder Vormenschen, die ja noch längere Abhängigkeitsperioden hatten, konnten sicherlich kaum als Jäger überleben, ohne untereinander zu teilen. Hier liegt der Ursprung der Nächstenliebe.

Das Teilen der Beute bedeutet für den Teilenden aber nicht nur, sich zurückzuhalten, sondern auch vorauszuplanen. Darüber hinaus muß das Empfangen von Nahrung von anderen genauso wichtig für entstehende soziale Bindungen sein wie das Geben selbst. Ein entscheidendes trennendes Merkmal zwischen uns und anderen Spezies ist, daß dieses Verhalten bei uns nicht wie bei den anderen Arten durch fixierte Verhaltensweisen, die das Sozialleben regieren, gelenkt wird. Eine andere Erscheinung des Nahrungteilens ist der Abbau oder doch mindestens die Abschwächung von Rangsystemen. Dominanz, die gewöhnlich das Vorrecht auf Nahrung und andere wünschenswerte Dinge umschließt, wird nun ungünstig. Dieses Fehlen eines Standardsystems der sozialen »Hierarchie« ließ dem Menschen Raum zur Entwicklung jener großen Diversität von Sozialsystemen, die er in den letzten wenigen tausend Jahren hervorgebracht hat. Die Sitten eines jeden Systems werden schon in der Kindheit erlernt und, mindestens für kürzere Perioden, durch Tradition beibehalten.

Die Jagd hat auch das stärkste Bedürfnis hervorgerufen, das nach der Anfertigung von Werkzeug. Es ist zweierlei, wie Schimpansen einen Stock zu benutzen oder geduldig einen Stein *im voraus* für die Jagd in der nächsten Woche zu behauen. Darüber hinaus ist die Fähigkeit, sich ein Werkzeug in einem Stück Stein verborgen vorstellen zu können, eine Fähigkeit, die auf uns und unsere letzten Vorläufer beschränkt ist. Zuerst wurden Faustkeile sicherlich zum Zerwirken oder Häuten größerer Tiere, etwa von Hirschen, benutzt. Dies muß der Anfang in der Benutzung von Kleidung gewesen sein und der Ausgang (um mit S. K. Washburn zu sprechen) für die Eroberung der Arktis durch den tropischen Menschen.

Die Herstellung von Werkzeug führte zum Gebrauch des Feuers. Noch nicht lange werden Feuer regelmäßig durch das Schlagen von Flintsteinen angefacht. Es gibt keinen Hinweis, daß *Australopithecus* Feuer sammelte (das durch natürliche Umstände entstand), ganz abgesehen vom Feuermachen. Die ersten Herde errichtete der Frühmensch vor einer halben Million von Jahren. Sie wurden in den berühmten Höhlen von Chou-Kou-Tien in Nordchina, zusammen mit zahlreichen Resten des »Peking-Menschen« gefunden. K. P. Oakley hat darauf hingewiesen, daß von den vielen Anwendungsmöglichkeiten des Feuers das Wärmespenden für den primitiven Menschen wohl die am wenigsten wichtige gewesen ist. Der Eskimo nutzt es als Licht, zum Kochen, Schneeschmelzen und zum Trocknen der Kleidung, betrachtet es aber nicht als Wärmequelle für den eigenen Körper.

Das enorme menschliche Gehirn entstand als Begleiterscheinung dieser Revolution des Verhaltens. Ein *Erklärungsversuch* dieser Evolution müßte noch spekulativer als die vorhergehenden Abschnitte sein. Sie war jedoch ohne Zweifel entscheidend für die Entwicklung unserer Sprachfähigkeit. Einem jungen weiblichen Schimpansen, der von einem nordamerikanischen Ehepaar wie ein Kind aufgezogen wurde, konnte nur mit großer Schwierigkeit beigebracht werden, »Mama«, »Papa« und »Napf« zur rechten Zeit zu sagen. Dies ist wahrscheinlich auch die Grenze für einen Menschenaffen mit einem Gehirn (wie bei einem großen Gorilla) von sechshundert Gramm Gewicht. Ein menschliches Gehirn wiegt bei einem normalen Erwachsenen selten nur eintausend Gramm. Der Durchschnitt beträgt vierzehnhundert Gramm.

Das menschliche Gehirn entwickelte sich in der Wildnis. Bis vor zwölftausend Jahren hingen alle Menschen von der Jagd, der Fischerei und vom Sammeln ab. Mit großer Geschicklichkeit stellten sie aus Flint und Knochen Werkzeug her, und einige schufen sogar hochentwickelte Zeichnungen und Gemälde an Höhlenwänden – die vielleicht nur von Feuern und primitiven Lampen oder Kienspänen erleuchtet waren. Sie bauten sich aber keine Wohnungen, und vor allem kannten sie keinen Ackerbau und keine Viehzucht. (Der Hund folgte dem Menschen seit dem Mesolithikum – jener kurzen Phase vor dem revolutionären Neolithikum, als der Ackerbau begann.) Es war die Erfindung des Ackerbaus, die den Menschen zu der heutigen zahlreichen und erfolgreichen Art machte. Seit damals ist aber kaum Zeit für merkbare evolutive Veränderungen gewesen. Dafür haben sich die menschlichen Gesellschaften gewandelt. Mit bis heute ansteigender Geschwindigkeit sind erhebliche Fortschritte und Verlängerung der Lebenszeit von Einzelpersonen erreicht worden. Obgleich wir von »sozialer Revolution« sprechen, können wir diese hektischen Veränderungen nicht eigentlich in das gleiche Beziehungssystem wie die organische Evolution stellen. Das Weitergeben von Informationen, zuerst durch mündliche Überlieferung, dann durch eine geschriebene von stets zunehmender Kompliziertheit, hat es möglich gemacht, schnell neue Techniken aufgrund der Entdeckungen vorhergehender Generationen zu entwickeln.

Auf diesem Stand der Dinge hören die Meinungen von Spezialisten auf, größeres Gewicht als die anderer zu haben. Jeder von uns macht sich sein eigenes Bild über seine Zeitgenossen – ein Bild, das oft durch persönliches Glück – oder Unglück oder durch öffentliche Leistungen oder Schwierigkeiten beeinflußt ist. Und immer zeigt es sich beeinflußt durch die Tradition seiner eigenen kleinen Gemeinschaft. Und so blicken wir, mit Alexander Pope, auf den Menschen mit einer Mischung von Stolz und Zweifel, auf »Ein Wesen, das verschwommen weise und auf grobe Art groß ist«.

XIV Die Wissenschaft vom Verhalten

Schau dann die Wissenschaft, als Führer wähl
Bescheidenheit.
Zuerst entreiße ihr den Stolz, das meist
geliebte Kleid;
Laß alles, was sich nicht als Eitelkeit
und Tand erweist,
Als Nichtigkeit und Luxus, gezeugt
von hohem Geist.

. . .

Sieh den geringen Rest, der dir geblieben
als Betrag,
Gestern hat er genügt und
muß es auch an künft'gem Tag!

Pope

Die moderne Wissenschaft vom Verhalten ist uns wenig vertraut, und das aus mancherlei Gründen. Zuerst hat sie, wie auch andere Wissenszweige, ihre eigene Sprache, und diese verändert sich schnell. Selbst technische Termini wie etwa der »bedingte Reflex«, die während dieses Jahrhunderts allgemein gebräuchlich wurden, haben in Psychologie oder Ethologie oft eine spezielle Bedeutung. Auch die Neigung, seit langem bestehende Ausdrücke (etwa »Instinkt«), die leicht von den Lippen der meisten Leute kommen, nicht mehr zu benutzen, macht ein unmittelbares Verstehen schwieriger. Ein zweiter Grund ist der, daß die ethologische Forschung zunehmend physiologischer wird. Verhaltensforscher müssen mehr über das Gehirn wissen, über die Sinnesorgane, endokrine Drüsen oder andere Systeme als je zuvor, und die Erwerbung dieses Wissens ist schon eine Aufgabe für sich.

Dennoch sind diese Gründe nicht die wichtigsten für die Fremdheit dieses Forschungsgebiets. Haldane schreibt: »Ein Wissenschaftler glaubt, daß die Objekte oder Vorgänge, mit denen er sich beschäftigt, erklärbar sind, und handelt nach diesem Glauben«. Um dieses Axiom anwenden zu können, sind wir oft gezwungen, traditionelle Konzepte aufzugeben. Allgemein ausgedrückt heißt das, daß wir die Reste physiologischer und psychologischer Begriffe, die wir nicht mehr nützlich finden — zum Beispiel Begriffe wie »cholerisch«, »herzlos« oder »hysterisch« —, begraben müssen.

Andere Konzepte, etwa das des Bewußtseins, sind zwar nicht

über Bord geworfen, aber haben – wie J. Schorstein schreibt – ihre Bedeutung drastisch verändert. Hunderte von Jahren haben die Menschen von der Kenntnis gesprochen, die sie von *sich selbst* haben, doch hat man mit dieser Kenntnis recht wenig anfangen können. Im Gegensatz dazu meinen wir, wenn wir davon sprechen, daß ein anderer sich *bewußt* ist, daß er reagiert: er antwortet auf unsere Fragen, geht unangenehmen Dingen aus dem Wege und genießt das Vergnügen. Diese klinische oder behavioristische Auffassung können wir bei der Beschreibung von Versuchen anwenden – etwa bei der Beschreibung der Wirkungen einer Droge auf das menschliche Gehirn oder das von Labortieren. Durch die Veränderung der Bedeutung des Wortes »Bewußtsein« definieren wir also ein der Forschung zugängliches Feld.

Diese Methode verbannt den »Willen« aus den Darstellungen von Verhaltensweisen. In einem früheren Entwurf dieses Buches habe ich das Wort »freiwillig« benutzt, als ich mich auf die Auswahl eines Lebensraumes durch das Tier bezog; später aber habe ich dieses Wort durch eine Feststellung ersetzt, die klar bezeichnete, daß das Verhalten durch inneren Antrieb ausgelöst wird und nicht durch Umweltbedingungen, die zwingend auf das Tier einwirken. Die daraus zu ziehende Folgerung ist, daß die Ursache solchen Verhaltens – zum Beispiel im Gehirn – gesucht werden muß. Dieses Verhalten dem Willen eines Tieres zuzuschreiben, wäre nur eine verbale Pseudoerklärung: es würde dem Phänomen einen Namen geben, würde sich aber nicht auf andere sichtbare oder meßbare Veränderungen im Gehirn beziehen.

Trotzdem reicht es natürlich nicht aus, einfach das ganze Konzept des freiwillligen Verhaltens hinfortzufegen. Es ist besser zu fragen, welche wirklichen Eigenschaften das allgemein als freiwillig bezeichnete Verhalten auszeichnen. Die einfachsten vielzelligen Tiere sind »Reflex-Systeme« (Kapitel Drei): fast immer *reflektieren* sie in ihrem Verhalten den unmittelbaren Reizeinfluß der Umgebung. D. O. Hebb hat solche Tiere in einer Diskussion über die Evolution des Geistes von den Sinnen beherrschte Automaten genannt. Eine Qualle oder eine pelagische marine Larve (Kapitel Vier) reagiert, gleichgültig wie oft ein Stimulus ausgeübt wird, immer gleich. Mit der Vergrößerung des Gehirns werden jedoch auch die Verhaltensweisen angepaßter: der von den Sinnesorganen eingehende Reiz wird – wir wissen nicht auf welche Weise – mit den Ergebnissen *früherer* Aktivität kombiniert. Ein großer Teil des Gehirns hoch komplexer Tiere scheint zu autonomer Aktivität organisiert: ein Teil erregt den anderen, ohne daß er auf spezielle Informationen von den äußeren Sinnesorganen wartet. Hebb identifiziert diese zentrale Aktivität mit dem Denken und stellt Geist und Bewußtsein der Freiheit von der Dominanz der Sinne gleich, die mit einer Fähigkeit zum Speichern und Wiederverwenden von äußeren Informationen kombiniert ist. Hebbs eigener Kommentar über solche Gleichstellungen ist: »Es mag sein, daß solche Theorien Unsinn sind«. Sein physiologisches Konzept des Geistes ist jedoch, wie auch die klinische Version des Bewußtseins, wenigstens mit Erscheinungen verbunden, die wir aufzuzeichnen und zu messen hoffen können.

Wenn die konventionellen Auffassungen von »Geist« und »Willen« in dieser Form aufgegeben werden, mag sich ein Laie verloren fühlen. Das liegt zum Teil daran, daß wir das Gefühl, einer Sache bewußt zu sein (eine Erfahrung, die wir alle kennen), gewöhnlich mit der Existenz einer Sache oder eines Prozesses identifizieren, den wir »Bewußtsein« nennen. Und das wiederum wird als eine Sache gesehen, die leicht Antrieb von etwas anderem sein kann. Genau wie früher die konstante Temperatur eines Säugetieres einer nicht definierten Erscheinung zugeschrieben wurde, einer »angeborenen Hitze«, so konnte auch die Intelligenz eines Tieres oder eines Menschen als vom Bewußtsein abhängig bezeichnet werden. Selbst wissenschaftliche Arbeiten enthalten solche Vereinfachungen, die jedoch mit anwachsender Kenntnis, wenn auch unter Schwierigkeiten, aufgegeben wurden.

Wenn dies wirklich die Arbeitsweise der Wissenschaftler ist, dann bleibt noch die Frage, ob sie berechtigt ist. In der Praxis wird eine Methode für berechtigt gehalten, wenn man mit ihr Neues herausfinden kann. Die wissenschaftliche Forschung dreht sich fast immer ums Detail. Die Fragen, die gestellt werden, sind keine großen, etwa solche wie »was ist das Bewußtsein«? Sondern sie sind im höchsten Grade spezifisch. Zum Beispiel: nehmen wir eine Droge, die ein Tier gegenüber Stimulationen ansprechbarer macht. Die Frage ist dann: auf welches chemische System der Nervenzellen wirkt sie ein? Die heute benutzten Experimentiermethoden und verbalen Beschreibungstechniken haben in dieser Art Problem sicherlich Erfolg gehabt.

Diese Methode ist anspruchslos und dennoch ergibt sie gelegentlich wichtige Resultate. Selbst wenn sie das nicht tut, enthüllt sie doch ständig neue, schöne und überraschende Tatsachen. Wir vermuten, daß nichts unerklärbar ist – wir müssen jedoch zugeben, daß vieles noch unerklärt bleibt.

Literaturverzeichnis

Zusätzlich zu der vom Autor aufgeführten Literatur wurden weitere Titel über das Gebiet der Verhaltensforschung aufgenommen; diese Bücher sind durch * gekennzeichnet.

Allgemeine Literatur

Barnett, S. A., A Study in Behaviour, London 1963
*Eibl-Eibesfeld, I., Ethologie, die Biologie des Verhaltens, in *Handbuch der Biologie, Band II, Heft 15–25: 341–559,* 1966
*–, Grundriß der vergleichenden Verhaltensforschung, München 1967
Evans, C. R. / Robertson, A. D. J., Key Papers: Brain Physiology and Psychology, London 1966
*Hassenstein, B., Biologische Kybernetik, Heidelberg 1965
Hebb, D. O., A Textbook of Psychology, Philadelphia 1958
Hinde, R. A., Animal Behaviour, New York 1966
*Lorenz, K., Das sogenannte Böse, Wien 1963
*–, Er redete mit dem Vieh, den Vögeln und den Fischen, Wien 1955
*–, Psychologie und Stammesgeschichte, in *Heberer, G., Evolution der Organismen,* Stuttgart 1959
*–, Über tierisches und menschliches Verhalten, 2 Bde., München 1965
Marler, P. R. / Hamilton, W. J., Mechanism of Animal Behavior, New York 1966
*Milne, L. J. / Milne, M., Die Sinneswelt der Tiere und Menschen, Hamburg 1963
*Portmann, A., Das Tier als soziales Wesen, Zürich 1953
*–, Tarnung im Tierreich, Berlin–Göttingen–Heidelberg 1956
*Remane, E., Das soziale Leben der Tiere, Hamburg 1960
Thorpe, H. W., Learning and Instinct in Animals, London 1963
*Tinbergen, N., Instinktlehre, Hamburg 1952
*–, Tiere untereinander, Hamburg 1955
*–, Wo die Bienenwölfe jagen, Hamburg 1961
*Uexküll, J. v. / Kriszat, G., Streifzüge durch die Umwelten von Tieren und Menschen, Hamburg 1956

I *Was ist Verhalten?*

Darwin, C., Die Entstehung der Arten durch natürliche Zuchtwahl, Stuttgart 1963
–, Der Ausdruck der Gefühle bei Mensch und Tier, Düsseldorf o. J.
Griffin, D. R., Listening in the Dark, New Haven 1958
Hediger, H., Wild Animals in Captivity, London 1950
*–, Zur Biologie und Psychologie der Flucht bei Tieren, *Biologisches Zentralblatt 54,* 1934
James, W., Principles of Psychology, New York 1890

*Lorenz, K., Methoden der Verhaltensforschung, *Handbuch d. Zoologie von Kükenthal, Band 8, 10,1: 1–22, 1957*
Waddington, C. H., Die biologischen Grundlagen des Lebens, Braunschweig 1966

II *Nerven und Sinne der Säugetiere*

Cannon, W. B., Bodily Changes in Pain, Hunger, Fear and Rage, Boston 1915
Gregory, R. L., Auge und Gehirn. Zur Psychophysiologie des Sehens, München 1966
Hess, W. R., Diencephalon, London 1954
*Kramer, G., Die Sonnenorientierung der Vögel, *Zool. Anz., Suppl. 16: 72–84, 1952*
Lashley, K. S., In search of the engram, *Symp. Soc. exp. Biol. 4: 454–482, 1950*
*Lindauer, M., Allgemeine Sinnesphysiologie, Orientierung im Raum, *Fortschritte der Zoologie 16: 58–160, 1963*
Neumann, J. v., The Computer and the Brain, New Haven 1958
Roberts, T. D., Basic Ideas in Neurophysiology, London 1966
*Schöne, H., Die Lageorientierung mit Statolithenorganen und Augen, *Ergeb. Biol. 21: 161–209, 1959*
Sherrington, C. S., Integrative Action of the Nervous System, New York 1906
Walter, W. G., An electro-mechanical ›animal‹, *Dialectica 4: 42–49, 1950*
Wright, R. H., After pesticides-what?, *Nature 204: 121–125, 1964*
Young J. Z., The Life of the Mammals, Oxford 1957

III *Andere Nervensysteme*

Carthy, J. D., An Introduction to the Behaviour of Invertebrates, London 1958
Horridge, G. A., Learning leg position by the ventral nerve cord in headless insects, *Proc. roy. Soc. B 157: 33–52, 1962*
Lindauer, M., Allgemeine Sinnesphysiologie, Orientierung im Raum, *Fortschritte der Zoologie 16: 58–160, 1963*
McConnel, J. V., Comparative physiology: learning in invertebrates, *Ann. Rev. Physiol. 28: 107–136, 1966*
Taylor, C. V., The neuromotor apparatus in *Euplotes, Univ. Calif. Pub. Zool. 19: 403–470, 1920*
Wells, M. J., Brain and Behaviour in Cephalopods, London 1962
Yerkes, R. M., The intelligence of earthworms, *J. Anim. Behav. 2: 332–352, 1912*
Young, J. Z., A Model of the Brain, Oxford 1964

IV *Bewegung im Raum*

*Aschoff, J., Spontane lokomotorische Aktivität, *Handbuch der Zoologie von Kükenthal, Bd. 8, 11, 4: 1–74, 1962*
Fraenkel, G. S. / Gunn, D. L., The Orientation of Animals, New York 1961

*Frisch, K. v., Aus dem Leben der Bienen, *Verständliche Wissenschaft 1*, Berlin, Göttingen, Heidelberg 1959
*–, Die Sonne als Kompaß im Leben der Bienen, *Experimentia 6: 210–221*, 1950
*–, Die Tanzsprache und Orientierung der Bienen, Berlin, Heidelberg 1965
Frisch, K. v. / Lindauer, M. / Daumer, K., Über die Wahrnehmung polarisierten Lichts durch das Bienenauge, *Experimentia 16: 289–302*, 1960
Griffin, D. R., Vogelflug. Biologische und physikalische Grundlagen, München 1965
Kennedy, J. S., Mechanisms of host plant selection, *Ann. appl. Biol. 56: 317–322*, 1965
*Koehler, O., ›Zählende‹ Vögel und vorsprachliches Denken. *Zool. Anz. Suppl. 13: 129–238*, 1949
*Lindauer, M., Allgemeine Sinnesphysiologie, Orientierung im Raum, *Fortschritte der Zoologie 16: 58–160*, 1963
–, Communication among Social Bees, Cambridge/Mass. 1961
*–, Sonnenorientierung der Bienen unter der Äquatorsonne und zur Nachtzeit, *Die Naturwissenschaft 44: 1–6*, 1957
*Sauer, F., Die Sternorientierung nächtlich ziehender Grasmücken Sylvia atricapilla und currura, *Z. Tierpsychol. 14: 29–70*, 1957
*Schüz, F., Vom Vogelzug, Frankfurt 1952
*Thienemann, J., 3.–19. Jahresbericht der Vogelwarte Rossitten, *Journ. f. Ornithologie*, 1903–1921
*–, Rossitten. Drei Jahrzehnte auf der Kurischen Nehrung, Radebeul 1928

V Suchen und Erkunden

*Allemann, C., Die Spieltheorien. Menschenspiel und Tierspiel, Zürich 1951
Baerends, G. P., Fortpflanzungsverhalten und Orientierung der Grabwespe *Ammophila campestris, Tijdschr. Entomol. 84: 68–275*, 1941
Barnett, S. A., Exploratory behaviour, *Brit. J. Psychol. 49: 289–310*, 1958
Berlyne, D. E., Conflict, Arousal and Curiosity, New York 1960
Butler, R. A., Investigative behaviour, in *Schrier, A. M. et al. (ed.), Behaviour of Nonhuman Primates*, London 1965
Darchen, R., Stimuli nouveaux et tendance exploratrice chez *Blatella germanica, Z. Tierpsychol. 12: 1–11*, 1955
Hebb, D. O., The Organisation of Behaviour New York 1949
*Meyer-Holzapfel, M., Das Spiel bei Säugetieren, *Handbuch der Zoologie von Kükenthal, Bd. 8, 10, 5: 1–36*, 1956
Spurway, H. / Haldane J. B. S., The comparative ethology of vertebrate breathing, *Behaviour 6: 8–34*, 1953
Thompson, W. R. / Heron, W., Early experience and the problemsaving capacity of dogs, *Canad. J. Psychol. 8: 17–31*, 1954
Thorpe, W. H., Detour experiments with *Ammophila pubescens, Behaviour 13: 257–263*, 1950

VI Herdentier und Einzelgänger

*Altevogt, R., Beobachtungen und Untersuchungen an indischen Winkerkrabben, *Z. Morph. Ökol. Tiere 43: 501–522, 1955*

*–, Untersuchungen zur Biologie und Ökologie indischer Winkerkrabben, *ibid. 46: 1–110, 1957*

Baerends, G. P. / Baerends-van Roon, J. M., An introduction to the ethology of cichlid fishes, *Behaviour Supplement I, 1950*

Barnett, S. A., Social behaviour in wild rats, *Proc. zool. Soc. London 130: 107–152, 1958*

–, Social stress, *Viewpoints in Biology 3: 170–218, 1964*

Bruhin, H., Zur Biologie der Stirnaufsätze bei Huftieren, *Physiol. Comp. Oecol. 3: 63–127, 1953–54*

Carpenter, C. R., Behaviour and social relations of howler monkeys, *Comp. Psychol. Monog. 10, 1934*

Chitty, D., Population processes in the vole, *Can. J. Zool. 38: 99–113, 1960*

Clark, R. B., The tubicolous habit and the fighting reactions of the polychaete *Nereis pelagica, Brit. J. Anim. Behav. 7: 85–90, 1959*

Clarke, J. R., The aggressive behaviour of the vole, *Behaviour 9: 1–23, 1956*

Crane, J., Crabs of the genus *Uca, Zoologica N. Y. 26: 145–208, 1941*

Elton, C., Voles, Mice and Lemmings, Oxford 1942

Frank, F., Über den Zusammenbruch von Feldmausplagen, *Zool. Jb. Abt. Syst. 82: 1–156, 1953*

*Hediger, H., Säugetierterritorien und ihre Markierung, *Bijdr. tot de Dierkde 28: 172–184, 1949*

Howard, E., Territory in Bird Life, London 1920

Jacobs, M. E. Territorialism and sexual selection in dragonflies, *Ecology 36: 566–586, 1955*

King, J. A., Social behavior and population dynamics in a black-tailed prairiedog town, *Contrib. Lab. Vert. Biol. Michigan No. 67, 1955*

Kühme, W., Communal food distribution and division of labour in African hunting, *Nature, Lond. 205: 443–444, 1965*

*Kummer, H., Soziales Verhalten einer Mantelpavian-Gruppe, *Beiheft 33 der Schweizer Z. Psychol. u. ihre Anw.: 1–91, 1957*

Lack, D., The Life of the Robin, Harmondsworth 1943

*Leyhausen, P., Vergleichendes über die Territorialität bei Tieren und den Raumanspruch des Menschen, *Homo 5: 67–76, 1954*

*Merz, F., Aggression und Aggressionsantrieb, *Handbuch f. Psychologie von H. Thomae 2: 569–601, 1965*

Moore, N. W., On the so-called ›territories‹ of dragonflies, *Behaviour 4: 85–100, 1951*

*Oehlert, B., Kampf und Paarbildung einiger Cichliden, *Z. Tierpsychologie 15: 141–174, 1958*

Parkes, A. S. / Bruce, H. M., Olfactory stimuli in mammalian reproduction, *Science 134: 1094–1154, 1961*

Schenkel, R., Ausdrucksstudien an Wölfen, *Behaviour I: 81–129, 1957*

Schjelderup-Ebbe, T., Beiträge zur Sozialpsychologie des Haushuhns, *Z. Psychol. 88: 226–252, 1922*

VII *Werbung und Familie*

Andrew, J. R., The aggressive and courtship behaviour of certain Emberizines, *Behaviour 10: 255–308*, 1957
Bastock, M., Courtship. A Zoological Study, London 1967
Dane, B. / Van der Kloot, W. G., An analysis of the display of the golden eye duck, *Behaviour 22: 282–328*, 1964
Frisch, K. v., Tanzsprache und Orientierung der Bienen, Berlin 1965
Johnson, D. L. / Wenner, A. M., Conditioning and communication in honey-bees, *Anim. Behav. 14: 261–265*, 1966
Lehrmann, D. S., The physiological basis of parental feeding in the ring dove *(Streptopelia risoria), Behaviour 7: 241–286*, 1955
Lorenz, K., Vergleichende Bewegungsstudien an Anatinen, *J. Orn. 89: 194–294*, 1941
Magnus, D., Experimentelle Untersuchungen zur Bionomie und Ethologie des Kaisermantels *Argynnis paphia* L., I. Über optische Auslöser von Auffliegreaktionen und ihre Bedeutung für das Sichfinden der Geschlechter, Z. *Tierpsychol. 15: 397–426*, 1958
Meyerriecks, A. J., Breeding behaviour of North American herons, *Publs. Nuttal orn. Club Nr. 2*, 1960
Quine, D. A. / Cullen, J. M., The pecking response of young arctic terns *Sterna macrura, Ibis 106: 145–173*, 1964
Roth, L. M. / Dateo, G. P., A sex pheromene, *J. ins. Physiol. 12: 225–285*, 1966
Ribbands, C. R., Behaviour and Social Life of Honeybees, London 1953
Richards, O. W., The Social Insects, London 1953
Schneirla, T. C., The army ants, *Smithsonian Report for 1955: 379 bis 406*, 1956
Shaw, C., Combat dance of crotalid snakes, *Herpetologica 4: 137 bis 168*, 1948
Tinbergen, N., The Study of Instinct, Oxford 1951
Weidmann, U., Verhaltensstudien an der Stockente, Z. *Tierpsychol. 277–300*, 1958

VIII *Kommunikation und Gesellschaft*

*Ahrens, R., Beitrag zur Entwicklung des Physiognomie- und Mimikerkennens, Z. *exp. angew. Psychologie 2: 412–454*, 1953
*Frisch, K. v., Aus dem Leben der Bienen, Berlin, Heidelberg 1959
*Hediger, H., Skizzen zu einer Tierpsychologie in Zoo und Zirkus, Zürich 1958
Haldane, J. B. S., Animal communication and the origin of human language, *Sci. Prog. 43: 385–401*, 1955
Kalmus, H., The discrimination by the nose of the dog of individual human odours, *Brit. J. Anim. Behav. 3: 25–31*, 1955
*Lehmann, F. E., Gestaltung sozialen Lebens bei Tier und Mensch, Bern 1958
Lindauer, M., Communication among Social Bees, Cambridge/Mass. 1961
*–, Ein Beitrag zur Frage der Arbeitsteilung im Bienenstaat, Z. *Vergl. Physiol. 34: 299–345*, 1952

Marler, P., Developments in the study of animal communication, *Darwin's Biological Work, ed. von P. R. Bell,* Cambridge 1959
*Meyer-Holzapfel, M., Soziale Beziehungen bei Säugetieren, *Gestaltungen sozialen Lebens bei Tier und Mensch, ed. von Lehmann, F. E.,* Bern 1958
Morris, D., The feather postures of birds and the problem of the origin of social signs, *Behaviour 9: 75–113,* 1956
*Schaller, F. / Schwalb, H., Attrappenversuche mit Larven und Imagines einheimischer Leuchtkäfer, *Zool. Anz. Suppl. 24: 154–166,* 1961
Stokes, A. W., Agonistic behaviour among blue tits at a winter feeding station, *Behaviour 19: 118–138,* 1962
Thorpe, W. H. / North, M. E. W., Origin and significance of the power of vocal imitation: with special reference to the antiphonal singing of birds, *Nature, Lond. 208: 219–222,* 1965
Tinbergen, N., The Evolution of signalling devices, in *Etkin, W., Social Behaviour and Organization Among Vertebrates,* Chicago 1964
*Weih, S. A., Untersuchungen über das Wechselsingen (Anaphonie) und über das angeborene Lautschema einiger Feldheuschrecken, *Z. Tierpsych. 8: 1–41,* 1951
Wells, G. P., Spontaneous activity cycles in polychaete worms, *Symp. Soc. exp. Biol. 4: 127–142,* 1950

IX Vererbung und Umwelt

Agar, W. E. / Drummond, F. H. / Tiegs, O. W. / Gunson, M. M., Fourth (final) report on a test of McDougall's Lamarckian experiment on the training of rats, *J. exp. Biol. 31: 308–321,* 1954
Barnett, S. A., »Instinct«, *Proc. Amer. Acad. Arts Sci. 92: 564–580,* 1963
Haldane, J. B. S., Natural Selection, *Darwin's Biological Work, ed. von P. R. Bell,* Cambridge 1959
Hettlewell, H. B. D., Selection experiments on industrial mechanism in the Lepidotera, *Heredity 9: 323–342,* 1955
Koopman, K. F., Natural Selection for reproduktive isolation, *Evolution: 4: 135–148,* 1955
Krechevsky, I.: Hereditary nature of ›hypotheses‹, *J. comp. Psychol. 16: 99–116,* 1933
*Lorenz, K., Darwin hat recht gesehen, *Opuscula 20,* Pfullingen 1965
Manning, A., *Drosophila* and the evolution of behavior, Viewpoints of *Biology 4: 125–169,* 1965
McDougall, W., Fourth report on a Lamarckian Experiment, *Brit. J. Psychol. 28: 321–345,* 1938
Tyron, R. C., Genetic differences in maze-learning ability in rats, *Nat. Soc. Stud. Educ. 39: 111–119,* 1940

X »Instinkt«

Bateson, P. P. G., Imprinting, *Biol. Rev. 41: 177–220,* 1966
Carmichael, L., Development of behavior in vertebrates removed from external stimulation, *Psychol. Rev. 34: 34–37,* 1927
*Curio, E., Ontogenese und Phylogenese einiger Treibäußerungen von Fliegenschnäppern, *J. Ornith. 101: 291–309,* 1960

*Fabricius, F., Zur Ethologie junger Anatiden, *Acta Zool. Fennica 68: 1–178*, 1951
Fankhauser, G. / Reik, L. E., The casebuilding of the caddis-fly-larva, *Physiol. Zool. 8: 337–359*, 1935
*Frisch, K. v., Aus dem Leben der Bienen, Berlin/Heidelberg 1959
Grohmann, J., Modifikation oder Funktionsregungen, Z. *Tierpsychol. 2: 132–144*, 1938
Guiton, P., The agonistic behaviour and courtship of the brown leghorn cock, *Anim. Behav. 9: 167–177*, 1961
Harlow, H. F. / Harlow, M. K., The affectional Systems, in *Behavior of Nonhuman Primates*, Vol. 2, ed. von *Schrier, A. M. et al.*, London 1965
Hingston, R. W. G., The Mason wasp (Eumenes conica). Part. 3, Experiments, *J. Bombay Nat. Hist. Soc. 31: 890–896*, 1927
Kruijt, J. P., Ontogeny of Social Behavior in Burmese Red Junglefowl, Leiden 1964
*Kunkel, P., Zum Verhalten einiger Prachtfinken, Z. *Tierpsychologie 16: 302–350*, 1959
*Lorenz, K./Tinbergen, N., Taxis und Instinkthandlungen in der Eirollbewegung der Graugans, Z. *Tierpsychologie 2: 1–29*, 1938
*Lorenz, K., So kam der Mensch auf den Hund, Wien 1950
*Koehler, O., Das Lächeln als angeborene Ausdrucksbewegung, Z. *menschl. Vererbungs- und Konstitutionslehre 32: 330–334*, 1954
*Magnus, D., Zum Problem der »überoptimalen« Schlüsselreize, *Zool. Anz. Suppl. 18: 317–325*, 1954
Marshall, A. J., Bower-Birds, Oxford 1954
*Mayer, G., Untersuchungen über die Herstellung und Struktur des Radnetzes von Aranea diadema und Zilla x-notata mit besonderer Berücksichtigung von Jugend- und Altersnetzen, Z. *Tierpsychol. 9: 337–362*, 1952
Merrill, D., Case-building activity in caddis-worms, *J. exp. Zool. 158: 123–132*, 1965
Morris, D., The Biology of Art, London 1962
Petrunkevitch, A., Tarantula versus tarantula-hawk, *J. exp. Zool. 45: 367–397*, 1926
Poulsen, H., Inheritance and learning in the song of the chaffinch, *Behaviour 3: 216–228*, 1951
Rheingold, N. L., Maternal Behavior in Mammals, London 1963
Schein, M. W., On the irreversibility of imprinting, Z. *Tierpsychol. 20: 462–467*, 1963
Sluckin, W., Imprinting and Early Learning, London 1965
Thorpe, W. H., Bird-Song, Cambridge 1966
Uvarov, B. P., Grasshopper and Locusts, Vol. 1, Cambridge 1966
Wells, G. P., Spontaneous activity cycles in polychaete worms, *Symp. Soc. exp. Biol. 4: 127–142*, 1950
Wells, M. J., Reacting to Mysis by newly hatched *Sepia*, *Behaviour 13: 96–111*, 1958

XI Der Trieb zur Handlung

Broadhurst, P. L., Handbook of Abnormal Psychology, London 1960
Dethier, V. G. / Bodenstein, D., Hunger in the blowfly, Z. *Tierpsychol. 15: 129–140*, 1958

Miller, N. E., Shortcomings of food consumption as a measure of hunger. *Ann. N. Y. Acad. Sci. 63: 141–143,* 1955
Olds, J., Hypothalamic substrates of reward, *Physiol. Rev. 42: 554 bis 604,* 1962
Rodgers, W. L./Epstein, A. N./Teitelbaum, P., Lateral hypothalamic aphagia: motor failure or motivational deficit?, *Amer. J. Physiol. 334–342,* 1965
*Seiss, R., Beobachtungen zur Frage der Übersprungshandlungen im menschlichen Verhalten, *Psychol. Beiträge 8: 1–97,* 1915
*Tinbergen, N., Die Übersprungsbewegungen, Z. *Tierpsychol. 4: 1 bis 40,* 1940
Zeigler, H. P., Displacement activity and motivational theory, *Psychol. Bull. 61: 362–376,* 1964

XII »Intelligenz«

Kavanau, J. L., Continuous automatic monitoring of the activities of small captive animals, *Ecology 44: 95–110,* 1963
Kimble, G. A., Hilgard and Marquis' Conditioning and Learning, New York 1961
*Koehler, O., ›Zählende‹ Vögel und vorsprachliches Denken, *Zool. Anz. Suppl. 13: 129–238,* 1949
*–, Die Analyse der Taxisanteile instinktartigen Verhaltens, *Sym. Soc. Exp. Biol. 4: 269–302,* 1950
*Köhler, W., Intelligenzprüfungen an Menschenaffen, Berlin 1921
*Krall, K., Denkende Tiere, Leipzig 1912
Kuo, Z. Y., The genesis of the cat's behaviour towards the rat, *J. comp. Psychol. 11: 1–35,* 1930
Miller, N. E., Integration of neurophysiological and behavioral research, *Ann. N. Y. Acad. Sci. 92: 830–839,* 1961
Pavlov, I. P., Lectures on Conditioned Reflexes, London 1928
Skinner, B. P., The Behaviour of Organisms, New York 1938
Thorndike, E. L., Animal Intelligence, New York 1911

XIII Der Ursprung menschlichen Verhaltens

DeVore, I., Primate Behavior, New York 1965
Goodall, J., Chimpanzees of the Gombe stream reserve, *in DeVore, Primate Behavior,* New York 1965
Haldane, J. B. S., The argument from animals to men: an examination of its validity for anthropology, *J. R. Anthrop. Inst. 86: 1–14,* 1965
Kawamura, S., Sub-culture propagation among Japanese macaques, *J. Primat. 2: 43–54,* 1959
Kortlandt, A., Chimpanzees in the wild, *Sci. Amer. Mon. 206: 128 bis 138,* 1962
Oakley, K. P., On man's use of fire, *in Washburne, S. L. (ed.), Social Life of early Man,* London 1962
Schaller, G. B., The Mountain Gorilla, Chicago o. J.
Schaller, G. B., Unsere nächsten Verwandten, München 1966
Washburn, S. L. (ed.), Social Life of Early Man, London 1962
Yerkes, R. M./Tomilin, M. I., Mother-infant relations in chimpanzee, *J. Comp. Psychol. 20: 321–359,* 1935

XIV Die Wissenschaft vom Verhalten

Beveridge, W. I. B., The Art of Scientific Investigation, London 1957
Haldane, J. B. S., Life and mind as physical realities, *Penguin Science Survey 1963 B, pp. 234–238*, London 1963
Hebb, D. O., The evolution of mind, *Proc. roy. Soc. B 161: 376–383*, 1965
Schorstein, J., The present state of consciousness, *Penguin Science Survey 1963 B, pp. 202–223*, London 1963
Young, J. Z., Doubt and certainty in Science, Oxford 1951

Abbildungen im Text

33 Zug von Störchen. Nach Griffin, *op. cit.*
34 Aufgabe für Affen. Nach Kendler, *op. cit.*
35 Raubwespe. Nach Singer, C. u. a., *A History of Technology*, Oxford 1954
36 Unterscheidungsapparat nach Lashley
37 Winkerkrabbe. Aus Tinbergen, N., *The Study of Instinct*, Oxford 1951
38 Signale von Buntbarschen. Aus Portmann, A., *Das Tier als soziales Wesen*, Frankfurt/M. 1962
39 Haltungen des Rotkehlchens. Nach Lack, D., *The Life of the Robin*, Harmondsworth 1943
40 Ratten zweier Arten. Aus Barnett, S. A.: *op. cit.*
41 »Drohgebärden« von Rhesus-Affen. Nach Altmann, S. A., *Ann. N. Y. Acad. Sci.*, 1962
42 Wölfe und sozialer Rang. Aus Portmann, 1962, *op. cit.*
43 Wildschweine und Sozialer Rang. Aus Portmann, 1960, *op. cit.*
44 Kaisermäntel bei der Paarung. Nach Magnus, D., *Z. Tierpsychol.*, 1958
45 Spinnen: Drohgebärde und Balz. Aus Portmann 1962, *op. cit.*
46 Bienen zeigen durch Tanz Entfernungen an. Nach Waters, R. H. u. a., *Comparative Psychology*, New York 1961
47 Zusammentreffen zweier Fische an der Reviergrenze. Nach Portmann, 1962, *op. cit.*
48/49 Balz des Grünreihers. Aus Bastock, M., *Courtship*, London 1967
50 Kopfmodelle von Seeschwalben. Aus Quine, D. A. & Cullen, M., *Ibis* 1964
51 Ratte reagiert auf Geruch des Weibchens. Aus Barnett, *op. cit.*
52 Angler-Fisch. Aus Portmann, 1960, *op. cit.*
53 Gesangduett von Würgern. Nach Thorpe, W. H. & North, M. E. W., *Nature*, 1965
54 Verhalten der Mandarinente. Aus Bastock, *op. cit.*
55 Sperrende Jungdrosseln. Nach Tinbergen, *op. cit.*
56 Rachenmuster von Nestlingen von Vögeln. Nach Portmann, 1962, *op. cit.*
57 Austernfischer mit Riesenei. Nach Tinbergen, *op. cit.*
58 Gesichter. Nach Fantz, R. Z., *Sci. Amer. Mon.*, 1961
59 Spinngewebe. Nach Russell, E. S., *The Behaviour of Animals*, London 1932
60 Vogelgesang. Nach Marler, P. R., in *Darwin's Biological Work (ed. Bell)*, Cambridge 1959
61 Vergesellschaftung zweier Arten. Aus Morris, D., *Behaviour*, 1956
62 Prägungs-Experimente. Nach Hess, E. H., *Sci. Amer. Mon.*, 1966
63 Problemkäfig. Nach Maier, N. R. F. & Schneirla, T. C., *Principles of Animal Psychology*, New York 1935
64 Graphische Darstellung des Versuch-und-Irrtum-Lernens in einem Problemkäfig. Nach Thorndike, E. L., *Psychol. Monog.*, 1898
65 Graphische Darstellung des Versuch-und-Irrtum-Lernens in einem Labyrinth. Nach Kendler, *op. cit.*
66 Pawlows frühe Arbeiten zum »bedingten Reflex«
67 Graphische Darstellung des Erlöschens einer erlernten Antwortreaktion. Nach Kendler, *op. cit.*
68 Der Schimpanse löst ein Problem. Aus Singer, *op. cit.*

Register

Fischer Taschenbuch Verlag

Psychologie und Verhaltensforschung.

Alfred Adler
Menschenkenntnis (Band 6080)

Michael Balint
Die Urformen der Liebe und die Technik der Psychoanalyse (Band 1035)

Der Arzt, sein Patient und die Krankheit (Band 6005)

S. A. Barnett
Instinkt und Intelligenz
Rätsel des tierischen und menschlichen Verhaltens (Band 6067)

Walter Baust (Hrsg.)
Ermüdung, Schlaf und Traum (Band 6090)

Johannes Cremerius (Hrsg.)
Psychoanalyse und Erziehungspraxis (Band 6076)

Erik H. Erikson
Einsicht und Verantwortung (Band 6089)

C. G. Jung
Bewußtes und Unbewußtes (Band 6058)

Alfred C. Kinsey
Das sexuelle Verhalten der Frau (Band 6002)

Das sexuelle Verhalten des Mannes (Band 6003)

Marxismus Psychoanalyse Sexpol
Hrsg.: Hans-Peter Gente
Band 1 (6056) / Band 2 (6072)

Peter R. Hofstätter (Hrsg.)
Psychologie (Fischer Lexikon Band 6)

Paul Ricœur
Sexualität. Wunder - Abwege - Rätsel (Band 811)

Georg B. Schaller
Unsere nächsten Verwandten (Beobachtungen an Menschenaffen) (Band 918)

Robert Waelder
Die Grundlagen der Psychoanalyse (Band 6099)

Hans Zulliger
Heilende Kräfte im kindlichen Spiel (Band 6006)

Helfen statt strafen – auch bei jugendlichen Dieben (Band 6037)

Umgang mit dem kindlichen Gewissen (Band 6074)

Die Angst unserer Kinder. Zehn Kapitel über Angstformen, Angstwirkungen, Vermeidung und Bekämpfung der kindlichen Ängste (Band 6098)

FISCHER WELTGESCHICHTE

***17 Indien**
Geschichte des Subkontinents von der Induskultur bis zum Beginn der englischen Herrschaft
***18 Südostasien** vor der Kolonialzeit
***19 Das Chinesische Kaiserreich**
***20 Das Japanische Kaiserreich**
***21 Altamerikanische Kulturen**
***22 Süd- und Mittelamerika I**
Die Indianerkulturen Altamerikas und die spanisch-portugiesische Kolonialherrschaft
***23 Süd- und Mittelamerika II**
Von der Unabhängigkeit bis zur Krise der Gegenwart
24 Das Zeitalter der Glaubenskämpfe
1550–1648
25 Das Zeitalter der Aufklärung und des Absolutismus
1648–1770
***26 Das Zeitalter der europäischen Revolution** 1780–1848
27 Das bürgerliche Zeitalter
***28 Das Zeitalter des Imperialismus**
***29 Die Kolonialreiche seit dem 18. Jahrhundert**
30 Die Vereinigten Staaten von Amerika
31 Rußland
***32 Afrika**
Von der Vorgeschichte bis zu den Staaten der Gegenwart
***33 Das moderne Asien**
***34 Das Zwanzigste Jahrhundert I**
1918–1945
35 Das Zwanzigste Jahrhundert II
1945–1965

Fischer Taschenbuch Verlag

* bereits erschienen

Conditio humana

Conditio humana
Ergebnisse aus den Wissenschaften vom Menschen

Die wissenschaftliche Reihe bei S. Fischer

Herausgegeben von Thure von Uexküll
und Ilse Grubrich-Simitis
Berater: Johannes Cremerius, Hans J. Eggers,
Thomas Luckmann

Karl Abraham
Psychoanalytische Studien
Gesammelte Werke in zwei Bänden.
Herausgegeben von Johannes Cremerius.

Sándor Ferenczi
Schriften zur Psychoanalyse
Auswahl in zwei Bänden.
Herausgegeben von Michael Balint.

Franco Fornari
Psychoanalyse des ersten Lebensjahres

Anna Freud, Dorothy Burlingham und Mitarbeiter
Heimatlose Kinder
Zur Anwendung psychoanalytischen Wissens
auf die Kindererziehung.

Martin Hoffman
Die Welt der Homosexuellen
Beschreibung einer diskriminierten Minderheit.

Gemma Jappe
Über Wort und Sprache in der Psychoanalyse

Theodore Lidz
Familie und psychosoziale Entwicklung

Wolfgang Loch
Zur Theorie, Technik und Therapie der Psychoanalyse

Philip E. Slater
Mikrokosmos: Eine Studie über Gruppendynamik

Erwin Stengel
Selbstmord und Selbstmordversuch

S. Fischer

Conditio
humana

Conditio humana
Ergebnisse aus den Wissenschaften vom Menschen

Die wissenschaftliche Reihe bei S. Fischer

Herausgegeben von Thure von Uexküll
und Ilse Grubrich-Simitis
Berater: Johannes Cremerius, Hans J. Eggers,
Thomas Luckmann

Alexander Alland
Evolution und menschliches Verhalten

George und Muriel Beadle
Die Sprache des Lebens
Eine Einführung in die Genetik.

Frank Macfarlane Burnet
Naturgeschichte der Infektionskrankheiten des Menschen

Earl W. Count
Das Biogramm
Anthropologische Studien.

Leslie C. Dunn und Theodosius Dobzhansky
Vererbung, Rasse und Gesellschaft

Morton Fried, Marvin Harris
und Robert Murphy (Hrsg.)
Der Krieg
Zur Anthropologie der Aggression
und des bewaffneten Konflikts.

Paul R. Ehrlich und Anne H. Ehrlich
Bevölkerungswachstum und Umweltkrise
Die Ökologie des Menschen.

Jakob von Uexküll und Georg Kriszat
Streifzüge durch die Umwelten von Tieren und Menschen / Bedeutungslehre
Eingeleitet von Adolf Portmann
und Thure von Uexküll.

S. Fischer